年 7 月，电视学院为毕业生整理寄送行李，参加整理 云互助”工作的部分师生合影。

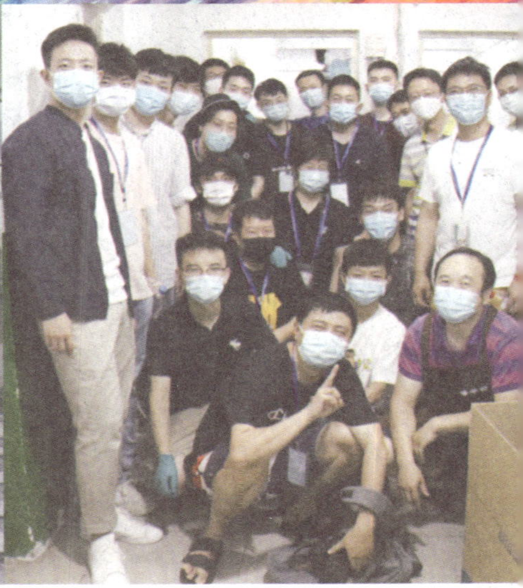

2020 年 7 月，电视学院本科生男生宿舍开始“毕业寄”，留守北京的师生撸起袖子加油干。

）年 6 月，电视学院教师在校园文化广场为毕业生拍摄专属毕业合影。

2020 年 3 月，中国传媒大学校务委员会副主任胡芳、电视学院党委书记曾祥敏、副书记秦瑜明带队看望留校的国际留学生。

2020 年 3 月，电视学院教师与留学生合影，记录疫情下的校园时光。

2019 年 11 月，电视学院师生合唱团参加校庆活动，同机器人“小传”和学院吉祥物“小熊”合影。

2019 年 7 月，电视学院师生团队创作的中国传媒大学宣传片演播馆场景杀青，工作团队合影纪念。

2019 年 6 月，电视学院师生在毕业典礼现场记录历史瞬间，
制作中国传媒大学宣传片。

2019 年 6 月，电视学院承办的第十七届“半夏的纪念
——北京国际大学生影像展”颁奖典礼结束，师生团队大合影。

忍冬信札

2020
抗疫中的师生笔墨

主　编 / 付海钲
副主编 / 赵希婧

人民日报出版社

图书在版编目（CIP）数据

忍冬信札 / 付海钲主编．—北京：人民日报出版社，2020.10

ISBN 978-7-5115-6569-3

Ⅰ.①忍… Ⅱ.①付… Ⅲ.①书信集－中国－当代
Ⅳ.①I267.5

中国版本图书馆CIP数据核字（2020）第182969号

书　　名：忍冬信札
RENDONG XINZHA
主　　编：付海钲

出 版 人：刘华新
责任编辑：刘　悦
封面设计：中尚图

出版发行：人民日报出版社
社　　址：北京金台西路2号
邮政编码：100733
发行热线：（010）65363528　65369512　65369509　65363531
邮购热线：（010）65369530　65363527
编辑热线：（010）65369844
网　　址：www.peopledailypress.com
经　　销：新华书店
印　　刷：河北盛世彩捷印刷有限公司

开　　本：710mm ×1000mm　1/16
字　　数：414千字
印　　张：30
版次印次：2021年1月第1版　2021年1月第1次印刷

书　　号：ISBN 978-7-5115-6569-3
定　　价：78.00元

序言

一封书信从冬写到春，又从谷雨写到立夏，一颗牵挂的心从疫情伊始到平稳解禁。

2020 年 1 月 31 日，全国遭遇新冠肺炎疫情之初，中国传媒大学电视学院就开始了师生每日云中书信，一直持续到 5 月 1 日。三个多月，教师每日的“春天的信心”，学生每日的“东南西北聚力，我们心在一起”，91 封教师书信，109 封学生书信，集成这本《忍冬信札》。在抗疫防疫中，师生相互鼓励支持的云中家书，家书抵万金！

2020 年的新冠肺炎疫情是新中国成立以来我国遭遇的传播速度最快、感染范围最广、防控难度最大的一次重大突发公共卫生事件。而对于经历过 2003 年非典疫情的电视学院教师来说，此次新冠疫情之初，大家第一时间想到的还是莘莘学子。但二者不同的是，非典期间的 6 月，学生们都封闭在学校，而“新冠”的二月，大家都还宅在家里并将遵守国家和学校的要求不返京、不返校。前者需要统一安排同学们在校的学习与生活，而后者的抗疫则是远在天边的叮嘱与安慰。于是，电视学院院长高晓虹教授提议，把防疫抗疫信息、国家和学校政策要求化为书信和日历的方式，寄语远在各地的同学们；同时，也让身处各地的同学们传递他们的所感、所思、所行。书信往来，各报平安，云中扶助，共度时艰。

200 封书信里，每位老师和同学都有自己独特的观察和思考，总体而言达到三种指向。

第一，互报平安，咨以信心。此次疫情突发，波及全国。疫情之下，除了班主任、辅导员和导师们与同学紧密联系，电视学院以这种集体书信的方式，把分布在全国各地的师生凝聚在一起，云中寄语，相互支持与鼓励。兰德尔·柯林斯说，互动的基础是获得情感能量，这是人类交流互动的核心要素。在互动仪式的发生过程中人们会分享共同或相同的情感体验，当互动仪式诸多因素累积到一定程度后，其关注的焦点到达了高峰，从而产生群体团结的现象，个体的情感能量得到良性宣泄和爆发。①

第二，助力分析，提升专业。对于突如其来的疫情而言，大家渴望获得及时的疫情信息，而在移动社交媒体的语境下，网上信息鱼龙混杂，往往形成“信息疫情”。如何帮助同学们获得对疫情的正确认识，消除恐慌，安全地防疫抗疫；又如何借助疫情中的信息传播现象，帮助同学们辨析信息真伪，观察舆论生成传播机制，分析谣言形成扩散机理，趁此提升这些新闻学子的专业水平；更重要的是，如何在此次疫情中，增强同学们对社会、民族、国家的深入认识，以及对国际社会、全球发展的清醒判断。凡此种种，很多老师都在书信中以自己的切身体会，结合自己的知识背景，从不同角度，给予疫情、灾难、人生、专业等方方面面的探寻。字里行间有殷切叮嘱、有理性分析、有沉静思考、也有深刻的玩笑。

第三，云中陪伴，情绪纾解。疫情期间，政府和学校对高校学生们

① 〔美〕兰德尔·柯林斯. 互动仪式链 [M]. 林聚任等译，北京：商务印书馆，2016：102.

提出了“在家，不离家、不返京、不返校；在校，不离校、不离京”的要求。算上春节前后的寒假，如此漫长的时光宅在住地，实属不易。忍耐和等待的无奈、青春的躁动何以安放，部分同学的个体流动愿望，许多毕业生实习找工作的迫切需求与焦虑同样需要关注。因此，学院也希望通过书信往来缓解同学们的焦虑和担忧，并能引导他们利用好这段宅在家里的时光。为此，许多老师引经据典，旁征博引，承担起了老师、长辈、朋友的角色，而许多同学也把自己宅在住地的经验和观察进行了分享。

好了，不再赘述，书信百篇，其义自见，大家可以自己去品一品书信中的要义。在这里，我要感谢所有参与书信写作的师生们，感谢你们的积极参与，也要感谢电视学院所有同学们，疫情之下，你们的忍耐、等待和坚持就是一种贡献。

有意思的是，在2003年非典疫情期间，为了让在校生活更加丰富，电视学院师生们共同发起促成了今日的国际大学生影像展“半夏的纪念”。17年后的今天，为了安放每一个人的内心，分布在各地的学院师生们发起了这一古典的书信往来，遂成“忍冬信札”。时光荏苒，世事无常，而初心未变，17年过去，师生间的殷殷之情未变，团队的浓浓氛围未变，电视学院的社会担当未变，这大概就是我们的集体记忆和文化认同吧！

以此为序！

曾祥敏
电视学院党委书记、教授、博士生导师
2020年5月

目录

[生] 正月初七人胜日

各位同学们：

大家好！

今天是庚子鼠年的农历初七，传说中女娲在第七天用泥土造出了人，古人便将农历新年的第七日定为“人胜日”，寓意人人长久，健康长寿。而在目前全国共克时艰、鼎力战胜疫情的关键阶段，我们比以往任何时候都需要一个健康祥和的春节，也需要更健康、更强大的心态去和我们身边的家人、朋友们应对不断变化的疫情挑战。

此时此刻，我在北京的家中写下了这封小信，正所谓“烽火连三月，家书抵万金”。这个春节，为了防止疫情扩散，响应国家号召，邻里之间走动少了，亲属之间出门相见也戴上了口罩，原本要回山东老家的我，也在除夕前夜选择了留在北京。万家灯火之中，原本的亲朋串门，变成了线上的“云拜年”“云团聚”，大家虽然足不出户，但却依然通过网上的新闻报道与各路资讯了解当下的时事。

相信大家一定密切关注着在我们身边与疫情斗争的那些人们。从钟南山院士到无数在疫情一线奋斗的医生们，他们都牺牲了自己的团聚时间，投入到最危急、最紧张的抗疫工作之中。我的二姨身为急诊科医务工作者，也在腊月二十七奔赴河南驻马店疫情一线，开展医疗支援工作。除了医务工作者之外，交通警察、商场店员，外卖小哥、环卫工人们依然在为城市的运转、市民的生活提供方便。如果同学们身边有还在坚守岗位的家人朋友们，记得要同他们道一声辛苦与珍重，也希望大家在此特殊的时期，在家中尽一份自己的责任与能力。

正所谓“精感石没羽，岂云惮险艰”，希望大家能够在这个特殊的寒假里更加心系社会，坚定信念，共同战胜疫情，也祝大家在新的一年身体健康，万事顺遂。

2017 级编辑出版学　曹航宇

2020 年 1 月 31 日

[师] 春天的“信”心

亲爱的同学们：

大家好！冬去春来！

但这个春天来得比较特殊。连日来，新型冠状病毒肺炎疫情牵动着所有人的心。疫情之下，电视学院的班主任、辅导员和导师们第一时间和同学们取得了联系，知道你们在各地平安，这是我们最大的欣慰。

今天已是正月初八，各地疫情信息仍然在不断涌现，形势不容乐观。我想，你们每天也都在积极关注疫情的发展。而无论此刻你在哪里，作为电视学院的学子，你的状况也牵扯着我们老师的心。因此，从今天开始，电视学院的老师们每天给你们写一封信，希望我们的关爱能每天陪伴你，我们的叮嘱能督促你，我们的沟通能缓解你的焦虑、释放你的情绪。

今天，这第一封信，由我来执笔。我想对你们说：

首先，要充满信心。我们要直面这场战疫，相信党和政府能够打赢这场人民战争、总体战、阻击战，不恐慌、不盲动，充分获取信息，理性分析判断，做到科学防疫。尤其是身为传媒学子，大家要运用所学知识独立思考、分析和判断网上信息，不信谣、不传谣，严格按照正规途径获取的知识信息进行科学防疫。我每天也通过国际国内多种信源如人民日报、新华社、央视新闻、丁香医生等媒体了解疫情最新进展和防护措施。碎片化时代，你们不要被碎片化的信息所迷惑，应该有“化零为整”的思维，更集中、系统、整体的信息结构。

其次，要守住耐心。当前的抗疫非一时之功，短暂时间难见胜负，我们绝不能心存侥幸，掉以轻心。未来1—2周被认为极其重要，“疫情将随着处于潜伏期的病例被筛查结束，通过物理性隔断控制传播，会得到很好控制”。因此，同学们要听从学校和学院的号召和安排，尽量减少流动。学校已经按照教育部和北京市的统一部署，发布《关于推迟开学工作的通知》，并请全体同学务必不要提前返校。据我们了解，许多单位也推迟了国内实习和海外实习计划，大家当应势而谋，因时而动。学院也为大家制定了相应的假期读书看片规划，官微“学部君”也为你们策划了不少互动推文，虽远隔千里，我们仍遥相呼应。

再次，要树立决心。不仅要在共同战疫时保有决心，也希望你们居家防疫之时立个New Year resolution，并能辅之以恒心，日日进步。这场疫情，让我更加知道适当运动、增强免疫力的重要。虽然我平时坚持的游泳、跑步因疫情减少了，但我仍然每天在家里适当锻炼。另外，我也有个小小的新年决心——减掉我的小肚子，现在有时间和精力去完成了。

第四，要不忘初心。身为传媒学子，想想当初考上中国传媒大学的初心为何？我想，每位同学都有一个传媒的梦。梦如何落地？在于平时身边的日日积累。机会总是留给有准备的人，借此机会把平时难以沉下心来看的书、追的剧好好品味，细细思考。你们更应通过这次疫情，结合自己的专业，观察分析有趣的传播现象、有意义的防疫作品和有害的谣言生成机制。前两天，我也在时时围观“央视频”的火神山、雷神山慢直播，新生代的弹幕真的让我叹服。我想，慢直播就是新生代的广场舞，评论就是传媒的生产力，围观就是传播力。昨天，我在我的研究生群里布置了作业，让大家收集疫情期间的融合报道精品佳作和突出的传播现象，并进行归纳分析。研究生们收集了融合直播报道、平台系列专题、短视频、Vlog、分布式新闻、数据可视化报道等有特点的作品。看吧，互联网融合报道的产品也在爆发。让我们也借此思考一下互联网爆款、刷屏之作的传播机理。

就写到这儿吧！衷心希望你们平安健康，并借此机会沉静思考，蓄势待发。

曾祥敏

电视学院党委书记，教授、博士生导师

2020 年 2 月 1 日

[生] 今天，武汉没有什么新闻

亲爱的同学们：

展信佳。

不知道你们在家里过得怎么样？不好意思，这段时间武汉给大家添麻烦了，我作为武汉人的一分子，向大家道个歉。

说来惭愧，尽管身处疫情中心，我既没有胆子出门，也没有专业技术，连车都不会开，没法为自己的城市做出什么贡献，就连每天接收的外界消息，都全靠身边还在上班的亲朋好友。我姐姐在儿科医院的门诊部上班，她跟我说，有的家长送小孩来看病，里里外外都裹得严严实实；家里没有无菌帽，有的人甚至在头上戴鞋套、尿不湿，没有护目镜就戴泳镜；还有的大妈把洗碗用的橡胶手套都戴上来医院。

其实一开始，我真的挺害怕的，怕自己得病，怕爸爸妈妈在一线工作被传染，怕以后告诉大家我来自武汉遭嫌弃。但现在想想，害怕也不能解决任何问题。活了二十年，这应该是我目前遇到过最大的波折，我还从来没有如此清晰地感受到自己的成长。经此一疫，我也算是死里逃生的了，俗话说，大难不死必有后福嘛。我是这样，相信武汉也是，咱们国家也是。

出大事儿了我才发现，原来身边有这么多人都在关心我（笑）。好多原来不太熟的朋友都给我发消息了，说我是他们迄今为止见过的唯一一个武汉人，让我一定平平安安的；还有朋友天天给我发消息要我报体温，年三十儿晚上我还单独收了不少红包，嘿嘿，感觉还挺温暖的。

絮絮叨叨地跟大家说了一堆废话，其实就想说，日子虽然难，我们都还好好地过着呢。也趁这个出不去门的机会，好好跟家里人多相处，吵架也没事，反正现在谁也不敢摔门而去了。2020 尽管多灾多难，一月也已经过去了，我们不如展望一下，二月一定会出现好转的契机的。

最后给大家拜个晚年，这个世界虽然糟糕，我们还是要用力爱着呀！

2017 级广播电视编导（电视编辑方向） 陈茹冰

2020 年 2 月 1 日　写于武汉家中

[师] 我们心在一起

亲爱的同学们：

大家好。

今天，农历正月初九，往常这时候，家里人大多已经结束假期回到工作岗位，各位也要做着开学的准备了。可是今年，因为疫情的缘故，大家的学习、工作、生活，几乎各方面的安排都不一样了。这注定是个特殊的春节，新型冠状病毒肺炎造成的疫情，牵动着每个人的心。

面对疫情，学院希望做好大家学习生活的坚强后盾，一方面做好校内防控工作，另一方面是要了解你们的状况，保障每位同学的健康和安全。学院的老师时刻牵挂着每一位同学，同学们相互之间也都会有挂念，所以，希望你不论在家还是在外，都要记得告知你的状况，不论是健康还是微恙，都别忘了和惦念你的老师和同学一起分享。

我见过的最浪漫的谈恋爱方式，是在那个“从前慢”的时代。身处两地的恋人每天要给对方写两封信，大概是因为每天只写一封信的频率仍不能承载二人世界瑰丽内心时刻涌动的波澜吧。没想到的是，疫情，让学院与我们每一位同学，也谈起了这种最浪漫的“恋爱”。从昨天开始，学院每天给每位同学写两封信——一封信是学院老师写给你的，在每天早些时候发出；另一封信是同学写的，会在每天晚些时候发给你。

传递这些信件的邮差，是你的班主任、辅导员老师。不知道这些可爱的邮差把信送到你的手上，哦，不对，是送到你的手机上的时候，你会以什么样的心情打开。我相信收到这些信的那一刻，你一定能感受得到，学院这个集体始终在关注、关心着你。

是的，在这个特殊的时期，疫情让这个集体的每个成员之间的情感纽带比热恋中的情侣更加炽烈，疫情让我们更加信赖这个集体，这个集体平时对你静默无声的爱也因这场疫情更加显露无遗。是的，即使千山万水，我们依然时刻感受彼此的脉搏，哪怕远隔万里，我们的心依然紧紧地在一起。

我们时刻相互陪伴。或许在某一个时刻，你难免内心焦虑。因为疫情，出行、返校可能是难题，学术研究、文献查找可能是难题，考试准备、春招应聘可能是难题，论文写作、作品创作可能是难题……这些问题我们一起想办法，终究可以圆满解决，重要的是，面对问题，我们相互之间要有顺畅的沟通，面对困境，我们相互之间要有紧密的陪伴。有充分的沟通，就容易找准问题的根本而顺利解决，有亲密的陪伴，再大的困难我们也不会孤独，不会无助。

我们因同属一个班级、一个专业、一个学院而形成这个集体，但这个集体不仅仅是一个建制，最重要的是，这个集体的形成，是因我们抱有共同的信念、价值和追求。作为一个集体，学院更是一个心理共同体，因为我们心在一起，所以我们有最大的信心和勇气。

我经历过的最类似的情况，是 17 年前的非典。那时不一样的是，学校希望同学们能尽量留在学校，在课堂之外开展各种教学活动，既要避免大家在室内聚集，又要引导学生不离校回家，以防非典蔓延。现在大家最心仪的“半夏的纪念”活动，就是非典期间的特殊教学实践，由叶明睿老师等几位当时的研究生同学创立起来的。

记得在那个比今天更令人不安的时候，学院 22 位学生、10 位教师组成创作组，主动承担了一档抗击非典特别节目——《校园真情》的采编工作。在传统媒体时代，这个 2003 年 4 月底 5 月初每晚 21：05 中国教育电视台一套节目播出、时长 50 分钟的节目，及时、准确地反映了抗击非典最关键时期全国高校的应对情况，为维护高校乃至整个社会的正常运行做出了巨大贡献。那时，因非典蔓延也有媒体机构新闻采编人员拒绝出采访任务的情况发生，与此形成鲜明对比的是，咱们节目组的同学多次要求到抗击非典一线、到隔离区拍摄，为赶播出有时连续三天白天拍晚上剪，不眠不休。

回想这些点点滴滴，我既心疼，又骄傲，心疼同学们无私的付出，为学院培养出如此执着、敬业的媒体人深感骄傲。如今和故人回忆这段往事，大家记忆最深的，是高晓虹老师每天指导采编工作之后急忙赶回家煮一大盆鸡蛋，桂笑冬、于然老师那时还是本科生，他俩要负责把鸡蛋发给大家。现在每次听他俩回忆说“每天吃茶叶蛋，红皮的，真好吃”这句话的时候，我知道，《校园真情》留下的那种心疼而又骄傲的感觉，已经种在学院每个人的内心深处。

今天和 17 年前相似，又不同。不同的是，这一次，我们在空间上不能肩并肩面对疫情。但是，只要我们的心在一起，我相信，我们这个集体就有更加坚定的信心、决心和勇气，去赢得疫情防控最后的胜利。那时候，我们今天的紧张和焦虑，都会付秋月春风的笑谈而去，而今天的真情和牵挂、信心和勇气，都会成为我们每个人内心深处最珍惜的财富。

学院等你回来，等冬天过去，等春回大地，我们一起，再扬帆起航，不负韶华。

秦瑜明
中国传媒大学电视学院教授
2020 年 2 月 2 日

［生］ 我和新型冠状病毒肺炎的距离

各位同学们：

大家好！

我没有感染。直到除夕前夕我都觉得自己跟新型冠状病毒肺炎没什么关系，相信大多数人和我一样，直到“禁足”和“口罩脱销”，才被拉近了和它的距离。

我的家乡扬中市位于江苏省镇江市，是扬子江中的一座小岛。出岛的轮渡和大桥实行人员监测，公共交通停运，小岛已经进入半封锁状态。所有企业复工时间延期到正月十五以后，非生活必需品贩售商铺被关了大半，饭店停伙，只有零星超市和药店开放。市中心的大型商场“通达”及其一楼的 85℃蛋糕房还在营业，但是“通达”几乎没有顾客，每个柜台仅有一二值班人员，戴着口罩，十分安静，不复往日热闹景象。

扬中是一座太平岛，全市人民在同疫情做斗争。

截至目前，镇江仅确诊 3 名病患，未有死亡病例，病毒尚未危及扬中人民。涉及节前有武汉经历的市民，被政府和医院进行了隔离和监护。

偶尔出门，所在小区的每个分区都只有主门开放，进出登记。各种防控疫情的标语覆盖大街小巷，药店门口贴出没有口罩和酒精的公告，双黄连也在一夜之间售罄，而目之所及口罩的覆盖率能超过 8 成，人与人的距离超过 1 米。

乖乖待在家里也能感受到疫情的严重。专门增派的巡逻车从早上 8 点开始，用大喇叭宣传防控疫情的措施及重要性。打开电视和手机，铺天盖地的消息不断提醒人们外面的世界仍不安全，但我们的祖国足够强大。

我十分敬佩一线的医护人员和媒体老师，无论疫情如何变化，你们一直坚守岗位，为生命和真相拼搏，你们是英雄，祝你们平安！也许以后我也会成为一名记者，冲锋在现场，希望到时我能不畏艰难，奋战一线，践行“为党和人民牺牲一切”。

我和女朋友彤彤的家车程只有 30 分钟，这场疫情将我们的距离拉得比从北京到上海还远，我很想她。这个冬天很冷，等到春暖花开，疫情结束，我定要去拥抱她。

希望不断能有好消息。

中国加油！我爱这个世界！

2018 级互联网信息　陆泓宇

2020 年 2 月 2 日　写于江苏扬中

[师] 无用之用 方为大用

亲爱的同学们：

大家好！

今天是正月初十了，数九寒天中五九的第八天，也是个星期一。估计很多同学都已经对日期不敏感了。毕竟待在家里的日子，似乎对时间的概念正在逐渐淡漠。大家计时方式应该转换成了上午、下午和晚上，或者睡觉时间、吃饭时间、娱乐时间。不过，我想跟大家说的是，你有没有学习时间？

估计本科的同学们最近已经开始被我们各个专业的“学习计划”折磨了。学院之所以制定了“日更”的学习计划，就是为了保证同学们在每天的时间表里添加一个“学习时间”。昨天，学校教务处已经下发了可能推迟开学的工作安排，这其中就包括将春季读书周提前到二月份执行。这恰恰和学院刚刚下发的“读书计划”不谋而合。很多同学可能对“被安排”很不理解，其实这恰恰是走过了人生的“大学时光”的老师们，在用自己的人生经验给年轻人一个走“捷径”的机会。我们只是希望大家“只争朝夕，不负韶华”。当然，有的同学觉得：我已经有了自己的安排，我其实一点儿都不闲，老师们给的计划对我来说没有意义。这真的说到点子上了。其实我这封信就是想要说说“意义”这件事情。我的教学生涯是从2000级同学开始的，如果按照“三年一代沟，五年一鸿沟”来分析，我至少跨越了4个鸿沟来跟同学们沟通。与曾经的70后、80后不同，甚至也不同于90后，千禧年前后出生的大家，明显对自己的未来有了越来越明确的目标，也具有很强的执行力。我也越来越感觉到同学们日益清晰的“群落观”，就像大数据定制式传播带来的信息茧房一样，我们越清晰地知道自己要什么，其实就越抗拒自己不要的东西。我们把自己放在自己认定的位置上笃定前行，其实恰恰缺少了“容错”能力和“试错”机会。世界那么大，你难道真的不想去看看吗？不能接纳，就意味着不能得到。扯远了，回到我们说的学习计划。为了给同学们制定学习计划，专业负责老师真的是几易其稿，版本号大家都能看得到。专业学习真的需要专业的态度，也需要专业的人做指导。为了这个计划，我们在书目中特别强调了学术性的书籍，由学院学术大咖吴炜华老师亲自挑选；为了强调“专业”，专业书目和片目都是由各专业负责人分别制定。当大家“日更”学习的时候，老师们也在“日更”。

反馈和指导，将互动进行到底。如果同学们觉得压力有些大的时候，想想看老师们压力更大。毕竟大家只是一个人，而老师们面对的是一个班级，一个专业。从教这些年来，我才逐渐体会了高晓虹老师的那句话：“教育是不求回报的。”我们的付出，只要同学们能够有所收获，便是值得的了。

所以，说到“接纳”，大家要接纳的是专业老师对专业的指导；大家要接纳的是你可能不知道的学习的未来；大家要接纳的是对不确定的事物要有接纳的态度。这让我想起校友白岩松在厦门大学“阅读与人生”交流会的主题演讲。他说，当用“坚持”这样的字眼去说读书时，已经坏了，读书是一种乐趣。读书不是为了有什么用处的，学习其实也是一样的。无用之用，方为大用。如果你能够去享受这个过程本身，便可以享受“日日是好日”的境界。前两天，我看到关于这次疫情的一篇文章。它说，这是整个中国社会的一次急刹车，因为人生需要按一次暂停键，让自己疾驰的身影得到一点儿喘息。其实，喘息不是为了停止，喘息是要让自己静下来思考，或者取消惯性推动，重启自己对这个世界的认知。B 站 2020 年跨年音乐会的关键词就是“破壁”，直接带飞了它自己的股值。如果二次元都要融入三次元了，我们也希望同学们能够从自己的生活茧房里面冲出来，在这次按下暂停键的时间里，享受学习的乐趣，享受“无意义”的大用。

孙振虎
电视学院副院长，教授、博士生导师
2020 年 2 月 3 日

［生］ 山川异域，风月同天

——湖北加油，春天就要来了

亲爱的同学们：

今天是正月初十，明日就要立春了，相信春天也正用尽全力，在赶来的路上了。

2020 年的春节，是令你我、令所有中国人都难忘的春节。每一个人、每一个家庭、每一处角落都在关注着疫情。相信我们一样，每天都在各类

媒体上密切关注着疫情的发展，我们会跟着坏消息一起揪心，跟着好消息一起兴奋，无论我们身处中国的哪一座城市，我们都在心底共同为这场没有硝烟的战役捏着一把汗！

有武汉的同学说，他感到害怕，从没见过这样的武汉。但他也说，谢谢所有人，谢谢那些向武汉、向湖北伸出援手的兄弟省市以及对华友好的国家。虽然我的老家辽宁不在这场疫情的核心区，但我依旧能感受到这场战役的严峻，也能感受到有多少人在为这场硬仗拼命。街上的人很少，高速关卡要量体温，超市买菜前必须排队消毒，甚至有人开玩笑说能拎着口罩和双黄连“拜个年”都算是生死之交。但是没有人在这样特殊的情况下抱怨，大家都自觉隔离，排队消毒，社会生活秩序井然。除夕夜，我在朋友圈看到有亲友主动加入陆军军医大学医疗队出征武汉，他说：“危难时刻，总有人逆向冲锋。”他们也都有自己的孩子、伴侣、父母，而这一刻他们却选择成为更多人的守护者。有这些义无反顾的人们赶赴第一线，我们紧张却也安心。

17 年前的非典，我们许多 90 后还是小学生，甚至在上幼儿园。当年稚嫩懵懂，还不能成为“众志成城”的一分子。看到老师在信中写当年的那场战役里，学院许多老师同学在为防抗非典一线助力，我由衷敬佩。17 年后，虽非人愿，但我们也庆幸能同我们的国家一起同甘共苦、共进退。所以亲爱的同学们，无论你有多么想见一见异地的家人师友，无论你将家里的大米数了多少遍，都请再耐心地等一等，在家中按部就班地完成一些论文、学习、工作，尽我们所能为这场战役减轻负担。

山川异域，风月同天。当春风再次吹来，当大江大湖复苏、大武汉的樱花再次盛开，我知道，我们一定会迎来最明媚的春天！湖北加油！中国加油！

2018 广播电视学研究生　邹佳丽
2020 年 2 月 3 日　写于辽宁大连

[师] 你在家里还好吗？

各位同学：

大家好！

这是一个让人不心安的春节，但也是一个让人成长的春节。

疫情来得太快，让人措手不及，也让人心烦意乱。但面对疫情，学校各方已经做了充分的部署和保障，我们所要做的，就是听从安排。在这场没有硝烟的战争中，保持秩序就是最佳的战斗状态。众志成城，灿烂的明天就会早日到来。

我现在作为学院学生数据、教师数据上报的责任人，每天晨午收到的各位老师、各个班级发来的“无发热”三个字，就是最好的消息！祝愿全院近1300名师生每天都健康平安。

没有什么比生命更重要了，尤其是风险在你无法预测的地方。疫情唤醒了对生命的珍视和对自然的敬畏。不要因为距离的远近，而误判自己的风险指数，你只要是人，就有社会性，你就不是孤岛，所以，请记得做好防护措施。

记得刚有互联网的时候，不少人质疑，互联网技术的发展会降低人际交流的深度和质量。“何当共剪西窗烛，却话巴山夜雨时”“烽火连三月，家书抵万金”这样的高光共情时刻，会随着一个回车键消失不见。但事实上，正如约翰·来比斯特在《大趋势》中所说：高科技与高情感会达到平衡。在抗击疫情这场没有硝烟的战争中，借助高科技，我们天涯共此时：电视学院与你同在，老师与你同在，同学与你同在。

我也借这个时机，和大家聊聊，在这样一个春节中，如何让自己成长。

在你们过去的日子里，可能从来没有遇到过这样的时刻——被动地宅在家中，没有面对面的嬉闹，没有自由的户外行。不少人觉得无聊，各种段子、各种搞笑视频层出不穷。成长首要学会的就是与孤独相处。孤独是人生的一剂药，用好了是一剂良药，用不好就是一剂毒药。我们很多人都喜欢与亲朋好友一块儿游玩、看电影、聊天、游戏等，寻求乐趣，释放天性。我们也常常觉得，在做这些的时候，时间过得很快。这是人的天性。而成长往往是逆天性的，成长需要克制，需要投入时间在独处上。人生很漫长，大学不是人生的终点。为了让自己以后的路走得不太艰辛，不妨把这段时间，当作自己与孤独相处的学习时间。比如试着做一下以前想做但一直没有时间做的事情，比如深入研究一下盘桓在你脑海里的问题，比如读一本喜欢的书，甚至可以利用这段时间，给自己心仪的人，写出饱含激情的文字。只要你有静心时刻，就不枉这段宅着的时间。

成长还要学会独立思考。越是关键时刻，越要独立思考。灾难面前，总会有各种原因引起的各种乱象，或恐惧，或惑众，或利益驱使。人很容易陷入群体的无意识中，容易人云亦云。在这个时刻，我们不妨慢一些，把事情的逻辑想透，再下结语。你们可还记得那些反转的新闻？有时我们慢一步，就能得到截然不同的结果。这个社会有时走得也太快了，大家根本来不及思考，很多事情就发生了。社会这次“急刹车”也给每个人足够的时间沉思，给每个人足够的时间回望。审视自己的生活方式，审视自己的饮食习惯，审视自己对万物生命的态度。

还有很重要的一点，成长要学会和家人相处。家人是生活中最重要的一部分，他们是不求回报的甲方，是你人生重要时刻的见证者，共处一个时空，你和家人的交流还好吗？就如我一直在思考，如何做一个可以跟孩子心平气和相处的母亲。但曾有人说：所有母亲和孩子的相处，都离不开两种宿命——从相杀到相爱，从相爱到相杀。亲人的相处，确实需要一个度。离得远，感觉不到温度；离得近，又容易彼此厉害。在一个空间里待得久了，需要各种生活方式、生活观念达成和解。家里真的是一首锅碗瓢盆奏鸣曲，奏出的都是一地鸡毛。如何在这些鸡零狗碎中，还保持自己的格调，有格局有情怀，睥睨新闻传播业界学界动态，同时和颜悦色地对待庸常生活，更需要修炼和智慧。“躬自厚而薄责于人，则远怨矣。”希望遇事先反省自己，少指责他人。“色难”应成为自我的一种追求。

PS：没有你们在，学校少了一些生机。学校也建了隔离房间，食堂的师傅每日上岗需要佩戴口罩。本科生、研究生都千万不要私自返校哦！因为返校已经不是你个人的事情了，你现在是战疫中的一员，服从指挥，是组织对你的要求。如果有实习、拿重要材料、办理签证等事情，请你先跟辅导员、班主任、导师沟通，看能不能协调解决。如果确实有困难，请与我联系，我们一起来探讨解决方案。

你若安好，便是晴天！

程素琴

新闻传播学部综合办主任

2020 年 2 月 4 日

[生]　在此刻，看乡土中国

各位同学：

大家好！

今天是 2020 年 2 月 4 日，农历庚子年正月十一，今日立春，春木之气始至，愿山河无恙，人间皆安。由于疫情的影响，我所在的豫东乡村一直处于严格管控状态，出入乡村的各个路口都设置了专门的防控人员值守，村里的大喇叭和县里的防疫宣传车也都不停地循环播放疫情管控通知和注意事项。疫情发生之后，河南“硬核防疫”屡上热搜，大家可能通过各大媒体平台看过河南省一位村支书广播喊话的视频。这种事，每天真实地在我的身边发生着，让人觉得好玩，更让人觉得心安。

回想起来，对疫情的警觉和严格的防控几乎是随着春节一起来的。1 月 25 日，大年初一，上午整个村子还沉浸在新春来临的祥和之中，大概是下午 3 点半左右，县城疫情防控宣传车的广播声率先打破了过年的平静，随后各级媒体的报道也让村民逐渐了解到疫情扩散的严重性。到了大年初二，按传统习俗该是回娘家的时候，我爸妈一大早就开始张罗款待姐姐、姐夫一家的午饭。临近中午姐夫打过来电话，我们才知道他们那边的村庄已经封路，大家都不再走亲访友了，很快我们村里也开始广播道路封闭的消息。疫情防控期间，我们河南全省针对疫情的快速反应和防控措施获得广泛好评，身在河南乡村的自己可以说有更切身的感受。我想这些做法一定有助于控制疫情的传播，也能为以后公共卫生紧急事件的及时应对和有效处置提供更多借鉴。

我的发小范愉快是村里的医生，作为专业医护人员，他这些天一直在村西头的路口值守，不忙的时候常会在微信群里发一些疫情防控信息，以及疫情防控登记流程、值守见闻之类。据他介绍，每次给来的人测量体温之后需要依次询问以下三个问题：1.“你姓啥？”；2.“你是哪个村的？”；3.“你从哪里回来？”。这是一个非常有意思的顺序，从中可以看出，当下中国乡村最重要的关系，仍然是血缘关系和地缘关系；再结合河南硬核防疫广播所取得的良好传播效果，思考和分析其背后的原因，我觉得会大有文章可做。上学期开始，我有幸在学院参与国家社科基金重大项目子课题《县级融媒体中心建设与提升基层社会治理能力的策略研究》。从这次与疫情相关的信息传播的角度看乡村媒介生态的变迁，或许能为课题研究提供更准确的切入点。

最后，祝同学们平安顺遂，希望春暖花开时，我们电视学院再相聚。

2018 级广播电视学　孙书礼

2020 年 2 月 4 日　写于河南睢县家中

[师] 时间：敌人或是朋友？

亲爱的同学们：

见信如晤！

从窗外望去，今日的大街，一如昨日，依然空旷得令人窒息。平素热闹喧嚣的都市，好似冰冻一般，瞬间冷却了下来，时间仿佛在此刻静止了。

今天，我想和你们聊一聊“时间”这个话题。

时间，比以往任何时刻都更加弥足珍贵。我们正在经历疫情肆虐这一艰难时期，举国上下，命运与共，无不期盼疫情早日平息，无不渴求暖春早日到来。我们深知，这是一场时间的较量。新冠病毒传播的速度非常快，潜伏的周期相当长。疫情如暴风骤雨般席卷南北，让人闻之色变。我们深知，这是一场与死神赛跑的战疫，只能赢，不能输，时间就是生命。在一个个鲜活的生命面前，我们都祈盼：病毒传播得慢一点、再慢一点；药物和疫苗的研发快一点、再快一点；治愈的病人多一点、更多一点。

这些都是我们对于时间的期许。当然，我们也理性地看到，赢得战疫需要时间，人类作为大自然中的一员，须遵循时间的规律，落木萧萧，长江滚滚。幸运的是，时间的奥妙还在于，我们可以运用智慧，用空间来换取时间，以及通过改变社会时间来赢得自然时间。

我们先来谈谈空间与时间的关系。现代社会，科技进步极大地压缩了空间距离，也改变了我们的时空感知。运输技术的变革早已让“朝辞白帝彩云间，千里江陵一日还”成为现实，信息传播技术的飞跃亦将我们带入了“交往在云端”的世界。正因如此，我们感知的世界越来越小，我们体会的生活节奏则越来越快。

按德国社会学家哈特穆特·罗萨的话说，现代社会是一个“加速社会”，其中包含的基本逻辑是：首先是科技加速，也就是我们刚刚谈到的科技进步，其改变了时空的意义；其次是社会变迁的加速，我们感知的“当下”时态在不断萎缩，各个事物的时效性都在缩短；再者是生活步调的加速，多任务成为常态，这就造成了时间的匮乏，反过来进一步刺激加速科技的广泛使用。于是乎，上述三个加速不断循环，构成了一个加速社会。

那么，我们当下面临的重大问题是：在加速社会遭遇传播性极强的新型冠状病毒时，疫情的传播以人为纽带，不仅在时间上加速，而且在空间上压缩，进而带来全局性的影响和危害，我们应该怎么办？这时，我们需要让加速的社会“减速”，暂时性地关闭一些功能，以修复被疫情损伤的社会机体。如果从这个视角审视，我们个体的足不出户，安居于家庭空间，正是利用个体空间的分离来重建社会空间，让被压缩的空间舒展开来，延缓病毒蔓延的速度，为抗击疫情赢得宝贵的时间。我想，这就是用空间来换取时间的一种解释，或许有不得已而为之的难处，但难道不正是我们在危难时刻的时间智慧吗？

我们再来看看什么是社会时间。日出日落、春夏秋冬是客观的自然时间，但是时间还具有社会性。一定意义上来说，时间是社会的产物。举例来说，八点上班、六点下班，元旦、春节……这些都是社会的规定，我们在某个具体的时间点共同来做某事或参与某个仪式，从而让社会得以有效运转，人类的协作得以达成。在信的开头，你们可能会觉得时间是一个比较抽象的东西，那么读到这里，大家已知道，时间之于社会生活意义非凡，它规定了我们何时做何事，协调我们的社会行动。社会学将这种时间现象称之为“社会时间”。

我们要进一步思考的是，在疫情迅速蔓延的当下，我们应该如何行动。除夕前，返乡游子准备启程，千家万户张灯结彩，我们即将迎来春节这一重要的社会时间，新冠疫情却突然爆发。如果仍然按照既定的社会时间安排，那么大范围的人群流动不可避免，疫情的蔓延势必难以控制。好在我们迅速调整，延长春节假期，延迟大中小学开学日期，并取消聚餐聚会等人际行动。调整社会时间的目的，在于改变我们的当下行动与预期，切断病毒的人际传播链条。因此，我们不必为社会时间的改变感到忧虑，这是非常时期的另一种时间策略。

写到这里，我们要看到，个体时间的调整并不完全一致。我们要致敬那些奋战在抗疫一线的医务工作者，往疫区逆行的志愿者，不惧风险、敢于担当的其他行业的工作者……灾难面前，他们“虽万千人吾往矣”，放弃自己的社会时间安排，争分夺秒，为战胜疫情赢得时间。

这封信就要落笔了。今天，我们透过时间的视角，尝试解读与理解当下发生的一些现象。如果说上述简要的分析对你们有所启发的话，那么接下来各位可以利用今年寒假这一社会时间的调整，对该问题做进一步思考。最后，两本书推荐给大家：一本是罗萨的《加速：现代社会中时间结构的改变》；另一本是郑作彧的《社会的时间：形成、变迁与问题》。

春暖花开，一定再见。祝安好！

涂凌波
电视学院广播电视学系主任、副教授
2020 年 2 月 5 日

[生] 待到樱花烂漫时

亲爱的同学们：

提笔先祝“鼠”你健康！这是在抗疫阻击战中发乎内心的一句祝福！

身在山西，却心系武汉、心朝湖北。从家庭的角度来讲，舅舅常年在武大工作，弟弟妹妹均在垂髫之年，牵之挂之是人之常情。我仍记得江城多山，珞珈独秀，三月光景里，最美的不过是武大的落樱。从社会的角度来讲，防疫工作众志成城，“一方有难、八方支援”是每个中华儿女最朴素真实的情感。对于这些天的所见所闻所想，我愿和大家分享三个词。

第一是聚焦。当电视画面定格在防疫第一线时，我们发现越来越多的良医和记者用真实架起一座桥梁——让言说者不空谈，让主事者不麻木，让刚烈者不偏激，让脆弱者不沉沦，让大家知道彼此的心事，也明确自己的方向。

第二是转变。我们理应将焦虑转化为行动力。防疫工作走到哪一步，不是想不想的问题，而是取决于我们愿不愿意持续干。春节拜年传统方式也发生转变：视频通话可以送去祝愿，不聚餐、不聚会，亲情依然常驻；不出街、不串门，友谊依然长存。

第三是素养。在全民提高媒介素养的今天，我们理应审慎看待失实信息，提防真假参半、蛊惑人心的不良信息。疫情的控制需要时间，舆情的

平缓也需要时间。没有扎根的时光，不会有瓜熟蒂落；没有滴水的执著，不会有水到渠成。务实求是会让我们放下脆弱与虚妄，练就新闻人的“火眼金睛”。

生命的历程中，总会经历一段梅雨时节。但是，客观规律就在那里，梅雨总会止歇，疫情也一定会过去。天空大大方方地蓝着，平安返校后，我们又会听到舒畅的笑声，看到问候的眼神。我也盼望，待到樱花烂漫时，再去看一场樱花雨。

前路有风景，不辜负人！

2018 级国新班　王鹏宇

2020 年 2 月 5 日　写于太原家中

[师] 心态要崩?

亲爱的同学们:

见信安!

最近这些日子，我每天醒来都会拿起手机，习惯性地看一眼最新的疫情数据，然后思考三秒，接着再继续睡上一会儿。这一点，我想可能你们和我一样。

疫情当前，人们有一切理由紧张起来，也绝对应该严肃面对，严阵以待，且不可掉以轻心。这点没什么毛病。同样，对于媒体（包括自媒体）而言，需要完成内容生产并传播消息的天然属性决定了它们需要在这种突发事件中有所表现。有人说历史就是一个任人打扮的小姑娘，我要说的是，在这种突发事件之中，所谓真相，对于媒体而言又何尝不是另外一位同样的芭比娃娃呢？

在我家小区的邻居微信群里，这些天我爱上了辟谣这件事，想来也招了个别邻居的怨恨。说实话，我从来没觉得辟谣这件事原来可以如此痛快。其中的快意倒不是获得对传谣人“实锤打脸”的快感，重要的是让这个群里那些“沉默的大多数”逐渐敢于走出沉默，从简单附和到主动发声，让更多的邻居与真相和理性站在了一边。

比起当年的非典，这 17 年前后最大的变化之一应该是我们今天拥有了太过发达的移动社交媒体。谣言是人类社会自古以来一直存在的事物，也是人类社会发展至今正常存在的一部分，它反映的是社会公众的一种集体行动，是一种焦虑、关切或者集体抗议的体现，但谣言始终在很大程度上影响正常生活。今天，在任何一起突发的公共事件中，我们接触的信息总量（包括谣言在内）已经远远超过了人类个体所能容纳的极限。我们需要明白的是，由于信息传播的放大效应，我们接触的信息有很多是冗余的杂质信息、重复信息和干扰信息，所以我们更是不得不在这些信息中做出选择。从大量突发事件的舆情分析中，我们发现它们同样适用二八定律（还有人会采纳 1/9/90 定律）。换句话说，大多数人接触的信息绝大部分是相对核心事实而言的干扰项，所以需要我们自己在每天海量信息面前保持冷静，不要被这八成不可靠或者并非直接相关的信息影响从而产生不必要的焦虑。

让我们梳理一下已经确实的消息基本面：

1. 传染性比 SARS 强；2. 毒性比 SARS 低（现阶段）；3. 病原体已被确认，用于疫苗生产的种子毒株已被分离出来；4. 包括湖北省在内的全国人员流动及核心疫区的进出极大受限；5. 全社会动员并加强溯源排查，密切接触可追溯；6. 湖北以外地区病死率与普通“甲流”相当；7. 治愈人数超过死亡人数，三日前呈现出积极信号的上行交叉；8. 股市开市仅首日暴跌后，第二日开始即出现连续强势反弹；8. 人类对病毒的认识尚不充分，病毒依然可能变异。

这些消息并不够多，拼出的图案也未必算乐观，但足以看到信心和希望。

遥想17年前的非典，由于缺乏人手，中国教育电视台节目日常播出告急。在高晓虹老师的带领下，当时还是学生的我们一起奔波于校园内外，每天连续制作反映首都高校师生一齐抗击非典疫情的专题节目《校园真情》。今天想来，那些戴着口罩与护目镜、扛着摄像机穿梭在北京街头制造正能量的日子，现在想来值得说上一辈子。多难兴邦，多难也可以树人。

前日立春，再过不久东配楼前的玉兰花也要开了。但也希望你们能坚持忍耐，减少流动，听从学校和学院安排。今早的北京下起了春雪，我起床数了一下抽屉里的口罩，还剩三十二只。

不多，但我相信够用了。

叶明睿

电视学院视听传播系主任、副教授

2020年2月6日

[生] 愿相逢于春天的白杨树下

亲爱的同学：

见字如面，愿你们一切安好！

今天是2020年2月6日，农历正月十三。昨日一场春雪悄然降临北京，我们美丽的校园穿上了洁白的衣裳。学校官微发布的雪景图，不禁让我们回忆起昔日校园里普通而美好的时光。在这特殊的日子里，钢琴湖畔的白杨垂柳，明德楼和博学楼的琅琅书声，电视学院那熟悉的石头、热情好客的“小传”，学校食堂特有的“中传肉饼”……常常萦绕脑际、引人怀想，当然，最想念的还是校园里老师和同学们亲切的笑脸。

再过两天就是正月十五元宵节了。往年这个时候，我们都会怀揣对春天的向往，将美好的愿景融入元宵祝福的字里行间，也开始收拾行囊，准备返回学校，开始新的学期、新的梦想、新的拼搏。可是，今年由于新冠肺炎疫情，我们的开学时间只得延迟。

这些天，相信同学们和我一样，每天清晨打开手机，怀着紧张而又焦虑的心情，查看确诊人数，阅读前方报道，致敬白衣天使，感佩新闻战士，为国家力量自豪，为悲欢离合泪目……我们不只有对疫情未知的忧虑、对亲朋不聚的遗憾，还有对自己闭门家中无法报效国家的无力感。我们不是走入职场的记者，不能冲到前线，把最新最准的信息传达给社会；也不是医学专业的学生，可以将医疗卫生知识向周围人普及……但是，在疫情汹汹、大敌当前的日子里，在鱼龙混杂、谣言四起的舆论场，作为传媒大学的学生，我们应该做权威消息的转发者，而不应成为谣言的传播者。我自己正在响应学校的号召，参加“抗击新冠肺炎疫情，中传人在行动”作品征集活动。我想，这也是我们作为传媒专业学生能做的微小但有意义的社会贡献。

每临灾难，我们难免见到人性的丑陋，但感受到更多的是人间的温暖。17 年前，非典时期，是医护人员不惧风险，冲在前线；今天，当新冠病毒蔓延中国，依旧是他们，舍小家为大家，用专业的知识、负责的态度和不懈的精神，昼夜奋战，与病毒殊死搏斗。向他们致敬！

“白雪却嫌春色晚，故穿庭树作飞花。”此刻，我们熟悉的校园银装素裹，等待春天的到来。黑夜无论怎样悠长，白昼总会到来，到那时，愿与书本为伴，我们相聚于白杨树下、大阅城中。

2017 级国新班　周梦蝶

2020 年 2 月 6 日　写于北京家中

[师] 面对疾病

亲爱的同学们：

今天是正月十四，庚子新年过去了 14 天。对于刚刚度过华夏大地上这个特殊春节的很多人来说，这是一个可以为之庆幸的数字。从开始在惊愕、紧张、担忧的情绪中居家隔离，到逐一破除 7–14 天“潜伏期焦虑”，有的同学已经开始抱怨宅在家里的时间太长。我想跟大家说的是，安下心、沉住气，何不保持这种最简单和安全的方式远离危机，并把人生中这段难得的光阴，作为学习、提高和进步的最好时光。

相信对于大多数身体健康状况很好的同学而言，“此疫”之前，医院和疾病离自己的生活空间都非常遥远。疫情突如其来，多类媒体各类疫情信息铺天盖地，各地动态数据也成为最牵动人心的生命字符，实实在在地影响人们的日常生活和行为方式。在这样的环境中，今天我想和大家探讨的问题恰恰就是：如何面对疾病和关于疾病的信息？

在科技和医学十分落后的古代社会，人们认为疾病源于“身体的失衡”，进而延伸至“行为的失当”。这种基于古老医学经验的朴素认知，实际上传递出尊重自然、尊重规律的平衡观念，至今仍体现在传统医学和现代临床医学的一些诊疗方案中。从 8000 年前人类开始驯化动植物开始，来自野生世界的病毒和细菌就与人类社会发展如影随形。从我们耳熟能详的 H1N1、SARS，到正在肆虐的新型冠状病毒，都能找到其在家禽和野生动物界的宿主。隔离（Quarantine）一词并非新造，早在 14 世纪，人们使用这个方法防疫谈之色变、消耗了几乎三分之一欧洲人口的“黑死病”（鼠疫），现在，它仍然是抵御传染疾病的最有效方法。这带给我们的反思，就是要回归更加健康、更加科学的生活和行为方式。

那么，作为传媒专业大学生，我们怎样去面对关于疾病和疫情的信息呢？现在我们身处的媒介环境，与 17 年前 SARS 时期相比已经发生了巨大变化。在朋友圈里我还看到有传媒业的朋友感叹消息来源的过于庞杂和不确定，“怀念守在电视机前看官方通报的时代”。的确如此，社会心理学的睡眠者效应（sleeper effect）告诉我们，谣言的反复传播加上时间间隔，会使人们逐渐忘记传播的来源是否权威可靠，而只保留对内容的模糊记忆。要知道，对于兼具社会性和政治性的疾病话语，具有不同趋利目的的各色偏向信息会以不同方式见诸新兴媒体。对此我的建议是，通过主流媒体和主流媒体的报网端微获取信息。保证信息来源的“路径正确”，是大家作为未来媒体人应该具有的基本专业素养。

疾病并不可怕。从历史上看，人类社会每一次与疫病的斗争，都能带来社会进步和健康状况的改善。19 世纪霍乱在亚、非、欧、美的世界性大流行迫使人们注重水源、食品、环境等卫生状况，促成了公共卫生学的建立。2003 年春夏之交的非典疫情，推动了我国《突发公共卫生事件应急条例》的颁布。就当下而言，我们通过新闻媒体看到无数医生、战士、记者再次奔赴一线、舍身忘我、可歌可泣的故事，是他们在最艰难的地方为我们抵御危机和分担焦虑。而我们，只需要用正确的方法和坚定的信心，“守住”这段难得的时光。

信的最后，我想向大家推荐与疾病和医疗议题相关的一篇“小文”和一部“大片”。文章是苏珊·桑塔格的论文《疾病的隐喻》（当然，她1977年出版的《论摄影》也是值得品读的经典之作）；影片是央视2019年制作的大型纪录片《手术两百年》。希望能带来启发和思考。

万物有理，四时有序。待到春暖花开时，我在核桃林等你们回来。

陈欣钢
电视学院电视摄影系主任、副教授
2020年2月7日

［生］ 愿春暖花开　阳光普照

亲爱的同学们：

大家好！

不要出门！原谅我以这样直白的方式开场，但当前正值疫情防控的关键期，疫情防控是一场人民战争，不出门就是对社会负责，对他人负责，也是对自己负责。越是疫情防控的紧要关头，越要做到尽量不出门，天气虽放晴，疫情仍严峻。今天是我没出家门的第10天，每天靠刷微博得知外面世界的消息，看到后心里却五味杂陈，真像网上段子描述的那样：看到吃野味的就气死了，看到感动的又哭了，看到段子又笑了……

我的家在内蒙古。前些天，《新闻1+1》中报道的“无人机喊话”一

事就发生在我家附近。作为最后几个被发现疫情的省份，在出现第一例确诊病例的时候，政府第一时间启动一级响应：将各盟市、区县、村镇都实行封锁，居民进出小区须登记测温，除超市外所有公共场所暂停营业。这些举措虽给市民生活带来诸多不便，但却多了一份安心。都说内蒙古偏远落后，医疗条件不好，但政府在这次应对疫情中的举措，更加深了我对这片土地的热爱。

我刚刚得知当医生的高中同学几天前递交了参加支援武汉医疗队的申请书，他说“这是我应该做的，是我的职责”，我不禁动容。在这被疫情阴霾笼罩的日子里，医务人员、民警乘务、环卫工人……正是因为这些城市中最美的“逆行者”坚持奋战在一线，才有社会的正常运转。亿人一心，我们向你们致敬！请一定一定保护好自己。二月已来，春天不远，我们坚信逆行者们必将凯旋。

同时，我也试着问自己，在家中的我们，能做些什么？除了向疫区捐款、时刻关注疫情信息、利用专业所学为武汉加油打气，还可以利用这段时间沉淀下来，制定学习计划，整理思绪，补齐平日里遗漏的电影、书籍、综艺，为自己充电。更为重要的是，不聚会、不串门、不出门，改变就是我们战胜疫情的开始，也是我辈的职责所在。

最后，想对我的朋友们说，等我们再见面时，一起晒晒太阳拍拍照吧！想吃最辣的火锅，想喝最甜的奶茶，想在操场上吹吹晚风，想大口呼吸新鲜空气，想和你们面对面聊聊天，想一切如常……

我相信雾霾终会散去，这段不太轻松的旅程终会结束，愿万事顺遂，春暖花开，阳光普照。

2018 级广播电视电视编导　李超鹏

2020 年 2 月 7 日

[师] 生命如露似电，我们选择有序与有情

亲爱的同学们：

这段时间老师们每天写一封信，同学们说，鸡汤呀！鸡汤虽浓郁，但暖身去寒啊。今天这碗鸡汤，由我来端出。

前两天北京一直下雪，大雪覆之以白，这个冬天似乎漫长了些。去年春节，《流浪地球》中预言的苍茫大地下人类社会集体逃遁、治愈的景象尚在眼前，伴随着远方硬核机械轰鸣下的中国速度，伴随着诺亚方舟方舱医院开始收治病患，一切以不可预见的魔幻方式照进现实，我们猝不及防。过去十多天，和每一个热爱国家、关心家人的人一样，我们每天不停地刷微博微信朋友圈，不停地看各种消息和报道，心情也轮番在各种状态里切换，从一开始的惊慌、疑虑、不安，到为了任何一点点正面的进展而欣喜、振奋、鼓舞，再到为了那些困于病痛之中的人和他们的亲人伤心、揪心和牵挂。同样，我们也有很多疑惑，以及因为这些疑惑暂时无法得到解答而产生的难过。世事无常，但借用一位老师的话，生命如露如电，我们要坚持选择有序与有情。

首先是有序。因为焦虑只能徒增烦扰，实无助于解决问题。应该承认，“临危不惧”未必是人之常情，“临危而惧”恐怕才是更正常的心理反应。但“临危不乱”却是可以依靠后天修养的一股淡定。未来一段时间，我们都要适应在家学习和生活。我以亲测告诉大家，如果想吃就吃，想睡就睡，毫无规律，几天之后就会崩溃，你会更无聊、更疲惫，心中一团无名火无处释放。在这个国家和城市都按下暂停键的当口，更是我们每个个体沉静思考、蓄势待发的学习期，安静地读上一本书，能让自己一天都如沐春风、内心充盈。

当然我们无法两耳不闻窗外事，疫情是我们始终关心的焦点，从专业角度来看，我们又如何来面对这场灾难呢？我们每个人都有两个身体，一个在实体空间中存活，另一个在虚拟空间中存活。而本次疫情给了我们一个绝佳的样本，来观察当实体空间把我们关闭之后（我们每天只能客厅、卧室、厨房精品一日游），我们和他人在虚拟空间中的状态和行为会是如何，这对我们新闻传播专业的老师同学是非常有意思的话题。应该说，如果你以另一种眼光审视当前的防疫大战，你能看到这是一场特别生动的大课堂。全民观看慢直播、萌化推土机，这代表了一种怎么样的心理和情绪？一个信息化的时代，村落喊话的大喇叭为什么成为传递信息的强大媒介，这反映了怎样的基层治理和信息流通状况？疫情中的污名化、道德绑架、社会分化的现象有哪些？每天提出一个问题，然后思考一个问题，你会发现自己慢慢学会过滤无效信息、排遣不良情绪，思想的火花让自己更笃定。越是在泥沙俱下、众生喧哗中，越是需要这种独立思考的定力与品格，就像前两天回形针制作的科普视频，一种充满智识、平实的客观性是我们最缺的东西，而不是轻易地去批评，抑或轻易地去赞美。

其次是有情。除夕夜晚，一位新闻传播学者的公众号文章广为流传。他说，新闻学是人，是人文，是新闻观念。无论如何，新闻的本质，不属于技术，不属于资本，不属于流量，而属于关怀众生的崇高美德。我想不仅是对于新闻学科，对于任何人而言，这都是内心应该有的坚持。在灾难面前，最容易看清人性，也最容易看到人们内心深处的善良。那些工作到极限的前线医生护士，还有那些冒着生命危险最早奔赴前线、发出报道的记者们，都是以命换命为我们抱薪取暖的人。我朋友圈里就有很多这样的人，他们发动各种关系全世界搜罗防护用品，想尽一切办法把救援物资快速运到武汉。就连武汉城里因为主人被困外地而无人照顾的留守猫狗，都有志愿者帮忙上门喂食。一个个普通人被激发出来的朴素善意和执着勇气，构筑成真正的社会，“他们不是从天而降的英雄，他们就是挺身而出的平凡人”。在这里我无意煽情，像大家一样我也比较抵触感动体的宏大叙事，但这些天还是会被很多故事感动。感动不是讴歌出来的，而是人心向善的自觉。因为善良，我们为朴素的情感动容，于灾难前手足相抵、悲戚与共；因为善良，我们为医生守夜，发出“为众人抱薪者不可使其冻毙于风雪”的呐喊！因为善良，我们歌颂伟大的人格，批判从容的恶与不由分说的愚昧。每一次大灾大难，都是对全社会的思想文化、文明和爱的启蒙。在以后很长的一段时间里，这种正面的、健康的力量所带来的感动，将会持续地激励我。希望你也一样，不要让这一刻的些许失望转化成日后的冷漠，不要让这一刻的苦闷催生出将来的麻木，不要让热血冷下来。如果不够好，我们让它变好！

前两天我看有几位同学的朋友圈写着：“人类的悲欢并不相通，我只是觉得他们吵闹。”不错，这是鲁迅写的，但是鲁迅还写过一句话，“无穷的远方，无数的人，都和我有关”（以上两句话鲁迅表示他确实都说过）。疫情期间，我看到的最优美最温暖的文字就是那八个字——“山川异域，风月同天”。这是一个佛偈，山与川，都在地上，依附于地。而天上的风月，则不受此拘限，不同空间的人可以共见。正因为“风月同天”，我们才不受空间之限，心与心彼此照见。同学们，要知道疫情终会过去，那时我们会摘下口罩，去想去的远方，见想见的人，这将变成多浪漫的事呀！

今天元宵节，就祝大家平安顺遂吧。雪已融，回暖可期，愿美好纷至沓来。

丰　瑞
电视学院电视摄影系副主任
2020 年 2 月 8 日

[生]　我觉得不重启 2020 也行

亲爱的朋友们：

不知大家是否还安好？我在成都家中，一切还好，就是宅了不知多少时日，日记本落在学校没有带回，好在有此机会能够记录一些点滴。

今年的春节似乎比 2019 过得更没滋味。去年因为实习，在除夕深夜我才从北京飞回成都，第二天上午又坐动车前往老家重庆。今年则是因为这次疫情的爆发，虽然还是回到了老家一解乡愁，可那里的年味淡了许多，回来的人少了，待的时间也短了。

腊月二十九的时候，在武汉的堂妹告诉我：“哥，我明天就和爸爸从武汉开车回来。”但是在大年三十，收到封城消息的他们便决定放弃归家，避免传染。那时，相见的落空似乎比我去年除夕独自乘机的孤独更不好受。

大年初二，我回到成都，买完食材后便几乎不怎么出门了，每天除了吃和睡，就是看看新闻、热搜，然后给自己找点事儿做。前段时间，# 重启 2020# 上了微博热搜，看后心里有些难受。不过想想也难怪，年初疫情的爆发让全中国都扣紧心弦，几位名人的离世也让人始料未及，种种不如意如“屋漏偏逢连夜雨”般接踵而来，这样的 2020 的确不尽人意。

但我觉得，不重启 2020 其实也还行。

我们不是野比大雄，没有哆啦 A 梦的时光机。困难肯定有，焦虑不可避，但“万事开头难”，只有经历过“我太南（难）了”，才能发现背后的“真香”与那些值得珍惜的人和事。这次的疫情的确来势太猛、造势太烈，让我们有些难以招架，但绝不至于束手无策。想要重启，我想可能是因为缺乏直面困难和焦虑的勇气。

这几天有幸和学院老师、同学一起制作抗疫短视频，看着近 30 个省市的 150 余位同学发来的视频素材，我感触挺深。大家多样的祝福与相同的心意，让“遥远的心连成了一片”，让那一声声“武汉加油！中国加油！”显得更有力量和分量，也让我在制作时有了不同以往的责任感和使命感。相信这份由媒体带来的感动能够成为我们打赢这场疫情阻击战的勇气。

今天正逢元宵节，祝各位朋友元宵喜乐、团圆美满、身体健康，也祝大家在 2020 努力发现不重启后的“人间值得”。一切安好！

2019 级新闻与传播研究生　龙泠宇
2020 年 2 月 8 日　写于四川成都家中

[生] 待春暖花开　你我相聚

亲爱的同学们：

大家好！

今天是 2 月 8 日，农历正月十五。今年的元宵佳节，我想花灯可能看不到了，那我就请大家猜个灯谜吧。打一句祝福：“心上绿草原，两月手牵手。有头又脚下，一横半粒米。宝贝是女儿，一人搞建设，广头雪水下。”

以往的每一个元宵节，我们家都会处于忙碌之中，爸妈准备一桌丰盛的饭菜，而我会兴奋地买一个蛋糕回来，因为今天是我奶奶的生日，明天也恰好是我的生日。烟花绚丽绽放的时候，感觉就像全国人民都在祝我们生日快乐。而今年的元宵节，因为疫情的原因，街道上没有花团锦簇，灯光摇曳，甚至很多在湖北的朋友都没能在家中和家人团团圆圆。这一刻，与以往可能有众多的不同，但我相信你我都在心底深深祝愿着大家健康平安，祝福祖国早日恢复生机勃勃。

此刻，我远在新疆。疫情并没有在新疆迅速蔓延开来。我想这不是因为新疆地广人稀，而是因为一系列迅速展开的防控举措。拿我的家乡举例，宣传部门的行动就让我感到十分踏实。一开始，县城大街小巷都有店面播放着维汉双语的通知，对疫情进行了有效的宣传，让大家有了充分的认知。而后，每晚都可以听到村内传来的广播声，告诉大家要少出门、戴口罩。除了这些，我县的融媒体中心每天都会发布抖音视频，向民众展示我县为疫情防控做出的充足准备。这样有条理的举措让“如何说服爸妈戴口罩”的话题得以有效解决，同时能够安抚群众，避免在粮食供应等问题上造成恐慌。

每天待在家里，我想最有趣的时候大概是我和我爸分享新闻、一起探讨的时候。我爸天天都在说 2003 年的非典就是通过隔离控制住的，最后等到天气回暖，病毒才渐渐散去。作为一名曾经的药学学生，我深知药物从研发到生产需要经历一段漫长的时间，而我们防控传染病的时间却不可能有那么长。现在最好的办法就是隔离，隔离的核心有三条：一是找到和管理感染源；二是切断传播途径；三是保护易感人群。换一种通俗的说法就是隔离带有病毒的人群、避免聚集、做好自我防护。

这个春节是我们大家共同奋战的时候，我由衷希望每位同学都可以保护好自己，等到春回大地，等到疫情不再成为每天的热点话题，等到你我在学院相聚，让我们继续学习进步。

最后，愿朋友平安健康（灯谜谜底）。

2019级广播电视硕士研究生　汪　铭

2020年2月8日　写于新疆家中

[师] 在不寻常的日子中坚守“四力”

亲爱的同学们：

大家好。

今天是2020年2月9日，农历正月十六。年已经正式过完了，但我们的疫情抗击还没有结束。作为一个普通人，相信这段时间，你们和我一样，生活过得都不太“寻常”。同全国大多数人一样，我也已经把自己关在家里快半个月了；而在这个非常时期，作为一名从事新闻传媒教育的教师，我对一线媒体和记者的表现也感触很深。借此机会，我想跟大家分享两点个人感受：一是，如何体会与理解这段不“寻常”的日子；二是，怎样践行专业传播者的职责。

说实话，待在家里其实是相对安全的。但是，有的时候心情仍然不免沉重。除了对疫情肆虐的揪心与痛心之外，隐隐似乎总有一种“危机感”。这让我想到了英国社会学家吉登斯说的“本体性危机”（ontological security）。按照吉登斯的说法，我们每个人的日常生活都是“例行化”（routinized）的。如果没有这次疫情，无论是白雪纷飞还是初春暖阳，照往年，我们应该都在室外尽情享受。如果没有这次疫情，老师们已经开始为艺考招生做一些准备了，而你们也在尽力抓住最后的假期时光了。但是，这些“惯例”都被突如其来的危机打破了，日子开始变得不再“寻常”了。于是，人们内心那种依托于“惯例”的安全感也就消退了。

电影《肖申克的救赎》里主人公安迪有一句令人印象深刻的台词：“I think he did it just to feel normal again。”清晨十点可以和朋友们坐在一起喝啤酒，主人公安迪对于寻常（normal）生活的要求其实不高。其实，我们每一个普通人何尝不是如此？“Normal”这个单词的词根是“norm”，可以译为“规范”或“基准”，和吉登斯所说的“惯例”其实是一个意思。所以，“寻常”的生活真的很美好，但是，它必须以“规范”为前提！

前天，北京飘着大雪。夜里十二点，我正准备入睡，却看见窗外楼下一辆轿车抛锚了，而一位拖车工人正在奋力地指挥着司机把车子开上拖车。大雪纷飞的冬夜，街上空无一人，病毒还像幽灵一样不知道埋伏在室外的什么角落。但黑暗中奋力一闪一闪的车灯却让我突然精神一振。这一原本在寻常日子里普普通通的生活细节在提醒我，原来我们这座城市、这个国家还在正常地运转着，而且我坚信依靠我们每一个普通人的不懈付出他必将有能力再次“寻常”起来！

同样，疫情当前，我们的新闻媒体和记者也在不“寻常”地工作着。你们发现了吗？课堂上老师们讲授的内容，并非书本上的条条框框，它就发生在我们的身边，不仅存在于日常实践，也激发着我们对于新闻传播工作的全新思考。因此，在这里，我还想结合对新闻工作者增强“脚力、眼力、脑力、笔力”的要求，谈谈在这特别的时期，作为未来的新闻人，你们该如何看待各个终端的信息，要怎样践行专业传播者的职责。

首先论及“脚力”。一方面，如所有重大事件一样，疫情以来，新闻记者深入现场和基层，受到人们的关注。另一方面，以火神山、雷神山医院 24 小时建设直播为代表的“线上直击”第一次吸引了大众的目光。在技术的支持下，6000 万“网络监工”得以“走入”工地，共同关注惠及疫情的重大工程。无论是地理上的“行走”，还是网络中的“抵达”，都蕴含着对“现场”的种种期待——记者勇于奔赴一线，民众渴望了解真情，新媒体则让大家拥有了“共同在场”的可能。所谓的报道不再是高高在上的，它向基层拓展、向群众靠近，不仅传递了新闻，也助力了数字时代的“脚力”——让媒体的影响更远，让人们的视界更宽。

再说说“眼力”。信息时代，消息漫天，“看见”变得如此容易。从 1 月 31 日开始，学院发起了“东南西北聚力　我们心在一起”真情传递活动，收到很多同学的响应：武汉同学讲述了医护人员的坚持与奋斗，江苏同学记录下小区严密的隔离措施，河南同学梳理了疫情之下的地方治理经验……字句之中，不仅有来自四方的问候，更有置身田野的观察。大家以新闻人的目光，用鲜活的笔法，由点及面、由表及里，大家写下的点滴“看见”，必将汇成伟大时代的篇章。

接着谈谈“脑力”。有人说，如今一觉醒来，除了关注疫情数据，就是在微信群、朋友圈“爬楼”，海量信息一夜袭来。相比于 2003 年我们仅仅通过报纸、广电了解非典，今天的新冠不仅是人们与疾病的“战役”，也是谣言与真相的搏击，“信息疫情”（infodemic）引发新的关注。在这其中，不少争热搜的报道、抢眼球的标题，使“好消息”“坏消息”都被“四舍五入”，不是因为“碎片化传播”致使过度恐慌，就是由于“安慰剂效应”造成盲目自信。作为新闻人，危难之下，更要避免信息“小误差”产生社会“大误解”，动动脑、再转发，思考之后再分享。

最后说说“笔力”。疫情期间，从湖北联合全国 24 个省份主流融媒体平台，吹响“战‘疫’集结号”，到全国网民转发、接力各地美食为

“热干面”加油，还有电视学院师生团队制作推出的“春天来了，我想对你说”问候武汉、问候祖国小程序，以及“武汉加油”系列短视频，都让我们从新媒体中看到了江河同源、万众同心。媒体融合时代，每当大事发生，善于利用全媒体传播平台，精于融合内容形态与技术，是信息传播的基本要求，更是新闻人助力社会的职责所在。

提笔至此，抗击新冠肺炎的战疫仍在进行，疫情信息的分享、转发还在继续。在这场重大公共卫生事件中，媒体是人的延伸，还是人们应该反思如何更好地将媒体“为我所用”？科技本身并非无色、无味、无形的“中性体”，而是一定会有历史和文化的负载。刷平板、玩手机的你、我、他，既是普通用户，也是学习者、研究者以及未来的专业传播者。如何发挥专业人的主体性，让新技术为传播真相服务，为鼓舞民心加油，助力国家和社会跨越大风大浪、抵达胜利前方，这是我们的思考，也是职业的使命。

没有一个冬天不会过去，没有一个春天不会来临，愿云破日出，我们同祖国一起，与人民一道，看见那道光，并将这光亮，传向各大平台、各个终端！

顾　洁

媒体融合与传播系主任、教授

2020 年 2 月 9 日

[生] 我只能看见你的眼睛

各位同学们：

大家好！

元夜的焰火已然散去，今时不同于往年，这个春节窗外的焰火似乎都黯淡了许多。这个时候我本应该在浙江嘉兴的奶奶家里和亲人们一起吃团圆饭，去年因为准备研究生考试复试，没有去南方看望奶奶。奶奶今年90岁了，老人家对很多事情不是太了解，也不知道中国传媒大学的硕士学位对于有传媒梦想的学子意味着什么，但是她知道孩子读书就是好事，孙子考上了研究生，老人家很开心，更开心的是，这个鼠年的春节，我们一家三口会回家看她……

后来发生的事情大家都知道了，看着新闻里不断上升的感染数字，妈妈突然问道："要不我们把机票退了吧。"我看着窗外空荡的街道，如电影一般的画面，沉吟了一下，说："好吧。"

在"宅"在家的这段时间，我看的最多的，是央视新闻频道。在突发的重大新闻事件面前，以央视为代表的传统主流媒体依然有其独有的优势，当然新媒体也已经成长为一股不可忽视的力量。在屏幕前，我看到了海军、陆军、空军，上海、广州、浙江、江苏……全国的力量在向武汉集结。我看到了医生们脸上被护目镜勒出的深红色印记，我看到了他们被汗水浸透的凌乱的发丝，我看到了一封封请战书上一个个鲜红的手印……忽然想起自己是一个中文系出身的学生，便拿出纸笔，手写出了这样的文字：

我只能看见你的眼睛

我只能看见你的眼睛
隔着护目镜氤氲的雾气
那双眼睛却是那样的炯炯有神

我只能看见你的眼睛
因为口罩遮住了你的脸庞

还没有和家人团聚你转身逆行
留下一个美丽的背影

我只能看见你的眼睛
面对狰狞狂暴的病魔
我知道你将恐惧深藏于心中
眼神中流淌出信心与坚定

我只能看见你的眼睛
那双眼睛已是疲惫不堪
但是却依旧饱含专注与深情

我叫不出你的名字
甚至以后在人群中也认不出你
但是我看见了你的眼睛
在这共克时艰的日子里，你的眼睛
鼓励着我们一同前行

我只能看见你的眼睛
那双眼睛是最高尚的心灵

疫情就像一面镜子，照出了阴暗，更照出了光明。网络上的信息鱼龙混杂，对于传媒学子而言最宝贵的莫过于冷静的头脑和独立的思考，在内心深处我们都知道，中国，依旧被那些最优秀、最勇敢的人默默地守护着。看着他们的身影，我们便知道我们应该努力成为哪一种人。

同学们，我们平时总是开玩笑，想要过吃饱了睡、睡醒了吃的生活，现在我们知道了，这样的生活也挺不容易的。在这个特殊的时期，有时间，看一看一直想看的经典电影，读一读平时没时间读的书，多陪一陪父母……在这共克时艰的日子里努力不荒废时光。同学们，我很想念大家，待到春暖花开之时，我们再相会于校园。

武汉加油！中国加油！

2019级广播电视学硕士　胡函博

2020年2月9日　写于辽宁沈阳家中

［师］ 来自沈城的问候

亲爱的同学们：

展信安！有人说近期最常见的姿势是侧躺在床上刷抖音、微博，手机连着充电线，没准一天还得充两次。不知此刻的你……就从咱们的手机谈起吧！

2003年5月22日傍晚，救护车、警戒线突然出现在辽宁大学校门口。信科院同学疑似非典。我们在校外，很快接到了封校通知。之后的一个月，煲电话粥取代一切成为最有趣的事儿。你现在用不完的套餐在那时是双向收费，约10个人讨论就得打10次电话。大家的话费全部激增，一个月至少300元，有的甚至高达500元。后来，节省的同学们都掐准59秒挂电话，超了就再聊一分钟。如果你看到谁的来电响几声就挂掉，那不是骚扰电话，而是“我已经到你宿舍楼下了”。

这是 17 年前，手机视角下的零散记忆。从媒介承继关系上看，非典时的手机更多是移动的固话，独立的媒介潜能尚未被开发。我用的西门子 ME45 不能自定义铃声，短信满了删，删了满，那时的手游是贪食蛇，放到今天它算不算互联网产品都难说。但写信前我曾问老朋友，大家回忆起来并没觉得简陋不便，相对于用 BB 机已经很满足了。我们也没察觉那时它已经开始代替邮票信封，承载我们 80 后的个人与集体记忆。更没想到最时髦的 886，以后变成了 666。

2007 年 iPhone 问世，包装盒上简洁得只有一个 logo，没印明星，也没有类似“手机中的战斗机”的广告语。2008 年奥运会前后，各类触屏手机已成为绝对主流。有统计显示：达到 5000 万用户，广播用了 38 年，电视用了 13 年，iPhone 只用了 2 年。让按键手机用户震撼的都不是进了大观园一般的应用商店，而是第一次滑屏解锁。在新的平台上，点对点变成了点对面，并拓展了无数应用场景。再往后的发展大家都比较熟悉了。

如果我们思考一个问题——公共健康类事件中的媒体作用，不妨将此次疫情与非典进行比较。非典时互发的短信大多是谣言养生帖，而现在你手机上的云监工将建设现场一秒不差地呈现在眼前。非典时是电脑拨号上网，而现在大数据人群动向监测、互联网医院、无人机、AI、物联网纷纷助力疫情处置。中国速度不仅是“基建狂魔”的速度，还有网络建设的速度。即将到来的 5G，包含了从文字到图片、视频，再到沉浸式 VR 的真正全媒体形态，以及巨大的可作为空间。过去的互联网以虚拟空间为基础，基本完整地还原了物理世界；5G 将在另一个方向上，以物理世界为基础，构造新的中国网络形态。

这是我们专业的幸运之处，你本就和优秀的同学们一起站在信息化的最前沿。但是手机时时刻刻都在眼前，透过过载的信息、起伏的情绪，甚至透过专业课，我们的眼光可以落在哪里？实际上就在我们共同经历的具体生活经验之下，是前所未有的革命性进步，是新技术逻辑摩尔定律、补偿性定律、梅特卡夫定律。无论是基于想象的历史还是基于历史的想象，我们有必要在急行的时代里学会沉思。时常琢磨一个宏大且开放的问题，中国发展的诉求是什么？再追问自己，我能做些什么？更重要的是，我能建设性地做些什么？具体怎么实施？

结合大家在校阶段的学习，我有几点具体的思考和建议。

首先，身体是革命的本钱。教育部的“五个一律”，第一条是一律不准返校，开学时间待定，还有校外无关人员一律不准进校门等规定，都是尽全力减少可能风险。保护好健康本就是对自己和他人负责，特殊时期尤其如此。

其次，大家善于接受新事物，但不必割裂流行与经典；我们善于创造新文化，但需要历史坐标。办法很简单：多看书、多总结。学院为大家精心挑选的书籍作品等，部部开卷有益。经典书籍作品的系统滋养是互联网难以取代的，可以把知道变为知识。另外我与大家共勉，笔头得更勤快一些。我们给潮汕火锅、铜锣烧、喜茶、追剧、打榜、养布偶分配时间的同时，也要与遗忘做斗争。当然，劳逸结合，持之以恒。

最后，脑洞是很有生产力的，请保护好你珍贵的好奇心。当年2G手机只能点对点文字语音通信，手机上网、拍照却被很多人认为没用。但是，不能因为习以为常就钝化专业敏感，人云亦云。我经常和同学们共同思考社会问题，深深觉得获得信息很简单，但是从输入信息到输出独立见解就难了，以负责任的态度输出高质量的观点更难。但我愿意相信朴素的尝试，尊敬小马过河的每一步——不管时代如何变革。

再次，遥祝安康。期盼大家健康归来。

付晓光
电视学院教授、硕士生导师
2020年2月10日

[生] 胜利之花终将破土成芽

亲爱的同学们：

大家好！

今天是2020年2月10日，农历正月十七，又到了周一。绝大多数的企事业单位最晚在今天也开始恢复上班和营业，但现在仍是关键时期，请大家务必提醒好家中长辈和亲戚朋友们，在外出复工时保持警惕、保护好自己。

我来自澳门，虽然现在人不在当地，但我仍时刻关注那里的情况。这次疫情对澳门的冲击很大：澳门的支柱性产业博彩业停业半个月，旅游业萧条，普通市民们的生活各方面也受到不少影响。据澳门同学发来的消息，当地很多家庭原本是经常入境到珠海拱北菜市场买菜的，因为内地物价较便宜，但这次疫情导致许多人都不敢入境；除了超市按时营业，很多店家都关门了；大部分高校已经延期开学并开始网上授课。所幸的是，疫情相对稳定，没有激增。而且更欣慰的是，澳门社会各界还积极地向内地疫情重灾区提供支援，积极捐款、捐赠各类物资，共克时艰。

今年春节我刚好回福建的老家过年。闽南这边的人是很虔诚的，每年大年初一，大家凌晨就要去寺庙里烧香拜佛，争上头香，祈福求安。但今年这里的大部分寺庙都及时地响应了号召，发出公告，暂停开放。而年后的各类活动也相继取消，避免人员聚集，预防病毒传染。我很赞同这样的做法，关键时期，可以有信仰，但不可以愚昧。

这可能是我见过最冷清的一次过年——没有夜半到寺庙烧香祈福的人头攒动，没有热热闹闹的家族聚餐，没有回到中学母校看望老师，没有和亲朋好友久别重逢。但也刚好，有时间在家里多陪一陪最亲近的家人，有时间去捋一捋上学期没来得及消化的知识，有时间来学一学那些用“没时间”来搪塞掉的技艺。

希望大家可以再忍一忍，再坚持一下，相信我们终将战胜疫情。像闽南村镇的广播喇叭里说的那样：“这个病毒啊，看不到人，自己就饿死了。（我们）再忍一下，等这个病毒过去了，醋肉鸡腿面线糊，肉羹牛排烧肉粽，要吃多少有多少！”

最后，祝愿各位同学及家人平安健康。

2019 级广播电视学研究生　吴柏耀

2020 年 2 月 10 日　写于福建泉州家中

[师] 抗疫、学习、春望

——同心抗疫的春日札记

亲爱的同学们：

见字如面！

愿你们健康乐观，祝家人安好，祖国平安！

在信前写下祝语，似乎有违写信的一般礼仪。但我想，大家都需要多一些祝福和支持，多一些积极心态对抗新型冠状病毒肺炎的这一场战役。

新年以来，电视学院的老师们约定，轮流写信给同学们。虽然不知写下的这些文字，之后会被多少学生点开阅读，但每天我在工作群里看到老师们认真分享的心情与寄语，总是非常感动。

今天是我轮值，深夜打开电脑后，我就想：要和同学们写些啥呢？之前老师们的信有梗有料有文采，珠玉在前，我要怎么承上启下，写第十一天的这一封信？

十天，可以做什么？在神话里，造物神可以创世与造人；在文学里，薄伽丘可以写下1348年佛罗伦萨瘟疫时期的避世欢愉；在现实中，6000余名建设者，近千台大型机械，在武汉以中国速度完工了一座总建筑面积3.39万平方米的火神山医院，现在医院开始收治首批新冠肺炎确诊病人。十天中，我们曾经历多少惊恐、担忧、悲伤、感动与彻夜难眠的时刻，深刻思考在大时代大疫情面前，身为平凡而普通的大学生和知识分子的担当。十天中，电视学院的老师与同学积极参加抗疫，以微薄之力站立在一起，认真读书、写作、创作，运用新媒体的方式来表达新时代中传的声音与态度。

年轻时，我和学院其他老师一样，也曾青春放肆，激扬文字，认为最感动自己的风景一定在远方，所以铆足精神去闯荡江湖：世界真大，年轻真好。然后就是辗转在外，尝试过很多新鲜的工作与学习环境。在外其实不到十年，等再回到中传时，已然中年。还记得那天终于回来，我心情明媚地走进西门，突然就开始飚泪，眼泪模糊走到电视学院门口——玉兰盛开，春光正好，我回来了。

微博热搜记录下元宵晚会最感动的心情是“你为什么感动又为什么彻夜难眠”，我也想在这里问一问大家。

在过去的十天里，同学们曾刷到很多假新闻与负面信息，也爆肝等待过真情与真理的众声呼唤，仔细读过无数犹如悬疑小说的疫情扩散报道，跟踪过最新疫情地图，焦虑着新闻传播专业学子在此时此刻应有何作为？这很正常，老师们彻夜难眠的时候也是如此。但我最想说的是：永远不要怀疑自己。

任何逆境与灾难之中，都需要记者，需要对国家与民族有担当的新闻工作者和传播从业者——他们是时代的记录者，是今天疫情中祖国与人民之间信息的连接线，是负责记录感动、为无数彻夜难眠的你和我写下感动中国的篇章。他们就是未来的你们——中传教给你们的，电视学院能给你们的，就是这份自信。所以无论我们如何在感动中热泪盈眶，如何在众声喧哗的信息与热搜中茫然无所适从，我们也要有身为中传新闻传播学子的自信。今天的学习与观察是为了更好的明天。

SARS 爆发时，我因为工作原因频繁往返于北京与香港，戴着口罩走过大街小巷，心有恐惧，但始终相信我们一定能战胜病魔。2020 年的今天，春光在望。我听从指挥，减少出门，但更坚信这场艰难的战役必定会完胜。人类的命运、中国的历史就是这么写下来的，是苦难史，是抗争史，也是胜利史。历史令我感动，坚持在一线的医生、护士，受难却坚强的患者令我感动，每一位平常、普通、坚忍、积极的中国人也令我感动。

且让我们铭记 2020。这个春天，必然浴火重生。

吴炜华
电视学院编辑出版学系 主任
教授、博士生导师
2020 年 2 月 11 日

[生] 冬去春来万物可期

亲爱的同学们：

展信安！

前两天我在微博看到一个话题 # 假如能够穿越回 2019 年 #，时间倒回两个月，那时，水逆、波折、糟糕或许还是很多人的关键词。包括我在内，曾在年末数次呼唤“2019 年快快过去吧”。而现在，一种声音又在网

上响起："如果能将 2020 年重新打开一次有多好。"

因为非典时我还不记事，对于急性传染病印象最深的一次经历是 2009 年的甲型 H1N1 流感。那一年假期，学校本来要举办的乐器等级考试因为病毒大范围的传播被暂停。

如今，面对新型冠状病毒肺炎，我们去关心，去了解，对口罩原本知之甚少的我也弄清楚了 KN95、N95 的区别，以及呼吸阀对病毒传播是否有影响；我们去查证，去思考，每天接收从四面八方扑面而来的消息，我们既提醒家中的长辈如何去做，也在一个个事件中反思媒体的职责与使命。我们有时也会感到无助，因为我们能做的并不多，但不出门，保持自己和家人的身体健康，就是对社会极大的贡献。

遭遇疫情以来，我父母的单位也进行了调休，每两天轮一次班。家里增添了带酒精的消毒湿巾和浓度 75% 的医用酒精，只要从外面回来，就要对手机等物品进行消毒。乘坐电梯时，我们随身携带一次性纸巾按楼层键；有时电梯里人多，我们甚至会选择走楼梯。

这里，我也想向所有在前线的逆行者们致敬。昨日又有近 6000 人组成的医疗队伍陆续抵达武汉，习近平总书记也在北京地坛医院远程诊疗中心，通过视频连线湖北武汉抗击肺炎疫情前线，给全国奋战在疫情防控一线的医务工作者和广大干部职工送上了关怀和慰问。虽然 2020 年的开始不太美好，但有你们在，我们充满信心，希望你们都能平安归来。

"沉舟侧畔千帆过，病树前头万木春。"四季交替，冬去春来，时间的车轮只会不停地滚向前方。《南方周末》的新年献词中曾有这样一句话：没有一个冬天不可逾越，没有一个春天不会来临。我们期待着，春天的脚步，仍有花为伴。武汉胜则湖北胜，湖北胜则全国胜。让我们一起等春来，等花开。

2017 级广播电视学　郄　屹

2020 年 2 月 11 日　写于北京家中

[师] 在疫情中重新认识新闻专业的价值

亲爱的同学们：

大家好！今天是2月12日，再过两天，我们就要迎来“数九”中的“七九”了。有句北方民谚说，“七九河开，八九雁来”，春天的脚步已经越来越近了。

可是，就当前疫情来看，大家翘首期盼的“拐点”暂时还没有到来，全国每天仍有数以千计的新病例被确诊，疫情动态依然牵动人心。今天，我想和大家探讨的，正是如何在等待疫情消除的过程中重新认识我们新闻传播学学科和专业的价值。

或许大家都还记得，1月23日，除夕的前一天，武汉宣布封城，人们开始意识到疫情的严重性，焦虑和恐慌情绪也随之蔓延开来，甚至身边一切跟“武汉”或“发热”相关的人或事都会让人谈之色变。然而就在三天后，1 月 26 日大年初二，当人们都还沉浸在春节的氛围中，我的朋友圈里的一张海报图片让我瞬间眼眶发热——我曾经供职的央视《新闻调查》栏目派出摄制组，当天清晨前往疫情中心武汉进行采访报道。照片上，大标题“去武汉”三个字格外醒目，摄制组五名成员戴着口罩站在高铁列车前的样子让人不禁想起 2003 年春天《新闻调查》记者奔赴抗击非典一线采访制作的系列深度报道作品。

事实上，无论是报道非典还是新型冠状病毒肺炎，每当社会上有重大事件发生时，赶赴第一现场的“逆行”人群中永远有新闻记者的身影。很多人曾抱有这样“天真的”想法——由于新媒体的迅速发展，每个社会个体都可以成为信息发布者，而且随着机器写稿技术的不断完善，新闻记者这一职业终将消失。但是在这次事件中，通过主流媒体从疫情中心武汉发出的一条条现场报道和人物访谈，我们应当清醒地意识到，在重要关头，公众永远需要优秀职业记者带来权威资讯和深度剖析，需要严肃新闻来平息恐慌，安定民心。危难之际，我们可以用自己的专业所学为国家、为公众贡献力量，肩负责任与担当。

提到记者的家国情怀，我们还得谈谈国际新闻。这类新闻之所以特殊，是因为在国际舆论阵地上，新闻常常会被政治和文化偏见所左右。就在上周，2 月 4 日，美国知名媒体《华尔街日报》发表题为“中国是真正的亚洲病夫”（China is the Real Sick Man of Asia）的文章，这个具有明显侮辱性的标题点燃了我们的怒火，新闻报道语言应秉承的客观、严谨在此处荡然无存。对此，外交部发言人华春莹指出，作者米德应当对自己言论中的“傲慢、偏见和无知感到羞愧”。同学们可曾记得，在电视学院的课堂上，老师们无数次地提及“讲好中国故事”的意义，或许透过这个案例，国际新闻传播方向的同学应该对自己专业的价值有更深一层的理解。我们要积极在国际舆论阵地勇于“发出中国声音”，并且用“中国声音”

消除那些“傲慢、偏见与无知”。

习近平总书记2月10日在北京调研指导新冠肺炎疫情防控工作时对社区居民们说：“咱们一定要有信心，一定可以克服这场疫情！”我们相信，这场疫情终将散去。在收到学校正式开学通知之前，请大家按照学院要求，安心在家中完成寒假作业。期待春暖花开之时，我们在电视学院盛开的玉兰树下再聚。

张　龙
电视学院国际新闻与传播系主任
教授、博士生导师
2020年2月12日

［生］　于黎明前怀揣希望

亲爱的同学们：

许久不见，展信安康。

写这封信的时候，我正透过玻璃窗眺望着一片繁忙的工地，这是我的家乡安徽省蚌埠市为了应对这次疫情而紧急扩建的医院病房。工地上，工人们忙忙碌碌，拖车来来往往。本该显得有些吵闹的轰鸣声传过来，应和着我敲打键盘的声音，成为这段因疫情而禁足在家的日子里一种奇妙的慰藉。

不可否认，这段时间的我难免受到消极情绪的困扰。例如孤独、例如恐惧。写信的时候，我大概有三四天没有开口说话了：我的父母是一线铁路工作人员，疫情期间铁路不能停止运转，他们奔赴了各自的岗位，家中便只余我一人，无从开口。我妈妈在上班前一天买了一大堆的面粉和肉

馅，拉上我一起包饺子。快包完的时候，她突然有点哽咽地说："火车上各地人太多，说不定我什么时候就被感染了。要是我被隔离了，你自己天天下饺子差不多也能吃 14 天。"这是我第一次对这场疫情感到恐惧。17 年前那场非典在我的记忆里已经有些模糊，可是这场疫情的可怕却实打实地体现在微博每天攀升的数字里，体现在喧嚣网络平台上人们的讨论里，令我无从躲避。

然而既然无可躲避，便要解决。

解决孤独的是忙碌。前段时间有个热搜叫作"无聊到想要学习是一种什么体验"。这固然是戏谑的说法，但学习真的是充实岁月时光最快捷的方式之一。教育部给全国大学生的信中写道：做"修行者"，就是宅其身、抱道行。"万物得其本者生，百事得其道者成。"无论是把拖了很久的书籍找出来阅读，还是把很久前就记得的纪录片翻出来观看，都可以让时光变得有趣起来。

解决恐惧的是知识。媒介化的社会里，我们不能摆脱各类媒介里海量信息的环绕，但作为传媒学子，我们可以做到了解媒介、筛选信息。因为了解得多了，底气变得充足，消极的情绪才能变得积极起来。这些天我对比疫情数据，看到安徽省逐步实行的管理措施已见成效，人数虽仍有上涨，但涨幅明显得到了控制。

我想，抵抗疫情或许会是一段艰难的时光，但它绝不应当是一段虚度的时光。乌云遮不住升起的太阳，疫情挡不住春天的来临，我相信不久的将来，抗击疫情的好消息会不断传来。而我们要做的，就是在黎明前做好自己，调整心态，充实自我，迎接希望。

2019 级广播电视学研究生　张方媛

2020 年 2 月 12 日　写于安徽蚌埠家中

[师] 警惕“信息过载”所带来的“替代性创伤”

亲爱的同学们：

大家好！

2020 年，我们一起经历了一个不平凡的开年。

这也许是最艰难的一个春节，人们裹挟在信息的洪流中，不安、焦虑或者悲伤的情绪总是随着纷至沓来的消息而反复。有人辗转难眠，有人情绪激愤，有人心悸流泪。

这段时间，我也发现不少同学也面临着这些无处排解的负面情绪。今天这封信，我想和大家聊一聊“信息过载”所带来的“替代性创伤”。

最深的恐惧是未知。核酸检测、ECMO、气溶胶……每一天大家都在努力咀嚼着陌生的专业词汇，尝试建立新的认知。面对新型冠状病毒这类公共卫生事件，社会化媒体已经成为获取疫情信息的主要来源。

“知识分子”公众号 1 月 31 日发布的调查显示，微信（25.7%）、微博（22.1%）、媒体网站或者移动客户端（21.6%）分列公众获取疫情信息来源的前三位。这也意味着，传播格局从以大众化媒体为主导向社会化媒体为主导的结构性改变。与此同时，真假难辨的消息让探知事实真相更加复杂。当我们长期沉浸在过于负面的信息流中，面临相似信息的不间断密集轰炸，巨大的信息过载“放大”和“复制”了这些信息中的情绪，让人陷入了媒介式“替代性创伤”，从而引起生理上的种种不适。

有同学说“越看手机越紧张”。当你发现很难集中注意力，不停地打开手机检索最新的进展，整个生活只聚焦这一点的时候，可能已经在经历媒介式“替代性创伤”。

作为千禧一代，同学们可能对 SARS 并没有太深刻的记忆。这也许是大家第一次直面这种前所未有的疫情和巨大的不确定性。但是亲爱的同学们，希望你们始终记得，你们并不是分散的个体。经常有同学在微信上悄悄问我，这一两天没有在微信群里发言的某位同学，是否还一切安好；也有久未联络的外国友人，写邮件询问中传的师生朋友们是否安康……疫情面前，没有人是一座孤岛，夜晚点亮的万家灯火，就是这熙熙攘攘的烟火人间。

从 2 月 1 日开始，学院的老师们每天给大家写一封信，鼓励大家在攻坚克难之际树立信心；学院的师生团队也为大家制作了抗疫日历，组织疫情期间的身体情况汇报，确保每一位同学的平安健康。每个人都在用自己的努力让生活正常运转，“有一分热，发一分光”。希望大家在疫情肆虐之时，承担起后方的防控责任，“不出门，少出门，勤洗手，戴口罩”，尽自己一份微薄的力量，以尘雾之微补益山海，以萤烛之光增辉岁月。

也希望你们看到，在众声喧哗之中，有人依旧选择执炬逆行，破釜沉舟，以一己之力与同道中人共抗疫情。多难殷忧新国运，动心忍性希前哲。热情勇敢的人一直在保护这个世界，他们之中，有耄耋之年重披战袍挂帅出征的钟南山院士，有全国各地请战驰援不计生死的白衣天使，有夜以继日与时间赛跑的“雷火”建设者，也有毅然奔赴一线传递声音的专业媒体人。经此一役，相信大家也更能明白媒体人的责任与担当。

“倘若一个国家是一条航行在大海上的轮船，新闻记者就是船头的瞭望者，他要观察一望无际的海面上的一切，审视海上的不测风云和浅滩暗礁，及时发出警报。”

我相信，在疫情笼罩之下，这个冬天仍然掩藏着柳暗花明、春水初生的希望。愿大家直面阴霾，拥有不断前行的力量，成为穿透风雪的一束光芒。

待病毒全退云开雾散，电视学院大石头前，等你们一起，拍下 2020 年珍贵的一帧。

又是一年，又是一岁。愿大家平安喜乐，身体康健。

汤　璇

电视学院国际新闻与传播系副主任

2020 年 2 月 13 日

［生］ 战疫二首

亲爱的同学们：

见信如晤。

新型冠状病毒肺炎疫情发生以来，学院党委、老师高度重视，密切关注相关政策措施和疫情动态，组织吾侪在家安心修身养性，同时分享自己在举国抗击疫情期间的学习生活情况和切身想法。鄙人不才，恭疏短语，另作小诗二首，聊表吾心。

（其一）

岁末阴阳愕遇寒，闭门掩面过年关。[①]
世多饕餮何极欲，焉料菊蝠矢病原。[②]
救死白衣抛故土，扶伤将士去新冠。[③]
共担艰险同舟济，武汉城门望南山。[④]

（其二）

长天荆楚暮薄凉，未起硝烟更断肠。
病染通衢联治控，心援军地缓归乡。[⑤]
神山雷火承击战，华夏千湖树脊梁。[⑥]
大疫无情人有爱，从来多难可兴邦。

【注释】

①愕，惊讶，双关“鄂”。掩面，指戴口罩。

②菊蝠，中华菊头蝠。矢，取指向、陈述义。

③新冠，新年礼帽，双关“新型冠状病毒”。

④城门，指封城。南山，致敬钟南山院士。

⑤通衢，武汉素有“九省通衢”之称，是中国内陆最大的水陆空交通枢纽和长江中游航运中心。联治控，指全面落实联防联控措施，构筑群防群治的严密防线。

⑥神山雷火，指武汉建设火神山和雷神山医院，专门用于诊治新型冠状病毒感染的肺炎患者。承击战，指坚决打赢疫情防控阻击战。千湖，湖北有“千湖之省”之称。

吾辈坚信，众志成城，同舟共济，定克艰险。

一别经日，弥添怀思，冒昧致书，顺颂时祺。

2018级国际新闻学硕士研究生　陈　逍

2020年2月13日　写于河北家中

[师] 共抗疫情的实践课

亲爱的同学们：

大家好！

这个寒假对我们来说都很特殊且难忘。突如其来的新冠肺炎疫情，牵动着每个人的心。每早醒来后，我会不由自主地打开手机，查看有关疫情的实时动态，那些可视化数据图形、折线曲线图表，其视觉造型、色彩和构图设计的角度对于我来讲并不陌生，但看内容的心情却和以往大不同。

疫情之下，我们看到相关的融媒体报道和产品，类型繁多，样态各异。这其中，在5G商用落地后的“云”科技，尤其助力了这场战疫。各类“云”终端连接工作、学习和生活的方式正成为主流。“云会诊”“云直播”“云监工”“云办公”“云看展”“云景区”“云旅游”纷纷上线，科技应用驱动跨界融合，打造了现象级的产品。在智能终端上，短视频、图文瀑布流、VR 沉浸漫游、微动画、动态可视图谱等样态的数字产品，为我们生动、形象地呈现了全国疫情防控工作的各个方面。由此，大家看到了一批又一批的医疗队伍驰援湖北，看到了各种紧缺物资迅速组织生产和紧急调运，这些都充分展现了一个大国的实力与韧性。也因此，我们迅速看到了医护人员在前线冒着生命危险的救治与服务工作。他们在前线的艰辛与痛苦，我们看在眼里，痛在心里。这是一场没有硝烟的战争，大家都在心里默默地祈祷和祝福。可以说，疫情之下，新的技术应用让我们更迅速地了解这个世界，而新的事件又让新的技术落地并不断发展。

这个寒假，我感到很“忙”，但很充实。在学院统一部署下，我同几位老师一起，组织多名同学进行线上讨论并指导编创了“春天来了，我想对您说”“元宵节祝福贺卡”“抗击疫情日历”等多部融媒体产品。虽然这几次的指导方式与以往大有不同，但同学们的创作热情和创新精神并未受到制约和限制，大家利用网络平台积极参与讨论，有的时候会为一个设计图样修改到很晚。

每次的线上指导，我都会为同学们提交的巧妙设计和独特创意感到惊喜雀跃，也会因为同学们对修改建议的快速回应、及时修改而感动。我深深感受到同学们对应用技能和专业知识的热爱和执着追求。大家纷纷表示，这个寒假，自己的专业实践能为疫情防控做些事情，很自豪、很有成就感。对我而言，这也是一次别开生面的课程思政创作指导，更是共抗疫情的一堂实践课。

电视学院一直秉持“五条线”的教学体系，包括“理论线”“写作线”“外语线”“观摩线”和“创作线”。作为从事实践教学的老师，我也想借此机会，向同学们提供几种有助于提高个人创作水平的做法：一是要熟练掌握一组作品编创的应用软件，目前，教育部和许多培训机构在互联网平台开设了大量的软件操作课程，同学们可以在家进行线上学习；二是要充分利用网络资源，收集整理包含图文声像的素材库和案例库，并按类别建档，注意日常积累，为之后的创作构思和策划提供素材；三是要在创作完成后梳理流程、查找不足、总结经验，建立一套完整系统的创作档案，增强项目管理意识。

同学们，当前疫情防控工作到了至关重要的阶段。有专家说“要闷死病毒”，有专家说还要“防得严严实实”。2月12日，习近平总书记指出，当前，疫情防控工作到了最吃劲的关键阶段，要毫不放松做好疫情防控重点工作，加强疫情特别严重或风险较大的地区防控。

希望同学们听从号召与建议，坚持以“守”为攻，以“静”制动。今天的日子，也可以给想念的人遥寄相思。让我们共同携手，众志成城，用专业创作与实践为打赢这场战疫贡献自己的一分力量！

期待疫情消散，同学们回到学校时，与大家在东配楼的智能融媒实验室、知新楼的苹果机房、新媒体编辑室……一起畅聊创作思路和体会。

郑志亮
电视学院智能融媒体实践教学中心主任、副教授
2020年2月14日

[生] 等花开疫散，我们一起回家！

亲爱的同学们：

见信如晤。

当我们都在万众一心对抗疫情时，2月14日悄悄地来了。情人节，是一个关于爱、浪漫、鲜花以及巧克力的日子。由于这场突如其来的新冠肺炎疫情，多数情侣今年只能“云过节”了。但也正因如此，今年的情人

节不仅是一个适合谈情的日子，更是一个能够讲述大爱的日子。

就在前天，央视新闻前线的记者采访了广东医疗队的朱海秀护士。1997 年出生的她瞒着家人，悄悄地加入了战疫的前线。这个脸上挂着重重的黑眼圈，不肯在镜头前给家人报平安的白衣女战士仅仅 22 岁。在医疗物资紧缺的情况下，她努力不让自己流下眼泪，因为不想哭花稀缺的护目镜，耽误自己救治患者的时间。而她，只是全国支援湖北的 21000 余名医护人员中一个小小的缩影。我们的同龄人已经走向了疫情的前线，他们用专业和坚守筑起了防控疫情的铜墙铁壁。

最近，江苏一直是疫情话题榜上不可或缺的一部分，生在这里的我感到无比幸运。这里有着较为发达的医疗服务体系，也有着强大的疫情治理能力。所以面对新型冠状病毒肺炎，这里的人民有着更为坚定的信心以及更加强大的底气。在兼顾省内疫情的同时，江苏企业驰援火神山、雷神山施工建设，积极贡献“江苏力量”；冲锋陷阵的江苏医疗队抱着一股不胜不归的气势，为处在水深火热的黄石加油打气。江苏的爱着实是很暖很实在。

未曾料想到，来到中传后的第一个寒假竟格外的长，但这也未尝不是一段难忘的回忆。我们看到了方舱医院病人欢脱的舞姿，参与了全民立扫把的挑战，沉迷在《想见你》的剧情里无法自拔，惊叹奉俊昊带着《寄生虫》创造了亚洲电影的历史……有血有肉的中华儿女历经了五千年的沧桑巨变，又怎么会被这疫情吓倒呢？

我们相信，疫情终会散去。春暖花开之时，也就是我们“回家”的时候！

2019 级广播电视硕士研究生　郑晓伟

2020 年 2 月 14 日　写于江苏无锡家中

[师] 爱之絮语

亲爱的同学们：

早安！

今天是农历庚子年正月廿二。俗话说十五的月亮十六圆，那么同理推导昨日的情人节今日应该更甜。在这样有爱的日子里，我希望继续跟大家一起分享对于爱的理解和感受。

每个人的一生都会有很多爱陪伴左右，世界因爱而精彩，生活因爱而灿烂，家庭因爱而幸福，国家因爱而辉煌。

送给父母的爱——假期中你在家经历了开始两天的“好日子”之后变成了“被嫌弃”的那个人，朋友圈的画风从各自晒回家大餐变成了各自吐槽家里的生活。放下手机，抬起头去看一下父母，其实有父母在，人生才有根。他们的爱就是一杯无色无味的白开水，一直默默地滋养着你。我们何不利用这个特殊时间多陪陪他们。

送给爱人的爱——这可能是大家最关心的话题，在荷尔蒙充分分泌的年纪，爱情是青春多彩、充满活力的。想你爱的人，被你爱的人所想，是一件很幸福的事情。为了你心中的他（她），暂时不要去相见，否则你还没走到他（她）的窗下，就被 ×× 群众发现，提前“进去”了。如果你爱他（她），在家给他（她）准备一个未来的甜蜜惊喜吧，危难之际见真情，这段爱将会是一段永恒的记忆。

送给社会的爱——我们站立的这个地方，正是我们的中国。我们怎么样，中国便怎么样。我们是什么，中国便是什么。我们心中有光明和爱，中国便不黑暗。导演陈嘉上曾说过，对社会没有关心你干吗当导演？关心国家、关心社会、关心他人就是从自身做起，从细节做起。口罩你要带，病毒才会不把你来爱。谣言不要传，传了只会把心慌。大门不要出，出了你就回不来。

送给专业的爱——专业需要日积月累。还记得非典时期我们的 DV 创作课，每周拍摄一部作品，雷打不动，经常探讨片子到凌晨。所有的时间只想着一件事——提升专业，我的专业情感可能就是在 2003 年那个时期建立的吧。你们熟悉的“半夏的纪念”，也是这个时期在学院后面的小广场上拉开了帷幕。侯孝贤曾说，背对观众才能静下来纯粹地去想。你们正好利用这个时间多研究摄影技术、观摩影视作品、锻炼剪辑功力、设计好分镜头、讲好中国故事，待到病去解禁时，可以来借设备开动你的大片。从今天开始，就是对明天最好的交代。

送给自己的爱——已经许久没有见你们，希望你们爱护自己的身体，爱惜自己的时光。一个人唯有先爱自己，才会爱这个世界。自爱不等于自私，如果不自爱，人生将成为无本之木、无源之水。爱自己，接纳自己，关心自己，鼓励自己，保护自己，快乐自己，幸福自己！

普希金写过：一切都是瞬息，一切都将会过去；而那过去了的，就会成为亲切的怀恋。最后，利用电影名组成一段文字与大家共勉，如果你能够在这个假期把这些作品都拉完，进而形成自己的影像语言，也是极好的。

《同学》们走过了《万水千山》，越过了《大江大河》，才共同走到了《今天》。都说学生时代是《纯真年代》，也是《美好年代》，更是人生《最好的时光》。

《今天开始世界属于你》，无论你在《重庆森林》《上海堡垒》《夜幕下的哈尔滨》《可可西里》《龙门客栈》，还是《走进和田》，TVS 都在《想你》。

虽然这个春天漫长得像是《四个春天》，好似《十分钟年华老去》，但是我们不能耽误《远大前程》、辜负《美丽人生》，我们需要积极面对《难以忽视的真相》，无论《天长地久》，让我们的《花样年华》不随着《一江春水向东流》。

我们在《非常时期》中的《情深深雨濛濛》，使我们永远《心连心》，以一颗《勇敢的心》继续迈着电视人《青春的脚步》，以《乘风破浪》的精神《奋斗》，续写《美丽人生》和《生命交响曲》，迎接《阳光灿烂的日子》。

看，头上是《一轮明月》和《闪闪的红星》，我们《永不妥协》，这就是《甜蜜蜜》的《爱》！

桂笑冬

电视学院智能融媒体实践教学中心副主任

2020 年 2 月 15 日

[生] 尽管乌云暂驻 明天依然灿烂

最亲爱的朋友们：

见字如晤，展信安。

半月来，细数学院同学们写的信，来自毕业年级的信笺屈指可数。于我而言，起初因困于论文和求职的焦虑之中，未曾想提笔写这样一封信，但近日通过看新闻、阅读老师同学们的信亦有所感触，故执笔与大家分享。

刚刚过去的，可能是街道最冷清的一个春节，还有情侣过节方式最特殊的一个情人节，不见面不仅是对自己负责，更是对爱的人负责。我们正在度过的，可能是学生生涯里最漫长的一个假期。在这段看似冷清的时间里，“云聚餐”“云健身”“立扫把”等新颖的人际传播形式层出不穷，虽少了朋友见面畅怀和外出旅游的欢愉，但不乏高频次的线上问候，也多了难得的家人陪伴。这个春节，依然令我印象深刻。

感情，无味无形，却流淌在每个人的身体里。疫情隔断的只是众多情感沟通方式中的一种，但它阻隔不断人与人之间的羁绊，也阻隔不断亿万中国人“战疫”必胜的决心。

这几天的新闻和平时有些不同，以央视为例，“战疫情”特别报道以及和疫情相关的新闻占了全天新闻的很大篇幅，其中包含疫情的最新发展、科研团队的不懈努力、白衣天使叙述的一线故事，还包含国家为疫情、为地区、为人民做的强有力的支持和国际上对于疫情的关注。新闻的占比流露出国家和大众对疫情的关注，疫情的实时更新体现了大国媒体的责任，信息的及时、准确发布背后则是媒体人夜以继日的辛劳与担当。

每天的新闻里，我最关注的莫过于各省份疫情的统计数字。我的家乡辽宁最近几天疫情数字逐渐向好，我深知点滴变化的背后是海内外不计其数的人在为之付出，切切实实在万众一心、翘首期盼。前几天在朋友圈中看到一篇文章，写到俄罗斯对于我国抗击疫情的大力支持，“捐赠物资不以数量为单位，而以立方米为计量单位”，看似玩笑、实则情深。此外，巴基斯坦的倾囊相助、日本印有祝福诗文的捐赠物资等，都能够让我感受到世界各国的真情实感。每每看到海外友人向中国捐赠物资的时候，就会心存感恩、备受鼓舞。感恩的是“一方有难八方支援”不是一句口号，而是切实的行动，鼓舞激动的是万众一心、众志成城来自五湖四海。在抗击疫情面前，我看到了万众的决心与赤诚的热心。

最近和朋友聊天，我时常会被问及对疫情持续时间的看法，因为对医学不通，所以不敢妄下断言。但是我感受到了国家的重视，看到了各部门的配合协作，听到了国际声音的支持肯定；同时看见了积极配合治疗、乐于面对生活的微笑，也看见了不知姓名、不见容颜却甘愿无私付出的一线工作者们。所以我坚定相信，相信拐点不是靠猜的，是靠我们“战”出来的。就像谣言终会破灭一样，我相信疫情终会过去，相信我们不久后就会迈入校园的大门，我相信东配楼门前的玉兰树今年一定会如期盛开，我还相信武汉定会恢复往日的繁华。

我相信，这些很快就会实现。

2017 级国新研究生班　董思成

2020 年 2 月 15 日　写于辽宁鞍山家中

[师] 告诉我，你的故事

亲爱的同学们：

大家好！见字如面。

写这封信的时候，我和大家一样，还在自己的家乡。残雪还未化尽，北方又在飘雪，窗外的世界阴沉沉的，乍暖还寒，最难将息。

刚刚过去的2019年，一句“我太难了”在网络上走红，没有人想到，苦“难”在2020年才真正到来。从国家到个人，都在承受巨大的考验，屏幕上一句笑语“我太难了”，可知屏幕下有多少含泪的共鸣？

足不出户的第一个十四天过去了，我们进入了第二个十四天，都在等待“拐点”的到来。船到中流浪更急，人到半山路更陡，这是更加关键的阶段和更加巨大的挑战，但我相信没有人会怕，因为，你我同在一艘命运的大船上，有掌舵人，有最美、最辛苦和最令人感动的逆行者，就有永不熄灭的希望和信心。

总有一些东西会天荒地老，历久弥新，总有一种力量让我们泪流满面。当历史的车轮前行，国家记忆和宏大叙事的背后，让我们难以忘怀的往往还有那些细节和故事。就像在《新闻编辑》课堂上，和大家一起策划编写“电视人”的时候，我总是反复给编辑记者们强调要故事、要细节，可能有的同学都不以为然了。但是，怎么讲、讲什么、如何讲好故事不就是成长为一名新闻记者要思考和实践的核心业务吗？

17 年前 SARS 期间，我留校任教刚刚两年，至今记得的，是空空荡荡的街道和公车，是每天统计同学们的体温，是高老师煮的一筐筐鸡蛋，是系里买给大家在户外运动的羽毛球拍和跳绳，是在东配楼后面露天举办的短片展映（也就是第一届“半夏的纪念”）。那么，等这一场疫情过去，留在我们脑海中的会是什么？

我想起的是那位叫林生斌的人，失去妻儿 950 天后，他给武汉捐了 5000 个口罩，“世界以痛吻我，我却报之以歌”；武汉方舱医院里，手捧《政治秩序的起源》安静阅读的付先生惊了全网，就连该书作者、美国学者弗朗西斯·福山都在推特上转发了这条新闻（据腾讯新闻报道），其内心的安宁，多少人求之不得；上海复旦大学附属医院专家钟鸣，作为第一批到达武汉金银潭医院的专家之一，在接受媒体采访的时候说：“我下次还要回来，我要脱掉口罩回来，自由地呼吸武汉新鲜的空气！”平淡的日常，如今这么可贵；意大利佛罗伦萨街头，一名武汉籍留学生蒙眼伫立，他身旁的牌子上写着：“我不是病毒，我是人类。”行人驻足，为他摘下眼罩和口罩，并纷纷拥抱他，像一束光簇拥另一束光，平等善良、消除歧视是人类社会的公义。

这是我的个人记忆，也许你会说，还看到了那些生命之火渐渐熄灭的病人，还看到了社会治理中呈现的问题。是的，这些天，疫情汹涌，舆情也是暗流涌动，我相信每个同学都在经历着海量信息的轰炸：究竟是事实的报道，还是谣言的传播？是理性的思考，还是情绪的宣泄？这不仅仅是对媒介素养的考验，更是我们专业学习的最好样本，前方已经有无数传媒人战斗在疫情一线，这一次，后方的我们每个人都在新闻现场，每个人都是目击者，每个人都有自己的故事。除了跟着抖音做凉皮，除了竖起扫把减压，我多么希望大家能够用文字、图片或者视频，记录并且讲述那些实实在在发生在身边的故事。如果你愿意分享，我在这里做一下小广告，别忘了投稿到“电视人”的这个信箱：tvsletter@163.com。如果你能感动我们，如果你言之有理，我们就会把你的故事转发给电视学院所有的同学。

最后想跟大家说的是，无论是蜉蝣众生还是宇宙星辰，再大的变化，都只是天地一瞬，而不变的，是人类文明前行的身影。

愿春早来，花枝摇曳；山河无恙，人间皆安。

玉兰花下，让我们早日相逢。

曹晚红

电视学院教授

2020 年 2 月 16 日

[生] 相信每一份微小的力量

亲爱的朋友们：

见字如晤，展信安！

2003 年，我 8 岁，上小学二年级。当时的非典于我，也是这样一个悠长的假期。那时，我觉得非典离我很近，因为家附近的地坛医院是北京市卫生局最早指定的非典专门收治单位之一，我离它的距离只有几百米远；但同时，我又觉得非典离我很远，因为那些带着伤痛的故事和病例都与我无关。非典在我的记忆里，只是每天电视里播放的“空中课堂”，是姥姥亲手给我做的棉口罩，是楼道里一直弥漫着的消毒水的味道，是妈妈每天逼我喝下的用白萝卜、橘子皮、苹果、香菜、生姜一起煮的汤。再后来，班里有同学提前加入了少先队，戴起了红领巾，我才知道什么是“白衣天使”，知道了这个名字背后，是一群可爱可敬的人。是他们用自己的“生死相关”成全了我的“与我无关”。

17 年过去，每每回想当年，总会羞愧于自己的幼稚和无知。“无穷的远方，无数的人们，都和我有关。”在这样一个特殊的时期，不再仅仅是一个用在高考作文里可以添彩的句子，更是我们每个人在这场抗击疫情的战斗中应当保有的信念和姿态，是那些逆行的背影和坚强的人们带给我们的触动与感怀。疫情是冰冷的，但它的背后总有一些温暖值得珍藏，总有一些平凡的伟大令人热泪盈眶。

看《我和我的祖国》时，我唯一一次落泪是在《前夜》，看到家家户户拿着烟袋锅子，举着饭勺、钥匙、铜锁、眼镜捐铬的场景。每个人都献出了自己的全部，希望能够成就更大的圆满。如今的我们，又何尝不是如此呢？2008 年，我学会了一个词叫“众志成城”，如今，又认识了一个词叫“共克时艰”。请相信，所有微小的分子团结起来，定能汇聚成无穷的力量。加油！

2019 级广播电视学博士研究生　蔡　雨

2020 年 2 月 16 日　写于北京家中

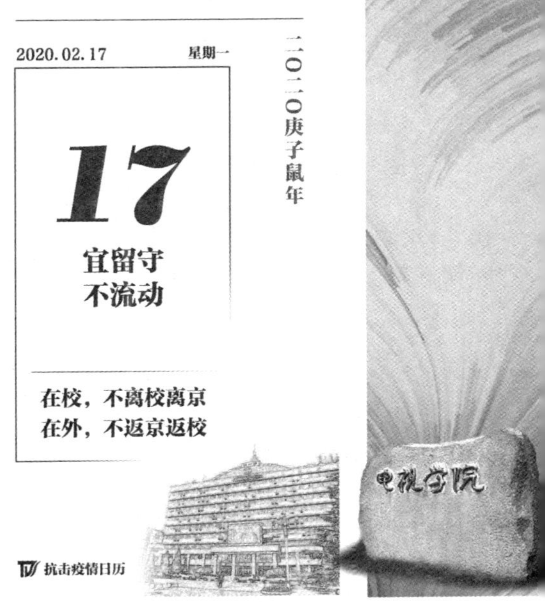

[师] 疫情期间的媒体角色

亲爱的同学们：

大家好！

今天是 2 月 17 日，距 1 月 23 日凌晨武汉封城，已是第 26 天。

北京这两日天气晴好，但出门散步的人不多，防疫形势依然严峻。我所在的小区实行封闭式管理，住户进入也要凭出入证。小区门口临时搭建的军绿色帐篷里，每天都有人值守，检查证件、测量体温。社区工作人员人手不够，许多业主也参加进来，我也参与了两次轮岗。

疫情深刻地影响了我们的生活，特别是毕业班的同学们，宅在家里难免焦虑。然而大疫当前，需要全社会的配合，减少病毒扩散风险。上海医疗救治专家组张文宏面对返城大潮时曾动员公众：“现在开始每个人都是‘战士’，你在家里不是隔离，是在战斗啊！”在这场战役中，我们是一个共同体。

这20多天里，我也一直在关注疫情信息，阅读媒体从不同现场发来的报道，心情亦随之起伏：有时揪心，为缺少防护设备、冒着风险救治患者的医生护士；有时感动，为身患渐冻症、跛着双脚在一线硬扛的金银潭医院院长张定宇，为除夕夜紧急投入雷神山、火神山医院建设的各方力量；有时悲伤，为那些因医疗资源紧张而处于确诊难、住院难困境中的患者个体和家庭；有时义愤，为当地红十字会发放社会捐赠物资的低效与失当……

我想，这就是媒体呈现的关于此次疫情的复杂现实吧。在重大公共卫生事件的报道中，媒体需承担多种角色：既需报道防疫知识、应急举措，也要监督疫情信息发布、传染病防控体系、疑似病患管理等方面存在的问题；既需报道医护人员的奉献，也要反映医护人员被感染的现实；既需报道科研人员的发现，也要回应公众的质疑；既要报道驰援物资送达、出院治愈、市场有序等增强公众信心，也要反映人们的现实困难与诉求，记录特殊时期普通人生活的改变、行为与情感。

是的，通过新闻，我认识了许多善良、勇敢的普通人：武汉市中心医院的李文亮是普通医生；武汉市第五医院消化内科主任吕小红也是普通人，她在1月2日就提出开设发热门诊，并于1月20日给附近高中的校长发去短信，建议赶快放假；率先发起志愿者车队的黄晓民是一名普通的市场推广员，他觉得自己“不能去一线治病，也不能去工地建医院”，所以去开车，免费接送医护人员；还有那位在封城后帮客户买口罩、买青菜、去医院送餐的外卖骑手老计……

这些普通人，在关键时刻帮助了更多的普通人；因其普通平凡，也更容易激发我们的情感和精神力量。

我还想说的是，重大公共卫生事件中媒体预警机制的重要性。作为社会守望者的媒体，是瞭望哨，随时监测社会发展中的不测风云。此次疫情征兆期，媒体未能起到很好的预警作用，引起了社会公众的不满；而在疫情期间，有一些媒体能在焦点之外，从人们容易忽视的领域发现问题，提出预警，避免危机后果扩大。比如，1月26日，在很多人仅关注武汉的时候，《财经》杂志发出了《不止有武汉》，报道了武汉周边16个封城的城市里医院与市民的应对状况，以及医疗资源紧缺的问题，帮助公众更好地研判整体形势；《三联生活周刊》2月1日发稿《湖北即将断粮的3亿只鸡》，反映受城市封城、乡村封路影响，湖北省3亿多只鸡面临断粮，农村的鸡蛋也难运出去售卖。从标题看，断粮的鸡似乎远离抗疫主战场，但鸡的背后是养殖户损失惨重的问题，也关系到市民生活物资的供应，同时也让我联想到其他社会子系统的运转问题。

今天就写到这里吧。

向奋战在抗疫前线的医务工作者、记者致敬！

愿每一个人健康平安！

杨凤娇
电视学院教授
2020年2月17日

[生] 国是千万家

亲爱的同学们：

见字如晤，展信安康。

坐在书桌前，忽地想起2020年的1月1日00:00，我也是这么坐着，盯着手机屏幕中央刚刚跳转的数字，然后不由得感叹，原来这就是2020

年啊，那个小学作文里畅想的2020，就这么来了。

空气中浓烈的膏药味，把我的思绪拉回现实。时至今日，我已经半个多月没能正常走路了。说来也奇怪，印象里，只有小学二年级从楼梯上滚下骨折那次，我贴了许久的膏药，那一年是2003年。今年是第二次。大年初三，我们全家四口全副武装到小区地下停车场跳大绳，正当我兴致昂扬地向妹妹表演如蜻蜓点水般自如的高超技能时，落地时突然脚一歪，只听见“咔咔”两声响，下一秒，我已经躺在地上抱着脚哭号了起来。

这半个月，父母不允许我做任何家务，平时几乎不怎么进厨房的父亲听到我要去洗碗竟率先冲进去包下水槽中的那堆锅碗瓢盆；母亲每天会仔细检查伤势，甚至亲自为我端泡脚的盐水，天一冷她的膝盖就不是很好，有时我明显感觉到她蹲下去的吃力；还在读五年级的妹妹奉献了自己的带轮转椅做我的轮椅，有时候她也会抢着当我的拐杖，让我的胳膊搭在她低低小小瘦瘦的肩上。其实我很少在除了大年到初六之外的时间看到父母都在家休息，高中住校后也很少有和妹妹共同学习的时间，但在举国抗疫的特殊时期，我们延迟复工、开学，严格做好个人防护，甚至一次采购之后几乎十天不出门。被放缓的时间，填满爱的空间，父亲练习书法，母亲看书，妹妹通过直播学习。昨天坐在客厅沙发上看到他们三个认真上体育课、做操的背影，我甚至有些感恩，得以看到父母停下匆忙的脚步，得以参与妹妹只这一次的成长，得以弥补过去一年由于奔忙而时有的疏忽。这是儿女珍视的家。

在这所学校里，一定也有人曾给过你家的感觉吧。迷茫困顿时指点迷津的老师？一起窝在小床上看剧的室友？相约球馆的伙伴？在新年钟声敲响的那一刻，我接通了寝室群聊的电话，与三个可爱姑娘一起聊天，在南方的被窝里瑟瑟发抖的，在北方的客厅里穿着短裙的，都在屏幕那头笑意盈盈，远在天涯，也近乎咫尺。这段时间，每天醒来除了关注疫情最新动态，也一定会查收班级群里老师发的几则消息：一张电子抗疫日历，上面有叮嘱我们守静、学习的话语；一个打卡系统链接，从辅导员、班主任到班长，每晚 8 点准时守候同学们健康的消息；一封来自老师、同学的信，讲这段特殊时期的经历，讲宅在家的心情和思考，讲我们要坚持再坚持。每每读到，便倍觉亲切，我想，这种感觉可能就来自书信表达的本意：即便相隔万里，我们心在一起。这是莘莘学子凝聚的家。

2020 年，21 世纪第三个十年的开端，是全面建成小康社会、实现第一个百年奋斗目标之年，习近平主席在新年贺词中称其为“具有里程碑意义的一年”，注定不凡。两个多月以来，我们获得了太多感动，我们辗转难眠，我们也泪流满面。为每一个冰冷数据背后鲜活的生命，为每一个透支自己救治病人的身影，为每一声不舍昼夜驰援一线的轰鸣，为每一个记录真实传递真相的声音，为每一个动情的笔触，也为每一个无私的灵魂……就在昨天，全国 2 例新冠肺炎逝世患者的遗体解剖工作在金银潭医院顺利完成，这对于探索新冠肺炎患者临床的病理改变、疾病机制有重大帮助，对从根本上寻找新冠肺炎的致病性、致死性提供重要依据。“有的人死了，他还活着”，他也将永远活着。沧海横流，方显英雄本色，中华民族，本就是一个英雄的民族。众志成城，共克时艰，多难兴邦，天佑中华！这是千万国人自豪的家。

这场突如其来的疫情，打破了我们往常的庆祝氛围，放缓了我们离家的脚步，改变了学生的上课方式，但亘古不变的，是慈母手中的爱，同窗几载的情，是传道授业的匠心，铁肩担义的决心，是悬壶济世的仁者心，志士仁人的民族魂，遥寄明月的相思意……

寒来暑往，斗转星移，东配楼前的玉兰花已经开始等待下一个盛放的季节。这是一场真切的期待，但等待的时间，不会太长了。

在那之前，请务必照顾好自己，祝万事顺遂。

2018 级广播电视学研究生　李怡滢

2020 年 2 月 17 日于河南郑州家中

［师］ 面对疫情，我们应该有什么样的“医学素养”

亲爱的同学们：

大家好！

可能很多同学还不认识我，那我就先自我介绍一下。我是田维钢，是今天的写信人，是电视学院电视编辑教研室的一名专业老师。我现在教授的本科生课程有两门，分别是《电视编导》《创作训练——DV 作品》，我教授的硕士研究生课程叫《纪实短视频创作》。

今天我不谈专业课，只想聊一聊“医学素养”这个话题。

“医学素养”，于我们而言，可能是陌生的。那我为什么想聊这个话题呢，这要从我的一次亲身经历讲起。我是一个篮球爱好者，虽然球技一般，但自上大学起到现在，二十多年了，每周努力坚持到球场打两三次球。因为打球的原因，我经常崴脚。第一次崴脚紧张，第二次着急，第三次就习以为常了，崴了，回去休息一个月就好了。直到几年前有一次，我在美国访学期间打球，突然崴了脚，正当我准备站起来走的时候，一位美国球友对我大声喊，不要动，紧接着就过来扶我，让我崴到的那只脚不要着地受力。我问为什么，他说，崴脚后 24 小时之内尽量不要动，要冰敷，24 小时之后要热敷，这样好得快。我照他的说法做了，果然那次崴脚一周就康复了。事后我再次在球场见到这位球友，问他，这些崴脚的知识在哪儿学到的，他说，中学的时候学校教的。

这件事让我开始思考，我们从小就被教育作为一个人要有文史素养、艺术素养，较少提及科学素养。即便是讲到了科学素养，更多讲的是物理素养和化学素养。医学素养作为科学素养的一个很特殊的分支，大到生病是怎么回事，我们的病是被如何治愈的，疫苗为什么可以预防疾病，小到为什么戴口罩，感冒是怎么回事，冷热感冒为什么要吃不同的感冒药，这些知识从小到大几乎没有人给我们讲过。

遭遇疫情，人人与之相关，人人为之震颤，那么“医学素养”在其中扮演什么角色呢？这次武汉的肺炎是由新型冠状病毒引起的。什么叫病毒？病毒和细菌有什么区别？病毒到底是怎么传染的？宅在家里的这些日子，我开始问“度娘”，上“知乎”，关注科学达人的头条号，同几个医生朋友通话。恶补了一周多，我才搞清楚，细菌是一种生命体，有细胞的形式，依靠分裂生存。我们的日常生活中，每天伴随有上亿数量的细菌，细菌大多是无害的，可以和人类和平共处。病毒是含有 DNA 或者 RNA 的蛋白质，是不是生命体到现在科学界都有争议，依靠自我复制和寄宿在宿主的细胞中存活。搞清楚这些医学常识之后，我并没有以往获取知识的兴奋和成就感，有的只是焦虑。我开始反思，为什么我都四十多岁，生命过了一半了，才知道这些我作为一个人早都该知道的医学知识呢？！

所以，我亲爱的同学们，在你们意气风发的大好年华，应该掌握和具备这些医学素养。

那么我们需要什么样的医学素养呢？这个问题我也是这几天才开始思考的，通过我熟悉的文史素养来思考医学素养。作为社会人，不分文科理科，我们需要什么样的文史素养，我们就需要什么样的医学素养。

第一，一个有医学素养的人，一定是有医学常识的人。因为一个有文史素养的人，一定是有人文常识的人。所以我们必须要掌握必要的医学常识，比如说，普通感冒是可以自愈的；流行性感冒不及时治疗，人是有可能丧命的；如果有人在路边突然晕倒，还真不能贸然上前去扶等。第二，一个有医学素养的人，一定是有自己独立思考和判断的人。如果一个人有文史素养，那他对文学和历史一定有自己的思考和判断。同理，一个有医学素养的人听到任何治病偏方，都会用自己的医学常识进行分析和判断，而不是趋之若鹜；一个有医学素养的人，不会随意相信所谓的神医就生吃茄子，更不会听说双黄连能治新冠肺炎就连夜去药店排队。第三,一个有医学素养的人，一定是一个对现代医学科学持乐观态度的人。文学也好历史也好，最后都会告诉我们一定要相信自己、相信未来。按照这个逻辑，一个有医学素养的人，一定是一个乐观的人。随着支撑医学基础的物理、化学、生物科学的高速发展，现代医学已经攻克了几千年来一个个医学难题，比如天花，霍乱等。而医者的最高境界是医心，只要我们心理乐观强大，就能战胜任何病毒。

2020 年 2 月 18 日清晨，我和大家一样，早起第一件事就是看看疫情的数字变化，已经七万多例确诊，新增一千多例确诊。我们的心会随着这些数字的不断递增而紧张焦虑，因为这个冰冷的数字背后是七万多个家庭的悲剧，更是无数医护人员夜以继日的辛苦和煎熬。不过，我们还应看到，纵观数据的发展，数字呈现每日减少的大趋势。我相信，严寒从来挡不住春天的脚步！

很快，我们会相会在郁郁葱葱的白杨树下。

很快，我们会相会在其乐融融的课堂实景中。

很快，“医学素养”于我们而言不再陌生。

但，此时仍然需要你们坚守住地。

最后，祝我亲爱的同学们一切安好！

田维钢
电视学院教授、博士生导师
2020 年 2 月 18 日

［生］ 大雪初霁

亲爱的同学们：

动笔之时，正值断崖式降温来临，今年武汉的第一场大雪飘洒。家人跟我说：“昨天出去囤菜的时候，超市的人比以往多，怕都是为寒潮做准备的。”目之所及确是无人，但把目光放远，或是打开微博，都可以发现抗击疫情的努力风雪无阻。

门口的保安还是保持着军大衣加防护服的组合，蜷在警卫室里，一面盯着监控屏幕，一面准备给出入人员进行测温登记。这个流程马上会被更严格的规制代替——武汉的小区将全部封锁，居民只能通过线上购物软件买菜，全面抗疫更加深入。东西湖方舱医院的第一批治愈患者乘着转运车出院，义务接送医疗人员的车队也按时到岗。

中百超市和盒马生鲜等商超以及食品行业的工作者也在没有公共交通的情况下按时上班。大白菜的价格稳定在 3.98 元一公斤，虽然价格是平日的两倍，但供应充足、菜品新鲜，这背后是各地调配至汉的物资运输司机的负重前行。武汉的街道空荡，零星的车辆都是走着小区到超市的两

点一线的路程，共享单车大多被免除骑车费用，小电驴们被征集起来以供急用，车辆虽少，人心通达。

遵守“提前戴口罩，出去囤好菜，待在家里”的规定，就是应对疫情的基础。对有的家庭而言，这是“沉浸式团聚”，而对有的游子来说，则是痛失归家机会的又一年。有的人在抗疫期间安慰自己终于在一年劳苦后有了一个漫长假期，而有的人每天都看着存款“只出不进”，想回归岗位又无可奈何。尽管各有各的难处，但都自觉地把自己隔于一室之中，这便是舍小我成就大我的精神。

说实话，我很惭愧。我们家想囤口罩时，市面上的 N95 几乎全部售罄，只买得到普通口罩了。唯一能做的，就是全家尽量不外出，每天关注实时疫情讯息，把新的消息通过电话传达给外公外婆。各种微信群组发挥了重要作用：我和武汉的朋友讨论如何让家里老人提高防疫意识，跟身处其他地方的朋友们汇报武汉的真实情况。收到大家的文字、视频的祝福，听到大家自学成才的武汉话，我感觉这个平素以热干面店内的热情氛围著称的城市，被另一种暖意包围着。

雪后天晴，望一切安好。

2018 级国新本科生　熊彦莎

2020 年 2 月 18 日　写于武汉家中

[师] 关键词

各位同学，

大家好！

2019年春季学期开学的第一天，一大早我去了北食堂，趁人还不多，买了两个肉饼、一块酱豆腐、两个鸡蛋。一饮一蔬，一年之计在于春。今年春天情况不太一样，开学时间被推迟，教育部也通知学校的老师们开始准备线上的教学。

病毒改变的不仅是开学的时间，也改变了这个春天。哲学家赫拉克里特斯曾说，所有事物都是流动的，换句话说，变化本身正是大自然的最基本特征。因此，在变动之中，面对变化，是我们要学习的非常重要的一课。

在此次抗击疫情期间，有两个关键词，让人印象深刻。

第一个关键词，死亡。因为疾病，我们看到了生离死别，我们也被迫直视死亡。有一则媒体的报道讲述了一个故事：一位 54 岁的阿姨，1 月 7 日入院，血氧饱和度 70 多，呼吸频率四五十次，喘不过气，她的状况已经很不好了。不过她神志很清楚，强烈的求生欲让她总是拉着护士和医生的手，担心一松手她就会离开。读这则报道时，我的眼前就会浮现出那个非常震撼的画面。在活着的时候，我们总是选择性地忘掉那个既定的事实：死亡其实是生命的一部分。是疾病，让我们不得不凝视死亡。原来，人的生命如此脆弱。

不过，从新闻报道中，我们更多地看到了那些直面生死、勇往直前的人们。2 月 15 日新华社的报道中写道：在武汉市第六医院呼吸与危重症医学科，24 小时“连轴转”是常态，许多医务人员已经 20 多天没回过家了，实在太累，就在病房地上和衣打个盹。从更多的报道中，我们读到了那些为拯救生命而无私付出的医生和护士们：为了节省防护用品，有的医护人员第一次穿上了成人纸尿裤；为了不浪费防护服，有的医护人员长达 10 个小时不吃不喝不上厕所……是怎样的意志让他们在面对恐惧的时候，迎难而上？是专业、诚实、信任与勇气，造就了向死而生的精神和医者仁心的力量。

因此，当变化发生在眼前，我们要学会与它相处。换个角度我们可以发现，这一场疫情带来的，远远超过了病毒本身。

第二个关键词，亲情。这个特殊的假期，让我们减少了许多不必要的社交活动，有机会沉淀下来，反躬自省，重新审视自己与家人的关系，以及亲情的重要性。《宋史 · 苏辙传》中写道：“辙与兄轼进退出处，无不相同，患难之中，友爱弥笃，无少怨尤，近古罕见。”唐宋八大家之中的苏轼和苏辙兄弟俩并肩携手、患难与共的手足亲情，最能体现在那首《水调歌头 · 明月几时有》之中：人有悲欢离合，月有阴晴圆缺，此事古难全，但愿人长久，千里共婵娟。在这个春天，我们看到了太多家人与亲情的故事，尽管不少人因为疫情被迫分隔两地，但在抖音上，在朋友圈里，在生活中，亲情无处不在。

同时，我们也看到了更多不是亲人、胜似亲人的故事。《环球时报》2月 14 日报道，西藏自治区向湖北捐赠的首批抗击疫情物资：29 节棚车满载的鲜牦牛肉、矿泉水等，给远在荆楚大地驰援了雪域高原的祝福。一方有难八方支援，正是这种感人至深的中华民族兄弟情，温暖了因为疫情而显得冷清的春节。

假期变长，各位不妨阅读一下薄伽丘的《十日谈》。1348 年，佛罗伦萨瘟疫流行，十名男女逃到了乡间的别墅避难。他们为了打发时光，约定每个人每天讲一个故事。于是，十天当中就诞生了一百个故事，故名《十日谈》。西方中世纪时期的文学体裁还远没有现在这般丰富，除了宗教文学之外，基本就是诗歌与宫廷文学。《十日谈》作为短篇小说集，不仅叙事出色，更影响并带动了后世一大波短篇小说创作。读故事，让我们感受文艺复兴的力量；学知识，让我们学习面对变故时的坦荡。

最后，分享前两天看到的一则新闻，民政部回应记者提问，“何时恢复婚姻登记”。工作人员说，等疫情好转了将逐步恢复，并说“只要感情好、身体好，哪天登记都是好日子”。这段话让人在这个春天感受到了乐观与希望。

希望各位保持耐心，坚守住地，注意安全与防护，让我们期待风和日丽时的再相聚！

李　智
电视学院教授、博士生导师
2020 年 2 月 19 日

[生] 众志成城，战疫必胜

亲爱的同学们：

见字如面，展信安康！

清晨看到新闻，湖北以外区域的新增病例 15 天连降，湖北每日新发病例数也呈下降趋势，这无疑是一个好消息！疫情防控已经进入最关键的时刻，我们相信，这场仗，一定打得赢，而且曙光就在不远的前方。

这绝非一个人、一座城的战斗。我们每一个人，都和国家一起，共进退。生命原本脆弱如芦苇，但也不是无根的浮萍，背靠祖国和人民，我们就拥有披荆斩棘的力量。面对这场突如其来的疫情，全国人民万众一心，这是战胜疫情的信心和决心；各族同胞众志成城，这是保护华夏儿女的钢铁“长城”。

一方有难，八方支援。无数可爱可敬的中国人在危难时刻挺身而出，逆行向前。根据国务院新闻办公室消息，截至 2 月 14 日 24 时，各地共派出了 217 支医疗队，25633 名医疗队员（不包括军队派出的医疗队和队员）。这其中，有耄耋之年披挂上阵的国士终南山，有写下“若有战，召必回，战必胜！”的曾在 17 年前赴北京“小汤山医院”抗击非典的医疗队员，还有同你我年龄相仿的广东支援武汉医疗队护士朱海秀。除了在一线抗疫的“白衣天使”，各行各业的工作者也在尽力守护着我们：不舍昼夜驰援武汉的解放军战士，毅然奔赴前线报道疫情的新闻工作者，加班加点为生命抢速度的“雷火二神山”建筑工作者，一遍遍在喇叭里呼喊“戴口罩”的社区工作者，留守在城市中的“外卖骑手”，还有无数为国家献策献力的每一个普通人。这种力量的汇聚构成了中国的脊梁，也正因此，这场战役一定能胜，你们也一定会平安归来。

作为宅在家中的你我，选择“少出门，勤洗手，戴口罩”，积极配合，就是最好的支援。这次疫情，也让我们感悟到，过去一切的习以为常其实是真正的弥足珍贵。让我们认真学习，把握光阴，待林花似锦，你我俱是看花人。

武汉加油，中国加油。

2018级国际新闻学硕士研究生　王　喆

2019年2月19日　写于山西太原家中

[生]　从医生眼里看见

亲爱的同学们：

见字如面。

因为上个学期参加了交换项目，我的寒假从2月才刚刚开始，今天正好是我在家中的第十四天，手机卡包里的“黄码”也刚刚变成绿色。从临近农历新年时起，我和大家一样，开始被网络中各式各样的信息包围，感到无措、无奈。踏上了回国的航班，我也正式开始了“口罩生活”。

我的家在温州市苍南县，这是一个不大不小的县城，目前总计还有11例新冠肺炎确诊患者，已经很多天没有新增的病例了。我的父母都是当地医院的大夫，疫情初期我还在国外就一直询问家里的状况，人数多吗？回家的路上我该怎么办？好在人数可控，加上很早开始了管控，他们的工作虽然忙碌但是还在能承受的范围。我也从新闻中得知，各地的新增病例在逐渐减少，治愈出院的人数在逐渐增加，我由衷地感到喜悦。

特殊时期，医务人员在前线奋战、无私奉献着。举个例子，新冠肺炎危重症患者需要高浓度氧气供给呼吸，一罐跟人比肩高的液氧，仅仅够危重症患者呼吸半小时。每照顾一位重症患者，专门看护的医生一整夜需要来来回回拉 20 罐氧气。还有许多实例，想必大家也都通过新闻媒体有所了解。

医护工作者被称为白衣天使，被全社会关注和赞美。我老听爸妈说最近他们医院又收到了社会上捐来的口罩，还有各种食品和其他物资，就连平时在科室打扫卫生的老伯也给他们送葡萄……我的心中暖流涌动，感动于在这样的特殊时期里全民对医生这一群体发散出的善意和理解。

作为医护人员的子女，我很想告诉大家，医护人员也是我们所有平凡人中的一员，并不是这样的一次疫情才让他们勇敢“逆行”。所有我们在这次疫情中看到的、被报道的人和事，不仅限于当前，而是在他们在多少个日夜里一直在重复做的事。在每个寒暑假的工作日，我都能看到妈妈脸上留下的口罩勒痕，爸爸也常常因为一台手术回不了家，不能按时吃饭。在此刻他们奉献自己，向疫情宣战。我多希望疫情结束后，他们依然能够像现在这样，感受一样多的来自四面八方的关爱和理解。

县里的确诊病例并不多，不接受社会上志愿者的报名，我一直在想能为那些在一线的医生做点儿什么。妈妈前天说她的同事们想换换口味，我就包了些饺子，提前放在隔离病房的楼下。他们从大年三十那天起就住在医院了，这也许是他们新年以来吃上的第一口饺子。能为他们做一点儿事，我感到稍许慰藉。

在医护人员奋战的同时，我们到底能做些什么呢？爸妈跟我说，如果人人都能保护好自己不被感染，那就是对他们最大的帮助了。我呼吁大家都能为防控疫情尽自己的一份力，保护好自己和身边的人，这也是我们能为了这次战役做出的实际贡献。在这儿给大家提供一个爸妈告诉我的预防方法：若是有条件在家门口摆放消毒喷剂，在进家门前对双手进行消毒，进入室内再用胶状洗手液或者肥皂至少洗手 20 秒以达到清洁效果；外出不揉眼睛抠鼻子；平日出门避免人群聚集，戴普通的外科口罩即可，若是外出时间短口罩没有被打湿可以多次使用，也可以在外科口罩里垫一次性医用纱布，这样可以在保证安全的前提下减少口罩的使用。

当我们呼吁停止对湖北同胞的地域歧视时，大家都说“隔离病毒，但不隔离爱”。我也衷心地呼吁大家，对于没日没夜奋战的医务工作者以及所有为了抗击疫情付出努力的人们，希望“疫情结束，但爱不结束”。愿爸妈和千千万万的医务工作者都能够平安度过这段艰辛的日子。

借用一句话：“No winter lasts forever. Every spring is sure to follow.”期待在春暖花开的日子，站在学院门前，玉兰树下，和老师同学们拍下新学期的一帧。

向奋战在抗疫前线的每个人致敬！期待他们凯旋。也愿大家平安、健康！

2017 级广播电视学（国际新闻传播方向）本科生　曹俊懿

2020 年 2 月 19 日　写于浙江苍南家中

[师] 春 望

亲爱的同学们：

健康平安！见字如面！

今天是 2 月 20 日，距离 1 月 20 日国家发布全国疫情防控信息已经整整一个月了。在过去的 30 天中，我们和全国人民一起经历了一场没有硝烟的战争，深切体会到了“国”与“家”的血脉相连、休戚与共。这个漫长的寒假，注定会成为我们一生难忘的记忆。

在这样一个“足不出户”的假期里，我们首先要保证身体健康，每天要坚持锻炼，然后，还要尽量让我们的生活过得充实和有意义。为此，我们可以做些什么呢？

一、孝亲

这个春节可能是我们长大成人后和父母、家人在一起度过的最长寒假，可以充分体会家庭的温暖和亲情的无价，要好好珍惜和亲人在一起的时光。请尽量放下手机，多和家人聊聊天，说说心里话；多帮父母做做家务，照顾家里的长辈；多带家人一起锻炼，正确认识疫情影响，保证大家身心健康。现在，很多同学的父母都已经复工上班了，我们要主动做好家庭防疫防控和后勤保障工作，替他们分担一些生活或工作上的压力。

二、思考

这个假期给了我们充分的时间，大家可以从终日的忙忙碌碌中停下脚步，安静地思考很多问题。疫情为整个社会按下了“暂停键”，也为我们提供了“放大镜”，将各种常态下淡化或隐藏的问题凸显出来，让我们重新审视，深刻反思。

作为传媒专业的学生，通过这次疫情，我们可以认真思考自己专业的很多基本问题：新闻报道的评价标准和社会责任、主流媒体与商业媒体的地位和作用、媒介传播与国家治理、媒体技术与媒介内容的关系、健康传播与科学传播……

作为正在成长的年轻人，结合社会现实，我们还可以认真思考当代青年的人生观、价值观：如何处理“利”与“义”的关系？如何界定“平凡”与“伟大”的定义？什么人才应该是我们的崇拜偶像和人生榜样？

三、读书

这个假期，大家要真正“耐得住寂寞”。蜗居在家，最适合做的事情就是读书。开卷有益，无论是传媒专业书籍，还是文学、历史、哲学、艺术等书籍，都可以提高我们的见识，滋养我们的心灵。当我们沉浸于书中，陶醉于和智者前贤的思想交流时，我们会切实体会到“读书不觉已春深”，从而减少疫情带来的焦虑。电视学院已经给同学们推荐了阅读书目，大家可以参照阅读。

读书的时候，一定要做读书笔记，将自己的心得体会、灵感火花随时记录下来。我推荐大家使用“石墨文档”写读书笔记，并与自己的好友和同学分享，它有电脑端应用、移动 APP、微信小程序多个版本，并且可以相互连通，非常实用。

四、记录

疫情之下，我们每个人正在经历的平凡生活，注定会汇成中国历史的重要一页。我们可以拿起自己的笔、自己的镜头，有意识地将其记录下来。无论身处城市还是乡村，无论位于祖国的东西南北，我们可以写下这些天的所思所感，我们可以拍下这些天的所见所闻，这些看起来可能简单、零碎、粗糙的文字和影像，无论发表与否、传播与否，都会成为我们家庭、国家难以忘却的珍贵记忆。

亲爱的同学们，目前全国疫情已经出现整体向好的积极转变，但是，我们重新回校相聚还需要耐心等待一段时间。返校之前，学校的线上教学活动会有条不紊地开展，作为一名从事网络教学、慕课教学多年的教师，我想给大家一点建议——线上教学与线下面授有明显的区别，对于同学们学习的主动性、自觉性有比较高的要求，大家要提前做好准备，了解并快速适应新的上课方式，才能取得良好的学习效果。

看窗外，蓝天白云，阳光明媚，虽料峭微寒，但春意渐浓！

衷心祝同学们吉祥安康！期待和同学们欢聚的日子早日到来！

郭艳民

电视学院教授、博士生导师

2020 年 2 月 20 日

［生］ 弦外思念冷了茶，盼你回眸于初夏

亲爱的同学们：

大家好！

不知不觉间，寒假已经过了一个多月，2020年春节也在持续的战疫硝烟中度过。按照往年的惯例，此时来自五湖四海的CUCer已纷纷踏上返校路途，期待着在校园里同看春天的白杨，在钢琴湖畔诵读梦想的篇章，在立德楼的课堂上汲取知识的营养。可是，抗疫还未结束，我们应严格遵守学校的有关规定，不私自返京返校。保护好自己，也就是在保护社会上的每一个人。

钟南山院士表示，如果在2月7日至20日这段时间里患病人数没有明显上升，疫情才算得到控制。“第二个14天”的战役已经打响，随着工厂、企业的复产复工，员工返程高潮的出现，这段时间的疫情防控形势会比“第一个14天”来得更加严峻。因此，我们应遵从国家的疫情指令，不出门、不串门，不为最美的“逆行者”们添堵。

“第一个14天”里传出了很多令人痛心的消息：一些奋斗在一线的医护人员因连续奋战而疲惫至极，我们却无能为力；李文亮医生的离世让所有人陷入了无限的悲痛……但在乌云笼罩下，仍然有阳光冲破阻碍，温暖人心；我们看到武汉封城后医护人员共抗病魔的坚守，火神山、雷神山医院建成背后的中国速度以及社会各界人士众志成城、齐心抗疫的团结。在全国各地，有无数个人、单位和慈善机构自发地向湖北省捐赠大批物资，为国家打赢这场疫情阻击战贡献宝贵的一分力量。

开学日期尚未确定，目前疫情形势仍然严峻，许多高校都延迟了师生返校时间，通过网络线上授课，停课不停学。在接下来的时间里，身为中传学子的我们首先应谨遵学校的教学安排，不因为暂时无法返校而落下课

程的学习；其次，在家期间，我们拥有了更充足的时间钻研学习，不妨就当下的舆论热点和事件加以分析，利用中国知网等网站检索、研读文献，提升独立思考的能力；最后，我们还应发挥自身的专业能力进行创作，如剧本稿子、纪录片文案、歌曲创作等，待驱散病毒后，将这些想法落到实处。

每当危难来临之际，中华儿女总能挺身而出，团结一致，共抗磨难。严寒已过，春回大地，尽管病毒尚未驱散，但我想，在不久之后，当武汉不再封城、全国各地列车驰骋前进之时，我们终将再次相见。

祝大家身体健康，学习进步！

2019 级广播电视学硕士研究生　农利翔

2020 年 2 月 20 日　写于广西田东县家中

[师] 我的灾难记忆

亲爱的同学们：

见信好！

我在武汉，全国人民每天为之加油、人员物资不断驰援的武汉。先向大家报个平安，尽管这段时间生活上也遭遇了一些不便和不安，但与那些日夜同病毒抗争的患者、医生以及不停支援一线的人们相比，个人经历的这一切都微不足道了。

身处疫情的中心，每天宅在家里，日常生活与大家并没有太大的不同。现在信息繁多，武汉的情况备受关注，我能告诉大家的估计也不多于大家所能了解的。不过，这段时间持续关注疫情数据和动态，观察媒体在疫情报道中的表现，倒是唤起了我对于灾难的一些个人记忆。

1998 年抗洪的时候，我也在武汉。那是大二的暑假，我从《中国青年报》实习回来，晚上和同学们一起去大堤上查管涌。盛夏的夜里，草深露重，蚊子成团，大家打着手电找小龙虾，它们会在大堤上掏出一个个的小洞，带队的老师说，千里之堤，有可能溃于虾钳。尽管这种入侵生物后来变为美食红遍大江南北，我却不怎么吃它。一年以后，长江的前七次洪峰，每一次都比 1998 年更大。当时，我在新华社毕业实习，每两天就得发一篇稿，也真正见识了新华社记者的采访、调研和写作功力，并从此铭记他们对文字的严苛要求："能用 99 个字写完的，绝不用 100 个字。"

2003 年非典的时候，我在北京读研。临近毕业，我们去西安拍片子。当时北京已成孤岛，活性炭口罩脱销，跟我合作的编导好不容易托朋友搞到一只，上火车前着急忙慌地打车去拿。我在北京西站前找了块略为空旷的地儿等她，早春的阴天，没什么风，心底只觉得凉。

在火车上戴着口罩闷了一晚之后到了西安，第二天一早晕晕乎乎地醒来，听见广播里说，陕西确诊了第一例非典患者。餐馆依然营业，但大都门可罗雀，吃第一顿饭时大家点菜，总导演冷不丁冒出一句："不让你点，你非点！"吓得服务员手直发抖。大家面上乐呵，心里不时哆嗦。陕西是面食大省，过了几天在梅县拍完吃饭，桌上赫然摆着两盘与时俱进的"防非典"面条，大家忍不住都多吃了几筷子。

一位要重点采访的老专家好不容易才联系上，我们一路辗转找到他的住处，上楼敲门，他一边开门一边咳嗽，膀粗腰圆的摄像吓得腿一软，老专家赶紧解释："别怕，医生检查过了，我是感冒，不是非典。"另一位专家是位头发花白慈眉善目的女教授，采访的间歇我找了个通风的地儿陪她聊天，她悄悄掏出一个心形的橙色香囊揣给我，她说她多年研究中医保健，这是非典袭来后她自治的香囊，可以提高免疫力，可惜随身只带了一个，"你们这样天南地北地跑，太危险了"。我推不掉，只好揣着。后来暑假里到英国研修，在吹着英吉利的海风、晒着不列颠的太阳、吃着自带的方便面、喝着 DIY 的下午茶时，上衣口袋中散发出来的淡淡中药味让我倍感祖国的温暖。

从西安拍完片子回到北京的第二天，学校就封校了，我在宿舍一边隔离一边写毕业论文。一位同门回来送论文给导师，只能隔着西门的铁栏杆递进来。个人隔离结束不久，学院开始给中国教育电视台拍摄《校园真情》节目，我们一堆人就又被集中隔离在了老国交。到了研究生招考复试的时候，面试没法进行了，只能电话考试，我们帮忙给同学们一个一个打通电话，老师们围着电话机不停询问，到现在我都还记得老师们打分时常带狐疑的眼神。

2008 年汶川地震的时候，我在美国访学。几个月后回到北京，与来自四川的同学相聚，大家聊起在灾区的经历，一位深入震中采访的同学遇到余震，靠紧抓着岩边的一大丛深草而幸免于难。话题越说越沉重，四川的同学开始讲灾区的段子，我约莫记得说的是几位牌友打麻将，正要和牌的时候一抬头，对面的牌友掉到楼下去了，这会儿才意识到地震了。我们大家笑着笑着眼泪就下来了，也不知道是因为高兴还是悲伤。

天地不仁，风云难测。我想，每个时代前行的航道上总会有不期而至的风浪，每个人成长的前路里也会有突如其来的风雨。那些与风浪搏击时焕发的团结、英勇和牺牲，终将铸刻进历史的丰碑；那些在风雨中前行时练就的沉着、坚韧和坦荡，也必然浸染出人生的底色。正如这段时间被反复引用的诗句所说，若不是对这片土地爱得深沉，我们的眼眶怎么会常含热泪；而如果从未在长夜里痛哭过，又何以谈人生？

祝安！

崔　林

电视学院教授、博士生导师

2020 年 2 月 21 日

[生] 冬雪消融之日，愿长街繁华依旧

亲爱的朋友们：

见字如面，展信佳。

庚子年早春，我们以一种特别的方式迎来了心心念念的新年：街巷、城市、祖国，都在紧张地应对突如其来的疫情。置身山东省中部地区的我，所在区县目前无一例确诊病例，但我们自觉遵循疾控号召，以实际行动，保护自己和他人。每每安坐家中，浏览新闻速报，在为疫情揪心的同时，也在心头为那些危险环境下的基层工作者暗暗祈祷，祈愿他们百毒不侵，平安凯旋。

我的成长平和而幸福，在自己的角落里生根发芽，而祖国的其他角落，汶川地震、玉树滑坡……残酷的天灾人祸，虽未目睹，但已耳闻，年幼的我捐出自己的零花钱，希望能为不那么幸运的同胞们提供一点儿微薄的帮助。这个世纪之初，世界也并不太平：福岛大地震、海啸，京都大火……我曾同样试图去帮助那些受灾的人民，给予我所能给予的援助与祝福。今年疫情中的国际互助，更坚定了我对人道主义、“人类命运共同体”的信仰。“青山一道同云雨，明月何曾是两乡”，是啊，一方有难八方支援，四海之内皆兄弟，不是一句空泛的口号，而是基于人类本能的善意，是不同民族间共通的美好特质。

我生逢世纪之交，见证国家崛起，见证变革，见证人民幸福感的稳步提升；也见证国难，见证泪水，见证一个顽强的古老文明，为明日的曙光万众一心、不懈奋斗。我们看见英雄，我们敬仰英雄，我们也将继往开来，再次开创一个英雄的时代。

对真相的勇敢揭露令我警醒，而隐瞒与谣言则令我深刻意识到，媒体对于大众所负的责任是不可以被辜负和扭曲的，“铁肩担道义”是永不褪

色的信条。身为未来的媒体工作者，我坚定了这样的愿望：追求真相、捍卫良知、抑恶扬善、传播正能量，推动舆论和思想的进步。这是我的志向与目标，也是我报效祖国的理想方式。

新年啦，希望看到这封信的你，也能幸福安康。冬雪消融之日，愿长街繁华依旧，故人皆能团圆。

2019级编辑出版学本科生　李子昂

2020年2月21日　写于山东临淄家中

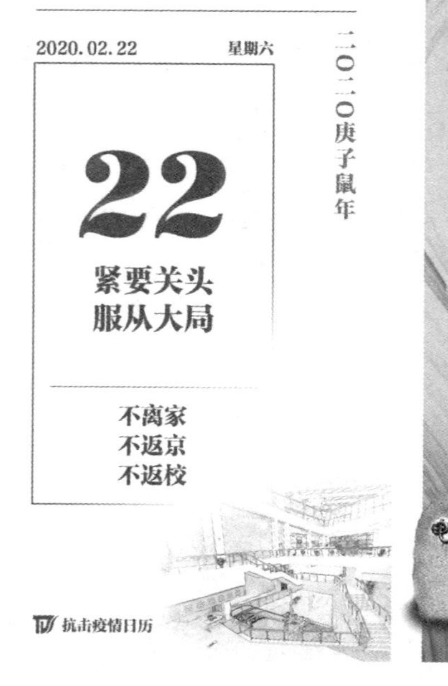

[师] 庚子早春

亲爱的同学们：

大家好！

今天是 2 月 22 日，距武汉封城刚好一个月。在经历先前的恐慌、混乱、谣言之后，目前局势已趋平稳，新增病例持续下降，病毒扩散基本得到控制，曙光在望。但是，近 6 万患者还躺在医院，药方尚未找到，每天病亡人数仍在增加，而返城复工刚刚开始。所以，道路依然漫长，大家务必继续居家等待。

许多年之后，也许一个明亮的清晨，也许一个惬意的午后，当不经意间回首，2020 年这个举国关门闭户的早春仍将令人难忘。

对南方人来说，春节就是春天的开始。每次春节回家乡成都，我都能强烈地感受到这一点。大街上小巷里，有不少人怀抱或买或摘的蜡梅悠然走过，浓郁的香味扑鼻而来，在空气中久久荡漾，真正的沁人心脾。有一次，我在一个小院里，突然发现几枝蜡梅在低矮院墙外移动，就像蜡梅自己在走路。我心生诧异，便走出院门，原来是一辆行进中的自行车，车上有两个年轻女子，一个在前面骑车，一个在后座上，走路的蜡梅就在后座女子怀里。蜡梅高高挺立，越过她的头，也越过院墙。那是很美的一个场景，感觉那女子抱的不是几枝蜡梅，而是一个正在来临的春天。

只要春节回成都，我必去武侯祠大庙会，主要就是去看蜡梅。里面所有大道小径都挂满彩灯，空气清凉，人流熙攘，漫步其间，仿佛穿越在《清明上河图》里。忽有暗香浮动，闻香而去，便来到一片尽是蜡梅的地方。寒凝大地，蜡梅吐蕊怒放，翩若惊鸿，芳香馥郁，香甜润泽，尽是春天的气息。

但今年冬末春初，新冠病毒突如其来，周边显得空旷、寂静。阳光依然灿烂，蜡梅仍旧芬芳，我们却只能于想象中重拾往日记忆。我们的生命日历里，永久地缺席了2020年的早春。

虽然错失早春，但这次空前的疫情却给我们上了另一堂永生难忘的课。诚如美国著名作家马克·吐温的一句名言所说："有时候真实比小说更加荒诞，因为虚构是在一定逻辑下进行的，而现实往往毫无逻辑可言。"疫情后的魔幻色彩令任何小说和电影都望尘莫及，假、丑、恶暴露无遗，真、善、美则彰显着人性的崇高、伟大和永恒力量，相信病毒学、社会学、管理学、传播学、影视与文学等都可以将之作为自己的经典案例进行研究。

既然遭遇了这次疫情，建议大家不妨深入探索，对人类从古至今的重大疫情做一番了解。比如中世纪欧洲的黑死病，死亡2500万人，超过欧洲当时总人口三分之一，它如何发生，如何蔓延，如何防治，对社会和历史的进程产生了怎样的影响。当时记载、后世研究、影视作品都不少。又比如，晚清末年，我国东北爆发鼠疫，死亡达6万人，在国力贫弱、生产力低下的情况下，政府、专家、民间都采取了哪些措施。

在历史纵深与宏观之外，我特别希望大家再微观化，近距离用特写直面病毒疫情的残酷性，感悟生命的脆弱。

北野武曾说过：“灾难并不是死了两万人这样一件事，而是死了一个人这件事，发生了两万次。”医生和病患直接面对的，是生死两茫茫的永诀。我们绝大多数人都很幸运，不在重灾区，居家隔离其实是难得的岁月静好，这背后是上至国家政府、下至每一个医护人员的大量牺牲和付出，我们应该好好珍惜。

再跟大家谈一个学习感触。

自疫情以来，各种信息、文章铺天盖地，但我想，多年以后，当一切都烟消云散、化作尘土，我们却很难忘记两句话，“山川异域，风月同天”“岂曰无衣，与子同裳”。

这两句话是日本友人贴在支援我们抗击疫情的物资箱上，言简意赅地表达了他们的情谊。这两句古诗，前者来自日本，后者源于我国《诗经》，用词简洁，形象生动，情感炽烈，意境开阔。在武汉黑云压城城欲摧的艰难时刻，它们犹如灼灼的闪电，熠熠生辉地刻写在这座悲情城市的天空，以跨洋过海的人类之爱，温暖着大家低迷的心灵。

从这个例子，我们可以看到文字的力量、诗的力量、艺术的力量。天地沧海桑田，而真正深刻的文字却会永垂不朽，比如李白、杜甫，肉体早已消亡，但即便再过几千年，只要人类还在，他们的诗就会被传诵。发明文字的一个重要意义是给世界命名，既包括抽象的概念，更涵盖具体的一草一木。而命名本身，体现着我们对模糊混沌世界的认知和理解。当人们把一朵花取名玫瑰之后，这朵花就独一无二、与众不同了，就从大千世界里脱颖而出。而“山川异域，风月同天”“岂曰无衣，与子同裳”，是对人类真挚情谊的艺术命名。

《诗经》是一部诗歌总集，却位列儒家经典《四书》《五经》的《五经》之首，成为华夏民族文化的根基，以诗立族立国，这在全世界绝无仅有。唐代发扬光大，终成诗之国度。因此，希望大家多看书学习，弘扬传统文化，创造新辞章。

最后，借用此次疫情中同样是从日本传回来的王昌龄的诗送给大家，“青山一道同云雨，明月何曾是两乡”，虽天南地北，纵千山万水，电视学院始终与你同在！早春已逝，阳春三月、人间四月天将来，待那时，春光遍地，百花竞艳，我们再相逢！

周　文
电视学院教授
2020 年 2 月 22 日

[生]　敬普通人

亲爱的同学们：

今日正月廿九，农历二月临近。明日八九，豆雁归来。春的气息，更浓了。

此刻的你，想必正刷着手机，或是看着电脑，才能与我在这段文字中相遇。若你前几日打开过学部微信公众号，你一定注意到两则关于抗疫一线校友的推送。我也读到了这两篇文章，感动于王宇师哥“医生在奉献，我们必须记录他们的奉献”的坚定，钦佩于朱慧容师姐“记者除了是现场的忠实记录者，更应该是沟通者、提问者”的专业。感叹着他们的故事，我忆起朋友圈中也有两位同是“逆行者”的前辈，他们奔波于武汉——采访，报道，战疫。

“感谢那些能让春天来临的人们。在前线是危险的，但能讲述这些人的故事是幸运的。”2月18日，总台CGTN记者、2009级国际新闻学硕士研究生葛云飞发布第3个记录武汉的Vlog后，在朋友圈里写下这句话。曾办“万人宴”的百步亭社区、重症新冠肺炎患者所在的武汉协和医院西院、武汉第四医院的隔离病房……这是他在视频里的足迹。我惊讶于师哥到达武汉已半个月。印象中，去年，他还在香港特别行政区记录暴力事件，从炎天暑月到腊月寒冬。转眼间，他已从一个前方投身到另一个前方。

同在抗疫前线的还有葛云飞师哥的同班同学、人民日报记者付文。义务运送物资的铁路职工、方舱医院的医生、重症监护室的护士、冲上疫情防控第一线的“95后”……付文师哥下笔成章，将他们的故事娓娓道来。

报道抗疫事迹的记者们，同那些奋战在抗疫前线的医务人员、维护城市运行的工作者、无私奉献的志愿者、在海外筹集物资的侨胞等一样，用汗水、泪水，甚至生命，呵护了更多人的平安与健康。他们不是神，都是有血有肉、有家惦念的普通人。

“我们都是普通人，我们也都担当重任。”人大附中高三学生刘翌新创作《空城》如此唱道。如今，你我坚守家中，“不是隔离，是在战斗”，在珍惜众多人付出牺牲换来的平安与健康。正如上海医疗救治组专家、复旦大学附属华山医院感染科主任张文宏所言：“每个人都是‘战士’。”笃学勤思、陪伴家人，这段时间，我们终于能从以往的忙碌中抽离出来，留意柴米油盐酱醋茶，琴棋书画诗酒花，静心于生活与生命。

在我写下这封信的1小时里，不知中华大地又有多少新冠肺炎患者痊愈出院；在你阅读这封信的1分钟里，不知运送物资的货车又行驶了多少距离。逆行者的奋斗，请让居家者来守护。

谨以此信，献给他们、你们、我们。敬所有——普通人。

2018级国际新闻学硕士研究生　张晓洁

2020年2月22日　写于北京家中

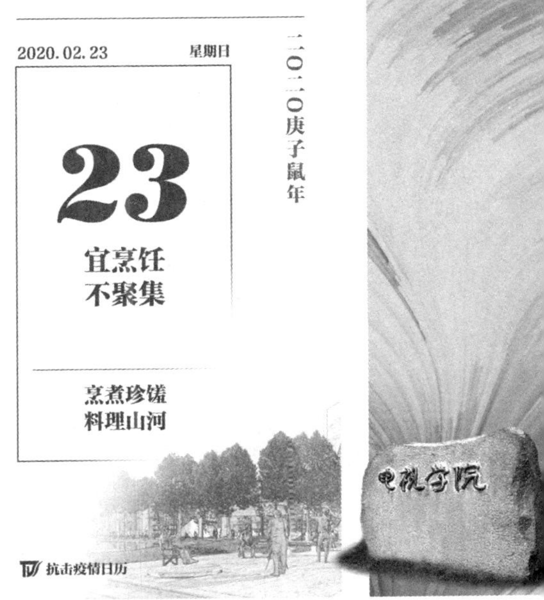

[师] 当我们谈论书信时我们在谈论什么

亲爱的同学们:

大家好!

如果不是这次疫情，我们断不会用书信来交流。平日里我们写新闻、写论文、写策划、写剧本、写总结、写报告、写假条，甚至写检查，可是有多久没有写过信了?印度现代诗人泰戈尔有一篇名为《写信》的散文，其中说:“你给了我一支自来水金笔和其他文具，你叮嘱我每天写一封信。”是的，学院叮嘱老师们每天给同学们写一封信，文字不多，纸短情长。

说到信，在汉语词典中，共有 20 种释义，其中一解为“书信”。那么书信的意义何在呢？唐代诗人李绅在《端州江亭得家书》中写“开拆远书何事喜，数行家信抵千金”。“抵千金”对于官至宰相的李绅来说或许犹可想象，那诗圣杜甫的名句“烽火连三月，家书抵万金”恐怕就超出了想象的边界。实际上，无论是悯农诗人李绅还是爱国诗人杜甫，用“千金”“万金”的比喻，都是在抒发对家人的思念，这份思念在国难当前显得尤为珍贵。

在影视作品中，信是情节的载体。电影《绿皮书》中，白人司机在给妻子的信中写道：“我写信时正在吃薯条，觉得有点渴。把袜子洗了，放在电视机上晾着。我以前不知道，这个国家原来这么美。”他的雇主、黑人钢琴家帮他润色：“当我想你时，我脑海中浮现出艾奥瓦州美丽的平原，没有你的时光和旅程对我来说毫无意义，爱上你，是我做过的最容易的事。”就这样，在 1962 年的美国，一个种族歧视十分严重的年代，两个人通过写一封信实现了跨越种族和阶级的和解。实际上，文字的华丽与否并非至关重要，以信为载体的是关于爱与思念的表达，钢琴师写出了司机心里想说的话。还有一个经典的故事，博子出于思念，给已经遇难的未婚夫藤井树寄出了一封信，没想到寄往天国的书信竟然收到了回信。没错，这就是岩井俊二的电影《情书》，道出了真挚细腻且不曾枯萎的爱恋，还有对逝去岁月的怀念和追忆。

在现实生活中，信是情感的载体。虽然信的内容多为随笔，但文字落在纸上，却能跨越时光，抵岁月漫长。“在一场看不见敌人的战场，将无人可以幸免！我申请长驻留观室，对病人进行进一步的分检工作。此事我没有告知明昌（同在这家医院工作的丈夫），个人觉得不需要告诉，本来处处都是战场！”这是武汉大学人民医院呼吸与危重症医学科医生张旃，在疫情蔓延时写下的请战书；“急转武汉防控中心，为白衣天使加一点油，我的一点心意！”这是山东日照环卫工人到派出所捐出 12000 元积蓄后留下的字条；“青山一道同云雨，明月何曾是两乡”“山川异域，风月同天”“岂曰无衣，与子同裳”，这是日本捐赠物资上的附言……这些信或长或短，都是满满的爱与担当。

在传播场域中，信是情绪的载体。关于当下的疫情，每天都有海量的信息，我们的认知和情绪往往会被这些报道裹挟。“武昌医院的主治医生汪晓婷奋战在抗疫一线，担心感染家人，凌晨上下夜班时执意走路，丈夫开车缓缓跟在后面默默护送。”你感动吗？“截至2月19日，全国有278支医疗队，32395名医务人员从各地驰援湖北。前所未有的出征，史无前例的驰援！”你振奋吗？海量的信息毫无阻拦地传递着观念、情感、知识和欲望，你是否也会被微博即事实、微信即观点的“魔弹”击中，然后在辟谣与反转中握着手机久久无法平复。

每日清晨，伴随着手机屏幕上最新疫情的新闻弹窗，都会收到一位老师的来信，说见字如面多少有些夸张，但读信时想起他们的声音和语气并不难：一是彼此之间太过熟悉；二是许久未见，真的有些想念。

不知道同学们会不会每天阅读老师们写的信，这样的疑虑或许有点多余，因为奥地利作家茨威格说过：“就算你拒收，我也照写不误，以便让你知道，至少有信一直在家等你。”

希望你们平安留守，等春天到来，再相聚！

马　铨

电视学院副教授

2020年2月23日

[生]　中国值得

亲爱的同学：

你好哇！我们不相见已一月有余了，不知你最近在忙什么？

今天我收到一包蔬菜——生鲜公司的快递员打电话叫我下楼取——但

我竟然不知是谁叫了快递送我的。这极有意思！包里的菜有六七样儿，巨型的白菜、几个胡萝卜和土豆，还有豆角、西红柿等。快递员说：就在今天，好多人都收到了匿名蔬菜包。既然不是偶发个例，而是一次计划好的集体行为，于是我接收到一种戏剧性的喜感和酣畅，好像我也是一个巨大项目中的参与者，和许多人构成了一个轻松却重要的环节。

其实在这一个月中，许多人都生发过“好像身处一个魔幻现实主义电影之中”的感叹，“太不真实”和“过于真实”好像完美统一在一个情境之下，或者说它们本身指向的，就是同一种激动的情绪和重大的意义。

比如，一项硬核科技：总建筑面积 3.39 万平方米的武汉火神山医院从方案设计到建成交付用时 10 天；

一类让人信赖的角色：“诸将易得耳，至如‘南山’者，国士无双”；

一种英雄主义：“武汉本来就是一座英雄城市”；

一些细节的叙事：给武汉捐赠一万斤萝卜的天津菜农，找不到运输工具在快手上发视频求助，评论区有不少司机回复“在哪，我是六米八车，我去拉”“我有 13 米半挂可不可以？在哪里装车？”给武汉驰援物资的卡车司机们，是暂时安全的异乡人，却愿意为了“陌生人”冒险——被感染的生理风险和被近邻疏远的心理风险。还有许多给警察、环卫留下现金、口罩、支票就走的匿名人。

宏大叙事的背后一定是具体的，是不同工作的、无数的普通人；而刷到新闻的人们，也收到一种鼓舞：竟还真有这样好的人！还这么多。于是更多人感到其实“人间也值得”“我们也要值得中国”。

我们身处一部战疫纪录片的一帧中；历史在被记录的时候，我们在创造它。

2018 级互联网信息研究生　高宛童

2020 年 2 月 23 日　写于河北保定家中

[师] 长风破浪会有时　直挂云帆济沧海

亲爱的同学们：

大家好！

今天，日历上写着：2020 年 2 月 24 日，星期一，农历二月初二，龙抬头。古代称这一天为中和节，传说睡了一个冬天的龙在二月二抬起了头，意味着世间万物复苏，人们的劳作进入活跃期。然而，龙抬头的今天，我们还是要老老实实地待在家中，服从国家的统一部署，听从学校的安排，管理好自己就是履行应尽的义务。

一个月前的 1 月 24 日，是庚子年的除夕。大年三十，同学、老师、朋友、亲人们在微信上相互拜年，当时我们对新冠疫情没有什么概念，没有特别重视。大年初一，在电视上看到习近平总书记讲话，党中央发出抗击疫情的指示，我顿时思想紧张起来。凭借多年新闻教学的敏感，我意识到这是一个非同寻常的公共卫生事件。

这段时间以来，祖国的大江南北被疫情包围，问题的严重性一步一步显现出来，成为全球的焦点。随着时间的推移，我的心似乎更加不安了，越来越意识到这场灾难的严峻性、复杂性。最新的疫情报告显示：全国确诊的感染患者超过 7 万人，其中包括 3000 多医护人员，死亡人数超过 2000 人，而且数字还在上升。这些数字触目惊心，让我们心生难过和悲痛。

毫无疑问，这是发生在 21 世纪的一场人类的悲剧。悲剧意味着什么？悲剧唤醒我们的意识，悲剧让我们心存敬畏。遭遇疫情以来，有关人类遭遇瘟疫的历史都被重温了一遭，其中最为我们知晓的就是欧洲曾经发生的“黑死病”，以及中国东北曾经发生的“霍乱”，二者都是鼠疫。我父母的兄弟姐妹中就有三个被鼠疫夺去了生命，我的母亲死里逃生。虽然我没有见过逝去的三个亲人，但是心里也很酸楚。这种感受，让我联想到被这场瘟疫夺走生命的家庭，他们要承受多么沉重的悲痛。

同学们，其实作为高校的老师和学生，我们在这场疫情中是相对安全的。疫情蔓延，正值假期，我们可以在家里安静地读书，修身养性。然而，有多少人身处危险的境地，却要勇敢面对，甚至被夺去生命。

我们看到，最危险的就是疫区的医护人员，因为职责所在，必须要坚守岗位，明知有危险，却不能止步。

我们还看到，交通运输、超市、快递等部门，为了维系社会基本运行和满足人民生活所需，很多人要上班上岗，甚至加班加点。

我们也看到，全国各地驰援武汉的人员一批批地抵达，他们真所谓“明知山有虎，偏向虎山行”。

我们更看到，在防控疫情的艰难征程中，中华民族精神和力量的凝聚，万众一心，众志成城。

同学们，如果我们以同理心设身处地地想一想，还有什么理由不珍惜时间，不耐心地在家中好好读书、好好修身养性呢？这几天学院的官微陆续推出在疫情第一线采访报道的校友，他们的职业精神令我感动。《抗疫一线校友：央视朱慧容，24天，576小时，3个片段……》这篇推文我看了两遍，因为朱慧容是我的研究生。在我眼里，她聪明机灵、美丽大方、身材娇小。想不到她的意志如此坚毅，我为有这样的学生而高兴和骄傲。

时光会慢慢流淌，艰难的日子会过去，疫情终将会被控制。这些天，我认真地阅读了老师和同学们写的信，这些信就好似一股股暖流。其实，这是一种独特的集体关怀，说明你被电视学院这个集体所在意。我曾在央视设在比利时的记者站待过几年，在国外感触最深的是中国人不可泯灭的民族精神。在欧洲的几年，我目睹藏独、疆独闹事，经历了汶川大地震、2008年北京奥运会在国外的反响。每当国内发生重大事件，欧洲的华人就会组织起来以行动支持国家。汶川大地震时，一位妇女侨领自己开夜车一家一户地去募捐，有的家庭一下就拿出两万欧元。要知道，华人在欧洲开餐馆挣得可是辛苦钱。汶川地震之后，北京奥运会盛大开幕，中国驻欧洲各国大使馆组织观看，很多人都泪流满面。而这次疫情，我也特别关注比利时的侨团第一时间伸出援手。美国前国务卿基辛格曾经对中国做过一番研究，他的独特见解是，中国人在遇到困难的时候，总会有一些勇敢的人来帮助他们。今天，基辛格的见解又一次被证实。

长风破浪会有时，直挂云帆济沧海。让我们鼓起勇气，坚定信心，共克时艰。

浩瀚宇宙，历史长河，人类社会曾在认识与战胜瘟疫的创伤中走向文明。

无边地球，大千世界，中华民族必将在这场疫情的阵痛中更加醒悟进步。

赵淑萍

电视学院学术委员会主任、教授

2020年2月24日

[生] 总有来日可以期待

亲爱的同学们：

展信佳！

近日听闻疫情大有好转，许多省市的治愈人数超过感染人数，实在是全国的欣慰事。我们应当相信在家中的时日不会太久了，心上沉甸甸的东西即将被对来日的期望打破。来日可期，来日可期！

我所在的城市大部分企业已经基本恢复正常工作了，我的母亲在制药相关企业工作，开工要更早一些。她所在的公司在特殊时期生产抗疫药品的所需辅料，物流公司也是积极响应政府号召，专门专线运送药用辅料。我表姐所在的科研团队也在研发用于新冠病毒 lgM 抗体检测的检测试纸，家人们都以她为骄傲。大家都希望疫情快快过去，全国人民各自出力，这种“散是满天星，聚是一团火”的凝聚力很令人感动。

眼下，疫情正大有逐渐散去的趋势，疫情过后，社会秩序会如旧，不过社会风气应当有“新”样貌。我们要保管的哨子是指什么？我觉得是对自然生灵的敬畏之心，对为求稳定而无视隐瞒的戒备之心，对奉献与救助的感怀之心。有些东西我们应当珍视并留存。

在家的这些日子里，总要给自己找点事情做。我最近在读《后真相时代》这本书，里面有些内容确实新奇，总能让我有所思考；我还在平板上下载了绘画、写字的 APP，不专业地涂涂画画也乐趣十足；《歌手·当打之年》播得很红火，我很喜欢看，只是有时对大众听审的投票结果不解；我还按照网上的教程做了芒果蛋糕，外形不好看但也算好吃……在家里做这些小事的时候，心里有着很平静的愉快，生活的俏丽模样渐渐显露，便对未来也充满欢喜。看到许多人抱怨最近生活的无聊，我想说，生活不无聊，毕竟总有来日可以期盼。

很快疫情便会过去。我们国家的万千医护工作者们正辛苦地工作着，全国各组织、部门、企业都在尽力配合。更重要的是，全国十几亿人民都在团结一心地小心防范，大家齐心齐力抗疫，总能打赢这场硬仗！让我们共同期盼来日：风会吹开武汉的樱花，一树又一树尽连成蔽日的彩云；被疾病肆虐过的冰冷土地下，是破土而出的温暖春天。

最后，遥祝大家康健且平安！

2019级网络与新媒体本科生　姜龙庆

2020年2月24日　写于山东聊城市家中

［生］　立春已过春将至

亲爱的朋友们：

今天是农历二月二，龙抬头。近来温度渐升，不知你们是否安好？

相信许多人最近新增了一个习惯：一打开手机，就会下意识查看疫情最新情况。目前疫情趋于平稳，但我们每天看热搜的心情仍如同坐过山车一般：病人治愈出院，我们开心；有人隐瞒病情，我们忧心；有人发国难财玩忽职守，我们愤懑。虽然心里五味杂陈，但我们能做的好像也只有宅在家中等待：等待一线医务工作者和专家们控制疫情，等待病毒被攻克的那一天。

可是，我们也在等待中等来了一些其他的东西，开动脑筋找寻让“宅家生活”不再枯燥漫长的方法：有人在自家鱼缸里钓起了鱼，有些爸爸妈妈快把儿女们养的宠物“撸”脱了毛，有人将干果壳玩出了各式花样，还有人和儿女们一起蒸起了糕点……而我看起了高考前没时间看的电影和电视剧，开始阅读学校推荐的书目，每天打卡。我还借用在家隔离的空闲时间，开始寻找新的兴趣点，尝试新事物。以前没有时间做和没有想通的事情都在这一刻拥有了位置。我们学会了在恐慌中找寻快乐，在黑暗中搜索光明，很多苦闷与忧愁在一张张表情包中得以化解。胜利也许就是从这一件件小事中积累起来的，当心不再慌张，脚步也变得更加坚定。

在元宵晚会中，有这样一句话直戳人心："朋友，在中国，在你身边，在这个特殊时期，你看到了什么，又记住了什么，你为什么感动，又为什么彻夜难眠。"我看到了奋战在一线、脸上满是口罩烙痕的医生；我记住了方舱医院里跳广场舞的病人；我为夜以继日地建设火神山、雷神山医院的工人们感动；我为每一个逝去的生命彻夜难眠。

面对无情之疫，中国人始终团结在一起，不仅是今天，更是未来的每一天，每个人都在努力让这个被按下暂停键的中国重新恢复生机。我们相信国家，相信同胞，相信漫漫长夜之后必将迎来光明！

寒冬已过，春天将至，街道上将再次熙熙攘攘，人们拥抱在一起，花也都开了。

2019级编辑出版学（新媒体方向） 田润宜
2020年2月24日　写于山东潍坊家中

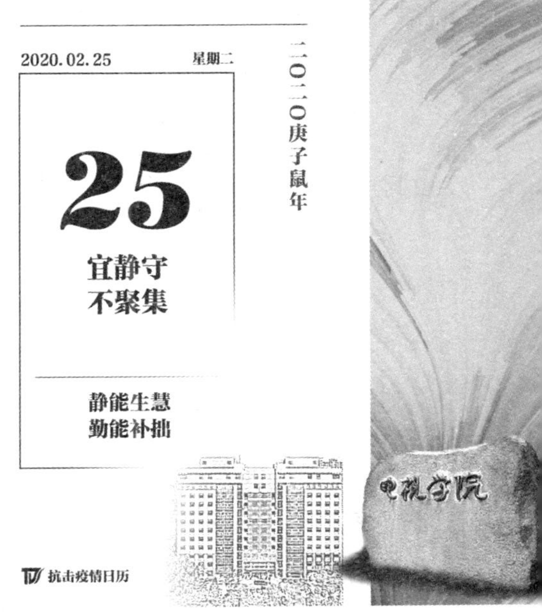

[师] 疗愈“创伤”的社会支持

亲爱的同学们：

今天是 2020 年 2 月 25 日。前些天，我接到这个“接力棒”，在疫情期间，以写信的方式，与大家说说所见所闻、所思所想。原本还想：希望等到月底，一切好转，我们可以绕开书信、见面畅谈。如今看来，虽然已经到了往年开学的日子，但防疫还在继续，大家还需守规，共同助力战疫的最后胜利。

在这个寒假，突然的疫情，未知的病毒，前所未有的防疫措施，无限拖延的种种计划，难免让人焦虑不安。中国社会科学院社会学研究所在 2020 年 1 月下旬，针对 11055 名来自全国各地的成人调查显示，疫情期间，面对“担忧”这一选项，有 79.3% 的受访者认为自己有强烈的担忧感；面对“恐惧”这一选项，有 40.1% 的受访者选择了“强烈恐惧”……诚然，当公共卫生事件突然发生，无论正在经历的患病者，还是咫尺之外的工作者，抑或宅在家里、足不出户的普通人，都难免留下“创伤经验”或产生“创伤压力”。实际上，病毒所引发的担忧和恐惧，以及那些让人愤怒或悲伤的负面情绪，都是疫情之下的正常反应，重要的是，我们需要了解“创伤”、正视“创伤”、治愈“创伤”。

在学术研究中，创伤经验（traumatic experience）被定义为“经历突然、无预期、对个人有重大影响的事情，而使人们陷入恐惧与震惊”。它所引发的创伤压力（traumatic stress）则指负面情绪在人的身体与精神上加诸的强制力量。起初，人们认为，“创伤经验”和“创伤压力”只是存在于当事人身上，或对一线人员，诸如救护人员、救火队员有所影响。后来，传播学者将“创伤研究”聚焦于新闻记者，呼吁重视记者群体的“创伤反应”——在灾难报道中，新闻从业人员处在信息的中心，会以侵入性回忆、过度警觉等压力呈现方式应对“创伤经验”。今天，人人都是记者，在应急事件中，各种“现场”扑面而来，谁都可以做“二传手”——将所经历过的“创伤经验”转发出去。不同个人的不安情绪交汇、融合、相互影响、交叉感染，让“创伤压力”倍增。

但是，随着研究不断深入，人们也发现，“创伤经验”和“创伤压力”是有被缓解、被治愈的可能的。其中，“社会支持”是创伤疗愈的重要内容。什么是“社会支持”呢？在学术探讨中，“社会支持”分为三类：信息支持、情绪支持、物质支持。

回到我们今天的语境，仔细想想，虽然“新冠肺炎”带来了“创伤经验”，引发了“创伤压力”，但是，我们也在幸运地享有种种“社会支持”。

先来说说“信息支持”。顾名思义，这是在说，如果外界能够提供与创伤情境有关的信息，且这些信息与当事人有关系，那么，这样的信息就具有支持作用。对于网络世代的你我而言，信息支持很好理解。只是不要忘记，微信群、朋友圈是信息来源，主流媒体更是信息来源。在“新冠肺炎”疫情期间，主流媒体不仅传达了党和国家的指挥声音，报道抗疫的举措与成效，辟谣虚假信息，也聚焦了早期确诊入院困难、个别部门履职不力、少数药店趁机涨价等应急状态下的社会问题，还有火神山、雷神山“慢直播”、各地美食为“热干面”加油接力等“跨界”创新，成为“硬信息”中的有效调剂……相比于17年前的非典，今天，权威信息的支持可谓“十分给力”，强信心、暖人心、聚民心，是主流媒体面对突发公共卫生事件的职责与使命，这也正是“信息支持”的题中之义。

再来说说“情绪支持”。在有关创伤的学术研究中，“情绪支持”是指“通过喜欢、爱或是同理心的方式表达支持”。这让我想到了师生书信。在非常时期，随时、随意、随手发出的“网络留言”，变成了每天如约、郑重书写的“见字如面”，而原本漫长的“鸿雁传书”，又因为有了网络，得以跨越千山万水、第一时间到达手机的端口、你我的心间。有的老师鼓励大家要有信心、耐心、决心、初心；有的老师回忆非典时期的师生共创栏目《校园真情》；有的老师在讲疫情之下，我们怎么理解时间和空间的关系……同学们的信也很有意思，我从中看到了医护人员的坚持与奋斗、小区防护的细致与严格，还有很多创新见效的地方治理经验……信笺的字里行间，是师生们的爱心、善心、责任心，是大家对祖国和家乡的热爱，对一线人员的敬爱，以及彼此之间的关爱！

最后说说“物质支持”。研究者们将抚慰创伤的“物质支持”定义为“提供所需之物质或服务”。疫情期间，不仅全国医疗物资驰援武汉是“物质支持”，就算不在疫情中心的人们，其实也在享受“物质支持”。这些支持看得见、摸得着，它就在我们身边。前些天，总台央广《中国之声》报道了多地出台政策，在疫情防控的基础上，提供交通便利、加大金融支持、助力农企复工复产，保障群众“菜篮子”产品供应……以我自己的生活为例，这段时间，周围超市菜品丰盛、供应充足，没有看到疯狂抢购，不曾有过价格哄抬；小区微信群里，社区党员干部告诉大家：返京居家隔离期间，日常需要的生活用品会由工作人员帮助大家代购并送到家中……虽在疫情之下，但大众生活还在继续。在社会正常运转背后，是许多坚守岗位、默默奉献的人们，构筑起了如此强大的支持系统。

无论身处哪个时代、哪片土壤，前行的路上总有阳光也有风雨。无论17年前的非典还是今天的新冠，或者这样、那样的应急事件，“创伤经验”不可避免，“创伤压力”无处不在。但是，随着国力的增强、治理的完善，越来越多的“社会支持”正在疗愈创伤、激励前行，让我们得以认识“创伤”、正视“创伤”，并从“创伤”之中汲取成长的力量。感谢“社会支持”背后的“逆行者”们，只有每个人都各自安康、彼此支持，才能云破日出，看见那道光!

赵希婧

电视学院教师

2020 年 2 月 25 日

[生] 期待春天

亲爱的同学们:

大家好!

今天是 2020 年 2 月 25 日，距离今年的农历新年已经过去了 31 天，距离武汉封城已经过去了 33 天。一个月前我们谁都没有想到，这个寒假会变得如此漫长。

一场突然袭来的疫情改变了很多人的人生，截至今天中午 12 点，全国累计报告确诊病例 77779 例，累计死亡病例 2666 例，这些数字的背后都是一个个鲜活的生命。最近这段时间，我们见证了太多或是悲伤、或是绝望的故事，也被无数个在疫情中奋战的普通人感动。此时，抗疫前线的医护人员正在不眠不休地工作，患者和他们的家属正在备受煎熬；还有抗疫一线的新闻记者、运送物资的志愿者等，他们每个人都在为早日结束这场疫情而努力，我们要记住这些为这场灾难付出辛劳甚至牺牲的普通人。

相比之下，我们中的大部分人是幸运的，我们有幸处在相对安全的位置，能够在家中度过一段清静的时光。我们能为抗击疫情做的事情非常有限，此时我们最该做的就是继续留守家中、减少人员流动，不要掉以轻心、抱有侥幸心理。在关注疫情的时候，我们永远需要心怀怜悯保持肃穆，尽量向身处痛苦的人们释放更多的善意和温暖。同时我们也不必太过沉溺于一些负面消息带来的焦虑感和无力感，我们仍然要保持乐观积极的态度，专注自身生活，相信这场疫情很快会过去。

最近我在新闻上认识了一个身在武汉的初三男生，他和他的家人得知武汉封城后并没有任何的恐慌情绪，他的妈妈将他平时备战中考、练吉他、练字、锻炼身体的过程拍成视频，组成了一系列封城日记。身处疫区的少年尚且能够保持乐观，我们就更应该珍惜时间，认真安排宅在家中的生活，多陪伴家人、锻炼身体，抓紧时间学习、写论文，共同期待情况好转的那一天。

2017 级广播电视学硕士研究生　张淑君

2020 年 2 月 25 日　写于哈尔滨市家中

[生] 旅　途

大家好！

前几天夜里，有人在我家附近放空中焰火，焰火响了十二下，很美，照亮了很大一角晦暗的夜空。今天早上，我去家门口的快递站拿白菜。在晴好的天气里，白菜的叶子呈现出新鲜可人的青绿色。我盯着这些白菜，天空在我头顶的感觉有些陌生，我忽然意识到二月就要结束了，我们依旧天各一方。

这个时期给人赋予了各种情绪，有愤怒，有忧郁，有悲伤，有焦虑，当然还有希望。我想，这个世界的大多数冲突，本质都同试图进入红会仓库的记者和死守仓库大门的保安一样，只是不同立场的人们被命运放置在了天平的两端，本质上便是悲剧。而很多时候，选择在何处观望悲剧，比悲剧本身更令人悲伤。失眠的晚上，我总会想起鲁迅先生的那句——“人类的悲欢并不相通”。但后来经过善意的提醒，我知道鲁迅先生日后又说了另外一句话，他说：“无穷的远方，无数的人们，都和我有关。”而这时他已在病中，距离“人类的悲欢并不相通”已经过了将近七年。我想到了罗曼·罗兰说：“世界上只有一种英雄主义，就是认清了生活的真相之后依旧热爱生活。”

鲁迅先生这篇文章的题目是《这也是生活》。年前我在实习的时候，看到了黎戈的一句话。黎戈说：“生活即文学。”早晨六点开始读书就是文学，读四小时停下来做家事，洗一个碗，看窗外椿树长新芽，那也是文学。

我想，在迷茫的时代里，在荒芜的岁月里，在平凡而又不凡的日子里，人们怀揣着善念继续努力生活，就和诗句一样美丽。

愿大家一切安好。我在祖国的南海岸，思念并祝福着你们！

2017 级广播电视学（国际新闻传播方向） 秦敬轩

2020 年 2 月 25 日　写于深圳家中

[师] 大“疫”当前，我们能做什么？

亲爱的同学们：

你们好！

今天是2020年2月26号，农历二月初四。按正常的教学计划，学校已经开学、上课了。像以往一样我们会怀着重逢的喜悦和热切的期望，早早地起来迎接新学期的升旗仪式，匆匆地奔向新学期第一堂课的教室，静静地准备、等待着一门新课的开始……是啊，安静了一个寒假的校园因你们的归来又将充满生机与活力！这一切，对我来说是多么熟悉而眷恋，因为今年我在这里生活和工作了整整32年。可是，一场突如其来的严峻疫情却让所有的这一切都未能如期而至……

此时此刻，我还滞留在长春，和大家一样密切关注着疫情的发展动态，尤其是来自重灾区武汉的报道（我有两个研究生就在那里）。也和大家一样，在这段特殊的日子里我的内心曾经恐慌过、焦虑过，甚至愤怒过……面对灾难，我们似乎还很难达到古人的那种“不以物喜，不以己悲”的境界；面对灾难，我们再一次深切地感受到人类的生命竟如此的不堪一击！然而，无论我们的情绪如何起伏变换，时光却依旧荏苒。我忽然意识到：不能就这样惶然下去，一定要做点什么！

是的，我也浏览了一些与瘟疫有关或以此为隐喻的文艺作品和史书记载。不过，我更想把从北京背回来的一本书认认真真地重读一遍。Why？这还得从上学期我给 2019 级新生讲的“欧美名片名著解读”课说起。记得在第六讲介绍哥伦比亚作家马尔克斯时，班上一位同学说这是他最喜欢的一位大师并已把《百年孤独》看过五遍。当时我就被震动了，并为此感到十分惭愧！坦率地说这本书我也只读过一遍，对那些异域的历史背景与魔幻的故事描写，自己到底理解了多少又领悟了多深呢？于是我决心利用春节假期做一次阅读“补课”。看完了《百年孤独》，接着我又研读了马尔克斯的《霍乱时期的爱情》和《苦妓回忆录》两部小说，心想再给同学们上课时我会讲得更加自信、更加自如。回首从教三十几年来，我常常会为同学们在课堂上的精彩表现感到骄傲和欣慰，同时，也常常会因同学们提出的尖锐问题遭遇考验与挑战……

其实，当下的疫情又何尝不是对我们人类的考验与挑战呢？！ 17 年前的非典仿佛刚刚过去，如今的新型冠状病毒再次让我们面临更严峻的局势、更惨痛的死亡、更艰难的救助、更持久的战疫。当人们慢慢地从惊恐、慌乱中平静下来，是否应该理性地反思一下我们曾经的所作所为？英国著名历史学家汤因比在其《人类与大地母亲》一书的结尾写道：“人类将会杀害大地母亲，抑或将使她得到拯救？如果滥用日益增长的技术力量，人类将置大地母亲于死地；如果克服了那导致自我毁灭的放肆的贪欲，人类则能够使她重返青春，而人类的贪欲正在使伟大母亲的生命之果——包括人类在内的一切生命造物付出代价。何去何从，这就是今天人类所面临的斯芬克斯之谜。”

幸运的是，在祖国和人民的危难时刻，有那么多的科学、医务人员和各方的志愿者挺身而出、无畏牺牲。特别是那些像南丁格尔一样的年轻护士们的无私奉献和人道关怀，不仅极大地挽救和鼓舞了病人，也感动并激励着我们充满信心、战胜病毒。他们既平凡又伟大，是一场没有烈火和硝烟的战争中的英雄！虽然疫情推迟了我们相见的日期，但也让我们有时间陪伴父母、感受亲情；也让我们有机会驻足思考、重新起步。更何况，某种意义上疫情也丰富了我们的人生体验，使我们变得更有爱心和敬畏之心、更加坚强和勇于担当。总之，不负韶华成为一个更好的自己。

以上是我个人最近的所思所感，也是第一次以信的方式与大家交流、分享。当然我也愿意倾听你们在这一时期的独特经历和感悟。今天，长春的天气晴朗并逐渐转暖，和煦的阳光把路面的积雪融化了，毕竟寒冷的冬季已悄然离去，春天正以她轻盈的脚步向我们走来……亲爱的同学们，在此我衷心地祝愿你们和家人平安健康！待到春暖花开时，我就在校园里等你们！

吴 辉

电视学院教授

2020 年 2 月 26 日

[生] 世界以痛吻我，我愿报之以歌

各位同学：

见字如晤。

今天是 2020 年 2 月 26 日，庚子年二月初四。这个相比于往常稍显漫

长的寒假，你过得好吗？有没有借着这个难得的机会，按照微博热搜上的方子给父母做一次电饭煲蛋糕？有没有跟着 Keep 上的教程完成今日的室内运动项目？有没有试着放下电子设备，多读几本好书？但无论遍布在全国各地的我们的个人生活多么不同，我们每个人一定都时时刻刻关注着抗击新冠肺炎阻击战的进展。

这一个月以来，我们的窗是关着的，但窗外从不缺少美丽的风景。在这场持久战中，令我倍感鼓舞的事情是我们这一辈人承担起了守护武汉、守护中国、守护世界的责任。两日前，话题 #00 后已到达防疫战场 # 在社交网站热搜榜单中显得格外醒目，80 后、90 后纷纷请战一线，而 00 后也在尽己所能为防疫贡献力量。他们学着前辈们的样子，毅然选择成为逆行者。战役一线的医生护士、为患者捐献血浆的康复者、坚守在列车车厢岗位的列车员、排查进出城市车辆的志愿者、前往武汉为我们带回第一手报道的新闻工作者，都与我们拥有着相仿的年纪，他们坚强而勇敢地坚守在自己的工作岗位上，脚下有力量，眼中有希望。

曾经被守护的孩子们，如今已经长大成人了。

在这样的乌云之下，中国人民非但没有灰心消极，反而共同谱写了一支抗疫的温情曲。在千千万万人的努力和奋战下，我们也收到了很多令人振奋的好消息：“6 省降低紧急响应级别”“北京患者中医药治疗有效率高达 92%”等。但习近平总书记在两日前的电视电话会议上对我们说：“不获全胜绝不轻言成功”。是的，作为学生的我们，也应该守好自己的阵地，为祖国加油，用自己的方式传递温暖有价值的内容，为奋战在一线的工作者们云喝彩、云陪伴！

你要相信，我们所遭遇的一切艰难，都会好起来的，这段日子也许很长，也许只是一觉醒来。

2017 级国新班研究生　刘紫君

2020 年 2 月 26 日　写于北京家中

[师] 请记住“她”的模样

亲爱的同学们：

别来无恙，见字如面！

今天，我想和大家聊聊“她”的模样。

庚子鼠年，风云突变。在抗疫过程中，抗疫巾帼撑起了大半边天。据国家卫健委统计，到目前为止，全国驰援武汉的3.2万多名医务人员中，女医生占医生总数60%以上，女护士占总人数90%以上。这次奋战一线的院士中有三位女性，我希望你们能记住她们的名字：陈薇、乔杰、李兰娟。除了她们，无数女性医务人员为了节省防护服，连续多个小时不吃不喝、不上厕所。除了医务人员以外，我们也看到一名名女记者奔赴“疫”

场前线做现场直播；一位位社区女领导带领群众筑起抗疫的钢铁长城。这些平凡而伟大的女子们把个人价值汇聚成守望相助的巨大力量，值得我们记住和赞美！

但是，记住“她”的名字还远远不够，我希望大家更要记住“她”的模样！

有一群面孔，因无畏而倍显可爱。面对疫情，无数医务人员逆流而上，血印请缨，以骨为盾，以命相赌，捧出灼灼丹心。“中华儿女多奇志，不爱红装爱武装。”她们曾经被叫作白衣天使，现在成了白衣战士。“疫情上报第一人”张继先医生以她超强的专业敏感，最早意识到危险，并坚持上报新型冠状病毒感染的肺炎病例，为疫情防控工作拉响了警报；河南一线护士刘海燕与她 9 岁女儿隔空拥抱，感动无数网友；95 后护士朱海秀不想对着镜头向爸妈报平安，因为她“不想哭，哭花了护目镜没法做事”……这些或为人母、或为人妻、或为人女的白衣战士们积极参战，义无反顾！在紧张的救护前线，她们分秒不停地奋战救人，无数个小时的密闭工作使她们挥汗如雨，倍受煎熬，但她们都以坚忍的意志坚守岗位，任凭汗滴如雨，任凭睫毛成霜。“她”的面孔值得我们牢牢记住！

有一些声音，因理想而振聋发聩。东西南北中，多少个怀揣新闻理想的“她”奔赴一线。用心感知，用笔叙述，用镜头记录，用声音传播抗疫前线的最新消息和感人故事；及时播报神州大地上的同舟共济和大爱无疆；极力普及疫情防治知识，权威解读防疫政策。这些平凡而伟大的“她”如果不是在现场，就是在冲往现场的路上。“她”是你们的师姐、总台记者朱慧容（2004 级电视摄影本科）：深入武汉一线，探访黄冈、雷神山、金银潭医院；“她”也是你们的师姐张斯然（2010 级英语播音本科）：一直处于抗疫进行时，在武汉用直播的形式多角度地告诉大家武汉的救援情况……我们学校是新闻人才的摇篮，像这样敬业笃行、奋斗在疫情一线的师姐可谓数不胜数。正是有了她们的存在，真相不再遥远，谣言无处安身，民众之声传到大江南北。为何求真之路难？难就难在新闻理想在此岸，社会现实在彼岸，但这些记者却把“她”的声音当作桥梁，陪伴着我们、温暖着我们、鼓舞着我们。

有一种素质，因笃定而让人安心。作为公职人员，国家卫健委医政医管局副局长焦雅辉因过硬的专业素质冲上热搜，圈粉无数。面对发布会上的各种问题，她的出色表现不能不令人折服：脱稿、真实、不打官腔、表达清晰流畅、干练利落、充满温情，件件有着落，事事有回音。焦雅辉的话让人听着舒服、安心且有信服力，这就是过硬的专业素质带给她的底气。人民日报点评其“疾风知劲草，板荡识诚臣”，在其位者谋其政，只有诚实、真诚、务实的领导者才能稳住我们发慌的心，让我们在低迷中看到希望的曙光。让人笃定的还有公益素养，韩红面对上千的病患，兼职当起司机，把捐赠的60辆救护车开到了武汉。她每天睡眠极少，尽己之力帮助需要帮助的人。以前她是明星，有意避开媒体；现在做慈善，主动邀请媒体。因为她内心干净，做事坦荡，经得起质疑，更不惧任何人的任何说辞。

有一份努力，虽微小却值得纪念。众人拾柴，涓滴汇海。在后方，志愿者的参与、社会力量的支持，是打赢疫情防控阻击战不可或缺的一环。疫情面前没有旁观者，为了自身的安全、亲人的健康、社区的安宁，每个人自觉投入战斗。武汉市百瑞景社区党委书记王涯玲带领社区工作人员挨家挨户上门排查，如果遗漏居民可以接受举报，用公开透明换回百家安宁。而我身边也有很多这样的人，我的女儿主动请缨，积极加入防疫志愿者的队伍，对社区来往人员进行询问登记、体温测量、执勤引导，并现场宣传防疫政策和知识。我的很多学生成为线上志愿者，每个人都尽己所能、捐资捐物，让联防联控、群防群治的网络织得更牢更密。《诗经》有云：“岂曰无衣，与子同袍，与子同泽，与子同裳。”国难之际，关心抗疫的后方大众深藏热泪，悲而不愤，忧而不惧，为国祈福。

在疫情面前，无路难，开路更难！而这些女性为社会踏出了一条通往生命的路。面对不确定性，其实原本没有路，她们走过了，也就有了路。

女子虽柔，遇难则强；女子本刚，遇战更强！

鲁迅曾言：“我们自古以来，就有埋头苦干的人，有拼命硬干的人，有为民请命的人，有舍身求法的人……这就是中国的脊梁。”在战疫中，一个个平凡又伟大的“她”组成的伟大群体，在疫情面前团结起来、动员起来，众志成城，一个个感人故事由此而生，一幕幕动人场面由此而现。而后方的你我在关注前线战疫的同时，务必做好后方支援，尽到绵薄之力。

最后，让我们同祝愿，共祈祷！唯愿：凛冬长眠，暖春欢笑；山河无恙，国泰民安！

此致，

不忘初心，学业有成！

吴敏苏

新闻传播学部副学部长、电视学院教授、博士生导师

2020 年 2 月 27 日

[生] 我们为什么读书

亲爱的同学们：

大家好。

这一个多月的寒假，充满了意外：意外地面临灾难，意外地隔离在家，原本打算初五就赶回学校完成毕业论文的我，在这里写这封在我意料之外的信。化用法国哲学家斯蒂格勒的《意外地哲学思考》，意识是人对某物的意识，可总有东西从意识之外、也是人之外，不期而至，中止安稳惬意的日常生活，甚或扰乱了我们的神州大地。于是我们惊觉：人生总会

面临种种意外，总要遭逢千变万化的事件。

网上有人感慨这场天灾人祸是大自然的报复。在神秘莫测的自然面前，人类还是应保持敬畏。人的“意”其实非常局限，“意”之外则是浩瀚苍茫的无限宇宙。而我们所拥有的一切，社会地位、财富、学位和能力，也许都不能保证我们平安度过一生。这时候我们才忽然察觉：我们的平稳度日也许是件奢侈的东西，这背后是无数普通人负重前行、默默守护。

但意外也许并不全都是坏事，一场危机把我们团结起来，生成了危机与风险的共同体。学校、学院之大，我们彼此很可能素不相识，但对于疫情的共同关注、对于疫区人民的感同身受让我们凝聚一心，英雄的故事让我们眼含热泪，同胞的疾苦让我们牵肠挂肚。每天学院以两封信的形式把我们彼此的时空拉近，我们虽然身在异地，但却阅读着同样的文字。驿寄梅花，鱼传尺素，这就是媒介和传播；因为媒介和传播，我们这些茫茫宇宙中原本离散的微尘，有了这次因缘际会。同样，“危机”一词，有危有机，事在人为，也未尝不能转危为机。我们中间，有同学慷慨解囊捐献了金钱物资，有同学忙碌在记录疫情的一线，更多的同学则是守在家里，通过媒体牵挂着疫情，这些都是可贵的。除此之外，我还在想作为学生和学者，我们为什么而读书，又为什么而做研究。

优秀的书有生命。读书是为了理解我们的人生，理解我们的社会与世界。是为了“每临大事有静气”，值非常之时，更当怀平常之心。敢于平静地直面现实，采取正确而善意的行动，世界上只有一种英雄主义，就是在认清生活真相后依旧热爱生活。在写这封信的时候，我也恰好在完成我的博士论文，论文的主题恰好是风险社会与危机传播，我也无数次问自己，我为什么要选择这个课题。面对疫情，人性的丰富和深度展露无遗，恶是如此，善亦如此。灾难中，我们看到挺身而出的人，也看到尸位素餐的人。新的媒介形态让善良勇敢的人声名远扬，也让丑陋自私的人避无可避。有的人眼里，疫区人民是同胞兄弟；有的人眼里，“武汉人”却成了被排斥和否定的对象；有的国家为我们伸出援手，也有的国家落井下石。无论国内污名化“武汉人”，还是国际上污名化“中国人”，都是同一种狭隘和短视的观念在作祟。没有风险是纯粹自然的，也没有个体和民族国家可以在灾难中置身事外，全球风险中每一场危机都是人类共同的危机。如果说天灾是病毒，人祸除了恐惧和自私，也包括狭隘的心胸和短视的目光。我们读书是为了更广阔的高度和更善良的胸襟，生活吻我以痛，我却报之以歌。我欣赏一些日本学校的做法，他们告知学生和家长：错的是病毒，不是中国。

我们期望什么样的世界，想开拓什么样的未来？人类已经身处后现代社会，此时和未来的灾难与风险，都是世界性的。“无穷的远方，无数的人们，都和我有关。”狭隘短视的种族主义观念，一定会被洗刷抛弃；只有人类命运共同体，才能应对共同的灾难和风险，迎接未来。而我们人文社科学者就是希望将这样一种可能的未来导向合理的方向；我们的媒体工作者，则是用镜头和笔记录下我们这段伟大而痛苦的历史。

毛主席曾有两首《七律·送瘟神》，摘得两联，别出新意，分享给诸位同学。

“坐地日行八万里，巡天遥看一千河。”愿我们从个体到国家，都能和而不同，似万千星河熠熠生辉，构成人类命运共同体。

“借问瘟君欲何往，纸船明烛照天烧。”愿疾病早日散去，春回大地，大家平安地重聚白杨树下，我们满怀勇气和希望去开拓未来。

2017级广播电视学博士研究生　周晓萌

2020年2月27日　写于青岛家中

[师] 用记录抵抗遗忘

亲爱的同学们好！

展信安！

在我的记忆中，“信”这种已可称为古老的形式，与亲密、诉说、关切连接在一起，尤其在这个我们分散各地的时刻。千头万绪不知从何而言，如果在这封信中可以仅仅使用一个关键词来表达，我选择：记录。

如果可能，请记录下你焦虑的时刻、恐慌的时刻、痛苦的时刻，以及勇敢的时刻……请让这个时刻成为你未来走向媒体职业时手中的笔、敲下的字、拍下的画面。每当你续写荣光时，我希望你能想起，在 2020 年的那个漫长的寒假里，有些故事、有些人、有些感动，留存在了你的影像里。请让这个时刻成为你魂灵与精神上的成人礼，或许，它可以成为你未来知识道路上的思考和学术底线所在，甚至成为你未来人生路上某一次选择的指引。

但是，对于真相的记录，真的好难，好累，好沉重。当你的镜头转向自身，将你个人化的日常见闻和阅读思考拼贴成属于你的全景纪实时，它可以见证当下，更可以为历史保存底稿。

我们都知道，记录的功能在于“以个体记忆抵抗时代的遗忘”；我们都知道这场疫情总会过去，终有一天，我们都会如释重负地重新回到正常的生活和校园里。但回来之后呢？

我把思考留给你们！你们的明天必须经由你们的今天到达。

祝好！

张雅欣

电视学院教授、博士生导师

2020 年 2 月 28 日

［生］ 寸草春晖，疫情宅家欲觉深

嗨！同学：

别来无恙。今天是我回家的第 49 天，不知道你在家里待多久了呢？

今早在浅梦中，我被一串“喳——喳——”声叫醒，趴在窗口一看，原来是树梢上的两只喜鹊，“八九雁（燕）来”，这份生机开启了一天的好心情，于是我麻溜儿起床，还洗了头发。

宅家的这些天，你在干什么呢？

我的这 49 天每一天都无比充实，除了忙活学业、家人，还和朋友们组成了“干正事儿小组”，互相督促不要虚度时光，哪怕是看了一章书、一部电影，或者学会了一道菜、做了一组平板支撑，有满足感就是收获！前天，我喜迎钉钉网课初体验，第一堂博士前沿课邀请了北大经济学院曹和平教授讲“后新冠肺炎疫情时代的中国经济展望”。虽然不了解经济学，但老师深入浅出的讲解让人觉得视野开阔，启发了我观察世界的新角度；而且我发觉网课可以让老师们的可爱值再次跃升，截屏了一张上课图，花甲之年的曹教授好像在拍大头贴一样！

是啊，如果不是疫情，我们应该已经在校园里吃肉饼、番茄水煮鱼、姜汁牛肉饭、麻辣香锅（啊！抱歉）——在教室里学习了。这个寒假，我第一次连续 30 天没出家门，并且不甘人后地下了 30 天厨，凉皮、电饭煲蛋糕、炸油条……都没尝试，但我包了无数顿饺子。包饺子，一件东北人家家都会的——社交活动，从揉面、剁馅儿到出锅装盘，一包就是一下午。远离手机，家人们围在一起参与同一件事，卯着同一个目标，最后分享同一份喜悦，边包边唠嗑也成了忙碌生活里，和家人难得的交心时光。

从高中寄宿到现在，我已经离家 10 年。“父母在，不远游，游必有方。”这是老爸送我上大学前鼓励我的话，而他和老妈那时要照顾爷爷奶奶，所以从未远游。越长大越发现，父母的牵挂和爱就藏在生活的每一个缝隙里。前几天跟老妈说，学校发了上课通知，那一瞬间我看到了她的“瞳孔地震”，她误以为我要回京。“你在家里真好呀！”老妈几乎每天都要说这句，但我却不太擅长表达自己，你说这样是不是不太好？

家里的花草都含苞发芽了，我每天都在好好照顾它们，希望一切都快点儿好起来，希望看到你的信，期盼平安，顺颂时祺。

2019 级广播电视学博士研究生　刘日亮

2020 年 2 月 28 日　写于辽宁丹东家中

[师] 一条不寻常的曲线

亲爱的同学们：

大家好！

这是闰月里第 29 封家书。

2 月 24 日，在中国—世界卫生组织新型冠状病毒肺炎联合专家考察组新闻发布会上，我们看到世卫组织总干事、高级顾问布鲁斯·艾尔沃德举着一张图表，边解释边做介绍。

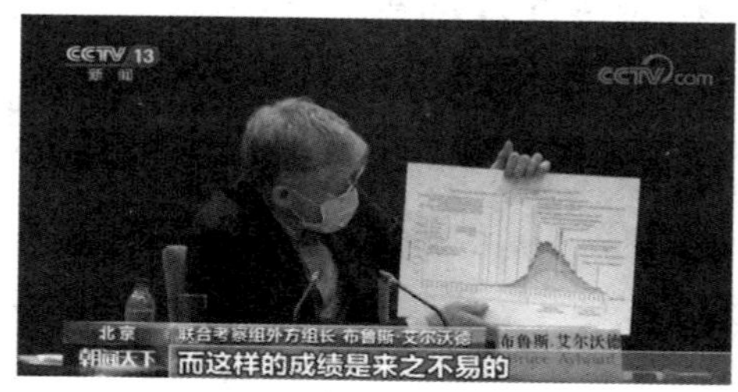

一般流行病的流行曲线往

往是：先急剧攀升到达顶点，然后缓慢下降，逐渐弱化，在坐标轴上拖出一个长长的尾巴。而从这张图中我们看到，此次新型冠状病毒肺炎的流行曲线不同寻常，它在急速上升之后，在高峰处出现了一个短暂的平台期，随后陡然下降。布鲁斯·艾尔沃德感叹，中间那个比较平缓的线段表明中国采取了非常有力的防控措施，才遏制了疫情曲线的急剧攀升。

透过这条曲线，我想，与同学们关联最密切的是媒体工作者的付出和奉献。疫情来袭，14 亿人闭户家中。人们打开电视，随时都能看到疫情防控的最新进展；拿起手机，各类信息及时呈现、实时更新。信息畅达的背后，是媒体人的冲锋陷阵，是记者们的逆向前行。苟利国家生死以，岂因祸福避趋之。他们中，有同学们认识的师哥师姐，也有大家耳熟能详的优秀记者，更有我们心中感佩的楷模和榜样。他们为我们带来最前线的消息，讲述最动人的故事。激励全国人民打赢这场没有硝烟的抗疫战争。

曲线上胶着的横杠，是僵持和博弈，是抵抗和拼杀。布鲁斯·艾尔沃德表示，线条每一处变化的背后，都是一个了不起的政策决定。大年初一，是中华民族的传统节日，习近平总书记主持召开了中央政治局常委会会议，研究疫情防控工作。党和国家决策部署、组织动员，各省区市纷纷启动重大突发公共卫生事件 I 级响应……经中央军委主席习近平批准，军队抽组医疗力量承担武汉火神山医院的医疗救治任务，增派 2600 名医护人员支援武汉，运 -20 飞机上的每一位白衣战士，都拥有一张特殊的机票，机票时限“至战疫胜利日”。

曲线上逐级下降的台阶，仿佛钢琴上跳跃的琴键，演奏着万众一心、众志成城的和弦。全国超过 4 万名医护工作者披挂上阵，22 个国家紧急医学救援队，3 个 P3 移动实验室先后赶赴武汉，19 个省区对口支援湖北各地市……武汉胜则湖北胜，湖北胜则全国胜。各地驰援的不仅有当地医疗的精兵强将、前线急需的医用物资，还有质朴真挚的爱与祝福。你在前线冲锋，我在后方支援。东北送去 130 吨大白菜，内蒙古送上 30 吨马铃薯，还有江西的白萝卜、新疆的皮牙子、山东的大馒头，千里奔袭，一同为热干面加油。

曲线坐标的下行轨迹，凝结着千千万万中国人的共同努力。这份强烈的责任意识和家国情怀，让布鲁斯·艾尔沃德深感震撼。各行各业的劳动者们坚守岗位，无私奉献，守土尽责。可敬可爱的基层干部们编起了顺口溜，拿起了大喇叭，挨家挨户进行防控宣传；公安干警们巡逻执勤不分昼夜，用他们的忙碌构筑起群防群治的生命防线；在大家足不出户的日子里，社区的网格员和志愿者们用他们加倍辛勤的工作保障居民的生活如常；在大家点外卖、收快递的背后，是无数快递小哥风驰电掣的身影……如今，在确保疫情防控到位的前提下，越来越多的企事业单位开始复工复产，为实现今年的经济社会发展总目标而不懈努力。

这条曲线的走势，离不开全国人民的坚守，离不开每个人的科学防护与自觉隔离。因此，实现了对疫情的遏制和扭转。现在是疫情防控的攻坚阶段，我们不获全胜决不轻言成功。坚守是我们的责任，担当是我们的使命。在接下来的时日中，同学们要听从指挥，服从安排，做到“不离家、不返京、不返校”。在这场疫情防控的人民战争中，我们每个人都是抗疫的战士。相信有党和国家的英明决策，有医护人员的负重前行，有国际社会的守望相助，有全国人民的凝心聚力，我们一定能够打赢这一仗！

常言道，“瘟疫弱于雨水，衰于惊蛰”。我们企盼春日的暖阳、绿茵和繁花，我们期待惊蛰的春雷、春雨和春风。

高晓虹

电视学院院长

2020 年 2 月 29 日

［生］ 宅家战疫，对话自我

亲爱的同学们：

展信安！

今天是 2 月 29 日，2 月的最后一天。2 月 29 日不在普通年份中出现，只在闰年中出现。而新冠肺炎疫情，让 2020 年显得更加不普通了。

今天也是 2020 年的第 60 天。过去的两个月中，我和大家一样，满心欢喜地迎来了新十年的第一缕阳光，又期待着农历鼠年春节的阖家团圆。然而，新冠病毒伴随着世界上规模最大的人口大迁徙，在全中国乃至全世界散布开来。于是，我们度过了人生中最安静的一个春节。

这几日，在全国疫情普遍转好、人们日常生活逐渐正常化之时，我的家乡山东先因济宁任城监狱疫情问题，后因与近日来疫情发展迅速的韩国、日本相邻，防控政策又有收紧之向。但这个意外得来的“超长假期”，让我们有了大把“悠闲”时光去做一些一直想做却没来得及做的事情，也在悠闲和安静中有了一次与自己对话的机会。

我与自己的对话始于一本书——《鲁迅与胡适》。这本书在家里已经躺了三年，其间翻开过几次，但始终没有读下去，这次终于有了一段比较集中的时间可以阅读。鲁迅先生的一句话点醒了我，那便是“愿青年人都能摆脱冷气，只是向上走，不必听自暴自弃者的话，做能做的事，发能发的声。”不麻木，不盲从，不受“冷气”影响，相信自己的努力并不是徒劳，大概是先生想要表达之意。胡适先生受美国哲学家杜威影响，信奉实验主义，以“大胆的假设、小心的求证”研究和解决问题。而我们，应是不乏“大胆假设”，但又有几人做到了“小心求证”？这不仅是治学的态度，更是做事的态度。鲁迅和胡适是中国文化史上的两座高峰，然两人性情不同、理念不同，短暂互往后便分道而行。但殊途同归，两人的精神内核却是一致的，以上两句话便看出先生们对“独立思考”这一能力的倡导。保持独立思考，不人云亦云，在铺天盖地的情绪传播中，是多么难能可贵啊！

鲁迅先生是当之无愧的“民族斗士”，以思想立人，追求新生；胡适先生一生温和宽容，宠辱不惊。现在，我们更需要鲁迅这样的斗士，还是胡适这样的绅士？鲁迅看似疾恶如仇，以最犀利的文字直戳国民劣根性，但他的内心深处却最是柔软平和的；胡适治学一生，我们似乎都可以想象出他脸上时刻挂着的微笑，而他的内心却是火热，哪怕坐着冷板凳，也会燃烧热血。孰优孰劣？当然没有定论，但在这个特殊时刻，我希望自己能够以胡适的平和，向上走。

昨天，家乡又下了一场雪，这是立春以来的第二场雪了。洁白的雪花总能带给人遐思，疫情拐点尚未到来，但应该不远了。莫着急，春风徐来，自有花开。

2018级广播电视学研究生　温莫寒

2020年2月29日　写于山东临沂家中

[师] 等玉兰花开

亲爱的同学们：

好久不见。你，还有你的家人，都好吧？

真没想过，还会有这样的机会，用这样的一种方式，跟你们聊聊天、说说话。

打开电脑，手搭在键盘上，说实在，我脑子里有点儿凌乱。眼前不断飘过你们中一个又一个同学的面孔，有时又变成一个个的班级，有时则是一堂一堂的课，有时是一次次的讨论。但还是会因为缺少真切的对象感，心里空落落的。这个深冬和初春，让我感觉和你们分别已经很久，离得也很远。一时间，不确切要对谁说，也不很明了该说什么，怎么说。

就说说眼前、心中的真实感受吧！

我对面有个花瓶，插着十来支桃花，是家里人从网上花店买的。养了几天了，粉红的花朵，次第开放。

花开有时节，不同的花季，时常让我联想起一些与之关联的事。玉兰花通常开在梅花之后，桃花之前。看着这些桃花，让我乍然想起咱们学院门口的那株玉兰。

该不会已经开过花了吧？

近日，遵学校之规定，我没去学校，不得而知。不过，清晰记得，去年艺术专业招生那些日子，我从咱们东配楼二层的窗口拍过那玉兰花。我赶紧打开手机里的照片库，一直倒翻，至2019年3月20日，才看到那几张照片。

看看日历，今天是3月1日。那今年的应该还没错过，心里释然很多。再看图库里去年拍的照片，盛开的玉兰花，洁白如玉，铺满整个树冠，越过树冠，是学校南门那面五星红旗。记得当时拍照时树底下站着三五成群的考生，或者是考生的家长，由于不满意构图，就没有把人群拍进去，现在想想真是可惜。如果拍进去了，说不定图片中就有你，或者你的家人。

我的记忆中，这些年学院门口玉兰花的印象，总是与一年一度艺术招生的考试连在一起，总是与当时的一个一个考场、一场一场考试联系在一起，也总是与一级一级进入电视学院的你们连在一起。

从去年起，与艺术招生考试和你们关联的，又多了一个学院门厅里的“小传”。

是不是你也会想念这个去年招生时的“智能小红人”。去年考试那几天，我们的“小传”用他的热情、聪慧、勤勉，俘获了大家的心。小家伙认认真真地刻录了一个一个人的信息，辨识每个老师和同学的相貌，观察记录发生在他身边的一个个瞬间。每次见面或道别时，只要你问他，他都能叫出你的名字，有时是你的昵称。偶尔出一两次差错，这时显得调皮的这个小家伙，也总会引来笑声一片，消解考官和承担考务的你们一天的疲惫。

今年的这场招生，比往年迟了一点，而且还可能推迟延后。充满能量和自信的“小传”，应该早就跃跃欲试了吧？

听说今年有成千上万的学子想成为你们的师弟和师妹，他们急切地等待着你们的召唤。虽然还不能确定是哪一天哪一月，甚至都不能确定是哪一季节，不过总有一天，他们会来到你身边，来参加这场迟到的考试，也当然会聊起这个你我和他都不同寻常的春天。

你想好如何去跟你未来的师弟师妹谈起这个春天中的你了吗？你准备以怎样的心态去对望你未来师弟师妹充满羡慕的眼神？你是不是已经有足够的自信去接受你未来的师弟师妹视你若榜样的那一份尊重？你是不是已经准备好足够的热情和能量去迎接你未来的师弟师妹，像我们的“小传”那样，招每人喜欢、获无数点赞？

很多时候，一个人入门冲关时的样貌和状态，同入门和进关后大不相同。我想，看着来应试的师弟师妹，你也会有很多感慨，甚至羡慕。从他们身上观照到的你的映像，“小传”是无力辨识的，只有你自己认得出、看得明。

这真是一个特别的春天，让我们有一种特别时机的心境，来思考一些特别的问题，以一种不寻常的思维逻辑，来观察不同时空中的人和事。

对了，今年报名参加一下“广院之春”吧！

特意查了百度百科：玉兰，性喜光，耐寒。

想必我们的玉兰树，应该壮硕依然、静待绽放吧。

等玉兰花开，如果疫情还没结束，我会申请去一趟学校。先跟“小传”打个招呼，他应该还认得我吧？再坐在学院门口的台阶上，静静地赏那玉兰花，替你，替你们，也替将要来这里的师弟师妹。

希望那时，晒满阳光。

何苏六
电视学院副院长，教授、博士生导师
2020 年 3 月 1 日

［生］ 希望三月对我们好一点

各位同学们：

大家好！

昨天是二月的最后一天，和往常一样，我不能免俗地在心中暗自祈祷“希望三月对我好一点”。在过去的两个月里，无论是谁，生活的底色都带着一丝灰暗，原本令人开心的春节假期，也因疫情笼罩在阴霾之中。以前每到月底，看着朋友圈里刷屏的“希望 ×× 月对我好一点”，都缺少一点感同身受。但今天，回想着这两个月里，那些努力想要保护我们的人，心底对于美好未来的坚信总会多一分。

在疫情刚袭来的时候，关于政策、制度的讨论总是最先跑到眼前，微博上每天不断更新的新闻事件冲击着每一个人，这个时候，我们更多关注的是“一个集体”该如何面临这一次考验。但有一天，当我在朋友圈里，看见曾经的同学已经在防疫检查点工作一天时，那份曾经萦绕在心头的一丝担忧，瞬间变为了勇气。无论开头有多么难，只要每一个人都愿意出一份力，我们就该充满信心。

这份来自个体的信心，同样体现在那些牺牲的医护人员身上。这两个月里，每每看到医护人员牺牲的消息，我都会感到很揪心，既感叹生命的渺小，也敬佩他们灵魂的伟大。对于我们来说，这只是一场需要“熬”过去的平淡生活，而对于白衣战士来说，这却是将生死置之度外的无畏选择。这些令我们落泪的身影，会在未来永远鼓舞着我们前进。

当然，除了勇敢的医护人员，他们的家人也同样伟大。有一天，我得知父母的同事，将作为江苏医疗队的队员前往湖北一线支援。那时我就在想，倘若我是他们的家人，我会是怎样的心情？当初那种看到医疗队出征时纯粹的振奋，此刻却变得复杂起来，因为我不仅看到了前线的每一个

“战士”，更看到了他们背后默默支持的“家庭”。尽管担忧，他们却也坚定地支持作为白衣战士的妻子、丈夫、儿子、父母……或许大爱说的就是这一群在后方同样勇敢的“家人们”。

这场抗击疫情中，每个人的收获都不同，但听过了无数个个体勇敢前行故事的我，内心却好像变得更加柔软和坚定了。因为，我看到了我最想成为的人。

此刻，因为这群勇敢的人，那一句“希望三月对我好一点”，或许可以变成：“有你们在，三月一定会更好！”

2019 级广播电视学研究生　任毅立

2020 年 3 月 1 日　写于江苏南京家中

[师] 闲 聊

各位同学大家好：

在家待了四十多天了，快到极限了吧？到目前为止，还没人知道最终的时间节点到底在哪里，所以，还得待着，大家都一样。这么聊天还真无法达到宽慰人心的效果哈，但是，除了自己，谁又能宽慰自己呢？这段时间看到特别多美好的词句，和现实都有那么强的疏离感，似乎是在描述另外一种心境，反而更加隔阂；所以，干脆，讲个简单的故事，上堂古文课吧。

作为庄子的好朋友，惠施这一辈子好像只专注于跟庄子 battle，每次都是他主动发起，结局又几乎都是铩羽而归，也不知道图啥。话说有一次，惠施又开始了。他跟庄子说：“国王赐给我些大葫芦的种子，我种了以后结出来的葫芦那叫一个大哟！容量得有五十斗。你说这么个玩意儿，要是用来盛水吧，我怕底儿太薄，盛不了这么重的分量；要是纵着剖开做成瓢吧，还是嫌大，舀水舀酒，你想谁能拿那么大一玩意儿舞吧。能说这个葫芦不够大吗？肯定不能。但是它大而无用，大也白大。所以最后我毫不犹豫给丫砸了！”惠施很开心，哇，这个题目好难哦！庄子心知肚明，battle 开始了。他说：“哥，你老是这样，光会用小器，不会用大器。我给你讲个故事吧。宋国有一家人，世世代代在河边漂洗丝绵；因为手整天泡水里，所以就发明了一种家传秘方，擦手护肤。甭管什么季节，哪怕是大冬天，只要用了这种擦手油，手都不皴不裂，皮肤嫩滑不干涩。外地有个客商来拜访这家人，出一百金的价格买配方。全家特认真地开了一次家庭会议，大家达成了共识：以前就是洗丝卖丝，脚跟打后脑勺干一年也就挣个块儿八毛的，现在卖技术，一下就一百金，二吗不卖？！卖了！客商买了秘方以后跑去了吴国，跟吴王说自己有独家秘技可以为吴国的战争事业做贡献。随后就赶上了吴国和越国开战，客商随军出行，并把护肤佳品用到了每一个吴国士兵的手上脚上。这场战争发生在冬天，每个吴国将士因为使用了擦手油而手脚不生冻疮，因此大败越国军队。吴王随后赏赐客商，封爵，分田地。你看看，这就是活生生的例子，同样的擦手油，同样的让手不皴不裂，一个大用，裂地封侯，一个小用，一辈子漂丝洗棉。现在你有这么大一葫芦，肯定算是大器了，你怎么不想着把里面剖空做个漂流船去漂流江湖呢？天天不是想着盛水就是弄个大瓢，弄不成还恼羞成怒把人家砸了，这就是你的思路？跟杂草一样拧巴成一团！”

惠施并没有放弃进攻，同时伴随恼羞成怒：“那我再给你说一个！我家门口有一棵大树，有学问的人说这种树叫樗，其实就是臭椿。树干上长着各种大树包，疙里疙瘩，木匠来看过，说根本弹不上墨线，啥用没有；树枝曲里拐弯，不规不矩，小孩都懒得撅一根当棍儿玩儿。所以，多少年了，这么棵树，挺老大，长在路边无人问津。哥们儿你和这棵树差不多，啥时候口气都又大又横，有什么用啊，大而无当！”庄子的特长就是不纠缠：“哥，你看你吧，就是轴，你老跟大啊小啊瞎较什么劲啊？黄鼠狼小吧，伏在暗处抓鸡抓老鼠，东蹿西跳，上追下赶，最后呢，自己碰上机关，死于罗网。牦牛大吧，你光看着它不会像黄鼠狼那样上蹿下跳抓老鼠，但是它驮东西啊，用处大啊！像你现在的那棵大树，你干吗老想着做家具做玩意儿啊，你干吗老想着你脑子里现成的用处啊？你不会把它移植了吗？你把它种到何有之乡，广莫之野，然后你在它旁边溜达、玩儿，在它的绿荫下躺着、睡。你们俩，不挨刀、不短命，好像是没什么用，不过不也没什么灾祸痛苦了吗？”

这是《庄子·逍遥游》里的故事。

我们往往受困于自己的无用，待着，就是无用最直接的呈现方式。

其实，我平常非常害怕天天要做有用的事儿的人：读书是为了引经据典提升专业素养，社交是为了建立人脉关系，忍耐无趣的老师和领导是为了接下来可以获得利好，等等。对于这样的人来说，真的会每日三省吾身，回顾在哪里浪费了多少时间和精力，并自责。每个人都有自由选择自己生活方式的权力，只是我不愿意成为时刻都要这么有用的人。

无用，是一种多么难得的状态。

现实其实不允许无用，于是我们不得不让自己有用起来，并抱怨着能者多劳的疲惫，有时候这种抱怨里还埋藏着小小的得意，因为我怎么这么有用。但是，焦虑、暴躁、不安，要远远大于这份得意。

现在，因为疫情的原因，我们不得不待着，待在一种无用的状态里。

其实这才是对自己的考验，因为，怎么在无用里忙起来，还挺有技术含量的。我不会给任何建议，每个人都有自己的无用指南，只适合自己。

哦，对了，这段时间，对于瞬间没用起来的我们来说，一定还有一个巨大的收获，就是我们可以对一个无比抽象的名词给出绝对具象的解释：

无用，就是2020年春天的那个我。

最后，跟大家分享我儿子写的一首歌词，他12岁，这是学校征文，如果没有这段无用的时光，他一辈子都写不出来。

你站在窗前看蓝蓝的天上白云飘

你也看过北风那个吹雪花那个飘

想着能不能自己去触摸

不知道可不可以出去比天高

你怕这一切只是想象路远天遥

你心里都是各种各样的计划

和平时比都那么简单可笑

你告诉自己这一切只是

老天开的不高级的玩笑

窗外是从来不会那么空的街道

你相信希望不会一直飘渺

你愿意生活还是

以前那么热闹

你不想在阴天不开灯的房间心焦

你怕没有尽头就是最大的煎熬

不清楚谁能够让谁依靠

想着远方那些陌生人的辛劳

你愿意把无助变声祷告

眼前的这些会画上句号

你告诉自己这一切只是

老天开的不高级的玩笑

窗外是从来不会那么空的街道

你相信希望不会一直缥缈

你愿意生活还是

以前那么热闹

祝各位无用的愉快。

张绍刚

电视学院教授、博士生导师

2020 年 3 月 2 日

[生] 回归理性

各位同学们：

展信安！

这个假期，相信大家和我一样都习惯了每天起床后先关注全国疫情数据，心情也会随着数字的增降或揪心或稍感安心。随着 3 月的到来，看到湖北以外各省区市每日新增病例连续多日为个位数，全国累计出院患者超 4 万例……在大家共克时艰的努力下，我们也从疫情初期的恐慌无措逐渐变得理性镇静。

在家的这段时光，对于大多数同学个体而言，更多的是平静和闲适，我们拥有了更长的静守己心、向内追问的时光，也收获了更多与家人相处交流的机会。我和妈妈一起研究教程，学会了做凉皮、油泼面、麻辣香锅；此外，每天我还会和家人们一起看新闻、分享感悟，他们了解了年轻一代看问题的敏感和情绪，而我也学习了长辈们面对生活的思考与成熟心态。对我而言，这是一段难得并且收益颇丰的时光。

当然，大部分人片刻的安逸都要感谢那些顶在危险面前、守护一方安宁的医护人员、基层民警、党员干部和众多勇于承担一肩责任的农民、货车司机、物流人员、建筑工人……这是个体的力量，也是集体主义组织力、号召力的具体体现。

除了微观的个体情感，这次疫情也提醒我们：需要对我们所处的时代、国家和社会进行更加深刻的学习和认知。不仅仅是对于社会新闻的关注，也不仅仅是对于某舆论热议事件本身的评论，我们的学科特性需要我们更广泛地阅读与更深厚知识积累。这次疫情涉及许多领域的知识，值得我们深入学习思考：国家安全与权力体系、公共卫生事件预警与应急机制、舆论与谣言的生成和传播、意识形态与国际关系……只有拥有更加全面、辩证的知识储备和思维能力，我们才能生成更加理性的认识，不论情绪如何发散，最终的解决问题之道终究要归于冷静与理性。

再过几天就是惊蛰节气了，春雷乍动，生机盎然，生活也将最终回归正轨，希望我们在蛰伏的时候多多汲取营养，厚积薄发，与君共勉！

2019 级广播电视学研究生　田梦园

2020 年 3 月 2 日　写于北京家中

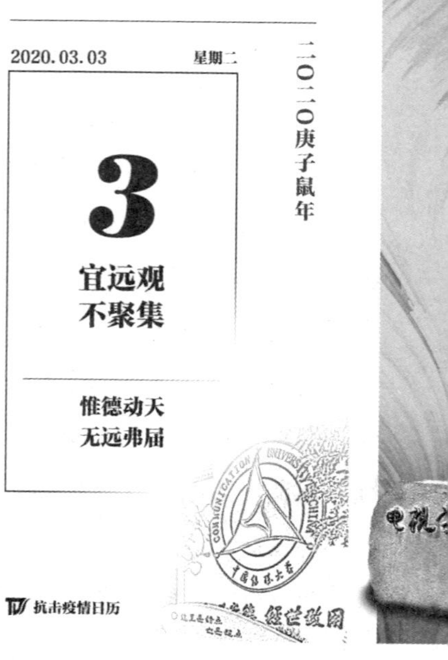

［师］　宅在阅读的避难所

各位亲爱的同学：

不管你现在何处，状态如何，都先问候一声平安！

2020年已到了3月初，早春时节，万物萌动，阳气生发。北方的温度还在零度徘徊，南方的春天已经到来。迎春花开了，只是今年此时，路上欣赏风景的人少了。复工的人戴着口罩、脚步匆匆，还有更多人，如同你我一样，仍然待在家里，等待疫情过去。

这两天除了湖北，各地新增确诊人数降到个位，一些省份更是零增长。网上有人发出照片，去香山的车子排上了长队。其实，学校门口的京通快速，下班高峰时也开始堵车了。看起来生活似乎正在慢慢恢复日常，但其实，防疫的工作还在加紧持续。

新学期已开始，按照新的安排，这两周是读书周。如果你年前看了校历，会发现今年的“读书周”原定在四月，春天最好的时节。如果没有发生疫情，相信有同学会选择在这个假期出去旅游。行万里路和读万卷书，不管选择哪个，都没坏处。不过现在大家都老老实实宅在家里，没有社交，倒真的可以过个名副其实的“读书周”。

作家毛姆说，阅读为你筑造一座随身携带的避难所，让你逃脱几乎人世间的所有悲哀。这句话真是应了当下的情境。阅读，大概是一个人能做的最简单而有趣的活动了。它不占空间，不需要他人的配合，可以随时开始，也可以随时搁下。翻出一本书，沉浸其中，身在斗室，心却可以突破时空限制。对于现今只能宅在家里的我们，再适合不过。

系里的书单你已拿到，可以从里面挑出你感兴趣的开始，当然也不一定拘泥于书单的推荐。书单是他人经验和知识的总结，好的书单能帮助我们筛选过滤好书，但是在阅读的世界里，每个人的旅程都会和他人不一样。你也可以从你的书架上，或者你的电子书库里，找出一本存放好久没有阅读的书，说不定，它会给你打开一扇新世界的门，带给你一场奇幻之旅。

在阅读中，或许你会发现，目前经历的一切，并没有那么新鲜。从加缪的《鼠疫》里，能看到现实的影子；翻看苏珊·桑塔格的《疾病的隐喻》，对排斥疫区来人的现象，有更深的认识，疾病不仅仅是医学的命题，对疾病的认知，更是社会学范围内的话题，对患病者以至群体的污名化，由来已久；打开一本关于人类历史发展的书籍深入阅读，就会知道瘟疫从来没有离我们很远，人类历史上唯一“战胜”的病毒只有天花。由此，这也会帮我们重新理解人类和新冠病毒的关系……

做一些有质量的深度阅读，它可以是目的性不强的——不会帮你拿到学位，也不会教你谋生的本事，但是，它可以让生活更加丰满。比如下次，面临激昂的情绪，不会只有“加油”一词表达内心的感受，遇到“岂曰无衣，与子同袍”，能想起用《诗经》里的文字来回赠。

如果你还躺在床上刷手机看这封信，现在尝试把你的手机放远一些，打开纸质书或电子书，甚至在线广播有声书也可以，感受深度阅读的愉悦。相信作为大学生的你，一定在生命的某些时刻体会过这种乐趣，而很多智者也向我们证明，获取知识的快乐是最让人满意，也是最长久的。

未来有一天，你成为媒体从业者，可以用文字或镜头记录在2020年春节生活在武汉的普通人。关注他们的悲欢，关注这个城市的伤痛记忆，让更多的声音被听到，更多的细节被看见，不被遗忘。而现在，对于我们这些守在家中的人来说，把自己手边的事情做好，其他的，就是等待和希望。

夜已深，明天总还有阳光普照。

再次祝各位，平安健康！

夏丽丽

电视学院教师

2020年3月3日

[生] 珍惜春光

以往总盼望着新年伊始，而今年，却注定是一个不平凡的开端。

一场突如其来的疫情，冲淡了年味，让原本热闹充实的春节假期变得无聊而漫长。

腊月里，家里堂姐刚刚办完婚礼，红色的楹联、窗花气球、喜字还完好地保留着，今年家里喜庆热闹的氛围比以往要更浓一些。可能因为是闰年，皇历比较好，今年家里收到的喜帖也比以往多很多，从腊月二十八开始到正月十六，除了除夕没有，几乎每天都要派一个家庭成员出去吃酒，但一场突如其来的疫情，让所有聚会取消，婚礼推迟。我的外公是村里的生产队长，疫情发生以来，每周都要挨家挨户普及新冠疫情的知识，在劝导点值班，全家人都以他为傲。

就我个人而言，2008 年经历了汶川大地震，眼见着山上的巨石瞬间砸毁一栋民房；去年经历了非洲猪瘟，见证了外公家的数头肥猪在几天内暴毙。这些经历，让我对于自然，一直有着发自内心的敬畏。从疫情发生至今，我已经困守家中四十多天了。

在过去的四十多天里，和无数传媒学子一样，我也一直密切地关注着任何有关疫情的信息。柏拉图说，我们的大脑里有理性、欲望、情绪。面对汹涌而来的病毒，贪生怕死的本能是欲望，迎难而上的选择是理性，这一系列过程中出现的感动或愤怒是情绪。作为这次事件的边缘亲历者，我们常常囿于情绪和欲望，却鲜少能够保持理性，但作为传媒学子，在面对繁杂信息的时候，我们最应该保持的恰恰是理性。

我们要保持的理性是什么呢？我想是对信息的甄别能力，是不信谣，不传谣，不让情绪战胜理智。透过千千万万条新闻，我们为勇敢的医护人员震撼，为善良的人民感动，为不作为的官员愤怒，但在这种种情绪产生之前，我们最应该做的是甄别信源，摒弃虚假信息，提取有价值的信息。为了感动而感动的新闻太多了，为了点赞而煽情的视频也太多了，不能让我们的情绪成为任人操纵的傀儡，不能让我们的善良成为别人牟利的工具。

理性更是认清现实之后，认真生活，把握好当下的每一天时间。“无数的人们，无尽的远方，都和我有关。”我们关心着疫情，关心着国家，但关心的形式不应当是每天不分昼夜地沉湎于手机。于个人和国家有益的关心，是珍惜时间，有所作为。“作为”的形式可以是学习，也可以是发展一项兴趣爱好，或读书，或画画，或跳舞，或帮家里做做家务，或和父母聊聊天。

这次疫情给我们每个人的生活按了暂停键，让我们有更多的时间去思考和感受。

我十四岁离家，赴远方求学，已经快十年没有和家人一起见故乡的春天了。粉的杏花，白的樱花，金黄的油菜花，绿油油的麦苗，初生的奶猫，呢喃的燕语，淅淅沥沥的春雨，厨房的炒菜香……那些和平幸福的光景，使我永远不忘。

这些年里，父母错过了我的成长，我也错过了他们的变化，这次疫情是陪伴彼此，了解彼此的一次契机。闲来无事时，给家里的花花草草浇浇水，带老妈跳一跳广场舞，研究一下给老爸降血糖的食谱，也是一种锻炼。

没有一个冬天不可逾越，没有一个春天不会来临。

还有不到一个礼拜，大家就要在网课直播间再见面了，年轻的白杨们，愿大家不负春光，有所成长。

2019级广播电视专业研究生　刘倩文

2020年3月3日　写于四川广元家中

[师] 疫情下的家、国和世界

亲爱的同学们：

大家好！提笔写信的今天，正值北京复工潮期间抗疫的关键期，我和全国大多数人一样，依然坚守在自家抗疫的“前线”。

2020，本来应该是“爱你爱你”的新一年，我们谁也没有想到，这个年会以一场我们难以说爱的疫情开始；特别是那些身在疫情中心武汉，甚至整个湖北省的人，在本该欢乐祥和、走亲访友的日子里遭遇了封城，以及随之而来的恐惧和悲伤情绪。这种心情，我在疫情之初，所有的防疫物资和救治措施尚未到位之时，在自己的朋友群里感受到了。作为一个祖籍湖北的人，我有很多亲戚居住在那里。疫情初期，我的家人就和这些亲戚通了电话，一是了解他们的健康和生活状况，二是嘱咐他们减少外出和聚会，保障自身安全。我得知，他们取消了春节期间所有的访友和聚会，很多人都是通过视频进行的“云拜年”。

我想，这也是我们所有居住在祖国各地的同学们春节和寒假的写照。我从媒体中获知，在这次全民抗疫中，返乡的大学生是基层抗疫的主力军之一，是你们拽住了爸爸妈妈、爷爷奶奶外出聚会游玩的脚步，是你们苦口婆心地劝他们戴口罩出门，对他们进行了防护教育。在此，为你们鼓掌！没有你们的努力，疫情传播的速度可能更快，范围可能更广，你们保卫了家人就是保卫了一线的工作人员，保卫了祖国，甚至保卫了世界，拯救了银河系。

此时此刻，新冠肺炎疫情不仅在中国肆虐，日本、韩国、伊朗、意大利等几十个国家也纷纷中招，就连最早对中国关闭大门的美国，其疾控中心的专家也发出做好迎接疫情暴发的警告。这场疫情，不仅是对世界各国应对突发公共卫生事件的能力和社会治理机制的考验，也是深刻体现“人类命运共同体”这个概念的内涵的时刻。在全球化的时代，世界各国的命运紧密联系在一起，没有哪个国家可以独善其身。

面对这场全球性的危机，只有世界各国携手并进，共抗危机，才可以转危为安。在这场抗击病毒的战役中，我们的国家和民族体现了应有的责任与担当，快速做出了反应，并与世界卫生组织和有关国家保持有关良好的沟通。正如那句现在流行的话，“山川异域，风月同天”，世界上大多数国家和民族也在“命运共同体”的视角中，呈现出良好的价值判断和理性认知。他们对于中国的疫情给予了高度的关注和支持，这成为我们共同抵御这一次危机的重要抓手。当然，也有不够理性甚至走向种族主义的言论在媒体上出现，并引发了全球性的不适。我想，我们只有先做好自己的事情，向世界交出一份满意的答卷，才可以让这些流言不攻自破。我也相信，在我们成功控制住国内的疫情，可以腾出手之时，我们也会为世界其他国家的抗疫提供帮助。毕竟，在一个休戚与共的世界，我们和世界人民一荣俱荣、一损俱损。

这场病毒阻击战，离不开你我的努力。我知道，经过一个漫长的宅家假期，大家可能已经开始想念同学的笑脸、课堂的热闹、大悦城的灯火以及食堂的肉饼。但是，我们正处在抗疫的关键期，还需要再坚持一下。这个假期，同学们可能已经找到了各种宅家的方法，有些人看完了读了一半的书，有些人完成了未写就的论文，有些人追完了一直想看的剧。而有的人尝试了以前没有做过的事情，还有一些人掌握了一些新技能——比如我的朋友圈里有人学会了包包子和拷蛋糕。我想说，无论你怎样打发宅家的日子，我们都需要这样一段慢时光，去领会生活的真谛。哪怕是柴米油盐酱醋茶，都是我们将来的人生中必须要面对的琐碎。用一个猝不及防而来的长假期，学会与生活相处，也不啻为我们爱这个2020的理由。

与大家共勉！

尚京华

电视学院国际新闻教研室教师

2020年3月4日

[生] 不负青春，奋力前行

亲爱的同学们：

好久不见！

今天是2020年3月4日。距离原定的开学时间已经过去了10天。

自从高中毕业以来，这是我第一次欣赏到家乡3月的景色，这种感觉既熟悉又陌生。我曾经有好几次想象，如果这场病毒没有来临，我们此时应该已经坐在宽敞明亮的教室里，与身边的同学一起，听取老师的谆谆教诲。我们也许还会抱怨课程的时间怎么还是那么长，早八的课程怎么还是那么令人发困，而现在这样的甜蜜的烦恼也成为我们最怀念的时光。

默默打开手机微信群，那些原本在两个月前，争相攀比几号放假早、几号返校晚的激动，现在取而代之的是一片想开学、想回到学校的感叹。同时在新闻报道中，我们看到了，在方舱医院依旧认真读书的付博士；在武汉体育中心依旧带病坚持学习，励志考研新闻传播的大三学生；在医院里做着最后冲刺的高三学子；在大山里用塑料膜和藤条搭建的自习室中上网课的小学生……不同年龄段的同学们，用他们的力量向我们证明：病毒可以阻挡我们出行的脚步，但是无法阻挡我们学习的热情。

现如今时不时看到各地治愈出院人数远超确诊人数的好消息，我知道我们离打赢这场战役已经不远了。我们身处祖国各地的家中，阅读着老师为我们精心推荐的书目，为即将到来的网课做着准备，做着我们作为普通人在这场“战疫”中的小小努力。同时我们也要感谢在疫情中挺身而出的医护人员、媒体记者，还有各行各业的党员群众，正是他们在一线的艰辛努力，才让我们可以安心在家中享受这片刻的安宁。作为新一代的传媒人，我们此刻虽然不能走在报道疫情的一线，但是我们对疫区的关怀并不会因为我们身处的位置而减少分毫。如今我们在家中安心学习、认真读书，就是为了来日能在祖国需要我们的时候挺身而出，扛起传媒人的责任！

我相信：没有一个冬天不可逾越，没有一个春天不会来临。让我们一起为了梦想好好努力，我们开学见！

2019 级广播电视学研究生　韦梦瑶

2020 年 3 月 4 日　写于山东淄博家中

[师] 执爱笃学

亲爱的同学们：

大家好！

今天是3月5日，部分区域的新增确诊已经实现了零增长，趋势向好，社会生活的秩序也逐步恢复。但越是这种时候，大家越发不能松懈，病毒还没有缴械，我们也还没有迎来可以相聚之时。正如钟院士所述，防控意识需要长期保持。

一场突如其来的疫情，打破了庚子年的平静，也彻头彻尾地改变了我们的生活。这段日子里，若我们能够更多地将感性转化为理性，则终将收获真正的成长、成熟、成就与成功。在这里，我和大家分享四个字：执爱笃学。

首当其冲的是执爱。愿每一颗心，都能在这次疫情中悟到爱。热爱国家，珍爱生活，敬爱自然。哪有什么岁月静好，不过是有人替你负重前行。那些“逆行者”，时刻激励着我们更加紧密地团结在一起。国家，是每个人永远的大爱。

宅，还要继续。枯燥与乏味中，我们会更加珍视曾经的生活——看似平淡，习以为常，却又如此留恋。

自然，远非人类所见的那么自然。一次不经意的越界，足以引发“蝴蝶效应”。人“与”自然之间，还是不要把“人”与“自然”并列起来更为自然。任何时候，人类，请不要在自然中寻求“自燃”。

其次是笃学。延迟返校给了我们额外的时间，但请不要把它看作假期的续费，更不要用它为碌碌无为买单。知乎上有这么个帖子：“自律带给了你什么？”一个回帖广泛获赞：“自律者出众，不自律者出局。”

这段时间你可以潜心读些书，不是专业书籍也可以；也可以写一写随笔，能提前为论文做些积累则更好；还可以看看经典影视作品，别人眼中的经典或是你心中的经典都行；也许，你还可以翻出曾经拍摄的素材，把它们重新剪辑，从中回望曾经的困惑，感悟现在的进步……

而这一切的前提便是自律。如何让自律变成习惯？美国著名健康心理学家麦格尼格尔在斯坦福大学的《自控力科学》课程中说：第一是要“延迟满足”。因为选择自律，自然而然也就是放弃了眼前的享乐和舒适，朝着更高的目标进军。第二是要“计划不能很满”，在自律养成的初期，要注重循序渐进，一个没有弹性的计划是难以长久的。第三是要“给自己激励”，持续正向的反馈是一种长久的激励。王小波说，人一切的痛苦，本质上都是对自己无能的愤怒。而自律，恰恰是解决人生痛苦的根本途径。

其实，自律，又何不是对生活的珍爱，对国家的热爱，对自然的敬爱？

疫情打乱了我们的生活节奏，同时也给了我们一个重新认识自己、审视未来的机会。相信自己，待到春暖花开，让我们全新出发！

刘　羽

2020 年 3 月 5 日

［生］　期待相聚在“云端”

各位精神小伙和宝藏女孩们：

三月好！

天气转暖，空气里弥漫的都是春天的味道。武大开了早樱，鸡鸣寺的“消息树”开花了。黄山发现了两种新型野生动物，一切都焕发着新生的气息。我“闷”在家，一切都变成了“云活动”。各行各业开始“云招聘”；电视节目播放“云综艺”；抖音直播引爆“云蹦迪”。终于，我们收到中国传媒大学“云开学”的消息。想必大家都已经收到“× 课的直播链接”。“× 课程的邀请码是 ××”这一类的消息，微信聊天界面也将被不同的课程群塞满。还没有正式开学，但关于“网课”的段子早已覆盖自媒体。比如：不要在床上打开网课，因为你可能会错过所有的点名、问答以及下课环节；早晨醒来，发现家里的网线被宠物狗咬断，导致不能上课；有位同学上课忘记关麦，老师整堂课搜寻一直“咳嗽”的同学。为了不犯段子里的错误，为了高效率地进行网课学习，我整理了以下几点，供大家参考讨论，希望可以有所帮助。

调试网络设备。由于全国的学生都集中在几个网络软件上课，难免会出现卡顿、连接失误等问题。因此，最好提前检查网络设备。在正式上课前，可以先梳理一下每门科目用的平台软件、上课时间和上课邀请码。害怕记不清的话可以写一张备忘录存在手机里或贴在书桌旁。上课前测试一下每个软件，开清各种开关，尤其是摄像头、麦克风和屏幕共享键，不然有可能一不小心就“翻车”了。

上课要有仪式感。“干干净净的桌面，整整齐齐的自己”——这种“上课仪式感”对于像我一样自制力弱、容易分心的同学来说很有用。错误坐姿和低头看屏幕都会对我们的颈椎产生巨大的负荷，可以找到适合身高的桌椅。用书本垫高电脑屏幕，用支架架起手机，使之与眼睛平视。（PS. 可以在椅子上加一个小靠枕减少腰椎的压力。）

保持良好的睡眠。在家躺了这么久。可能还不适应上课的状态，为避免网课第一天昏昏欲睡，得让大脑充分而不过度地休息。早睡早起，元气满满地对待每一天！

记得体谅老师。老师们高效学习、紧急筹备网课很辛苦。很多老师始终端坐在电脑前，从零开始学习技术，动员一切资源，到处筹备设备，尝试各种模式，确保我们都能够在家学习。因此，如果老师们出现了什么操作性的问题，耐心等待就好。

加强身体锻炼。认真学习的同时，也别忘了最重要的身体“硬件”的保护。长时间面对电子屏幕上课，我们更要关注自身的视力情况。上课之前，可以开启防蓝光模式，若没有，也可以通过调节电脑或手机本身的屏幕光亮度来保护眼睛。

千里开学一“线”牵，期待我们相聚在“云端”。

2019 级新闻与传播硕士生　叶宇琦

2020 年 3 月 5 日　写于安徽芜湖家中

[师] 滚蛋吧，COVID-19！

亲爱的同学们：

2020 这个春天，大家一定有特别的感受吧？

这两天我反复考虑，哪种慰问信对大家更有用，“抚慰体”还是“论说体”？最后考虑还是用理性务实的论说体。

大到我们这个文明从未被中断的国家，小到个人，都符合一个真理，就是人类是通过困难和苦难成长的。有时是自做孽，有时是躲不过的天灾，面对这些，我们从来只有一个选择，咬牙直面。

不知道有多少同学看过《1942》呢？那是一部现实感很强的电影。与那个时代的中国人相比，我们应该为自己生活在今天强大、富裕、欣欣向荣的中国而感到由衷的自豪与满足啊！其实，那个时代的中国人，跟我们一样，没有选择自己生存环境的权力，但我们却有可以让我们，以及我们之后的中国人过得更好一些的责任和义务。

抗疫以来，我经常被电视节目和手机新闻中报道的抗疫行为感动。中国人有一种宝贵的家国情怀，这是我们这个民族得以生生不息、绵延不绝的根本原因啊！在理解、感谢那些冒着生命危险冲在前线的人们之外，我们普通人的担当，就是服从组织安排，做好自己和家人的健康防护。

目前还需要大家在家里自学一段时期。还没有找到节奏的同学，建议你：

1. 尽快建立有规律的作息时间。充分利用网上资料平台，例如“知网”，对正在进行的读书周进行知识补充。

2. 珍惜与同样宅在家里的父母、亲人相处的日子。要知道你们都是即将飞出去的小鸟，这次疫情给你们的最大礼物，就是再续亲情。

3. 好的精神状态需要建立在好的身体状态的前提下。多做做家务，保持家里整洁的环境不仅有利于防疫，更有利于心情。在有条件的地区，保证每天在户外活动 25 分钟，这样可以改善你睡眠的质量。不能出家门的，在阳台上，或者在打开的窗边站站，做做操也好。钻研一下烹调，提升一下自己的厨艺，比叫外卖更经济，呵呵。

4. 少玩游戏，多读书、听书，多看片、看剧，多陪家人聊天，多跟友人视频。

前两天，在北京漫天飘洒着鹅毛大雪的清晨读唐诗：

云霞出海曙，梅柳渡江春。
淑气催黄鸟，晴光转绿苹。
（《和晋陵陆丞早春游望》，杜审言）

心中顿时涌起对江南风光的无限眷念。追求向往美好，这也是人类的天性啊！滚蛋吧，COVID-19！人类必胜！

祝　虹
电视学院 教授
2020 年 3 月 6 日

［生］ 享受安逸　三省吾身

各位同学：

今天，你们还好吗？

家里最近连续下了几天雨，不见阳光，夜里还在嘀嗒嘀嗒的雨声难免会引起情绪上的一些波动，我打开手机照旧翻看着疫情的相关新闻。很长一段时间里，我几乎每天看相关的采访报道，感受到了人们在生命面前的无力与绝望，医生与死神之间的较量与怒吼，文字带给我的刺痛感更是让这份春天的寒冷更加严峻了些。

被强制居家的这段日子，我从慌张到急躁到焦虑再到现在的平静，这是经过了一个多月与家长拌嘴后获得的安逸，与床日夜为伴后产生的不舍。前不久我还冒出了让时间倒退一个月的可怕想法，习惯可真是一件可怕的事情，我反思。

前不久老师在群里分享了读书周的书单，看见的那刻我有些慌张。它似乎在呐喊着嘲笑我在之前的一个月里，没有完整地看过任何一本与学术相关的书。我欺骗自己说，看自己喜欢的电影就是在汲取知识，其实想想不过是另一种逃避的方式罢了。我反思了，所以最近开始很认真努力地读书。仍然不可否认的是，电影的确会让人神经敏感、精神兴奋。看《无人知晓》、看《绿洲》、看《女孩》、看《蓝风筝》，给我最直观的感受就是“沉闷”。但就在高浓度的沉闷凝聚在一起时好像也“负负得正”了。不知道是我对于故事本身的理解变化了，还是内心对于痛苦的宽容度变高了，对于创作来讲，我想这应该算是一种进步吧。我摩拳擦掌地准备着，一边享受电影带给我的快乐，一边寻求学业上的提升。目前的进程大概仍然还是，我在反思中。

最近几天的互联网热闹了起来，关乎着一位顶级流量“明星”的成败，关乎着日益盛行的粉丝文化的整顿，关乎着所有圈层文化的权利争夺与领地划分。我相信在老师们的网课上，一定能听到更具专业性的解读，能看到意气风发的同学踊跃表达自己的见解，观点碰撞与下课铃声混在一起，意犹未尽。我感叹周围同学一如既往的优秀。

距离线上授课还有三天，但是距离“返校”开学还有几天目前还是一个未知的答案。我想我会利用好这段时间摆正心态，积极思考，享受安逸，三省吾身。等到回校的那天即使算不上运筹帷幄，也一定要干劲十足。

共克时艰，期待与你中传见！

2019级广播电视专业研究生　王淑婷

2020年3月6日　写于河南濮阳家中

[师] 暗夜终有破晓时

亲爱的同学们：

新学期好！

若没有疫情，大家此时应该已经来到学校开始了正常的学习生活，但无情的病毒将你我阻隔，我们只能通过网络联结彼此。

3 月 4 日，中共中央政治局常务委员会召开会议，研究当前新冠肺炎疫情防控和稳定经济社会运行重点工作。中共中央总书记习近平主持会议并发表重要讲话。习近平总书记指出，经过全国上下艰苦努力，当前已初步呈现疫情防控形势持续向好、生产生活秩序加快恢复的态势。湖北和武汉疫情防控任务依然艰巨繁重，其他地区人员流动和聚集增加带来的疫情传播风险在加大，加强疫情防控必须慎终如始，对疫情的警惕性不能降低，防控要求不能降低。

在返校之前的这段时间里，有几件事情需要和同学们嘱咐。

一是继续做好个人防护，减少聚集活动。出门戴口罩，不随地吐痰，咳嗽、打喷嚏时用纸巾捂口鼻，不要乱丢垃圾。注意手部卫生，饭前便后、接触污染物后、外出回家后要使用肥皂或洗手液洗手。人群聚集的地方，病毒传播的风险加大，所以要少走亲访友、少扎堆、少去人员密集场所，不聚会、不聚餐、不赶集，尽量减少参加集会活动。大家不要看到新增病例持续减少就放松警惕，疫情尚未结束，切不可麻痹大意。

二是学会调节情绪，适当进行体育锻炼。新型冠状病毒肺炎疫情是一场重大危机。一场危机来临时，人们通常会恐慌、焦虑、失望、恐惧、易怒、不敢出门、盲目消毒等。这是特殊情况下的正常心理反应。媒体和网络上关于疫情的信息铺天盖地，但个人接纳信息的能力是有限的，信息过载会增加焦虑情绪。因此，要学会简化信息来源，主动避免信息过载。同时建议进行适当的居家体育锻炼，广播体操、深蹲、俯卧撑、仰卧起坐等都是不错的居家锻炼项目。体育锻炼不仅可以提高人体免疫力，对于缓解不良情绪和释放压力也有很大帮助。

三是尽快进入学习状态，适应线上教学方式。学校已于 2 月 24 日开启为期两周的“读书计划”，3 月 9 日将开启线上教学。同学们在家里的学习环境和学校有很大的不同，在学校有安静的图书馆和自习室，和同学们一起坐在教室里上课很有学习氛围。可是在家里，零食、手机、游戏等干扰学习的因素增多，学习氛围不好，效率急剧下降。因此在家里学习十分考验同学们的自律性和自觉性。建议同学们在家里养成良好的作息习惯，早睡早起，不要熬夜，同时给自己制定合理的学习计划，每天按部就班地完成各项学习任务。

四是多和父母沟通交流，珍惜相处的时光。疫情期间，大家有了更多和父母在一起相处的时间，可以多陪他们聊聊天，在表达自己内心情感和需求的同时积极理解父母。主动将自己遇到的开心与不开心事情分享出来，让父母走进同学们的世界，加深对彼此的了解；还可以主动分担一些家务，与父母一起研究美食、打扫卫生等，在收获劳动成果的同时体会父母平日的辛苦，增进彼此之间的感情。

好了，就写到这儿吧。祝各位同学在新学期学业进步，我们一起期待在校园重逢的那天！

郇　睿

电视学院教师

2020 年 3 月 7 日

[生]　重新出发

各位同学：

你们好！

今天是 2020 年 3 月 7 日，庚子年二月十四。转眼间，这场事关一个国家、一个民族的战疫行动持续了 40 多天。相信很多同学跟我一样，经历了从最初面对疫情的震惊与恐慌，到感染人数不断攀升时的焦灼，再到看见多个省份新增确诊人数慢慢清零时的安慰的心路历程。各个省市逐渐复工，开学也已提上日程。在大家的共同努力下，阴霾的天空已慢慢晴朗。这一年，从一开始就是不平凡的一年。

对我家而言，今年，是团圆的一年。疫情袭来之前，姥姥住进了我们家中，之后，姥姥一直也没再回家。待在家里不能出去的日子里，除了日常关注疫情进展外，还时常跟姥姥聊聊小时候的事情，与父母一起研究美食，读读书，日子过得也算充实。也是在这段时间里，我发现时间流逝之快，自己曾忽略了父母已渐渐年迈的事实，缺失的陪伴得到了补偿。

今年，是发现的一年。这场疫情也让我们“见天地”“见众生”“见自己”。“见天地”在于突如其来的疫情让我们反思对待自然、对待世界的态度。在人类已然成为命运共同体的当下，又该如何共同面对风险，迎接挑战？“山川异域，日月同天”，从澳大利亚山火到新型冠状病毒，没有任何一个国家可以独善其身；从中国抗疫世界援助，再到中国为其他国家提供援助，也没有任何一个国家，任何一个人有理由忽视自己的责任。“见众生”在于，尽管疫情暴露出一些不作为的官员，但更多人尽职尽责，保护一方百姓的基层村干部，奋战在一线、不畏艰难的医护人员，还有为疫情奉献出每一分力量、善良的人民，“家是最小国，国是千万家”，每一个人、每一个家庭都在为抗疫行动着。在人声鼎沸、声音嘈杂的世界里，那些或坚定、或无畏、或平凡的声音都体现出人民的责任感。“见自己”在于，这段待在家不能出门的日子里，我们拥有更多的时间充实自己、面对自己，无论是多读几本书，多学几道菜，还是多花几分钟的时间思考，都是向内自省、成长的方式。

今年，是重新出发的一年。往年的这个时候，我们早已开学，在宽敞的教室里学习，在初春的校园里散步。如今我们身在全国各地的家中，读着老师们精心挑选的书目，迎接即将到来的网课。每一滴汗水的浇灌都会让生命绽放绚烂的花，每一分努力都会收获成长。前方战疫的医护人员、党员干部、媒体记者等会战胜病毒，我们也会等来这个春天最好的消息。待那时，我们整顿好自己，再重新出发。

春天已来，愿疾病早日散去，我们共赏玉兰花开。

2019级新闻与传播专业研究生　张媛媛

2020年3月7日　写于山东枣庄家中

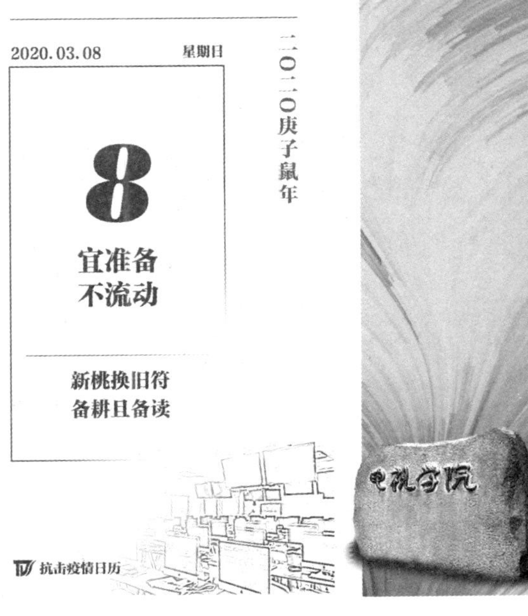

［师］ 别怕，我们共同度过

亲爱的同学们：

提起笔来，不知为何，脑海里率先蹦出来的竟是“人生不相见，动如参与商”。想来我是真的思念大家了，所以期盼着“今夕复何夕，共此灯烛光”。往年的这个时候，我应该已经忙完了艺术类招生，正坐在办公室里回复大家如雪片一般砸向我的各种信息，其中定有不少提问令我啼笑皆非或暴跳如雷。然而今年却不同，原因大家都懂，我们深爱着的这片土地上病毒仍在蔓延，我们挂念着的亲朋仍坐困愁城。

这并不是我第一次经历重大突发公共卫生事件。2003 年非典肆虐的那个春天，我和大家现在一样，是中国传媒大学的一名普通本科生。现在回想起来，在北京度过近20个春秋，唯有2003年的春天在我的记忆中色彩最浓烈，清晰如昨。课表上减半的课时、教室里间隔开来的座位、宿舍楼道里刺鼻的消毒水味儿、隔离楼内外互诉衷肠的情侣、空荡荡的地铁公交车厢、遭遇疯抢的板蓝根，当然亦少不了学院老师怕我们放羊带头一起背诵的新概念英语、为增强我们的抵抗力亲手煮的爱心茶叶蛋、为安放骚动的青春而在东配楼后面空地上临时支起来的“半夏的纪念”学生作品影像展……这一幕幕场景因与“SARS”是近亲的新型冠状病毒再度被召唤回来，成为过去一个月我大学闺蜜微信群里讨论不衰的话题。这不由得让我记起当年班主任张绍刚老师宽慰因非典而恐慌的我们时所说的那句：“大家不要怕，如此重要、重大的历史时刻，我们在一起。”

万万没想到，17年后，当我也成为一名老师，因这场比“SARS”传播范围更广、防控难度更大的疫情，我也有机会借着这封信和我的学生们说一句：“别怕，我们共同度过。”

我们为什么不要怕？基辛格在《论中国》一书中说过：“中国人总是被他们之中最勇敢的人保护得很好。”不知道大家是否记得彭银华这个名字？他是武汉市江夏区第一人民医院呼吸与危重症医学科的医生。如果没有新冠肺炎疫情，他本该在庚子年大年初八举行婚礼，喜悦地期待着二人世界变成三口之家。然而世间最残忍的事莫过于没有如果。疫情来袭，彭医生推迟婚礼，冲锋在一线，不幸感染，终因病情恶化，经抢救无效，于2月20日21时50分壮烈殉职。他的选择总让我想起一百多年前于风华年岁写下“意映卿卿如晤”的林觉民烈士。“吾充吾爱汝之心，助天下人爱其所爱，所以敢先汝而死，不顾汝也。汝体吾此心，于啼泣之余，亦以天下人为念，当亦乐牺牲吾身与汝身之福利，为天下人谋永福也。汝其勿悲！”古往今来，人类的历史上从来都不缺“为天下人谋永福”的奉献与牺牲。今天被保护在血肉长城之后的我们，若曾因为他们的仁心义举而落泪伤悲，是不是应该扪心自问，在充满不确定的未来，我们是否也能像他们一样选择“自反而缩，虽千万人，吾往矣”？

关于选择，最近网络上流行一段话，我在不少同学的朋友圈里也看到了。“当你老了，回顾一生，就会发觉：什么时候出国读书、什么时候决定做第一份职业、什么时候选定了对象而恋爱、什么时候结婚，其实都是命运的巨变。只是当时站在三岔路口，眼见风云千樯，你做出抉择的那一日，在日记上，相当的沉闷和平凡，当时还以为是生命中普通的一天。”的确，人的一生，除了被“我是谁，我从哪里来，我到哪里去”这样的终极问题拷问，也时刻面临着“如何选择”的难题。在被疫情困在家中，靠不停地刷手机获取信息的一个多月中，我们共同见证了许许多多的“选择”。相比起那些让局势一步步糟糕，让人们一次次愤怒的选择，我更愿意铭记这些选择：较早示警的李文亮医生生前说“等我病好了我就会上一线，现在疫情还在扩散，我不想当逃兵”，他选择义无反顾；杭州保姆纵火案中失去妻子和三个孩子的林生斌先生捐赠了价值 9 万元的 5000 个口罩，身心遭受重创，他选择报世界以歌；武汉方舱医院中一位感染新冠肺炎的年轻人静静阅读《政治秩序的起源：从前人类时代到法国大革命》，在上千人的开放病房中，他选择上下求索，用阅读给自己搭建起了精神避难所；被患者砍成重伤的朝阳医院眼科医生陶勇说“我看过太多悲惨的命运，更能承受打击。我想让他（伤医者）知道，其实这个社会没有他想得那么黑暗”，也许终身无法再上手术台，他选择淡然以对，坚守医者初心；友邦邻国捐赠来的防疫物资亦不忘化用中国诗词典故熨帖人心。时至今日，疫情已开始在全球范围蔓延，而这回是不是该轮到我们说“此去与师谁共到，一船明月一帆风”了？

我们每个还活着的人，走在变幻莫测的人生道路上，都有可能被时代那粒灰砸中。当那一天真的到来，希望我们都能够记得曾有人在 2020 年的冬天，捐躯赴国难，视死忽如归；当那一天真的到来，希望我们都能够勇敢地挺直脊梁，担起责任，护佑所爱，做出不负时代的选择，正如他们曾经为我们做过的那样。

三月到了。往年此时，校园里的迎春花已经开了，再过一段时日，东配楼前的玉兰花也将绽放。盼望着能够与大家重逢在我们最初相识的地方，我会笑着对你们说一句：好久不见，甚是想念。

冷　爽
电视学院团委书记、辅导员
2020 年 3 月 8 日

［生］　阳春三月柳暗明

亲爱的同学们：

展信安康。

或许我们素未谋面，又或许我们曾在遍布白杨的美丽校园里有过一面之缘，但是今天，我想冒昧地请你给我几分钟的时间，几分钟就好，让我把我在英国的故事讲给你听。

我不是一个勇敢的人，好吧，或许我该说，我跟勇敢根本就沾不上边儿。我妈妈常开玩笑说，我真是没有“背叛”我的生肖属相，和它一样的胆小如鼠。因此，当这次疫情无情地出现时，当疫情的消息不断充斥在我的生活中时，当确诊人数不断增加祖国的地图全部变红时，我真的，慌了。

也许此时看信的你，也有过同样的感受，或者正在经历着这种紧张，让我来告诉你，这一切终会过去！这种紧张的感觉仿佛就像冰晶融化一般，一点点地在我心中消逝，化为纯净透彻的水滴，反哺着我的心灵，又仿佛从未来过一样，不见踪影。而这股子融化冰晶的温度就来自我的身边。

来自我的政府，我的国家。疫情袭来之后，几乎每天，国家都会有

新的应对政策和消息发布。从最开始的各省分别启动一级响应，到武汉等一些城市封城；从春节假期延长到各地学校纷纷延迟开学以避免大规模人员流动产生；从全国多地建立多个临时医院到湖北大规模筛查疑似病例；从口罩供应不足到国家严格管控口罩价格并在小区内免费发放或实行实名制限购等政策力求保障人民的口罩需求；从公布一些中药有帮助作用到锁定几种对病毒有较大对抗作用的西医药物；从国家号召人们少出门、勤洗手到基层社区积极落实严格管控进出人员，这一切的一切，都是因为我们的国家是中国才能做到！写到这里，我不禁热泪盈眶，今生华夏，何其幸哉！我的笨笔远写不出祖国应对之迅速、能力之强的十分之一。

来自我身边世界各地的朋友。我现在在英国的住所楼下有一个小超市。因为买东西方便，我经常光顾这个小店。一位英国阿姨每周末在小店兼职收银，而我恰巧也是周末到访，一来二去，不足一月我和这位收银员阿姨也混了个脸熟，每次只是收银时简单地交流几句。直到有一天，她跟我的对话中终于出现了 infection 这个词，我猜想她应该是心中关于武汉肺炎的疑惑不少，而我又恰巧是中国人，想问问明白。于是我便在脑海里使劲儿搜罗合适的英语单词，以免向外国人误传我们的肺炎情况。而当她紧接着的那句话的话音刚落时，我便顿住了。原来，她并不想问我关于武汉疫情的细节，而是简单地问我：“How is your family？”

那一瞬，我似乎已经忘记自己周遭的环境是异国他乡，忘记了自己是一个异乡人，心中似乎除了温暖之外再也装不下其他。自从那一天起，每次我去超市，只要她在，她都会问候我的家人，我很感激。而这份温暖的情谊，也在我的住所之内延续着。有一次，我的快递到了，我便下楼去取。因为英国口罩的价格并没有像国内一样有着很好的管控，能买到的口罩不多，且价格普遍较高。而这个快递，就已经是我能买的最划算的产品了。包裹的包装十分简陋，就是一个塑料袋子，里面装了十只口罩，就像从一大盒里现取了十个出来一样。我盯着它，苦笑了一番。而这恰巧被住所内值班的工作人员看到。他看着我手里的口罩，又指了指自己正戴着的口罩，建议我说，最好去另一个平台上买，他就在那里买的，口罩便宜又好。其实，对于我来说，或者对于任何一个在异国他乡的人来说，能够获知这样的本土化购买方式无疑是雪中送炭。“Thank you”这个简单的英文我已经不知道对他们说了多少次，但我还是想说，谢谢他们，真心地谢谢他们让我这个异乡人感受到了来自异乡的温暖。

今天恰巧看到CGTN刘欣老师回应福克斯新闻频道主持人的发言，她用温暖却又坚毅的嗓音向全世界说道：“洗心革面吧！拯救生命才是正道。”是啊，在全人类面前，这次疫情又怎会有国界之分？在全球化的背景下，这场抗疫战斗中各个国家又岂能孤军奋战、推诿责任？人类命运共同体，共同的不只有命运，更有大爱无疆。在这个紧要关头，我们唯有以大爱携手，才能赢得属于全人类的胜利！

心里的冰晶化成温暖的水滴，世间万物也即将在这个阳春三月里一一复苏，一切的寒冷和困难终将成为过去。忽闻今天恰逢三八妇女节，我在此祝愿所有的女性朋友们节日快乐。更祝愿所有朋友们平安顺遂。阳春三月，燕语莺歌，生机勃勃，你我再归时，想必神采奕奕！

专此布达，即请春安。

2018级广播电视研究生　刘宇轩

2020年3月8日　写于英国南安普顿

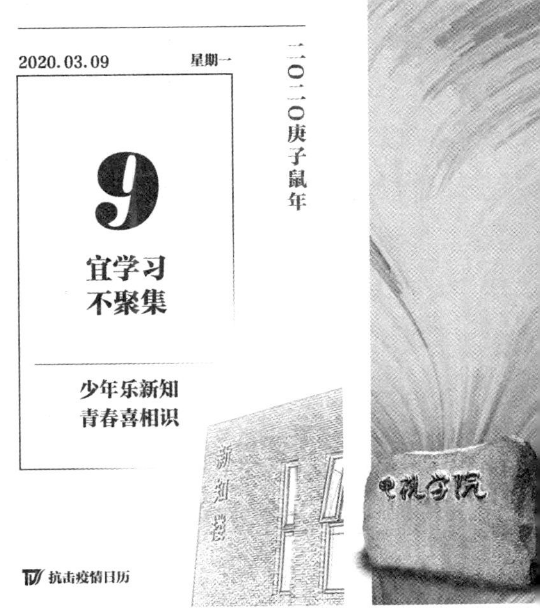

[师] 线上开课啦

各位亲：

好久不见！转眼春节和寒假已过，本该在2月底重聚的我们，现在只能线上交流了。大家开始习惯宅在家里线上学习的节奏了吗？有没有企图和信心在学院的书评比赛中获奖，甚至是获得学校的“得到读书奖学金”？

我现在也宅在辽宁老家里，开启了线上工作模式。为了下周网络授课的全面成功开启，为了保证教学效果，老师们还真是经历了一阵兵荒马乱呢：学习、测试和比较各种网络教学平台；置办打印机、投影仪、手机支架、麦克风，甚至主播补光灯。我也“征用”了父亲大人新买的小米电视作为笔记本外接屏幕，硬是剥夺了他看抗战和谍战剧的乐趣。原本“唯我独尊”的狮子座父皇和天蝎座母后，在家里大气儿不敢出，就怕影响我录课。看着他俩在家里蹑手蹑脚，我真是觉得又好笑，又有些抱歉和心疼。

同学们的“宅家”系列朋友圈和 Vlog 真是精彩。大家一起成为大厨的同时，有女生带着红袖标以小区卫士身份亮相，有男生顶着快两个月没剪的蓬松乱发纯素颜出现在镜头前（给完全没有偶像包袱的亲点赞，不过下次可以稍微画点眉毛哈）。特殊时期，大家都留下了特别的技艺 / 记忆吧。

好了，咱们继续在家好好待着。或许，短暂的别离，会让我们师生彼此更加珍惜。期待不久的将来，走出网络，回到教室。

祝亲们健康快乐、阖家幸福！

李艾珂
电视学院副教授
2020 年 3 月 9 日

［生］ 生命的力量

书呈诸同学惠鉴：

见信好。连日来，每每在晨间午后读到老师同学们的书信，总会十分想念大家。

很想知道大家这些天都在做些什么，但我无意专门点开微信聊天框打扰各位，于是在朋友圈看同学们关注时事发表论见、潜心学术观照社会、写稿剪片记录所得、烹饪美食感受生活，也就成了我每天的一大乐事。

其中，我尤其喜欢看大家分享烹饪心得，因为我总觉得越是艰难，越不能忽略口舌之欲中氤氲的生活希冀。

昨天我出门遛弯时，听到一家疫情期间关门很久的饭店里传来店员们整齐的欢迎口号，那一瞬间，我突然觉得我们的城市开始“苏醒”了。

我的家乡陕西汉中在地缘上与湖北相距不远，流经武汉的汉江也从我们这里发源，但我们这儿的疫情不算严峻，在许多同学坚守家中不外出之时，我得幸可以每天出门走走看看。除了熙熙攘攘的街道变得冷清、路边商店门庭紧闭、偶尔可见的行人佩戴口罩外，一切似乎与我以往的寒假生活并无太多不同。二月底，柳枝按时抽了新芽，三月初，油菜花也按时开遍了山野，时间似乎在按部就班地往前走。可少了过年宴会时的火锅、朋友相聚时的奶茶、早起锻炼后的热面皮、遛弯经过的根面角，总觉得生活中的许多“片刻”确实是没有了。

不是想得不可得的愁闷，只是一种茫然若失的心酸。

因为有时候食物不仅是食物，气味和滋味会在形销之后长期存在，即使久远的往事了无陈迹，“它们仍然对依稀往事寄托着回忆、期待和希望”。

火锅、奶茶、甜点……我们想念的或许不只是它们的味道，还有它们串联起来的生活片段，每一帧都镌刻着我们对生活的热爱，每一帧都闪耀着人性的光辉，而生命的力量，也蕴含其中。

好在，近日出门，我看到越来越多的饭店开门恢复营业，火锅店开始提供外卖，奶茶店里也出现了排队等候的人群。口罩遮住了每个人的脸颊，但是满满的欢欣却从眼睛里跑出来。

当然，我的寒假生活不是只有美食——作为一名传媒学子，国家面临重大灾害时无法深入一线是一种遗憾，但从大年初一开始，我也每天都在我自己的实习岗位上做着与疫情相关的工作：写稿、剪片、编辑、发布……值得一提的是，因为工作的机缘，我几乎阅尽了所有见诸网络的一线抗疫人员家书。有许多次，我一边翻阅这些情真意切的书信，一边为深陷疫区的同胞暗暗抹泪。如果说给美食加上有关生命的注解是我的私心，那么百年之后，这一封封家书就是我们民族秘史里关于生命力量的重大篇章。

如史的信笺，如蚁的字迹，处处都是温情小爱、无疆大爱、家国情怀……我们这代人，生于和平，长于昌盛，自幼读唐诗宋词，读诸子百家，读侠之大者为国为民，只觉酣畅却难悟其意。现在看来，“苟利国家生死以，岂因祸福避趋之”“虽千万人，吾往矣”，大抵就是如此吧。

我期待能够知道那些在“不计报酬，不论生死”请战书上按下红手印的白衣天使是怎样的所向披靡，那些瞒着家人上“战场”的援鄂护士是如何的乐观坚强，更期待着能够再见到荆楚樱花、扬子汤汤、神农架的生灵、黄鹤楼的烟波。

我时常在想，医者治病救人，我们作为媒体人后备军可以做些什么？

沧浪之水自去，月影被桨声捣碎。我一度以为这不过是一场弥天大梦，却适才见得我们传媒学子都驾着叶叶扁舟，凌于茫然万顷的河流之上。扬子江边，我们正用蝇头小楷饱蘸着翰墨在河床上历历记述这场战役的点点滴滴。我们相信，那空茫夜色极处的林翳里，定埋藏着尚未可知的既白朝露，我们誓当泅渡寻去，为迷途惶恐的人们，引出千万条船辙。

……

这条河流里，散落着那么多白衣医工、墨客先哲的血与泪、风华与慧识，取一瓢浅酌，何惧前路风急天高路远水长！

草率书此，祈恕不恭。专此致候，不胜依依。

并颂春祺。

2018级广播电视学硕士研究生　黄诗娴

2020年3月9日　写于陕西汉中家中

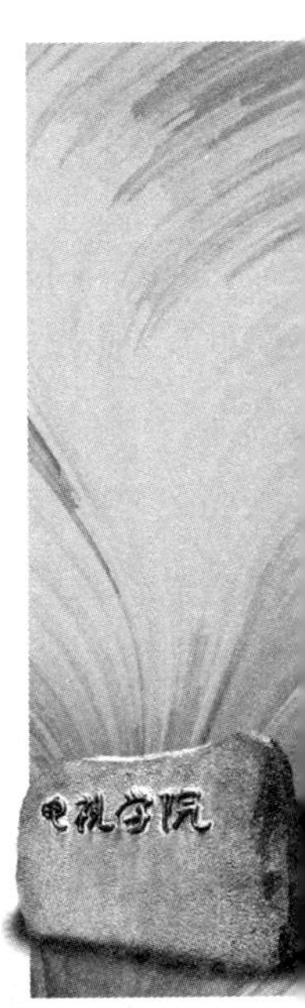

[师] 有关科学和健康的通信

同学们好!

很高兴可以有机会给你们写这封信。拜网络所赐，我已经好久没有写信了。

如果没有疫情，我们现在应该已经在学校课堂上沟通交流了。不过，既然你们学习的是新闻传播专业，那就意味着你们始终要把中国社会作为你们的学习课堂。即便你们不能像那些勇敢的媒体记者亲临武汉前线采访，你们仍然可以通过媒体和网络关注他们的报道，因为你们不是普通的新闻读者，你们是未来的媒体人。

勇敢和安全，相信这应该是你们的父母和亲人最希望你们在这次疫情中能够做到的，面对凶猛的疫情，我们都不应该恐慌和懦弱，要相信中国可以渡过难关。同时，我们也要首先保证自己的安全，不给国家添乱，听从学校和有关部门的安排，充分利用在家的这一段时间，读好书，好好读书。只有你自己安全了，你才能去帮助周围的人。

17 年前，中国遭遇了非典，那时候你们还小，可能没有留下什么记忆和印象。今天，当新冠肺炎疫情袭来时，中国和 17 年前相比已经发生了巨大的变化，至少从新闻传播专业的角度看，有一个变化值得关注，就是 17 年前还没有今天这么发达的社交媒介。今天，你们都是手机族，你们会看到更多的信息，其中必然包括了更多的难以辨别真假的谣言和传闻，这就需要你们提高专业辨识能力，发挥你们的专业特长。

健康和科学，是这次抗击新冠肺炎疫情的两个关键词，这两个词语分别代表新闻传播学科的两个重要领域——健康传播和科学传播。虽然这两个学科领域一直都是非常重要的，但是，可以说这次疫情强化了这两个研究方向。因为疫情是空前的，它必然给健康传播和科学传播带来很大的挑战，我们可以从艰难的实践中学到很多新的东西。大学师生作为知识传播的生力军，有责任为社会的知识普及做出自己的贡献；特别是新闻专业学科的师生，更有义务钻研健康传播和科学传播的规律，为国家献计献策，分忧解难，关注前沿的发展变化，认识到当前健康传播和科学传播存在的困难和问题，积极思考应对的策略和方式。比如说，在我们的日常教学和课程安排中是否应该适当地增加健康传播和科学传播的内容？健康传播和科学传播作为两个重要的学科领域，是否有可能通过融合的方式把两者联系在一起？

我们常说，今天的新闻就是明天的历史。实际上，不是所有的新闻都可以自然而然地成为历史的一部分。只有那些经得起历史考验的新闻才会变成历史的注释。我们现在有机会近距离观察历史和接触新闻，这是新闻传播专业的学生们难得的学习机会。

等到疫情过去了，希望大家都能够带着丰富的感受和体会回到学校，回到课堂，沟通交流，教学相长。

刘　宏

电视学院教授

2020 年 3 月 10 日

[生] 美食、爱与温暖的力量

亲爱的同学：

许久不见，甚是想念！

掐指一算，被困家中已二十余日，不知你是否也一样。本是开学相聚之时，无奈时日特殊，借此机会，想分享些许身边事，也算消愁解闷，平复心绪。

近来，朋友圈里关于疫情的消息悄然减少了，人们似乎习惯了与特殊时期的自己相处，坦然面对起来。与之相对的，朋友们对美食的研究热情空前高涨。《深夜食堂》有言：“人世间，酸甜苦辣，若长良川。”在种种味道里，或许能品味出这些日子里缺失的体验吧。

为了这种幸福的感受，我也不甘示弱，列了清单，托母亲寻些特别的食材和器具。理想很美好，过程却曲曲折折。等了四天，零零散散得了其中几样。倒是我也很满足了。毕竟我引以为傲的一项能力，就是整合创新，苦中作乐。

除却新奇解馋的奇妙食物，填饱肚子的家常饭也是要费点心思的。绞尽脑汁把家里种类不多的普通食材玩出花来，是我每天中午的必修课。一边检索菜谱，一边突发奇想，在我的 BGM 里挥舞锅铲，也不无乐趣。这两天父亲管理的车间缺人，不得不进工厂顶夜班，虽然辛苦，白天反而空出时间，父女俩不太熟练地在厨房里摩拳擦掌。两个人的厨房总比一个人要热闹。

因为单位车间设备特殊，停工会承担巨额损失，历年春节父亲母亲的假期都比别人要短，处于“名存实亡”的状态，两人平时也没什么休息时间，付出对应着回报，得失各有。今年更甚，大年初一上午，父亲开始了工作，紧接着初二，母亲也去了单位。父母下班回家，母亲总是赶我进屋关好门不许出来。他们在家门口卸下全副武装，花半小时，杀菌消毒，通风换衣，每日如此。伙食自理，也算我能帮上他们的一点儿忙。

疫情离我们有多近，直至母亲昨日同我分享，我才有了确切感知。车间里一位工人在停工回家过年后不久被确诊，是被她在长沙工作途径武汉回家的儿子传染的。曾与她搭乘过同班车的工人还在车间继续上班，母亲前不久还去那间车间查考勤，发补贴。当时那位工人早已回家，但可能出现的无症状传染总让人人心惶惶。好在大家小心谨慎，防护到位。只是车间缺人的现象严重起来，部分职工被封锁在小区里，坐在办公室里的后勤员工全部加班顶岗。

我的父母都是明智而果断的人。也多亏他们积极采取有效防护措施，即使疫情当头，我们一家一直健健康康平平安安。我很感激他们。只是对于喜欢拥抱的我，禁止近距离接触实为煎熬。

转念，我又想到那些全国各地与医生父母分离的同龄人们，甚至更小的孩子们的处境，心里的酸楚更浓。他们该多么想念与担忧他们的亲人，又该多么渴望团聚啊。他们或许比我更需要拥抱。

思及此处，心情虽沉重，身体却轻快起来。大家都在努力生活着，既然短期内无法改变现状，我们身体安康已是万幸，不如趁此机会，做些之前想做没时间做的事，尝试投资自己呢?

感谢你看到这里，听我絮絮叨叨地讲我身边的故事。这封信的本意，是希望你能感受些许温暖的力量。要知道，枯燥的生活也可以品出乐趣，苍茫的冬天也可以期待春来。

后记：

距初次提笔诉说心意又隔二十一日，各单位陆续复工，街道上车多了起来，虽然疫情还未结束，但好消息陆续传来，春天已悄然绽放在身边。今日是网课开始第二日，不管身在何方，通过网络相连的我们，也要一同努力！期待早日再相见！

纸短情长，望君珍重！

2018 级编辑出版学（新媒体方向） 卜欣荣

2020 年 3 月 10 日星期二

写于山东省日照市家中窗前，面前是湛蓝广阔的海平面

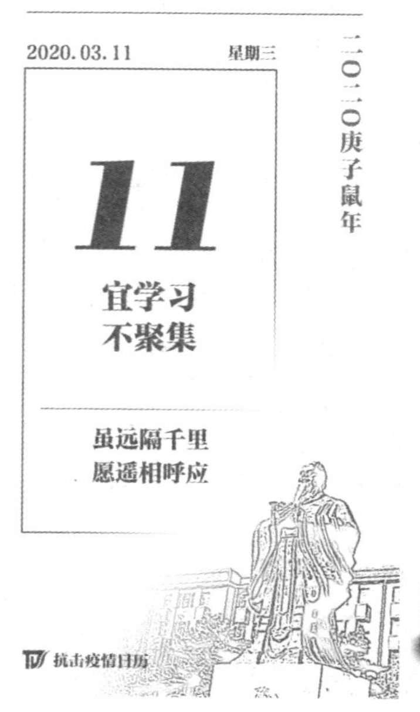

[师] 新媒体生态

——自媒体创客崛起

亲爱的同学们：

春来花自开！

电视学院的老师们关爱学生就像蝴蝶相拥满园的花朵！这场疫情让国人心心相连，更让师生心心相印，便有了来自春天的“信”心，传递超越文字的心与心的温暖……

这场国难之殇，让人们在眼泪里闭关。中国显示出强大的组织行动能力，我们万众一心战胜流行病毒。世卫组织感叹道：中国人太团结了，没想到他们的集体行动力和奉献精神这么强！

但这微小的病毒也警示我们：人类不要以自我为中心，它们能把人们关进屋笼里，它们能让整个人类历史的表演在生死之间变得无足轻重。中国传统文化最高境界就主张天人合一！天地间人类命运是一共同体，我们都应回归天真初心，活在生命里，活在爱里！

同学们，许多老师都给你们写了关爱至深的信，再重复也无必要。我就把近日所思的一些碎片想法与大家交流分享，在疫情里也探索思想！

第一，数字化生存。世界正在成为数字化的比特海洋，海平面都是不断融合而生成的新的知识波浪。过去专门化分科的知识学习都已成为过旧的知识。跨界融合的学术视野和创造性思维方式变得尤为重要。一切都会转变成数字化才能生存，围绕一个太阳旋转的时代过去了，现在是满天星辰。自媒体时代，人不仅是用户，也是主播、传播者、记录者或创客。在新技术时代，人文一定与科技融合成新人文，我们要成为具有新视野、新思维、创新力的学人。

5G 带来的媒介生态是万物相联的物联网，疫情让我们越来越意识到目前在过一种数字化空间的生活，智能世界里每样东西都会有一个“芯”片，它们之间会说话、交流、计算、付费，生活更多是机器与机器、端与端的关系。数字化生存意味我们的知识和思维跟不上发展就会被淘汰。

第二，去中心化的自媒体崛起。这次疫情浮出一个名叫“辛巴”的年轻人，他捐款 1.5 亿，最近一次直播六小时就带货六亿。而有些电视媒体，几乎发工资都难，市级台更是难以生存下去……因为庞大组织架构正面临自媒体的冲击浪潮，媒体生态正在进行去中心化的变革。

大量主播涌出和“辛巴”现象，在宣告去中心化的超级个体崛起，是独立的经济体平台。2020 年这次疫情结束后，将会有大量的自媒体个体经济崛起，2.0 时代已不用依靠组织架构，去中心化浪涛汹涌！对我们电视学院的学生来说，未来我们既能做好短视频，又能做好记者，也能做好主播，还能在平台上做好经营模式。

第三，蜜蜂式的自组织系统是未来的趋向。疫情期间，大家都在手机上刷短视频。抖音、快手、西瓜等短视频 App 风光无限。它们没有传统媒体那种庞大而多层级的组织架构，只是爆款的 App，是平台式的自组织系统。蜜蜂就是自组织系统，千万只蜜蜂散播采蜜，没有统一的组织来支配它们。它们是单独自动工作，自行传播。抖音不正是七八亿只蜜蜂参与自动采蜜而又自行传播的展示体验的工作吗？几亿只自愿辛勤的蜜蜂，还不需支付工资，这对传统媒体形成了挑战。

第四，“内爆”，成为创意思维的人。疫情把人们都扔回了自己的宅地，正好让我们安心发现“自己”的内心世界。以往的技术是将人身体延伸，麦克卢汉称之为“外爆”，向外的爆炸。数字智能技术是要“内爆”，向内爆炸。互联网已将人的中枢神经系统延伸出来了，光电子技术还将人的心灵意识都延伸出来。同学们，你们真正的创造力本源是自己的心灵意识，当你静下心时才更具创造力，写论文、搞创作、弄策划、创意都得要静心用心！去发掘自己内心创造力的潜能，将它引爆才是有创意智慧的人。

第五，创客，是具有创意智慧的人。传统媒体都争相数字化，做数字平台就是做媒体的中枢神经系统，一切将是端与端之间传播的数字比特流量。

数字智能技术时代，“传统”成为明日黄花，传统电视媒体“做节目产品”，而现在的直播与短视频做的是“流量”，主播是具有独特性的创作主体。传统企业也只做“产品”，当代企业做数字平台，员工分成相对独立的互联“创客”，如海尔已经不做产品，员工分成独立创业的上千个团队，海尔成为“创客”的平台。

这个时代，重要的是“创意”，取决于你的创新思维和跨界融合的视野。死知识不重要了，重要的是不断生成具有创造力的智慧。人工智能技术，就是实现无人的“心灵意识”延伸。

北京的迎春花开了！武大的樱花接着开！给大家分享一著名俳句：每当看见满山遍野的花开和新婴儿的出生，就知道上苍对我们人类充满信心！

老师们与同学们，如蝶恋花，春暖花开，蝶花飞舞。

祝愿同学们在新学年里收获满满！

张　默

电视学院教授、博士生导师

2020年3月11日

［生］　不能出门时　我能做什么

各位同学们：

大家好呀！

今年的寒假格外漫长，也格外难熬。放假前，我曾畅想把春节档的电影看个遍，去各个地方玩，见许久不见的朋友……事实是，这一个多月我都没能出门。只能安慰自己，至少我现在应该是人生中最白的时刻了。开个玩笑，希望你也能放松一下紧张的情绪。我知道，在这一个多月里，我们都经历了太多，听过太多或喜或悲的消息。如今逐渐平稳的形势告诉我们，胜利最后一定会属于我们，但是大家还是要保持警惕，继续待在家里，不要功亏一篑。

在家的日子或许无聊，但这些日子里，我真的收获了很多，我猜大家也是，不过我还是想要和你们分享一下，在这些日子里我获得的快乐。

首先是运动。在家里比宿舍更方便的一点就是有足够的空间和时间，这使我之前随手收藏的各个健身视频都有了用武之地。一开始，我是单纯地为了减肥，为还没来临的夏天做准备，而且每天实在无聊，不如消耗一下自己的精力。当我真正开始运动的时候，说实话，痛苦的事情太多了。比如做大名鼎鼎的天鹅臂的时候，视频中的人优雅美丽，而我像个扑棱蛾子，没几分钟还得停下来歇一歇。还有传说中噩梦级别的小腿拉伸视频——女团腿，真是丧心病狂，每次我都坚持不了五分钟，背景音的木鱼声简直就是在超度我。还有运动后的第二天，整个人仿佛残废了一般，抬不起手，迈不动腿，一笑还会肚子疼。不过痛过之后就好多了。在接下来的日子，再运动就感觉到了一丝爽意，尤其是刚运动完，浑身大汗淋漓的时候。但这并不是最快乐的时候。最快乐的是照镜子时，看自己肉乎乎的胳膊一点点地变紧致，还有锁骨和肩膀的线条慢慢显现出来。当习惯了每天运动之后，体重就只是一个数字，不会再对我有多大的影响。反而由此让我养成了每天运动的习惯，整个人都更加积极向上。

其次，是看书。说来惭愧，我小时候是个特别喜欢看书的人，长大了反而将这项爱好抛诸脑后了。科技的发展确实带给我们许多益处，但同时也悄然无声地带走了一些东西。现在能够吸引人注意力的事物太多了，尤其是有了手机之后。我可以明确地感受到，自己如今很难塌下心来认认真真地看上一会儿书。以前拿起书的时候，我可以心无旁骛地阅读，直至读完。但现在，拿起来五分钟、十分钟，我就会忍不住关注自己的手机。书架上还有书柜里落灰的书、未拆包装的书越来越多，我很惭愧。所以在这段时间里，我开始强迫自己集中注意力读书，不求读多少，只求每天能够安静地看至少四十分钟。只要选取的不是十分晦涩的书籍，这四十分钟其实过得飞快。这也是相当快乐的四十分钟，因为这段时间里，我都只属于书中的世界，虽然我身在局限的屋子里，但我的思维可以跳出自己的小圈子，自由无比。同时，我也觉得自己的内心更加平静，不能出门的烦躁逐渐消散。

最后，也是最重要的，学习。在放假前，我就计划着要学习，为以后考研做准备。毕竟已经大三了，不能再像以前那样迷糊了，要为自己的未来做打算。考研是一件很严肃的事情，不是我一敲脑袋头脑一热就能做到的，我必须要为此付出足够的努力。在这样漫长的假期里，学习是一件非常痛苦的事，有太多的诱惑让人心动了。而且专业书籍不像我平时看的那些书一样，而是无聊，并且让人想要打瞌睡。更别说还有各种手机游戏、电视剧、综艺在一旁吹枕边风。只是静下心来想一想，这是我从小到大度过得最特殊的一个寒假，是苦难，也是机会。学习的过程或许有些痛苦，但一分耕耘一分收获，毫不费力的成功是不可能的。所以我选择先从感兴趣的科目入手，每天坚持学习一部分，一步一步慢慢来。当自己脑中的知识越来越多，那时的成就感与快乐是打游戏和看剧无法比拟的。很快，我们就要进入网课的学习阶段了，这对我们和老师都是一个挑战。但我信心满满而且充满期待，我相信在老师的带领下，新型的授课方式不会为我们的学习之路带来困难，而会为我们带来新的体验与新的机遇。

也许开学和出门都还遥遥无期，但这个特殊的假期也在给予我们一个机会——学着安排自己的生活。时间是最公平的，它不会因为灾难就此停滞不前，也不会因为偏爱谁而多赠他时间。待在家的日子或许是无聊的，但是我们能把平淡的每一天都过得不一样。我们无法抓住流逝的时间，但我们可以学着安排自己的生活，把控自己拥有的时间，将生活过得有滋有味。

2017 级网络与新媒体（互联网电视） 弯佳佳

2020 年 3 月 11 日　写于北京通州家中

［师］ 更好的世界，更好的我们

亲爱的同学们：

大家好！展信安！

给大家写这封信的时候，我正在美国洛杉矶进行访学交流。疫情袭来之后，我每天只能通过浏览媒体报道和与家人朋友同事们的在线交流来获知国内情况。同大家几周前一样的是，我在洛杉矶也很难买到口罩，因为当地的华人华侨在第一时间采购了大量口罩捐赠回国。“全世界的华人都在买口罩”，也成为这次抗疫故事中的一个温暖篇章。

每天，我都在点击最新的疫情数据，浏览抗疫前线的新闻报道，刷看因新冠肺炎而在一个又一个普通家庭里上演的生离死别。那么多医护人员

“逆行”而上，奋斗在与病毒较量的最前线；那么多在媒体工作的优秀校友，在武汉抗疫第一线日夜不休地用镜头、用文字记录着；那么多同胞宅在家里，在后方战场用静守的方式支持和期待着这场战役的最终胜利……

而这一切我都无法“感同身受”，与祖国的物理距离，让我焦虑、愧疚。

看到有网民说，疫情期间，保安会向每个出入小区的人提出颇有哲学意味的灵魂三问：你是谁？从哪里来？要到哪里去？虽是玩笑，但这场突如其来的病毒侵袭，蔓延速度如此之快，覆盖范围如此之广，它将我们每个人都卷入其中。从不同意义上、在不同程度上，几乎所有人都被改写了生活轨迹，改变了人生命运，甚至被按下生命的终止键。

于是，我们不得不严肃地正视死亡，认真地思考无常。在那个确定的终点到来之前，在这段永远无法确定长度的旅程中，我们到底应该怎样活着？我们应该怎样看待这个世界，理解这个世界？我们能为社会、国家和这个世界做些什么？

在这封写给同学们的家信里，我也想将这段时间的思考和感受与大家分享。

在这个地球上，有太多的家庭和个人经历了或正在经历撕心裂肺、无比疼痛的生离死别，其中还包括很多“逆行”前往抗疫最前线支援救治的医护人员。中国遭遇新冠疫情，经历如此巨大的灾难，令全世界震惊，却也有些国家认为与自己关系不大。美国一度认为“机会来了”，商务部部长罗斯甚至明确表示，中国的疫情“将有助于加速工作机会回流到北美”，“企业在审视其供应链时多了一份考虑”，令世界舆论哗然。

于是，这个新年，很多朋友在朋友圈里无助发问，能不能重启 2020？

回望一百多年前，梁漱溟先生的父亲在与他谈起关于欧战的新闻时，也问了他一句：世界会好吗？困惑与失望的心情如此相似。

我不是盲目的乐观主义者，但我仍然相信，这个世界一定会好的。

在经历了疫情初期因缺乏对病毒认知的恐慌，对信息不透明和官员不作为的愤怒之后，我们看到党和国家迅速决策，顶住经济停摆的巨大压力而进行超强力度的防控；我们让全世界共同见证了建设“雷火”两座医院的中国速度，惊叹于全民足不出户静守在家的中国素质；我们更是创造了在最短时间内有效控制疫情的中国奇迹！当美国向全世界强行推销“西式民主”的时候，中国在这场硬核抗疫中，展现出社会主义制度高效的决策机制和强大的动员能力。如柏拉图所说，民主制度不是最好的政治制度，它只是“最不坏的”而已。评价政治制度的优劣标准其实很简单，就在于它是否能为人民做出对人民最有利的决策。中国共产党和人民政府始终将“为人民服务”视为奋斗的目标，不断进行自我完善。每个政策出台，每次政策调整，都背负着14亿人的生计与发展、信任与期冀，谈何容易。这场战疫之后，我相信，我们这个国家一定会更好，也更加坚定了道路自信和制度自信。

在中国疫情防控取得重大进展的同时，其他一些国家却陆续暴发疫情。这个世界终究是一个“命运共同体”，没有哪个国家可以独善其身。新冠病毒已然成为一场全人类共同面临的灾难，需要各国之间的相互支持。中国的应对措施开始得到越来越多国家的理解与认同，中国的有效防控也将为更多国家提供经验与借鉴。都说国际政治风云莫测，国际关系纷繁复杂，可是国与国的关系，终将回归人与人的关系。我相信，经历这场灾难，越来越多的个人将深刻习得由己及人的悲悯与智慧，越来越多的国家将更加认同“人类命运共同体”的理念。那么，这个世界一定会更好的。

在“不离家、不返京、不返校”的日子里，我看到很多同学们都异常珍惜这一段突然慢下来、静下来的时光，读书、思考、拍照、记录。是啊，生命无常，步履匆忙，我们常常在追逐中麻木，在奔跑中迷失。这场疫情，让我们停下抱怨，因为生命如此脆弱，何况是那么多医护人员在用他们的生命换我们的生命；这场疫情，让我们卸下怠惰，因为我们拥有的今天，是多少人渴望而不再拥有的明天；这场疫情，让我们敬畏规律，自然有其规律、历史有其规律、生命亦有其规律。如果我们在这由生至死的短暂旅途中，专注地做好每一件小事，怀抱着对每一个人的善意，那么我相信，这个世界一定会更好的。

最后，用梁漱溟先生回答父亲的话来结束这封信吧：“我相信世界是一天一天往好里去的。”

衷心希望同学们平安健康，借此机会沉静思考，蓄势待发。

刘　雯
电视学院国际新闻教研室教师
2020 年 3 月 12 日

[生] 回归理性，战疫必胜

各位同学们：

大家好！

在居家防疫的近两个月里，我相信不少同学和我有着同样的经历。我们在疫情初期时刻关注疫情动向，不断向家长强调事态的严重性。在看到疫情爆发式增长时，心中不住的担忧。之后看到生命的逝去，不由得心痛逃避，不愿意看到那些消息。而现在，我们能够理性对待，一起在日常坚守中树立战疫必胜的信念。

疫情刚出现的时候，我就在家人群中不断发布疫情相关的信息，极力劝阻长辈们不要走亲访友，但是收效甚微，长辈们仍然策划着年后的聚餐。但随着武汉的确诊感染人数不断增长，全国各省也出现了确诊的病人，之前不听我劝阻的长辈们也因为自己的朋友圈里渐渐被疫情的消息挤满而变得重视起来。他们在出门的时候愿意戴口罩了，也慢慢地减少外出的频率。二月一日，我老家汝州市禁止机动车上路。至此，居家隔离的状态正式开始。

政府和社区一同提供的送菜服务，为我们一家 28 天无人外出提供了物质保障，但是人一闲，就容易胡思乱想。互联网上充斥着或真或假的信息，这使一直关注疫情动向的我变得情绪不稳定起来。我也曾在社交平台上情绪化地发泄不满，这种愤懑渐渐转化成一种自我封闭。

从这种自我封闭中走出来是一个慢慢转变的过程。火神山医院从方案设计到建成交付仅用 10 天，全国各地抽调医护力量前往武汉防疫前线，社区里的党员志愿者每三天定时定点的送菜服务……这些行动慢慢地让我意识到，疫情初期由于多种原因防控确实困难，但是能在这种危局中力挽狂澜的也只有我们的政府。只有在党的领导下，我们才能在来势汹汹的疫情防控中取得胜利。

今天是 3 月 12 日，丁香园总结的数据显示，现存确诊人数较昨天减少 1308 人，累计治愈人数较昨天增加 1322 人。在可以预见的未来，我们必将取得这场战疫的胜利，期待与你们在校园中的相遇！

2018 级编辑出版学　魏世泽

2020 年 3 月 12 日　写于河南省汝州市家中

[师] 18 年前的我和今天的你

我亲爱的“小朋友”们：

我的信，从自己的回忆开始。

2003 年的春天，非典疫情时，我上初二，刚从居住的小平房搬到新楼房里，拥有了一个自己的房间。那年的记忆碎片里，每天《新闻联播》的时间都特别长，劳动节的假期也特别地长。那年，计算机联网的模式叫拨号上网，资费感人，也没有智能手机，主要用固话联络；学校没有网课，没有布置作业，鼓励大家自习。因此，我很努力地响应号召，在新居采光最好的客厅，摆上桌凳，打开书本，看完了安徽卫视每日连播 N 集的电视剧《风云雄霸天下》，当然，书本是电视剧集的“伴随状态”。除此之外，我似乎还利用“剩余时间”“肝穿”了一个叫作《楚留香新传》的 RPG 单机游戏，然后每天提前关闭电视电脑，保证设备良好的通风散热，等候父母回家。

话说，全民戒备的时节，我爸妈都在干啥呢？怎么放我一人在家如此逍遥？父亲毕业于医科大学的预防医学专业，之后的职业生涯，全部在铁路卫生防疫系统度过。2003 年，他与自己的小分队一起，在奔驰的火车上监督和负责卫生防疫工作。他也因此接受了电视媒体的采访，成为我们小家庭里第一个在中央电视台新闻里露脸的人。新闻在电视里重播了几次，每次播出之后，家里都能收到来自各种亲朋好友的电话慰问，大家分享着这个“小新闻”，关照着父亲的健康。在我的记忆画面里，父亲对着摄像机告诉大家要勤通风、勤洗手。那是我第一次觉得，他的普通话，带着挺浓的乡音。母亲时任所属医院的副总护士长，也每天在抗疫一线主持其分管的工作。她说对比起上次的疫情，这次的抗疫过程里的理念、机制、经验、保障，进步了许多。

现在想来，不怕说句矫情的话，哪有什么岁月静好，只是有人在替我们负重前行。许许多多像爸爸妈妈一样坚守岗位的人一起努力，才给了像我这样可以在家打游戏看电视、不给社会添乱的悠长假期，过去和现在，都一样。其实，聊到这里，是想跟我的小朋友们说，初二时候的我，14 岁，信息渠道单一，无忧无虑，没心没肺；如今，2020 年的你们，20 岁，信息爆炸的环境，要求每个人多思考一些。

第一，提升科学理念和方法。1910 到 1911 年的晚清时期，东北爆发了鼠疫，这场发生在国家动荡、民族危亡之时的公共卫生事件，带走了 6 万人的生命。当时，有位叫伍连德的前辈，利用现代科学分析病因，制定控制病毒蔓延的方案，通过推广口罩、隔离、封城、国际合作等手段和渠道，最终战胜了这种曾给欧洲留下惨痛记忆的“黑死病”。进而，中国的现代传染病防治体系开始建立，并于沈阳召开了中国历史上首次国际学术会议——“万国鼠疫大会”，伍连德也成为首位在国际医学期刊《柳叶刀》上发文的中国人。在那场“战疫”里，伍连德和他的现代科学手段，除了需要面对国际政治的复杂局面和国家危亡的动荡形势，还需要挑战大众未经科学启蒙的传统观念，甚至“邪教”的聚众添乱。一百年后的这场“战疫”，我们同样需要与“赛先生”并肩作战，信任和支持那些与“赛先生”一起奋战在前线的当代“伍连德”们，抵制和唾弃那些混淆视听的“李鬼”们。或许，医疗领域的科学知识不是我们熟悉的，但是，提升自我的科学素养，运用科学的方法思考问题，传播科学的理念，是我们可以，也应该做的。况且，病菌和人类社会之间，在人文学科领域，也有诸如《枪炮、病菌和钢铁》这样的学术成果可供学习。

第二，理解和运用媒介。这与我们所学的专业相关。这个信息海量、隐私透明的时代常常让我害怕媒介，担心自己没有辨别信息的能力，生活在媒介想让我生活的状态里。我常常通过关闭朋友圈，拒绝“头条系”产品等方式，强制自己减少与碎片化信息的接触。这次疫情期间，同一话题的信息爆炸，各路媒体强势的议程设置让信息如洪水般汹涌地冲击感官。集体利益与个人关怀、政府公告与谣言、官媒与自媒体……几乎所有的媒介现象、媒介理论都在这短短的一个多月里上演。尝试着总结和思考这些现象会大有裨益。比如，通过所学的知识和媒介素养分辨信息的真伪并把经验与身边的人分享；看看优秀的校友前辈们如何利用媒体为抗疫做贡献，进而再想想自己的职业规划；观察“李永乐老师”“回形针”这样的新科学“网红”是如何利用新媒体的手段传播科学理念的。学习和思考的结果可以用我导师教我的“意言书”三字诀作为参考——理解了，能说得出来；能说得出来，还能写得下来。这样，把碎片化的短阅读、浅思考上升到学理式的长阅读、深思考，对理解和运用媒介应该很有帮助。学院鼓励大家做读书计划，学校设立了读书奖学金，这个“忍冬信札”的活动，也欢迎大家继续参与。

第三，满怀信念和希望。我留校工作以后才知道，在那个我“没心没肺”的2003年，传媒大学电视学院的前辈们，用自己的摄像机，记录下了很多时代的影像。前面几位老师的信里也有提到，而今各位熟悉的、直接影响了我个人工作科研方向的“半夏”，就来自彼时。2020年，电视学院的师生又以“忍冬”的方法，反碎片化阅读，用写长信的方式，传递温暖和信心。

从愚公移山的远古传说，到抛头颅洒热血的近代抗争史，再到不见硝烟却危险重重的“战疫”，中华民族集体主义的价值观和斗争精神，始终提供着战胜困难的信念，让中国成为世界上唯一一个文化绵延千年不曾间断的“文明型国家”。这次的“战疫”里，无论是武汉城的付出、各省的请战驰援，还是方舱医院的广场舞，一线护士的“抗疫日记”，都让我感受到了这种价值观和信念的延续，让我相信，胜利在临近。

如今，我自己的小宝宝也要七个月了，她现在会用哭声表达饥饿，然后喝掉150毫升奶，会用笑声叫我起床，喜欢坐着但拒绝翻身，还没有长牙但无师自通地学会了喷口水……新的生命在成长，新的希望在前方，珍惜身边陪伴你的人，坚持到“战疫”的胜利，用经验和成长去共同塑造更美好的社会。长大以后，我会告诉我的孩子，在她生命第一个冬天里，这些平凡和不平凡的故事。

最后，期待与你们在核桃林里的重聚，也欢迎到时来我家里试试抗疫期间增长的厨艺。记得每天“打卡”签到保平安哦！

李　昉

电视学院团委书记

2020年3月13日

[生] 道阻且长，真情不减

亲爱的同学们：

展信安！

气温回升，冰雪消融。许多城市渐渐恢复了往日的喧嚣，“早高峰”重现，路上的行人也渐渐多了起来，一切都在慢慢解冻，唯一没被融化的就是每个人脸上戴的口罩。你是不是也按捺不住开始想出去了呢？看着微信运动大家日益增长的步数，我想大部分同学包括我在内，不光有这个想法，同时也付诸了实践。

越来越多的好友相聚，越来越丰富多彩的朋友圈照片，越来越多的步数，多地新增病例为“0”，好像都在表明，这场疫情好像在慢慢淡出一些地区人们的视野，但是真的是这样吗？这场战役远没有结束，想要最后胜利不能只依靠前线的医生和专家，而是要依靠我们每一个人。所谓“千里之堤，溃于蚁穴”，不到最后一个病例出院，我们都不能放松警惕。所以，当我们外出的时候，一定要做好防护措施，坚持守护每个地方的“0”！

这场疫情过后，你最想见的人是谁？当我们可以随便聚会，时常见面时，我们并不会考虑这种问题，甚至我们都不知道“想念”的感觉。是这场疫情，将我们暂时囚禁在了家中，看着每天都有新增的确诊病例，你是否也会有一瞬间，想给某个人发个信息，打个电话，可能没有什么特别重要的事情，只是想知道他（她）是否安好。是这场疫情，打破了时间的跨度，让我们感受到了“情”的可贵，可能是亲情、友情，或是爱情。总之，我相信，一定有一个你想见的人，在等待冰雪消融，春暖花开的时候，与你相见。如果看到这里，你突然想起了某个人，给他（她）发个微信吧！

仔细想想，我们已经好久好久没在家待过这么长时间了。除去上学，之前的假期想必大家和我一样，经常在外和好友相聚，朝九晚五，早出晚归。我们一直都忽略了我们的亲人，其实，我们已经有很长一段时间，没有好好陪陪家人了。这场疫情，将我们“锁”在了家里，让我们有了很多时间去陪伴家人。人生最可贵的，不是跌宕起伏，单枪匹马，而是能和爱的人平平淡淡，柴米油盐酱醋茶。和家人在一起，看看书聊聊天，这些看似平常无奇的事情，却是最为珍贵的回忆。陪伴，是最长情的告白，我们很难再有这么完整的一段时间陪伴家人，我们不如在这段时间里，和家人聊聊天，弥补一下之前没有陪伴的时光。

心中有很多很多话想说，但是我想到春暖花开的时候，当面道一声想念。

等苦尽甘来的一天，山河星月都作为贺礼！

2019级编辑出版学　李冠男

2020年3月13日　写于吉林四平家中

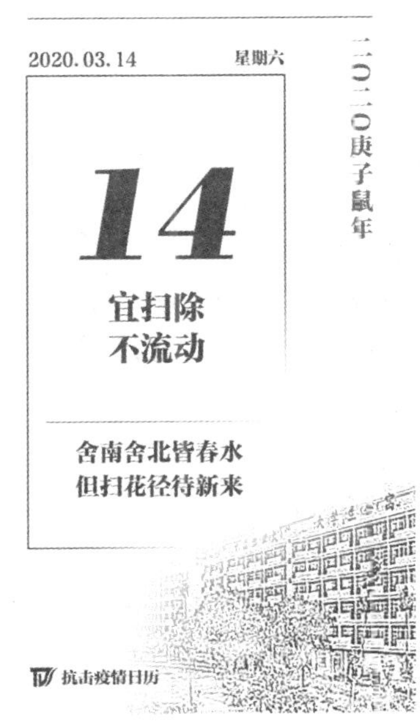

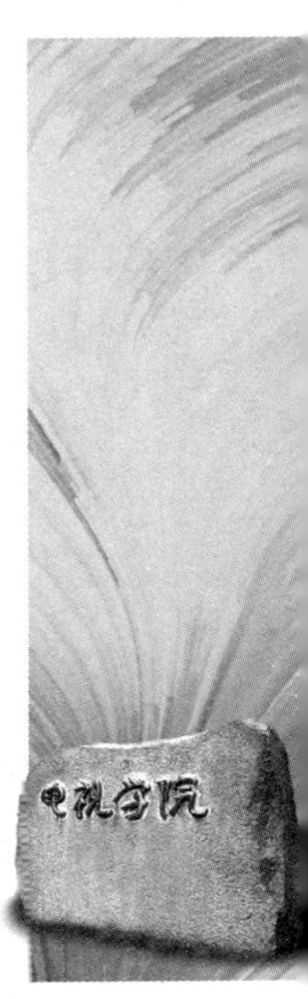

[师] 期待春天的收获

亲爱的同学们：

好久不见！

作为辅导员，最近一段时间经常收到大家的消息，大家对于开学的期盼似乎从来没有这么急切过。而对于我本人来说，这也是我 2012 年入学以来，第一次离开中国传媒大学这么长时间。

这次疫情来得突然，习惯了快节奏生活的我们不得不开始适应宅在家中的慢节奏生活。不知大家都在家里做些什么呢？

现在的我们正处于一个极其难得的“慢生活”状态。宅在家中，我们的生活变得简单，却也因此获得少有的安静。在这段时光里，我们大有可为。不能叫外卖就学习做饭，之前顾不上追的剧终于能够刷完，被日常琐事缠身而无力去读的书也终于能够读一读了。这段日子过去，或许每个人都多了几道拿手好菜，还收获了几部好剧、几本好书。在慢中学习，有所收获，着实是美事一件。

而提到学习，我不由得回想起 2003 年那段特殊的学习时光。那一年我读小学三年级，还是懵懂的年纪，在五月初突然收到了通知，因为非典，学校要停课了。然而还没来得及为这段“假期”而感到喜悦，我就不得不在姥爷的监督下开始了长达两个月的“假期学习生活”。

当时，每天早上八点，我会起床接听班里六位同学报平安的电话，之后致电老师报告平安。电话之后便是早餐和学习。那时候的网络远不及现在发达，上课的统一渠道是中国教育电视台的“空中课堂”。虽然看的是课程，但是如此理所应当地看电视的机会还是让我多了几分欢喜。那个时候我正在学习单位换算，不同单位换算后比大小，计算起来有些绕。不过有几位授课老师的 PPT 做得特别生动，艰难的换算在有些花哨的动态下多了几分趣味。还有一位男老师，当时已是灰白头发，虽然没有用 PPT 进行授课展示，但是他居然用硬纸板做出了可以变化的“板书”，精炼的讲述搭配着他挪动硬纸板上的一个个“机关”，那些题目仿佛活了一般，令我印象深刻。现在想来，当时上课的条件着实简陋，但是在这过程中，老师们都在努力让课程变得有趣，而作为学生的我也能够有所收获。

十七年过去，互联网已经成为我们生活中不可或缺的一部分，而当年学习“电视课”的我，如今也成为一名教师。前段时间，好多老师都凭借自创的直播工具和青涩的直播风格，化身新一代网红，而早于你们开课的中小学生们，已经无数次把“网课”送上了微博热搜。我一边震惊于老师们的绝妙创造，一边感慨于中小学生们的犀利搞怪。在这段特殊的时光里，师生虽同惆怅，却也同欢乐。

大家开始 2020 年春季学期的网课已经有一周了。相信大家已经被诸多课程平台搞得有些眼花缭乱了吧？我也震惊于如此多的平台，不知道身为大学生的你们，有没有准备好迎接这样的学习生活呢?

也许你会哀怨地起早追课程直播，也许你会打开课程后将它置于一旁，也许你坚持同老师面对面交流，对这隔着屏幕的授课方式不屑一顾。但你也可能会发现老师为了直播课努力给自己打上了面光，会发现老师也在手忙脚乱地切换摄像头，会发现老师为了这门课做了那么多的准备……就像当年的我被那个会动的硬纸板吸引一样，是不是也挺有意思的?

希望咱们能够在这段特殊的日子里，发现特殊的美好，终有收获。

静待天暖，校园相见！

戎　融

电视学院辅导员

2020 年 3 月 14 日

[生]　撇弃惶恐，学会相处

各位同学：

大家好！好久不见，满是想念！

这些天收到了很多老师和同学们的信，一封封寄托着思念，寄托着祝福，寄托着期许，让我的心里很暖。很期盼每天打开信件，看到老师和同学们在世界各地的思考与感悟，每每都觉得自己又有了力量。很有幸写下这封信，分享一点我的小见解。

2020 年一开局，就发生了太多太多意想不到的事情，打乱了我们的生活节奏，数亿人在家里开启了“超长待机”模式。以前一直挂在嘴边的“肥宅快乐”，如今真的是肥也肥了，宅也宅了，可是快乐呢?我们好像获得了一些额外的时间，但不知道该把这些时间分往哪个方向。

这个假期我们似乎从享受型肥宅变成了恐慌型的咸鱼。前一阵，在武汉方舱医院里，一位病人裹着被子在病床上阅读书籍的场景，是对我们内心空虚最好的回应了。知乎上还有这样一个问题：与自己相处，真的那么“无聊”吗？这让我想到抖音上的一个女孩子。她每天按照自己的规划学习、健身，到了晚上会给自己做一顿可口的晚餐，晚餐后读一本自己喜欢的书，一天充实而满足。看得出来，她很享受和自己相处，也很喜欢这段“无聊”的时间。我们也许会感叹周围优秀的人太多了，但我们看不到的却是他们面对孤独时的自律和接受考验时的无畏。

独处不是宅在家玩手机玩到空虚，而是诚实面对自我。许多人不愿意独处，其实是不愿意面对自己。独处的时候，人会反省自己，与自己低语，有时候也不得不解剖自己。独处时看似你一无所有，其实你无所不有。你可以有时间探索内心最深处的灵感迸发，你可以悠然自得地在一本书里漫游，感受人情与世事百态，成为那个洞若观火的人。相信“被隔离”的这段时光，会让以后的你更加珍惜那个曾经努力“不无聊”的自己。

待在家里这些天，似乎还有一种惶恐叫“多了很多时间与父母相处”。可能很多年了，我们都没有这样长时间的和父母待在家里。小的时候忙着上学接受新鲜事物，长大了忙着走进社会打拼，似乎我们一直在用忙来逃避和父母的相处。这段时间与父母的磨合，我发现他们是可爱的。他们会像小孩子一样发脾气，会吐槽我做的馒头，会拉我一起泡茶养生。我开始习惯静静地坐在他们旁边，听妈妈讲和姥姥坐在房顶上掰苞米的事。掰苞米的过程复杂又神奇，我很享受地听着，一时兴起竟也想来年回老家掰苞米。我们的话题变多了，气氛也更融洽了，我也更加柔软了。

马克·吐温曾说：“时光荏苒，生命短暂，别将时间浪费在争吵、道歉和责备上。用时间去爱，哪怕只有一瞬间也不要辜负。”人生旅程中，最难的莫过于学会去爱自己的父母。

疫情期间，我们学到了太多太多。我们学会了奉献爱心，我们学会了常怀感恩，我们学会了不信谣传谣，我们学会了不盲目跟风……最重要的是我们不再惶恐，我们学会了相处之道。珍惜这段“无聊”的相处经历，珍惜每分时光，攒着一股劲，等待疫情的“春天”，拥抱那时更好的自己！

2018级广播电视专业研究生　杨璇羽

2020年3月14日　写于河北保定家中

[师] 新闻治学无不学，转益多师是我师

亲爱的同学们：

你们好，因为新冠肺炎疫情，同学们隔离在祖国各方乃至世界各地，之所以给大家写这封信，除了完成学校、学院对大家的嘱托，也想跟大家分享一些个人的体会和思考。

善于学习，善于积累。一直以来都有种论调叫“新闻无学”，但事实是新闻无所不学，所以在我们的日常教学和实践中，我们不仅要学习各学科的知识、技能，还要善于自我积累式、探索式学习新知识、新技术。以大家每天耳闻目睹的各平台发布的抗疫的报道为例，对于我们电视学院各专业的同学而言，除了拜读奋斗在一线的各届校友们的采访报道，还要尝试学会去理解新闻，了解一手新闻，学会新闻溯源，从信源获取第一手资料，如所在地精确的新增确诊、疑似病例数据要从当地卫计委官方渠道获取，而不是各种自媒体转了若干手的数据。另外，高年级的同学，要试着用专业的角度解读、分析各类新闻。如“山川异域，风月同天”的传入到“道不远人，人无异国”的输出，从知识的维度，可以了解它在文学上、历史上的渊源；从传播的维度，要尝试分析其传播路径及影响演变，除了用最简单的时间线模式梳理外，还可以用现有的大数据分析平台来帮助分析，如果能用这段时间学习一下当下热门的 Python 语言，尝试自己抓取报道数据，做出定量分析或数据可视化报告。

珍惜当下，珍惜家人。由于病毒的传播特性，居家隔离变成了慎独与自律的考验。每天可以绞尽脑汁增长厨艺品尝美食，不限时地刷微信微博或玩游戏，也可以有所规划，完成原来等着有空再做的若干小目标。培养广泛的兴趣爱好是精神世界丰富满足的保障，是对抗孤独无聊的良药。学校、学院鼓励各位同学在此期间多读书、读好书，在此个人推荐大家读一读吴军的《见识》、万维钢的《高手》《智识分子》，了解一些新思维以及知识管理的方法。

从学校 1 月 11 日正式放寒假到今天，应该是所有同学自小学入学以来最长的一个寒假假期，也是与家人亲友共度时间最长的一段时光。作为一个法律上的成年人，每天的家务事、一日三餐大家参与了多少，还是完全颠倒生物钟，一天从中午开始，饭来张口，饭后甩手？如果大家阅读过“山川异域，风月同天”的扩展知识，应该就会知道流行于日本的还有一个词叫“风树之悲”，取自“树欲静而风不止，子欲养而亲不待”，希望各位同学珍惜与家人共度的这段特殊时光。

胸怀家国，胸怀天下。这次新冠肺炎疫情让大家对我们的家、我们的国有了更深刻的认识，自 1 月 24 日启动针对疫情的重大突发公共卫生事件一级响应以来，每日更新的疫情数据不仅仅包含了各地奋斗在一线的医务人员的以命相搏，也关乎祖国大地一个个家庭、个人的抗争与坚守。我们以壮士断腕之决心，举国合力之齐心，度过了抗击疫情的最艰难凶险的时期，同时维持了社会整体的稳定保障了基本民生物资的充足供应，并有序进行了各行各业的复工复产。反观近日来全球各国的疫情应对举措，相信同学们能得出自己的判断。

惊蛰已过，即将春分，耳边又萦绕着校歌：珍惜春光！珍惜春光！

王闻俊

电视学院融媒体中心教师

2020 年 3 月 15 日

［生］ 疫情背后的思考

亲爱的同学们：

2020 年的寒假注定让人难忘。一场没有硝烟的战疫突然来袭，阻挡了我们返校的脚步。宅在家中，我们不妨思考这场疫情给我们带来了哪些启示。

一场疫情，使我们每天都在惦记外界的消息，我们的心情从未像现在这样起起落落。骄傲到罕有其匹的人类，突然发现自己是何其脆弱。我们不得不思考人类真的是万物灵长吗？莎士比亚四百多年前对人类的赞美，你还认同吗？哪一次人类的无知，没有带来自然的报复？在宇宙中，人类只不过是一粒微尘。经此一疫，我们必须尊重生物界共存法则，“大自然是善良的慈母，同时也是冷酷的屠夫”，只有了解自然，敬畏自然，遵循自然，才能与之和谐相处。

“路漫漫其修远兮，吾将上下而求索。”我们已经上课一周，不知道大家有没有全力以赴地投入到学习中呢？当线上学习从口号变成现实时，我们是不是应该利用好网络信息技术，给自己一次掌握学习主动权的机会？疫情或许给我们上课学习带来了诸多不便，但这也是弯道超车的绝好机会。虽然我们不能像一线医护那样冲锋陷阵、救死扶伤，但是作为未来的媒体人，我们应该主动学习健康传播相关知识，了解公共卫生事件预警应急机制，自觉与谣言信息做斗争，思考舆论与谣言的形成和传播过程。好好读书，丰富自己，以便在未来国家需要我们的时候肩抗大任，挺身而出。

古希腊悲剧诗人索福克勒斯的《俄狄浦斯王》、存在主义大师加缪的《鼠疫》等文学作品中常常浮现疫情的影子。人类发展至今，其实一直在与病毒进行抗争。了解了史实，我们就会清楚认识到目前所经历的疫情终有一天会过去。我们坚信，有全国百姓乃至全球人民的守望相助，瑟瑟寒冬后，暖春必然到来。

2019 级广播电视学研究生　王卓婕

2020 年 3 月 15 日　写于江苏常州家中

[师] 历史、春光与彩虹

嗨！你好吗！

这是疫情期间学院设计的每日健康打卡小程序的名字，也是此刻我提笔写信时，最想对你们说的问候。本周是线上教学的第二周，天南海北的同学们背上了装满各种云课堂平台的“小书包”，春季学期的学习正式开始了。这个春天，我们经历了太多的不寻常，从未有过的“云开学”，从未坚持过的宅家几十天。而这样的时光，也给了我们机会，去留意生命中更辽阔的地方。

当我们以更宽广的视角去看待疫情，也许能从历史中找寻到答案。其实人类只是大自然中普通的一员，而人类与微生物的斗争史才是人类文明的常态。鼠疫（也就是我们常说的黑死病）曾是1348—1350年蔓延整个欧洲的一场大瘟疫，给欧洲的中世纪蒙上了持久的阴影，却也成了欧洲历史的重要分水岭。在这场瘟疫中，由于人们治病主要靠向神祷告，神职人员成了疫情的重灾区，那些所谓的有着金刚不坏之身的、道德高尚的、为上帝服务的教士和修女也不能幸免，上帝的威望一落千丈。这打破了人们对神权的崇拜，唤起了人们对生命的珍视与对幸福的追求。很多学者将这场传染病带给人类的灾难视为欧洲社会实现全面转型的重要背景，甚至催生了近代西方文明的诞生。从某种程度上看，黑死病推动了欧洲文艺复兴运动的发展，但丁、彼得拉克、薄伽丘等一大批彼时的知识分子铆足了劲儿写书，而艺术史也迎来了一个个巅峰，其中就包括达·芬奇的《蒙娜丽莎》。在此后的两三百年里，黑死病在欧亚大陆多次重现，其中1664—1666年，鼠疫在伦敦继续蔓延，然而这次疫情让英国逐步形成了近代公共卫生体系，比如颁布防疫法令、实施严格的疫情隔离与上报制度、建立国家救助制度等。最近一百多年里，人们对传染病陆续有了科学的认识。1894年，引起鼠疫的细菌被发现；1928年科学家发明了第一种抗生素——青霉素。更令人赞叹的是，就在伦敦大瘟疫“封城”期间，剑桥大学被迫放假，大科学家牛顿也像此刻的你我一样，只能宅家自学。虽然村儿里的老家实验条件简陋，但牛顿却完成了物理学上的“最美实验”。他用三棱镜把太阳光分解成一束彩虹，成为现代物理学史上的一个里程碑，开创了光谱学研究的先河。此外，还有一个黑死病的衍生故事是关于香水的起源。你以为香水一定是源自一个玛丽苏的爱情故事，但实际上它是黑死病期间走投无路的欧洲人发明的众多不靠谱疗法之一：不洗澡疗法。人们坚信瘟疫的主要传播途径就是洗澡，很多人因洗澡而死，因此在当时的欧洲，洗澡是一件相当勇敢的事情，据说路易十四一生也只洗过7次澡。于是，为了掩盖臭味儿，浪漫的法国人发明了划时代的产品：香水。

从历史的长河里再度回望人类与微生物的战争，我们就会感叹人类之于大自然的渺小，更会感念人类文明的不朽。那些不能打败我们的，终将使我们强大。瘟疫的传播改变着人类的历史，而人类文明却能从一次次疾病当中获得更持久的力量，生生不息。每一次疾病的考验，都将成为一段珍贵的历史记忆。所以，让我们永远记住这个春天，对自然、对生命保持敬畏与热爱。

让我们把目光从历史拉回到当下，慢下脚步来审视我们的生活与环境，还会发现，那些常常被我们忽视的自然与平凡的生活，却有着抚慰人心的巨大力量。前几日，一张新闻照片令人难以忘怀。在武汉大学人民医院东院，复旦大学附属中山医院支援一线医疗队的刘凯医生，送病人做完 CT 返回。正值日落，刘医生停了下来，让病床上的老先生欣赏久违的晚霞。对老先生而言，他已经一个月没有看到太阳。而对每日早出晚归的医生来说，每日在病房低头忙碌，也很少沐浴阳光。照片就定格在这一瞬间，老人手指着太阳，落日余晖洒在两个人的背影上，唤起我们记忆里的温暖。据说老先生已经 87 岁，曾是爱乐乐团小提琴手。刘凯问老先生："您觉得怎么样？"老先生答道："夕阳蛮好。"

宅家的这段时光，我也常常想方设法让自己融入大自然。我在北京的家是一套全北向的小房子，也就不曾奢望有阳光能洒满房间，为此我还专门将客厅的一面墙刷成粉色，以免家里显得暗淡无光。而立春之后，我惊讶地发现，原来每天早上 6 点到 8 点左右，下午 3 点到 4 点左右，都会有几缕阳光造访。阳光温暖的阳台一角，也成了家里狗子最爱打盹儿的地方。再比如，我会用音箱播放有大自然声音素材的音乐，听风声雨声鸟叫声。此刻在写信的我，就置身于"亚马孙热带雨林的阵雨中"。其实今年的北京也已经下了三场春雨了，雨露和阳光交替，当你静下心来望向窗外，几乎能听到万物伸展的声音，想必东配楼前的玉兰树也在伸展枝丫。

说到东配楼，不知道你在寒假回家之前，在校园里拍的最后一张照片是什么样子的？我翻了翻手机，发现我对校园冬天的最后记忆停留在了 1 月 6 日的那场大雪。我用手机的慢速摄影功能记录下了学院门前大石头与玉兰树在漫天雪花中安静的样子，安静得只能听到雪落下的声音。仔细一算，这块大石头和这株玉兰树竟然也已经相伴我整整十年，希望在玉兰花开时再见到可爱的你们，还有爱唱口水歌的“小传”。

最后，期待宅家自学的你，也能像牛顿一样，从一片春光之中，发现彩虹。

王婧雯

电视学院研究生辅导员

2020 年 3 月 16 日

[生] 望春天

亲爱的同学们：

大家好！

再过 4 天就是春分了，我这里却一点儿也没有春天的感觉，接连几天的阴雨天气也让心情有些阴郁。今天又下了一整天的雨，窗外的天空灰蒙蒙的。向外望去，小区中央的水池长年干涸，淅淅沥沥的雨水却也蓄了半池，水池上青蛙形状的喷泉不知何时居然开始向外喷水。

隔壁小孩已经将打球的阵地从房间转移到了小区楼下，对面楼不知哪层的住户停止了每天下午两点半准时开始的居家“演唱会”，哥哥也开始复工上班。爸爸妈妈和往常一样待在家里，裹着被子躺在沙发上看电视，一切好像稀松平常。但空荡的街道，紧闭的店铺，小区门口的救灾棚以及马路上循环播放的“少出门，勤通风，戴口罩”却还是时时刻刻提醒着我们疫情还没有结束，还没有结束。虽然国内的疫情已经稳定控制，但随着国外疫情的愈发严重，我们没有理由不相信这已俨然成为全人类的一场“抗争”。

因为不能返校，长期宅家的日子似乎有些难熬。除了关注热点新闻和疫情的进展外，我看了35部电影、12部纪录片、7部电视剧、12本书，学会了做电饭煲蛋糕、雪花酥还有牛轧糖。大家应该也和我一样，因疫情宅家，看了很多过去一直想看却没时间看的电影电视剧，甚至看了比过去一年还要多的书，同时还激发了不少潜在的“才能”。

望着窗外，突然想起过去的春天，阳光明媚、生机盎然，而我却没有留心去看。现在觉得能出去走走都是很开心的事情。我希望用不了多久我们就能完全摘下口罩，在马路上自由地行走。可以大口地呼吸新鲜空气，可以看见吃着雪糕嬉戏打闹的小朋友，可以看见成群结队跳着广场舞的阿姨，看见围坐着一块儿下棋的大爷，看见打情骂俏追赶着的小情侣。可以看见清晨的太阳和落日的晚霞，最重要的是，可以再次看见亲爱的同学和老师们。

疫情终会结束，我们一起守望春天！

2018级广播电视研究生　雷梦莉

2020年3月16日　写于浙江温州家中

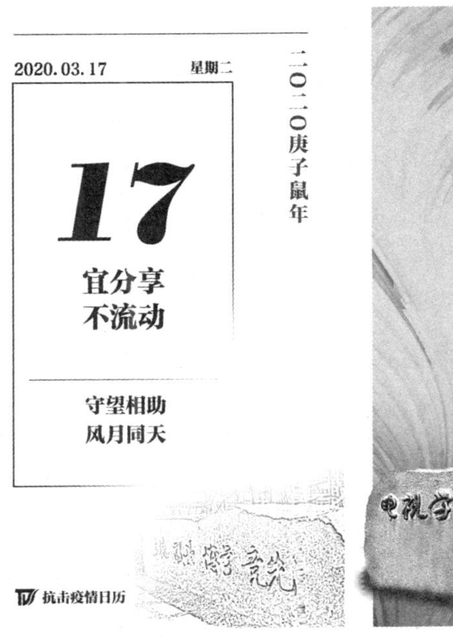

[师] 与自己独处

亲爱的同学们：

见字如面。

疫情发新枝，总体未消停，亲们需坚持，胜利已在望。作为新师长，也是老师兄，借助这次通信机会，和大家唠唠家常和一些随想，无关论道说理。

我已返京，目前在家里配合社区进行自我隔离。返京那天恰好正午，暖阳高照，蓝天白云，路上行人和车子依然稀疏，我那么多年来头一次感到北京那种干净而静谧的美，以至于让人很恍惚。现在北京仍然防控得很紧，外防输入，内防反弹。学校周边基本上除了生活用品超市和个别小店在坚持营业，其余都尚未复工，外卖也没有平时那么多花样，生活稍显不便。这里我用亲身体会告诉大家，遵守学校规定，没有要求尽量不要返校，对大家都好。

我居家隔离的地方刚好可以望见校园一角，遥见校园里柳树已抽芽，我的过敏性鼻炎也有了征兆，北京的春天真的来了。隔离期间，除了日食三餐，突然多出来很多时间用来和自己独处。家里来来回回，都是自己的影子。

独处常常容易让人联想到孤独。而我们的这个时代，似乎独处很少，孤独很多。但我觉得，独处与孤独的含义完全不同。孤独让人看不见自己或放大自己，偶尔会使人矫情；而独处则是以自己为伴，让自己看见自己。

蒋勋在《孤独六讲》里面提到了六种“孤独”——残酷青春里野兽般突奔的“情欲孤独”；众生喧哗却无人肯听的“语言孤独”；潜藏于人类内在本性的“暴力孤独”；始于踌躇满志终于落寞虚无的“革命孤独”；不可思不可议的“思维孤独”；以爱的名义捆绑与被捆绑的“伦理孤独”。但作者没有说要消除孤独，而是想告诉大家如何完成孤独，如何给予孤独，如何尊重孤独。我觉得一定意义上，蒋勋先生讲的摆脱孤独的方法本质上是学会与自己独处。

同样，梭罗的《瓦尔登湖》也是一个有关独处的迷思。这位在哈佛受过最好教育的人，也曾到当时荒凉的瓦尔登湖边，隐于林间湖畔，耕种垂钓漫步。但这种自然主义的吟游诗人式的独处生活对很多当下深受学业、工作、家庭重压的人来讲，无疑只能是一个精神的乌托邦神话。《向往的生活》《中餐厅》这种慢综艺热播，一定意义上也是巧妙抓住了当下人对于这种神话的向往。这种功效类似于困倦的时候喝一杯双倍美式。

在这个众声喧哗、人类自愿或被迫与各种终端连接的时代，我们似乎真的缺少了独处的机会和能力。有位老师昨天发了个朋友圈：“尽量少接触那些令你焦虑不安的新闻。”我相信很多同学，在这个特殊的假期和我一样也偶尔有这种烦恼，宅在家中，与手机为伴，一边看，一边气。一个人，也不省心。

一个情绪为大、众声喧哗的后真相时代似乎越来越近。睁开眼睛，漫山遍野的信息扑面而来，却似乎又与事实无关。尤其是社交媒体，以更为迅捷的速度终结了主流传媒在信息上的话语垄断性，但又无法拼合碎片化的信息而成为真相的代言人；同时，社交媒体的社区传播方式培育了更加多元的立场与标准，使共识变得既不可能也不重要。我们对于传播者的诚意看得似乎比真相更重要，事实变得既困难又无意义。

很多时候，“信息过载”的本质不是事实过载，而是情绪、观点和背后的多元意识形态过载。这时候，思想的独处也许可以是一种缓解这种过载焦虑的方式，这也是一个传媒学子应该具有的媒介素养。让自己在独处中清醒，跳脱出框架，你也许会更平和，也会更宽容。

假期的个别晚上我让自己放下手机，重温了日本的一些小情节电影，影像里那种感受时光流淌，与时间独处的时光，让人感动。一个后现代的日本，似乎很多时候在一器一物、一食一饮间无意中流淌出一种“独”之美。而在我们这个步伐紧密的社会，似乎还缺少些真正的耐心和坦然去迎接它。

祝大家在喧哗的后真相社会里做一个闲庭信步的人，平和积极，心有定力，既能享受得了繁华，也能安顿一个人的时光。

共勉。

韩　飞

电视学院电视编辑教研室教师

2020 年 3 月 17 日

[生] 战胜疫情　珍惜春光

亲爱的同学们：

大家好！展信安！

今天是2020年3月17日，星期二，农历二月廿四。距离上次见到同学们已经过了两个月的时间，许久不见，甚是想念！诚然，地理与疫情的阻隔使我们不能如约相见，但我们的内心从未因为这两种因素而受到阻断，反而被连结得更加紧密。我们共同为祖国祝愿，为世界祈福；共同坚定信念，抗击疫情；也共同期盼着春天的到来，“战士们”的凯旋。时至今日，春天已经到来，相信“战士们”也会在不久的将来凯旋！在这里，很荣幸能跟各位同学分享我在疫情期间的所思所想。

“如果2020年可以重启……”相信很多同学都曾听过这样的言论，并且有过这样的幻想。我也曾反复假设过这种情形的发生，也许只有这样，脑海里才能见到想见的人，好似一切照常如旧，他们不曾远离。但是逐渐的，我开始摒弃这样的想法，鼓足勇气去面对现实，面对2020年的开始。给足我勇气的，是我的家人们，是我的老师们，更是奋斗在一线的战士们。在这里，我要向他们致以最崇高的敬意并表达衷心的感谢，是他们不计回报的付出与奉献才使我可以充满信心地宅在家里，安心生活，在保证吃好喝好的前提下，进一步汲取知识的营养。同时，我也要向同学们提出以下三点建议与思考。

第一，心系祖国，放眼世界。今日看数据，全国不少省份的新增确诊病例重归于“0”，武汉也有望在不久的将来实现无新增确诊病例的壮举，但是有些省市仍然存在境外输入型的病例，这背后，是世界范围内疫情的流行与加剧传播。“家国天下，舍我其谁”，我们不但要与全国人民“战”在一起，也要同世界人民“战”在一起，战胜疫情，恢复正常生活秩序是全世界全人类的共同目标。“千里之堤，溃于蚁穴”，疫情还没有完全结束，现在还远没到松懈的时刻，我们需要继续做好防护，万不可疏忽大意。与此同时，我们也要广泛阅读新闻去看一看国外的情况与形势，为国内外需要援助的人们提供我们力所能及的帮助，为中国加油，为世界祈福。

第二，陪伴家人，提升自我。宅在家里上网课的日子不同于学校，有了很多可以自己分配的时间，而此时陪在我们身边的不再是我们的同学，而是我们的家人。我们好不容易有了与他们相伴的弥足珍贵的时光，希望大家要懂得珍惜。珍惜同父母交流的机会，他们所教会给我们的有时会胜过任何一本书，其中有很多是你无法从别处学到的知识。疫情期间，我几乎每晚都会做的一件事就是同父母一同观看电影，和他们一起探讨电影的内容与主题，以及从那里映射出的世界观与价值观。同时，我也常会在朋友圈里看到同学们在父母的帮助与指导下，一个个化身为“厨房小能手”，做出一道道令人艳羡的菜肴。除了增长些生活技能外，我们也需要在自主学习的时间里，多读些书，提升自己的专业知识与能力。“吾日三省吾身”我们需要每天为自己制定计划，总结反思自己的所得与收获，万不可虚度光阴，最后一无所获。

第三，珍惜春光，不负韶华。走在春日的公园内，满眼都是万物复苏、生机勃勃的景象。你不由得放慢脚步，细心观察身边的陌生人，小孩子们不知疲倦地玩耍嬉戏、中青年人挥汗如雨地奔跑锻炼，老年人们舒适惬意地晒着太阳，你不免也会想起校歌中的“珍惜春光！珍惜春光！加油吧，小白杨！”

尽管2020年的开始充斥着很多不易，但是每当想起那张医生与患者在夕阳下的合影时，我都会被那抹温暖的色彩吸引，被潜藏在背后的影像的力量所打动。最后，衷心祝愿同学们身体健康，万事顺遂。

2018级广播电视学（电视摄影方向） 刘子赫

2020年3月17日 写于北京朝阳家中

[师] 脚踏实地，仰望星空

——疫情居家培养美育意识

亲爱的同学们：

愿春安！

居家抗疫已有一月有余，许多人在深居简出的社会生活环境中维系着家庭或个人的一隅小生态，有喜有悲，有深思也有感悟。高速运转的社会被动降档，我们似乎也跟着平静了下来。当人为限定的时间框架被消解，很多人开始关注生活之美。这个假期，我看了大家许多的观影笔记和读书报告，在一篇篇行文中，我读取到了越来越多的同学对艺术与美的觉醒。

我相信，很多同学可能会认同，作为传媒大学的学子，对艺术和美的追求应当是我们的一种潜在修行。美育究竟有怎样的意义？著名的“钱学森之问”提道：“为什么我们的学校总是培养不出杰出人才？”他提出一条，根据历史的经验，也根据他本人的经验。他说，我们的大学教育要实行科学与艺术相结合。美育和艺术教育不是让人成为特立独行的人，而是通过维护每个人精神的平衡来建立人际关系的和谐。荀子说，乐的作用是使人血气平和，从而达到家庭、社会的和谐与安定。席勒也认为，只有艺术和美才能赋予人合群的性格，只有审美趣味才能把和谐带入社会，因为它可以在个体身上建立和谐。

艺术是去功能性的、无功利性的，艺术又是融于万物的。居家学习的一个多月里，学院老师为大家精心制作了各种推荐阅读书目与片目，包括经典著作、电影、纪录片、交互 App 等等，在很多作品里，艺术语言可以启发我们对社会事件的深层思考。比如前几日我在工作之余刷了几部瘟疫灾难片，在描绘疫情的影视作品中，艺术语言塑造了极具感染力的人物群像。在电影《流感》中，一个由于瘟疫被隔离的城市里，女医生和男救援队员作为主角，以普通人的英雄主义殊死抗争，最终以集体跨越危机为结局。而在电影《传染病》里，没有英雄式的拯救主线，只有被瘟疫巨大阴影笼罩的各种命运的不确定性和人无法与自然抗衡的无力感。在影视艺术的不同视域下，英雄的崛起，是行进中的号角，激励着人们拥有战胜困难的勇气；而英雄的消解，是尾声后的警钟，唤醒着人们去反思，战胜灾难究竟是一场胜利，还是一场催动自然更大规模反扑的诱饵。优质的艺术作品在真与假、情与理、己与众的二元对立中，为我们彰显了人性的多面体。在这里，我们可以看到艺术语言对世界的再现，“言不尽意，立象以尽意”，那些用概念定义或价值判断解释不清楚的事情，总是能够通过审美意象尽述其内涵与意蕴。艺术从角色、故事、情感等切入口唤起共情，激发着我们的感悟与反思。

作为新闻传播学专业的同学，我们有媒体人的使命感和责任感，我们关注政治与时事，也要在艺术中汲取营养。文化与艺术既是涵养我们人文情怀与细腻情感的重要方式，也是媒体人妙手著文章可汲取的丰富资源。审美趣味的培育和艺术鉴赏的习惯一旦融入我们日常的生活和工作中，就会促使我们以真善美的标准去要求自己并感染他人，建立积极良善的人生观与价值观。文章合为时而著，歌诗合为事而作。当下，疫情牵动每一个国人的心，很多充满人性光辉的个体形象涌现出来，此时，艺术之技、形、意就可助力我们用镜头传达敬意，用故事树立丰碑。

最后，希望大家在艺术鉴赏的过程中学会感受“美中不足”，即需要在欣赏作品之后有一种不够满足的无止境之感，又要在品鉴作品的过程中主动找到其创作的不足之处。艺术唤起的那种精神世界的不足感，可以激发我们不断地追求和超越现有的审美水平。而努力探索不足，是对品鉴能力的修炼，也是技艺学习的一种高阶手段。此外，在互联网时代，美育资源已经超常过剩了，如同穆旦所言：“你给我们丰富、和丰富的痛苦。”置身于这种海量的信息中，基于质疑的探索精神、自反精神与批判性思维，就变得异乎寻常的珍贵。

愿同学们能与艺术为友，既脚踏实地，又仰望星空。

白晓晴
电视学院新媒体教研室教师
2020 年 3 月 18 日

[生] 认真生活，珍惜当下

亲爱的同学们：

大家好！

在写这封信的时候，我上初中的弟弟正在早读，他已经开学将近一个月了。他的状态已经从“线上上课真开心，可以偷偷坐在被窝里听课”，变成了“好想回学校，在家好无聊”，到最近又能听到他上课时积极地自顾自地回答问题，听到老师讲到有趣的东西时哈哈大笑的声音，大概是成功地完成了自我调节吧。咱们已经线上开学第二周啦，不知道大家有没有适应新的教学形式呀?

周一晚上，我们师门已经进行了第一次线上导师课。好多小伙伴都提到了此次疫情给我们带来了很大的冲击。2003 年的非典距我们有些遥远，当时还在上小学或者幼儿园，非典于我们只意味着放假。而这次新冠肺炎出现时，我们不仅每天可以用手机接收无数的信息，而且又因为是新闻传播类专业，对相关的报道会更敏感，不自觉得会对自己所学进行思考、反思。

为了尽量调节情绪，好多小伙伴们会选择运动、读书或者美食。对运动，我没有发言权，家里新买的跑步机已经变成了超级好用的晾衣架，折起来后晾被子也是个很妙的选择。小伙伴们推荐的美丽芭蕾系列、Tabata等，大家感兴趣的话，可以练一练呀，毕竟身体是革命的本钱。在家总是很喜欢读闲书，《白夜行》《生死疲劳》又拿出来翻了翻，也开始在手机上读《蒋勋说红楼梦》，甚至又读起了《这个历史挺靠谱》。美食方面，现在好多食物都带着春天的气息。本科的时候南方室友的外婆亲手做了青团寄给我们，隔着保鲜膜都能闻到淡淡的艾草香，从此爱上这个糯糯的美食。身居北方，既没有巧手，也没有艾草，只能从网上买了一些现成的，却总觉得不是那个味道。

希望一切都快快好起来，和朋友们去南方吃个新鲜的青团。前两天和朋友聊天的时候，朋友还在开玩笑说，不知道茶花妹子、花腰、宏大运、潮味 26 怎么样了，快放我们回去拯救它们。

前两天去爷爷奶奶家送蔬菜，看到楼前的玉兰花开了，和学院门前右边的玉兰花是一个颜色，都是紫红色，不禁在想学院门前的玉兰花有没有开？好像北京比郑州要冷一些，可能还要过些时日。不知道一教楼前的山桃花如何？

总之，希望一切尽快恢复，大家在家里也能把生活过得有滋有味。

2019级国际新闻学硕士班　常婉祎

2020年3月18日　写于河南郑州家中

[师] 灯　塔

亲爱的同学们：

大家好！昨天学院的玉兰终于开了，见字如面。

人生虽短，但从来不会单薄。每隔一段时间，我们便会得到一次机会亲见人之于自然的渺小，也看到这渺小身躯中蕴含的昭昭光辉。

在这次疫情之前，你有多久没有顺着窗沿望望这世间？当你目之所及，曾繁华的街巷，记忆中喧嚣、忙乱、童车、广场舞……都被寥寥身影、疏远的距离、缓慢而同频的步速所取代。这一切传达出来的内在节律，再远也能感同身受。

但“陪伴”也成为这段生活的关键词，亲人的陪伴、线上的陪伴，都造就了最漫长的一个初春。“Don’t walk in front of me；I may not follow. Don't walk behind me；I may not lead. Just walk beside me and be my friend. ”加缪早已告诉我们过去和未来都不在你的掌握中，唯有当下是真切的，这漫长的当下，第一次能让你亲手抚摸到。

有同学问我：什么才是属于这个时代的故事？这再明显不过了，此时的每一天，都是最好的故事。我记得一位医生接受采访的时候说：“推开病房的门的那一刻，我就知道这是没有回头的选择。”在这些身影旁边，也有我们的先遣队。我读书时代的同学、各行业的朋友也作为一线记者、技术人员前往疫情的中心。昔日两位家在武汉的学生，也在家中帮助一线记者们从事视频剪辑、资料搜集的工作。所谓职业的责任感，就是在突发的情况面前，立刻找到自己的位置，搭建起链条，自发地彼此衔接，组合成一个工作体系，并成为体系中的流畅运转的环节。从雷神山、火神山到每一个在电视荧幕上播出的动人故事，都来自这样的责任意识。

我在课上总对你们说，你们不是时代的“弄潮儿”，你们就是“浪潮”本身。每个人可能是渺小的水滴，但聚合在一起，便是滔天巨浪。全国各地奔赴湖北的数万医护、记者，寒风中昼夜执勤的社区人员、快递送餐员……乃至在家里面对着手机、平板、电脑，辗转于各网课平台的你我，都是这滚滚时代中的一个夸克。被推开的每一道病房大门、社区岗亭前的每个冬夜、车轮在冰面的每一次打滑、晚课后窗前留着的每一盏夜读的台灯，都见证了一场义无反顾的征途。

作为传媒事业的未来，你们需要更懂得：沉静的心、明亮的眼睛、思辨的头脑是你穿越迷雾的明灯。每个行业都有它的担当和责任，同医护人员挽救生命一样，传递公正积极的信念同样是我们崇高的责任。

你们是理解媒介的人，是理解新媒体背景下网络空间秩序的人，是理解“人”的人。你们是描绘真正英雄的人，是阻止伤害的人，是塑造公正价值的人，是我们生活中“此在”的“希望”。人们从未惧怕灾难，也不担心失去，唯一能让人深陷恐惧的只有迷失。如果你们能在黑夜里打开一盏灯，指向正确的方向，你们就会是时代的灯塔。

所以你们要跋涉，要脱离地面，站上山巅；所以你们要屹立不倒，要不惧风雨，要经得起剥蚀；所以你们要闪耀，要绚烂，要万众瞩目。我会一直望着海岸的山顶，等待你的身影出现。

于 然

电视学院教授

2020 年 3 月 19 日

[生] 简简单单的几句话

各位同学们：

今天，你签到了吗？

“记得签到哈”，估计是我每天对我们班同学说得最多的一句话。刚开始的时候，我可能会觉得这是一种责任，每天我都需要以这样的一种方式去提醒我的同学们按时打卡，完成防疫管控信息的采集。但是后来，这一切仿佛在慢慢改变，我很庆幸有这样一种方式，作为每天和同学们进行互动的一个开场白，有了这样的一种形式，让我能够更加了解大家的状态，能够时不时地和你们聊聊天、说说话、吐槽吐槽，听听你们在家里这些时间计划做的事、完成的事情、想要进行的改变，让我感觉自己并不孤独。记得签到哈！谢谢你，在疫情袭来的这个春天，拉近了我和同学们的距离。

不知道为什么，我对于这次疫情隔离在家，好像感谢要多一些。经历了宅在家中的四十多天，我相信你们一定经历了，从妈妈的眼中的“宝”变成了相看两相厌的“草”。同一个世界同一个父母，我们在外求学、长期与父母的交流甚少。在这次疫情隔离期间，在一个密闭空间内，两代人终于不得不“聚”在了一起。大多时候，由于代沟和观念的不同，我们总觉得父母不懂我们想表达的东西，从而拒绝沟通。在这次疫情期间，我和母亲从刚开始为一些小事就大发雷霆，到后来发现问题进行的一次次沟通，我们似乎找到了一种愉快且和平共处的相处模式。凡事都有两面性，疫情让我们困在了家中，但是同时让我们获得了难能可贵的与亲人相处、陪伴的时光，让我们有机会去修复因为长时间没有有效沟通所造成的沟通裂痕。希望你们也能够利用这段时间，去修复或者说去找到属于你们方式，毕竟，陪伴父母的时间和这样的机会，未来只会越来越少。

在家等待开学的日子里，可以读几本平日里没有时间去读的闲书，看几部感兴趣又适合一个人观看的电影，对照着食谱做几个从未做过的菜式，将自己放松下来，以最好的状态迎接新学期的各种挑战！

期待与你们中传相见！

2019 级广播电视专业研究生　李钰琛

2020 年 3 月 19 日　写于广西南宁家中

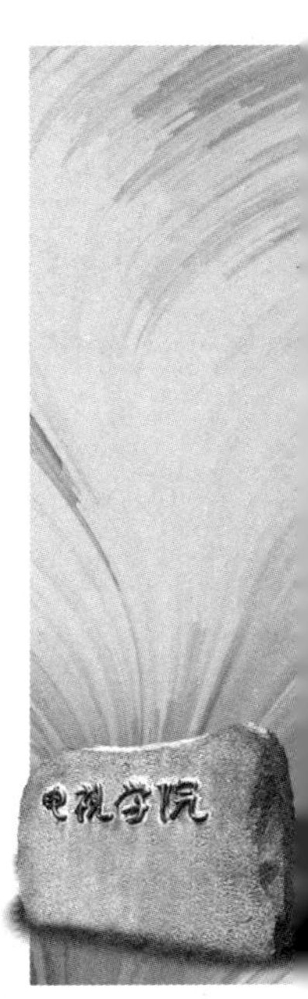

[师] 拥抱复杂多变的信息环境 筑牢新闻传播的专业防线

亲爱的同学们：

大家好！

从 1 月下旬武汉封城至今，你们绝大多数都不在校园，而我一直住在校园里。年前，白雪皑皑，天寒地冻。如今，阳光温暖，玉兰花开。明德湖的金鱼，操场旁边的白猫，无处不在的喜鹊麻雀，校园里的景色美好依旧。

我们所处的物理空间虽然不同，但是这段时间你我都生活在同一个场景、同一个节奏里，那就是这次疫情所构建出来的笼罩一切的生活、心理及媒体虚拟场景。在这个场景下，我们的心理活动骤然增多，思维活跃魔幻，忧国忧民忧天下，正是反思的时机。于我而言，这次疫情让我重新反思自己原先的一些想法和理想。

我觉得我要更加认真地对待自己的专业领域，在诸如此类的重大公共卫生事件中，医生护士们用自己的专业知识浇筑了人们生命安全的第一道防线，新闻媒体构筑了第二道防线，有时这两道防线不分主次。新闻媒体领域恰属于你我的专业领域，所以我们可以在这个方面交换一两句具体的看法。这个病毒本已足够刁钻狡猾，但是透过疫情所看到的国内和世界舆情的复杂性，远远超过疫情本身。

我主要研究互联网政策和国际传播。这次疫情正处于我国互联网管理政策完善时期，其他国家也在探索如何治理网络信息内容。在社交媒体飞速发展的背景下，如何保护公民的言论自由碰到了诸多挑战。你我一直都在观察和分析一个复杂的信息环境。在这个新环境下，要保护公众的言论自由，要分析《华尔街日报》评论中的种族仇恨言论，要研究如何在分享疫情数据的同时妥善保护公民隐私，要应对新民粹主义逆流下国与国之间恶意的舆论斗争，要溯源那些大规模炮制虚假信息的公众号。

在短短两个月的时间里，这次疫情就给我们呈现出如此复杂的光谱。我们有时彻夜难眠，有时扼腕叹息，有时悲愤难平。但有一件事情是清晰的，我们意识到，有的时候，如同医学界的钟南山院士那样，每个个体在一个领域中所能发挥的作用可以十分强大。这召唤我们每个人投入更大的力量，勇于实践探索，用自己的专业知识构筑新闻传播的防线。如同那些在疫情当中勇于担当的万千医护力量，守卫每个人、每个社区、每座城市、一个国家乃至整个世界的安全。

你我所在的这所大学，是一种精神的符号，如果你曾经详细观察我们的毕业生在这次疫情中的言行，会看到我们这所大学的独特之处与价值所在。

这些是我此时最大的感受。

祝大家平安健康。

徐培喜

电视学院教授

2020 年 3 月 20 日

［生］ 关于“疫情”的记忆

亲爱的朋友们：

你好哇！

这场突如其来的疫情，时不时会把我们的思绪拉回到 17 年前的非典。

回想 17 年前，我所处的大西北地区没有非常严重的疫情，但还在上小学的我们，每天都要带着水银体温计，上面贴着的白胶布上写着自己的名字。小孩子不太会用体温计，班里三天两头就会有体温计“阵亡”，然后摔坏体温计的这位“中奖者”便会好奇地用手指把水银珠滚来滚去。每天量体温，老师上报情况，“老师，××× 的体温计又摔坏了”……这大概就是我对那年非典唯一的记忆了。

再到后来，非典时的相关报道成为我们新闻传播专业教科书中的经典案例。媒体在报道中的平衡，媒体的知情权与告知义务等，一讲到媒体与社会，媒体作为官方喉舌的时候，仿佛一个负面教材就被灌入我耳中。

转眼数年，去年十二月初在武汉街头吃着蔡林记热干面的我，怎么也不会想到，前脚离开这座城市还不到一个月，后脚这里就成了谈“病”色变的“围城”。这好像也是我第一次感到离传染病这么近。

疫情开始的短短几天时间，各种消息蜂拥而至，触碰着当代人敏感又脆弱的神经，每个人开始变成求知的孩子，多看些最新的新闻和专业人士的科普，就好像多获得了一面盾牌。非典的相关报道和纪录片又被人们拿出来反复看，反复对照，这一次的案例变成了“战胜病魔”的胜利蓝本和经验教训指南。

为什么提到了非典期间我的记忆呢？因为社会记忆是激发我们个人记忆的触点，个人记忆受制于一种外在的、结构化的集体记忆。回忆让我们切实感受到了自己曾经在社会中的参与感与共情感。去回忆，去看过往的各种资料，不只是在寻找接近真实的蛛丝马迹，更值得关注的当为一种个体的思想、群体的意识和时代的精神。就像童年的我们读不懂鲁迅，而今天的我们却喜欢在鲁迅的小说中寻找自己和社会的影子。

若干年后，如果让你回忆 2020 年初的这场疫情，你会用什么样的关键词或者细节去讲述它？我想，每个人都会书写出属于自己的那段故事和心情，可能第一句话会是“这要从一只蝙蝠说起”，可能会笑着讲到刷屏的凉皮和电饭煲蒸蛋糕，可能会重读方舱医院里付博士手中的那本《政治秩序的起源：从前人类时代到法国大革命》，可能会想起李文亮医生去世那晚如坐过山车般的心情，可能……可能会在最后说一句“还好我们都挺过来了”。

与时间赛跑这件事情，人类已经做过很多次了。每次漫长又孤独、谨慎又恐惧的抗争，都是对强大意志力的考验。留下些你的专属记忆，他日回首畅聊，希望都是你我挨过寒冬并肩迎来的如愿以偿。

2018 级广播电视学硕士研究生　刘思琦

2020 年 3 月 20 日　写于新疆乌鲁木齐家中

[师] 等待甦醒

亲爱的同学们：

人生就像上学，老师给你很多功课，你学得越多，老师给的功课就越难。鼠年伊始，我们就接到老天爷给的艰难课题。

仿佛进入时光隧道，岁月快转四十年，来到像山一般宁静，云一般悠闲的人生退休阶段，拥有最多的就是时间。已经习惯规律充实的日常、效率快速的生活节奏，突然之间与家人共处一室朝夕相处。相信绝大多数同学的家里不是雄伟壮阔的城堡，不能骑着骏马在森林里奔驰，没有精致悠闲的午茶时光，晚餐后不见绚烂华丽的化装舞会。在家里前进、后退、左弯、右拐，都可以见到双亲关爱的眼神，整天的课表就是吃饭、睡觉、学习，如此日复一日，周而复始。

或许父母还无法接受已经成长茁壮、羽翼渐丰的你，在局促狭窄的空间里，冲突升高龃龉难免，要增进家人间的情感，抑或修补亲子关系的伤痕，这都是全家人必须修习的功课。此刻的你是否觉得学校老师慈祥温柔，宿舍阿姨亲切可爱呢?

成功人士在撰写自传回忆录的时候，都对大学生活有着深沉的遗憾，感叹在大学就读过程中应该要更认真积极地把握时间，充分运用学校资源，包括图书馆的藏书、出国留学的交换生制度、校内外志愿者的工作历练，最重要的是加强外语的能力，培养宏伟的国际观，这些对未来发展都有极大的帮助。还好，以上所述这些遗憾都不会发生在各位同学身上。因为疫情之后时光机器再度调回日常学习模式，莘莘学子重返校园，经过几个月的沉潜与调适，相信你对尔后的大学生活会有崭新积极的完整规划。

学习构图最好的方法就是看卡通，因为卡通画面是一格一格雕琢而成。我一直鼓励同学观看宫崎骏的电影动画片，画面制作严谨、构图完整，剧情内容发人深省，电影主题配乐悠扬悦耳，词曲意境深邃感人。宫崎骏的电影总在千帆过尽之后，找到自我的航道，到达人生的彼岸，在绝望之后总会有一道曙光，指引目标方向，给予重新奋起出发的力量。对比今日的局势环境，我们似乎也可以做些联结。在生命长河里纵观时事，人类生活即如此运作，一切终会回归正轨，人类的发展永远无法遏阻。

审视世界疫情地图，我国在政府积极专业的领导下，人民守法自律，病毒有效终结，相信会是全世界最快复课开学的国家，想到不久将重返校园，顿时觉得人生又是充满色彩的!

引用作家蒋勋的文章与同学共勉：节气提醒的是自然秩序，“风调雨顺”是节气不乱，“国泰民安”是人世不乱。上千年来，这两句话总在立春时节贴在家家户户门口，提醒自然秩序与人世的安稳，希望二〇二〇年节气不乱，人世不乱。能有如同节气不乱之心笃定做好日常的功课。

大家努力！大家加油！

张树华

电视学院特聘教授

2020年3月21日

[生] 携手共漫花枝下

同学们：

大家还好吗？

春分一过，阳光更加和煦，花草树木，鸟雀昆虫，一切都蓬勃盎然，欢欢喜喜。迷人的春色伴随着国内逐渐消退的疫情驱散了寒冷，带来新的希望。

我来自四川眉山，2008年汶川地震时，我在上五年级。午休的时候，伴随一声轰响，教学楼开始晃动，墙壁裂开，天花板上的灰簌簌往下掉，学校顿时陷入一片混乱。学生们蜂拥地挤到楼梯口，你推我攘，瞬间被淹没在人流中的我被压在了最下面。尽管过去了这么多年，当时的情形依然历历在目：被同学们压在身下用力呼吸的自己，被一声声“老师救我”充斥的楼道，慌忙中忙着疏散学生的老师……所幸我所在的地方地震强度不大，最后每个人都平安撤离。接下来的几天，看着电视上那些失去生命、失去亲人、失去家园的人们，我第一次深切感受到天灾的无情。地震过后，学校组织我们写信慰问重灾区的小朋友，我写下了人生中第一封贴着邮票寄出的信。

这次，面对突如其来的疫情，学院组织我们用书信的方式相伴相守。

从疫情伊始的惶惶不安到现在逐渐清零的病例，国家和我们每个人都付出了努力。在一线英雄的努力和后方人员的坚守之下，一批批援鄂医疗队陆续撤离，一个又一个方舱医院功成关闭，我们终于等到“春”回大地。我在本科交换学习期间认识了许多意大利的朋友。前几天有位朋友告诉我，政府虽然禁止户外活动，但是该上班的人还是得上班。他们每天都在恐惧中工作，害怕自己哪天就成为被感染者。全球疫情不容乐观，目前120多个国家和地区的累计确诊病例数量已经超过我国，预计未来受疫情影响的国家和地区的数量还将进一步攀升。我为这重演的悲剧感到难过和悲哀。

这场席卷全球的战疫，没有哪个国家能够独善其身。疫情不分国界，穹顶之下世界各国是休戚与共的命运共同体，只有同舟共济、守望相助才能共克时艰。我国在这场防疫抗疫的阻击战中付出了巨大的代价，现在已经取得了阶段性的胜利。目前疫情防控处在一个非常关键的时期，境外输入病例还需提防，不能掉以轻心，打赢这场抗疫战争还需要我们继续努力。

疫情是暂时的，阴霾终将消散。山花烂漫春意浓，携手共漫花枝下！

2019级国际新闻学硕士研究生　余思梦

2020年3月21日　写于四川眉山家中

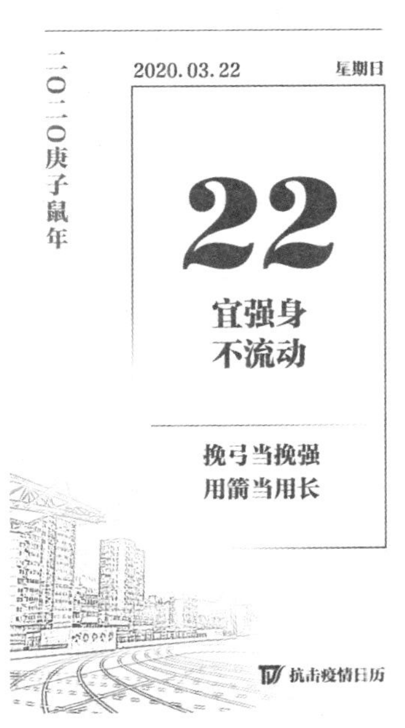

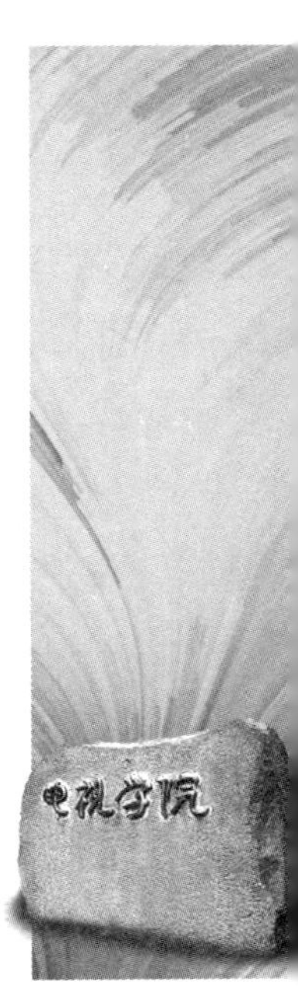

[师] 今天就是礼物

亲爱的同学们：

大家好！

最近每天早上起来都刷手机，看看情况如何了，这样难免会有些焦虑。如果是这样的话呢，就需要转移一下注意力了。借这个机会，想和大家分享一下自己的一些感悟。

年前的一段时间，华为的新闻一直在刷屏，偶然间听到华为创始人任正非的一段讲话，觉得挺有道理的。“年轻人要持续不懈地努力，不要认为自己很聪明，今天搞搞这样，明天搞搞那样，可能青春就荒废了。扎扎实实认定做一件事情，可能很成功。年轻人能力是有限的，不要把自己认为是全能全才，在很广的领域消耗太多的能量，这样就不容易在前沿有所突破。”

“记住，知识就是力量，别人不学，你要学，不要随大流。”这是父亲对任正非讲的话。在大学期间，任正非将高数的习题练习册从头到尾温习了两遍，在电子计算机、数字技术、自动控制、简易逻辑和哲学等学科上下了苦功。后来，在军队工作时，他发明了空气压力天平，这都是因为其在大学期间不懈的努力，在基础学科上打下了坚实的功底。努力是成功的前置条件，持续不断地努力，才可能做出成就。

有一部威尔·史密斯主演的电影《当幸福来敲门》(The Pursuit of Happiness)，我很喜欢。在旧金山的一个股票经纪所前，主人公见到一名驾驶法拉利敞篷跑车的成功人士，问道：“What do you do？ And how do you do it？”当得知他是一名股票经纪人之后，主人公克服一切困难，经历了廉价旅馆、露宿公园、火车站厕所过夜等诸多困难，终于也成为一名股票经纪人。没有一件事能随随便便成功，经常说成年人的世界没有容易二字。特别是对想做点事的人来说，当你有了理想目标的时候，尽力而为是远远不够的，唯有全力以赴才有成功的机会。

一个好的目标是多么重要，它可以指引你走向成功。玻璃大王曹德旺可以跨越文化鸿沟拥有美国工厂，比亚迪拿下2028洛杉矶奥运会电动大巴供应最大合同，鸿蒙系统像是秘密武器对抗强大的谷歌，英国的高铁可能由“基建狂魔”的中国来建造，大疆的无人机遍历了全世界。作为新时代的莘莘学子，拥有清晰的目标、远大的抱负，才能实现自身的梦想。

这次突发事件中，除了医生、民警、社区工作者等为疫情战斗的人之外，还有一个群体——新闻记者，他们也是逆行者。这几天，我也在看学部的官微，采访在最前线的也有你们师哥师姐的身影，他们战斗在最危险的地方，给人带来了身临其境的报道。他们是我们的骄傲，我们的榜样。

钻石公主号有这样一个场景，一名乘客终于下船，在得知回到自己国家还要被隔离十四天后大哭道：“我生命中的一个月竟然这样度过了……”

不要虚度每一天，珍惜春光；无论在哪里，都不要忘记初心。

如果你对电视节目制作“技术”方面感兴趣的话呢，推荐一些我比较喜欢的网站，大家百度即可。龋齿一号 GFXCamp、书生 C4DSKY、大众脸 LookAE，站酷 ZCOOL、人人素材、织梦网，当然还有 B 站。

记住，今天就是礼物！

孙洪亮

电视学院实验中心讲师

2020 年 3 月 22 日

[生] 日常皆珍贵

亲爱的同学们：

春天来了，展信佳。

微风如期带来了春天的消息。我生活在广东珠海，这两天周末和父母在海边散步，半个月前的海风仍有些微凉，吹得人站不住脚；但就在几天内，风开始变得湿热，扑面而来的水汽让人们感觉到了春天如约而至。不远处的港珠澳大桥依旧在视线最远端无限延伸，但桥上零星的车辆和近处人工岛过关处的人流稀少都在提醒着我们：这个春天不寻常。

武汉诗人小引曾写过一首名为《落叶》的诗：“再也没有什么值得你去关心了 / 除了亲人、晚餐和天气。”在受疫情影响的两个多月里，并未身处疫情中心的我幸运地过上了这首小诗中所描述的生活，关注着湖北和全国每日疫情的变化，关心着三口之家平淡生活中的光亮和日常。

亲人的关切在每日的相处中愈发浓烈，或关心或叮咛，不变的是他们对作为孩子的我们始终保有的爱意；我的厨艺也和全国人民一起迎来“大飞跃”，从只会煮方便面到负责全家的每日三餐，厨房似乎成为我的“主战场”；当人们习惯了现代社会的便捷运转，不期而至的新型冠状病毒不仅暴露了人作为生物循环其中一环的脆弱，也让我们不得不去面对更多独处的时间，不得不去思考“只道是寻常”的生活背后凝聚了多少无名英雄的努力和守候。

我们应当始终珍视生命，更应该感谢每一个受疫情影响但仍然努力生活的人，是他们让我们有勇气用力地拥抱生活。同理心让我们尽力想象那些因疫情而产生的痛苦，并愿意分担；批判的思考力让我们在面对纷杂的信息时不至于迷失自我，而是学会甄别，学会在纷杂的信息网中留下思考的空间。

当人们戴上口罩时，人的眼睛是很明亮的。正如法国作家阿尔贝·加缪在《鼠疫》中所写：“天然生成的，是细菌。其余的东西，诸如健康、正直和纯洁，都是意志的一种表现，而人的意志永远也不应该停歇。”我在路上遇到的很多人，尽管沉默无言，但他们或提着从超市买来的大包小包的新鲜果蔬，或在小区花园里充满活力地运动健身。人们对生活的热情和渴盼一切回归如常的心情始终未变。

也正因此，虽然“活在当下”的说法有些陈旧，但在生活中学会珍惜、学会感恩始终是值得且应当的。这段时间里，我总会想起三年前的武汉之行，早起“过早”时在食物形成的热气环绕下，武汉人手拿油饼包烧卖和胡椒味的油条米线，或坐或立，他们是这座有生活气息的英雄城市最好的剪影。

在“后疫情”时代，全国“零新增”的好消息不断传来，防疫重点转为防境外输入，人们的生活逐渐回归正轨，但生活的重建才刚刚开始。学会感受平常生活中的点滴，学会倾听体会他人的痛苦和悲伤，学会勇敢面对生活的无常，我们能够拥有更多力量。

2019 级国际新闻学硕士研究生　余子奕

2020 年 3 月 22 日　写于广东珠海家中

[师] 做好身边的事

同学们：

大家好，春江水暖，玉兰花开！

离我上次给大家写第一封信，算来已经一月半有余。而此时大不同于彼时，我国的疫情形势终于渐趋平稳，这个结果来之不易。一个半月经历了怎样的波澜起伏，我想，无论身在疫区，还是全国其他各地，大家都能感同身受，冷暖自知。

是啊，中国已经迈过“至暗时刻”，疫情虽然向好，但仍不容大意，现在是外防输入，内防反弹，复工复产同时，更需继续控制疫情。北京和学校这边丝毫没有放松，你们还需要等待和忍耐。在这里，我想特别感谢你们能够响应国家、北京市和学校、学院的号召及要求，每日按时打卡报备。也有一些同学克服了种种困难，顾全大局，坚持做到了不流动，为社会、为学校依法科学有效防疫做出自己的贡献。其实，虽然同学们没有来到学校，但每日，我们的班主任、辅导员和导师们都在紧锣密鼓地联系、督促大家，丝毫不敢懈怠。我们更以这种古典的书信往来的方式，展开每日的云交流，大家都在守望相助，以各种方式助力这场战疫。

在坚持和等待的过程中，会有更多时间思考、沉淀和积蓄力量。在这里，我想和大家分享一下这期间我的所感、所思和所行。

首先，在疫情期间，我试图回答一些问题。随着疫情来袭和持续，信息的舆论场也空前复杂。这次疫情信息的传播扩散，是真正在移动社交平台飞速发展的语境中展开的，与 17 年前 SARS 的信息传播不可同日而语，用户接触信息的渠道、平台，甚至信息形态都异常丰富多元。用户通过何种渠道又如何接触信息？哪些主要平台收割关注和信任？用户关心何种议题？分享哪些信息？主流媒体如何适应公众获取信息渠道的变化，提升传播能力？种种问题涌现，疫情之下，我们也该考虑为防疫的信息传播做点儿什么。为此，我们做了一次“新冠肺炎疫情中用户信息接触、认知和传播行为”的调查研究。调查收回了 2800 多份问卷，经过数据清洗获得有效问卷 2601 份。此次调研有颇多发现，比如微信成为用户接触信息的最主要渠道，使用者高达 90%；电视次之，达到 78%。而在微信渠道中，朋友圈分享链接成为用户接触信息的第二重要的渠道（60%），仅次于央媒的微信公众号。但是从用户信任度而言，仍然是主流媒体居首，可以说，尽管舆论场纷繁复杂，主流媒体凸显了“定海神针”的作用。当然，如何适应移动社交平台信息传播变迁，这是主流媒体需要好好思考的问题。过多的数据不在此赘述了，我们把一些直观的数据分析独家授权一个微信公众号发布，分享给众多媒体参考决策，数据的深入分析将在学术期刊上发表。

借此，我想说的是，工作生活中，我们要时时保持好奇心，持开放的心态，有发现的眼光，敏锐地提出问题，积极地释疑解惑。我经常在采访报道课上，告诉同学们在现场要有发现的眼光，做采访报道就是去发现和回答，有耳畔泊千帆的敏感，闻弦歌而知雅意，帮助公众释疑解惑；写论文也是去发现和回答，问题的解答之机就是论文大功告成之时。渠清如许来自源头活水，这才能保持你研究鲜活的生命力。

其次，在疫情期间，我们试图帮助毕业生解决一些困惑。随着毕业的临近，很多毕业班同学面临找工作的实际问题，尤其受疫情影响，焦虑顿生。为此，应央视频的邀请，我做了一次针对毕业生的“国聘行动”直播，直播分享的题目是“如何树立职业理想和规划”。作为研究新闻传播的老师，我评审过很多移动直播产品，但亲自做这样的大型网络互动直播还是第一次，“纸上得来终觉浅，绝知此事要躬行”。

在直播互动中，有网友焦虑疫情之下的就业发展。我说，大家切不可过于担心，这方面，国家和相关部委已经出台了很多相关的政策，促进同学们就业和继续深造。许多招聘单位，也会根据国家对疫情防控的要求，把面试和笔试的时间做相应的调整，或者实行云招聘方式。这从我们最近收到的有些单位的招聘启事中也能体现出来。而疫情也促进了很多产业转型升级，包括云办公、云政务、云教学、云录制、在线大健康等，去年呼声很高的5G应用将会加速落地。这不，受疫情影响，老师和同学们都在云端坐而论道。而今天我写给大家日历的内容是，功夫只在潜心处，端的何须对面时。从媒体角度而言，媒体融合将提速推进，移动优先的多场景消费迭代升级。所谓“祸兮福所倚”，就像2003年非典加速了京东、淘宝等电商的崛起和快递业务的发展，危机中总能寻找到新的机遇。因此，同学们可以密切关注国家出台的相关政策和措施，积极有备地等待，有助于释放你的近忧与远虑。

在直播互动中，有网友关心如何进行职业规划。我说，做你自己最喜欢做的事，咬定青山不放松，守住你的初心和梦想，它能让你的事业生命长久。我最喜欢的电影导演李安在他的传记里有一个故事：他六年蛰伏在家，洗衣做饭带孩子，但从没放弃过剧本创作，也没有去打零工糊口，终以两部剧本获奖，从处女作大电影《推手》开始，随后一发不可收。我们大多数人可能无此极端境遇，也无一飞冲天的命运反差。但有的时候，你总得为自己所爱而付出。因为，上天可能就是在考验你，你到底有多喜爱这份事业。就如李安所说，我就是死皮赖脸地从事这一行，不肯离开。Hang in there！以定力延迟你的满足感，终有所成。此外，做你认为有价值的事，为他人、为社会，尤其是能把你的职业成长与你所在的平台、社会甚至国家的成长与发展联系起来，往大处着眼，你会更清醒地认识到自己的职业或事业的使命感和价值归属，才能有不畏浮云遮望眼的视野，有不计小利见大义的胸怀。人，有的时候，需要这样的精神动力。

在直播互动中，还有网友困惑于没有明确的职业目标。我说，多尝试，模糊的存在会逐渐清晰。实在无目标，就把身边的事干好，小处着手，磨到极致，做到最好，逐渐积累，匠心到处你会有获得感和价值存在感，而终将成为你毕生孜孜以求的事业。就像这首耳熟能详的曲作：枯藤老树昏鸦，小桥流水人家，古道西风瘦马。夕阳西下，断肠人在天涯。名词的简单堆叠，逐渐积累，意象渐出，终形成情绪与情感的爆发。无论你有何种人设，抑或何种迷茫，过好人生的日常，少一些虚妄，坚持日常生活持之以恒的积累，遂至千里，以成江海。

再次，在疫情期间，我们试图厘清一些传播现象。为此，我写了一系列文章，做了一些粗浅的思考，有关于疫情采访报道的方法论，也有疫情信息传播的研究文。最近这篇写的是《美国变相驱逐中国记者，说明了什么》，针对美国早先将新华社等五家中国媒体列为“外国使团”，要求其遵守适用于外国使领馆的相关规定；紧接着，美国又宣布将对列管的5家媒体中国籍员工的数量采取限制措施，由目前总数160人降到100人。文章由此也分析了三个美国媒体关于疫情的报道，这也是在网上引起国人哗然的三篇文章。为了审慎起见，我没有简单地从网友的评论中去评判，而是把三篇文章都一一找来仔细研究。其中一篇是美国《华尔街日报》发表的一篇针对中国的歧视性文章“China is a Real Sick Man of Asia”，题目不仅完全蔑视中国人的历史伤痛，所述更是唱衰中国经济。疫情之下，毫无同情心、同理心。而《纽约时报》刊登两篇文章《中国将会以痛苦的代价打败新冠疫情》《意大利因新冠疫情封闭北部省区》，同时也在推特上发布信息。文章抨击中国的做法“给人们的生活与自由造成了巨大的损失”“治愈没准比带病更糟糕？”，带着“有色眼镜”质疑中国抗击新冠疫情的有效做法，无雪中送炭之意，添火上浇油之势，所谓的“理性”与“客观”不过是冷漠与傲慢。而针对意大利的报道则是该国“冒着牺牲自己经济的风险保全欧洲”“必要时牺牲民主核心价值观有助于抑制新冠”。

从美国政府的做法和媒体的一些报道中，我们看到所谓“新闻自由”和“新闻专业主义”的虚伪，“双重标准”昭然若揭。前几天，特朗普在推特和新闻发布会上把新冠病毒称为“中国病毒”，污名化的做派背后是单边主义的傲慢与“翻手为云、覆手为雨”的粗暴，以及政客为扒拉选票的孤注一掷，且看苍天饶过谁！我在文中写道，如果不懂“山川异域、风月同天”的共同情怀，也应该知道“不要问丧钟为谁而鸣，丧钟为你而鸣”的人类命运相交。的确，没有人是一座孤岛。如今疫情在欧洲和美国蔓延，各国采取的封城或紧急状态，又将作何诠释？中国人讲究“己所不欲、勿施于人”和“人同此心、心同此理”的友善、和贵，寻求推己及人的包容思维。相互尊重、开放包容，才是正道和大道。

最后，疫情如大考，万事露真容。纷繁复杂的信息场，光怪陆离的社会世相，大家都是传媒学子，面对这些现象，希望你们可以独立判断、慎思深究，切不可道听途说、人云亦云。

就写到这里吧。几天前，我和学院的一些老师们看望了仍在学校的国际留学生。我们路过 1 号楼前，看到东边那株山桃树，繁花似锦，春光妩媚，于是驻足留影，虽口罩相遮，又怎能挡人面桃花。若干年后，大家一定会记得此时。那时回头再看，道是无晴却有晴，也无风雨也无晴。

桃花依旧！愿你们安好！

曾祥敏

电视学院党委书记、教授、博士生导师

2020 年 3 月 23 日

［生］ 三个疫情期间的小故事

亲爱的同学们：

你们还好吗？

这真是一个漫长的寒假！掐指一算，从开始放寒假到疫情结束后返校，转眼间，2020 的前三分之一就要在家里度过了。前两天和班里同学聊天，说到自己的在中传上课的时光好像只剩下了两个月，不禁心生怅惘之感，对自己为数不多的大学时光倍加珍惜。

今天，我想在这封信里，和大家讲三个疫情期间的小故事。

首先是一个关于 N95 口罩的故事。上星期，我陪妈妈去协和医院例行检查。在疫情期间去医院，我们谨小慎微、全副武装，动用了家里的 N95 口罩库存，确保万无一失。口鼻被口罩严丝合缝地遮住，不出两分钟，我的脸上就出了一层汗；五分钟过后，更是闷热难耐，几乎无法呼吸，我不得不去人少空旷之处摘下口罩透透气。而医护人员们哪里有透气的时间？他们要戴着这样的口罩和护目镜，穿着更加闷热厚重的防护服连续工作数个小时。这种耐力与敬业，绝对非同常人。那些被雾气蒙上的护目镜、被汗水浸透的衣裤背后，又是多少“忍常人之所不能忍”？

然后是一个滴滴司机的故事。二月下旬，在新华社瞭望智库实习的我接到一个任务，当时大家正在做一个网约车行业的报告，其中需要采访了解各地司机的工作状态。为了了解疫情期间出车司机的情况，我就出去打车了，从滴滴师傅那里得知了网约车行业的惨状：500人的司机群，出车的还不到一成；原本每天五六百的收入，现在每天最多两百；最繁华的国贸三里屯，半小时接不到一单；车子租金还是照收，那些没出车的司机每月可能还要承担两三千元的损失。是啊，在家隔离谁还去打车呢？放眼望去，大街上行人寥寥无几，店铺关门歇业，北京变成了一座“空城”。我想现在那些声称“封国”“封城”的国家也无法做到这种程度吧！疫情得到控制的背后，是国家停摆的巨大代价。

最后是我在美国的小姨的故事。如果说抗击疫情是场战役，那么“中国打上半场，世界打下半场，全世界的华人打全场”一点都没错。疫情初期，她和当地华人们一起，联系所在的实验室、医院、企业等资源为国内医院筹集医疗物资。现在美国疫情形势严峻，尤其是她所在的加州，人人自危，物资紧缺的她们又要开始和国内厂商沟通，周围还出现了一些对海外华人的不友好的言论。过去两个月为国内疫情“操碎了心”的华人，如今也面临“自身难保”的境地。“海外华人打全场”对那些曾尽心尽力为武汉奔走的华人来说，是一句沉重的真实写照。

三言两语，道不尽疫情之下众生百态。祝大家安好，我们马上就可以相见！

2017级广播电视学（国际新闻传播方向） 叶锦仪

2020年3月23日　写于北京

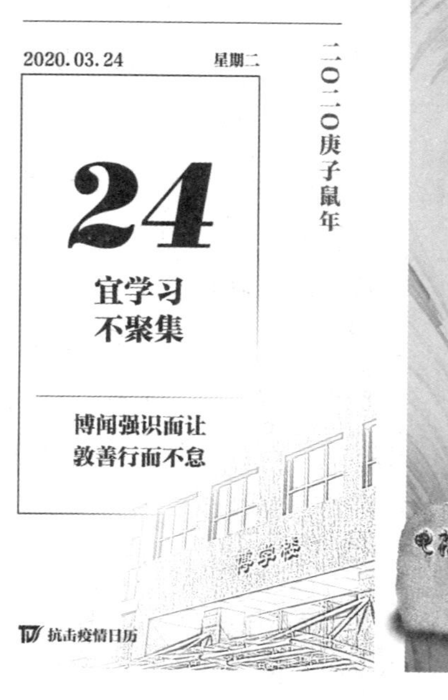

[师] 凡人不朽

亲爱的同学：

大家好。

这封信相距上次给大家写的信，隔了整整 50 天。

50 天里，许多人勇敢地面对疫情，付出了许多努力，甚至牺牲。

50 天里，大家听从号召留在家里，放弃出门和聚会，没能重返校园，和同学、老师的相见只能以网络课堂上的数字化身代偿，这也是在用自己的方式为抗击疫情做贡献。

50 天里，一些人的努力和牺牲，会给历史留下动人心魄的硬核史实，而十四亿人 50 天的勠力同心，留给历史，就成为一部可歌可泣的恢宏史诗。

最近北方多晴天，加之北京延迟停暖，阳光洒满屋宇，温暖而惬意。前往学校值班，见东配楼前玉兰绽放一树，新知楼旁柳条渐成新绿，深感今年春日格外值得珍惜。自然伟力生生不息，在不可知的命运面前，人类更能展现出万物灵长的伟力，恰如所有的史诗所记录的，都是终有一死（mortal）之人创造永恒不朽（immortal）荣光的历史，凡人不朽，万古如一。

凡人才是史诗真正的主角，生活才是史诗真正的主题。特殊的漫长假期，想来给同学们留下最多的是值得珍惜的家庭生活记忆。作为一个成年人，能有这么长的时间心无旁骛地陪伴父母，这样的机会不会太多。相信在陪伴中，家庭的温馨与代际的和谐一定是主旋律，不过细细品来，其中难免也会有杂陈五味？朝夕相伴中，代际的隔阂与冲突在所难免，而每一代年轻人又都是要在吸收和扬弃中不断地辨析成长的方向。我相信，你们一定能用自己的方式让父母安心、家庭和睦，而更令我感慨的，是在抗击疫情的过程中，许许多多的 90 后、00 后成为抗疫前线的支柱力量，我也知道，我们很多同学在积极承担防疫志愿者等各种相关工作。我相信，无论你在哪里，无论你在做什么，你在疫情中的所作所为、所思所想，一定能让整个社会感受你们这一代人的责任和担当，能让整个社会看到国家与民族的未来和希望。

大学所学一定不是固化的知识，更不是有限的技能。特殊时期停课不停学，学院每日发出信件，这些做法都是希望在危机和困境中，带给大家开阔的胸襟、从容面对的勇气和灵活应对的智慧。愿猝不及防的灾难，能使我们更真切地感知彼此的共在，更深刻地感悟生活的价值，从而能朝向更好的未来，与自我、与他人、与自然万物共生。

秦瑜明

电视学院教授

2020 年 3 月 24 日

[生] 期待重逢

亲爱的同学们：

大家好！天气慢慢回暖，三月已经快要接近尾声了。这是个不寻常的假期，是注定要被我们永远铭记的。

我的家乡河南紧挨着湖北，在抗疫工作最胶着的二月，河南的确诊病例一度增加到 1273 例，位居全国省份第三。那些天里，我的小区每天只允许居民早上九点到十二点出门采购，每天下午，楼下空空荡荡，预防新冠肺炎的广播在小区里环绕，只在电影里见过的场景真实地发生在眼前。但也好在河南严防死守的管控政策，从二月底开始，河南的疫情慢慢得到控制，现在的省内病例基本清零，为我的家乡骄傲。

算起来这是高考之后第一次在家度过这么漫长的假期，我们忽然多了很多和父母相处的时间。我很机智地未雨绸缪，从网上买来了“桶大叔”，作为决定谁做家务的分歧终端机，并凭借优秀的手气度过了一个和谐宁静的假期。但玩笑归玩笑，上了大学以后，我们可以陪在父母身边的时间越来越少了，这也使这个假期格外值得珍惜。

这个假期我做了一件很有意义的事情。在新闻报道宠物可能传播病毒之后，小区里忽然多了几只流浪猫。我倒垃圾的时候偶尔喂它们点香肠，后来带走了一只第一次见我就露肚皮的橘猫，去医院做了检查、驱了虫洗了澡，我把领养信息放在了闲鱼无偿领养的鱼塘上，帮它找到了靠谱的主人。其实即使是在最艰难的时候，我们也可以选择做一些温暖的小事，也许它实在微不足道，但也能点亮至暗时刻里的一点点光。

年前从学校带了最厚的装备回家过冬，现在已经找不到能穿出门的衣服了。这两天其他省份开学的消息陆续传来，相信北京也指日可待，希望疫情早日过去，希望我们早日恢复正常的生活。

2017级广播电视学（电视摄影方向） 佟蔚颖

2020年3月24日 写于河南洛阳家中

[师] 把生活凝固成修行的成果

亲爱的同学们：

见信如晤！

不知不觉中，电视学院的老师们都已经开始第二轮的书信交流了。两个月的“悠长假期”似乎已经改变了我们很多的生活习惯。现在，每天早晨起来，洗漱完毕，第一件事情就是打开微信完成“一键三连”：转发教师信到班级群，老师群里健康打卡和关注疫情进展的数据和报道。当然，这还远不是生活的全部。自从超市能够满足日常供应，居民们不再恐慌地去抢购食材和生活用品之后，我每天打开冰箱发呆，琢磨下一顿饭怎么做也成为“人生哲思”。我从没想过，其实自己也是如此依赖饭馆的一个人，闭着眼睛都能够将想去吃的馆子列出一个长长的清单。然而，把这个清单变成外卖，依然不是我的选择，毕竟“场景消费”和“场景社交”是外卖无法实现的。

憋在家里还真的能够让人静下来。“宁静致远”真的不是一句空话，在这个假期，我已经啃完了至少三本原来一直想读，但是一直没读完的书。而至于那些用于文化消费的畅销书单，已经是一张长长的 list。摆在窗台上读完的书，已经能够遮住清晨想要照进屋里的阳光。于是，我会觉得：嗯，至少时光没有虚度，至少我看到了自己把时间凝固下来的成果。

然而，这段时间，尤其是这半个多月，真正占据我时间最多的事情，是线上教学。周一下午，与同学们在《摄影流派与发展史》的直播课程上相会。因为这天我在学院值班，所以直播间就是我的办公室；周二晚上，与另外一大波同学在《摄影基础》的直播课上互动，因为我长城的虚拟背景，同学们一直说我上个课还要爬个长城真的很辛苦。周三下午，是研究生的导师课，我们已经坚持了一个月，每次同学们的分享都让我眼前一亮，很多知识和思考都带着年轻人的朝气和爱好。周四下午，再换一拨同学进行《DV 创作训练》课程的学习，目前线上的资料已经有点儿短缺，这两天我正想着如何丰富线上教学的视频资料和文献。虽然疫情的发展让实践创作受到了影响，不过这个时间认认真真做点阅读和拉片，真的也会有很大的收获。周末，终于不用再上课了。不过，线上的课程作业 deadline 已经到了，一些勤奋的学生，早在周一就提交了作业。作业批改是个力气活，还有线上讨论区的互动答疑，点点滴滴的碎片化时间也真的是可以积沙成塔。如今，我觉得自己已经可以很自如地面对一个镜头谈笑风生，感觉一个人的“独角戏”也自有一种风情。你以为这是线上教学的全部？肯定不是！我最喜欢看的是畅课平台提供的学生学习数据统计，这个统计和 B 站的粉丝统计会让我看到很多数据背后的秘密。比如，大家的学习高峰其实在晚上，白天一直不温不火。而凌晨两三点居然会有一个小高潮，也让我重新思考大家的生物钟是不是“美国人”的。

娱乐肯定是必需的。每次我来到王者峡谷，一定可以看到很多段位很高的同学正在厮杀，而如果我做客痒痒鼠，“肝帝”们也肯定少不了同学们的身影。看来，不能外出锻炼身体，大家的锻炼方式都在手机上度过了。这不太健康，还是希望在 Keep 上看到更多同学们的身影，同样是养成积累式的游戏，Keep 就健康太多了。

絮絮叨叨这么多，不过就是生活的日常。但是，我想说的恰恰是，生活本身就是一种修行。你不用特别用力，也无法刻意回避，当你回首走过抗疫的这段“忍冬”岁月，留下的影子都刻在生活的印记中。愿大家回顾时光，都能看到自己修行的成果，而不是懊丧时光的虚度。

重要的事情放在最后说：不离家、不返京、不返校。这也是我们现在都能够做到的社会贡献。也许大家看不到今年的玉兰花开，不过不妨期待半夏的纪念。

孙振虎

电视学院副院长、教授、博士生导师

2020 年 3 月 25 日

［生］ 致 爱

各位朋友们，同学们：

大家好！

这段时间对于我们来说是十分特别的一段经历，我们每天有充分的理由宅在家里，或许有很多像我一样的同学已经很久没有和家人相处这样久了，偶尔想着这件事，便格外珍惜这段时间。

我仿佛越来越适应这样待在家里的样子，每天上网课、看电影、看闲书、玩游戏，虽不能出门，倒也过得充实。

我们或主动或被动地关注着身边和世界发生的事情，用网络窥探着世界的一切，疫情让人生死分离，疫情也同样让人团结在一起。

说到这里，想在这一刻和大家分享在落笔的今天发生在我身边的一件事。前几天我的表姐发了一条朋友圈，下面点赞的有在几天前去世的她的父亲。在疫情期间，姐姐在外地工作，不能像平时一样自由地回到老家所在的城市，就算回到老家，也要进行隔离，不能相见。而且，姐姐也刚刚怀孕，家里人权衡下，决定在这个特殊的时期不将父亲去世这样残酷的事实告诉她。而今天对于姐姐而言是结婚领证的大日子，她的母亲在自己点赞之后，用父亲的手机给姐姐的这条向全世界分享喜悦的朋友圈点了一个赞。我看到这条几乎要落泪了，这小小的赞里融入的是父母对孩子全部的考量和爱，也是母亲扛下一切在孩子面前尽量保留的体面和温情。

白先勇先生的《树犹如此》中，在挚爱的爱人又是亲人离世时，这样写道："春日负暄，我坐在园中靠椅上，品茗阅报，有百花相伴，暂且贪享人间瞬息繁华。美中不足的是，抬望眼，总看见园中西隅，剩下的那两棵意大利柏树中间，露出一块愣愣的空白来，缺口当中，映着湛湛青空，悠悠白云，那是一道女娲炼石也无法弥补的天裂。"那种和命运徒劳地搏斗读起来真让人黯然："我们全力以赴，却一败涂地。"

在新冠肺炎疫情期间，有多少生命离去，我们来不及为他们感伤悼念，有许多家庭在伤痛中，还没有恢复之前的生活。珍惜眼前人，珍惜身边爱。

最后，把前些天读到的一首诗分享给大家，诗的名字叫《海棠》，作者是露易丝·格利克。

这些树在小山上
繁花盛开。
它们正承受着

孤独的大花朵，

海棠，

正如当初你到我这儿来

错误地

带着你从细枝条上

折下的

这些花。

雨过天晴。阳光

透过树叶移动。

但死亡

也有它的花朵，

被称作

传染，它是

红的或白的，是

海棠的颜色——

那时你站在那儿，

满手的花朵。

因为它们是礼物

我怎能不收下？

祝大家好，珍惜眼前人，珍惜身边爱，倍加照顾好自己。

2017 级广播电视编导（电视编辑方向） 郑博航

写于 2020 年 3 月 25 日　写于北京家中

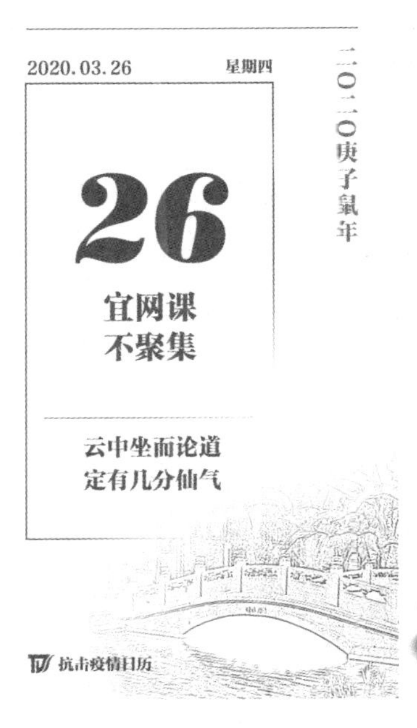

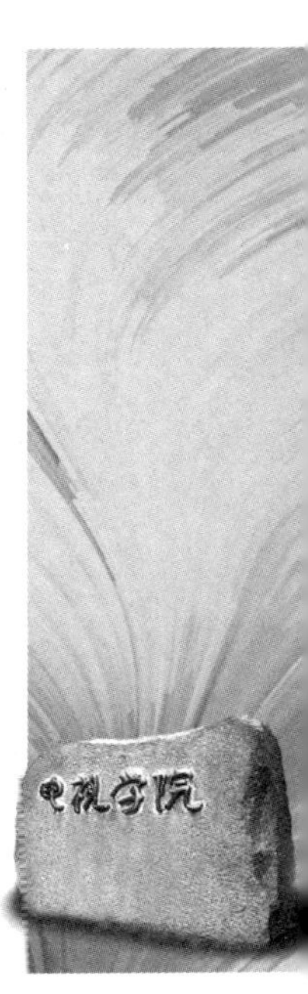

[师] 你的校园挺好的

各位同学好！

上次给大家写信的时候，刚刚立春，转眼已过春分。时间在流动，一切都会回来，一切也会离去。包括，学院门口缤纷灿烂的玉兰花。

学院门口的玉兰花，就像春天的一股暖流。关注它的点滴变化让值班的老师心潮澎湃，“玉兰花长花骨朵啦”“玉兰花有一支开放啦”“玉兰花有花瓣掉落啦”……以往，玉兰花一样花开花落，可没有像今年这样，多次占据“头条”，屡屡被值班老师晒在朋友圈。没有学生的校园，时光慢得可以静待花开，也多了一份“落花辞高树，最是愁人处”的惆怅……

没有仔细考究过，是玉兰花选择了电视学院，还是电视学院选择了玉兰花。总之，玉兰花，成了我们共同的记忆，共同的情怀。想念它了吗？链接一下中传新闻传播学部官微推送的《纵有料峭春将至，遥隔千里“云赏花”！送你错过的广院三月春》

你们在学校的日子，玉兰树下，有迎着晨光早读英语的同学；有春日嬉戏凝固画面的好友；有白羊座的老师即兴组织“快闪”——来合影呀！见证又一岁的时光流转。

可是，今年的玉兰树下，没有了人，很不适应。对你们的想念和嘱咐，寄语书信中。你是否一一点开，感受信件中老师们浓浓的个人气息？老师们使出浑身解数，带着个人烙印，尝试各种结构，用各种史料、数据、个人经历做“药引”，想让你们在这一段特殊的时期别负了光阴、锈了脑子、误了身体。

分享一下疫情期间我去过最远也是跟你们最有关联的地方吧——校园。

在对新情况不太能 hold 住的时候，封闭至少会让人从心理上觉得安全。校园“封了”。疫情期间，每天入校人数在 300 人左右，这个数字跟一条人流可以从梆子井一直蔓延流淌到 48 教时的景观完全不同。入校园需要提前预约，由各单位每天下午 17：00 之前向学校汇报第二天进入校园的人员。数据在人事处、保卫处等职能部门流转之后，入校人的名字会出现在门口岗亭。入学校需要查看一卡通、检测体温、核对姓名，没有了在上课高峰时随人流入校的“慌乱”。人很少、节奏慢，保安还来得及露出笑脸，入校的人也从容地回赠一两句闲聊。流程化的管理像是给人套上了盔甲，给人安全感。“病毒千万不能进入校园”，这是抗疫期间最重要的目标。南门是入校的最重要关口。不少按规定不能进入校园的人被挡在了外面，值班的老师变身成了快递员。

到学校上班的第一天，我到了目前到过的校园里最北的地方——临建一。学校成立了防控疫情工作小组，统一为上班的老师们提供“防疫物资”。在疫情刚刚袭来的时候，全校每天在校医院、保安、后勤等暴露性岗位工作的人有 300 多个，口罩非常稀缺。时不时学校会收到校友捐赠的口罩，在学校中层干部群里赢得一片赞扬。多一份关心，会让人感动、看到希望。虽然，第一次电视学院只领到了 10 个一次性非独立包装的口罩。工作人员虔诚地发给 10 位值班老师。这是组织的关心和惦念。

最东边到过大学生活动中心——“小白杨”们的圣地。现在到楼里转一圈碰不到一个人。不知你们有没有过这样的感觉，一栋楼里，就一个人，走着走着就仿佛穿越了时空。在这座楼里的老师们，其实很早就上了云端。春节前，学工部“留校学生专项群”“各学院数据对接群”“外事防疫群”等各种专项群已经 24 小时客服在线：可以在网上与心理中心的老师沟通咨询缓解焦虑；教务处与研究生院统筹 22 家教学单位开启在线教学已是进行时；本学期第一批困难补助已打入学生卡中；4 月，即将组织云上双选会，毕业班的同学们，提前上好闹钟哈。期待，在云端，你可以邂逅“神仙”。

去过的最西端，是中蓝公寓。今年电视学院有 6 位学生留校。其中 4 位住在中蓝。我和留校的同学聊了聊，一个人住在 10 多平方米的宿舍，不是太方便。相信每一位同学背后，都有一个自己的疫情故事。现在的情形，对每一个人都是特殊时期，建议同学之间也多沟通，彼此的关心和安慰，会温暖如棉。这也是老师和同学们坚持写信的意义。

全校有 100 多个寒假留校的学生，但有一个远远超过 100 人的系统在支撑学校的运行。楼妈知道每一位学生的名字，了解他们的活动轨迹。不知你们看到过这个节目没有。中国教育电视台《教育新闻直播间》做过一期报道，主人公是梆子井公寓 6 号楼的宿舍管理员徐景云，她认识辖区内所有的同学——606 名，随时从大脑中调取。她还“抢”了辅导员、班主任的戏。看了学生和家长给她的留言，我发自内心地感慨其实不管在什么岗位上，你的付出，大家看得见。

如果没有疫情，此刻的校园，老师们应该想着用餐时如何避开下课高峰，48 教的电梯能顺利抢到并不容易……

想念入校门时的摩肩接踵，想念排队取餐的食堂，想念肉饼的味道。

这个春天，最常见的是瓦蓝瓦蓝的天和空荡荡的校园。不过，也正是这次“刹车”，让我发现在日常的司空见惯中蕴藏着不同的美。

好了，这一次就聊到这里。期待着来年春天，玉兰花可以叽叽喳喳地发芽、叮叮咚咚地开放、噼噼啪啪地化作春泥。

程素琴

电视学院教师

2020 年 3 月 26 日

[生] 已逢春

亲爱的同学们：

你们好哇！

窗外的玉兰花已经落没了，树干上的枝丫又抽出了嫩绿的新芽。

我经常坐在飘窗上向外张望，外面的景色就像一个延时镜头，从白雪到春花，从花开到花落。不知不觉，距离武汉封城已经过去两个多月了，我也从最初的沮丧到逐渐习惯，再到现在的泰然处之。

2020 年的第一天，以我的手机屏幕碎了两次为开端，随后的生活就像是赶场子，考试、写论文、接待朋友、收拾行李……本来这个寒假不准备回家了，下学期去瑞典交换，那边的学校一月底就开学了。但是忙着忙着，觉得累的时候还是最想家，临时买了高铁票，丢下北京收拾了一半的行李就回武汉了。

回去的时候就背了一个双肩包，那时候，谁能想到一回家就是好几个月呢？

武汉是我最热爱的城市，就算她病了，我也坚信总有一天她会好起来。封城的那一天，我凌晨四点的时候突然醒了，怎么也睡不着。拿出手机看新闻，两个小时前发布的封锁消息轰炸了我的通讯录。也是那一天，

30 万人离开武汉，一时间，这座城市突然变矮了，城里的人惊慌失措，城外的人殃及池鱼。

幸运的是，我在武汉，我们还在守望相助。湖北最困难的时候，别省的人们一边骂骂咧咧地声讨“吃野味的人”，一边慷慨解囊伸手援助。四面八方赶来的医护人员，源源不断送进的生活物资，我从没有哪一刻感到如此深沉的归属感——我是中国人，我有 14 亿同胞，祖国在保护我们。

交流学习的事情取消的时候，我消沉了两天，退了机票，退了公寓。那时觉得很遗憾，怎么计划永远赶不上变化呢？我爸爸安慰我说：“其实留在国内经历这一切，对你来说会是很大的成长。”事实证明，塞翁失马，焉知祸福，一步步走来，我们都很难说自己做的决定是对是错，唯有接受既定的事实，把握眼下的时光才是生活的真谛。

这两个月，我们一家三口被“捆绑”在一起了，我不能呼朋引伴地出去玩，我爸也不能痛痛快快地打麻将。我们仨只好自己整点乐子，我学厨艺，常常把厨房搞得一塌糊涂；被禁止把厨房当作实验室后，我就只好在他们做饭的时候前去观摩；饭桌上永远少不了聊一聊当天的新闻，晚饭后坐在沙发上看电视……被“锁在家”的日子里，你们和爸爸妈妈“相看两厌”了吗？

不管嘴上叫嚷了多少遍“我想出去玩”，心里永远觉得，家是最温暖的港湾。我很感激，这段有些压抑的时光里，我守在家中。

现在，国内的情况已经好很多了，社会就像刚启动的涡轮，有点生涩地重新开始转动。我爸爸当志愿者了，每天在社区里忙忙碌碌；我妈妈还是老样子，在全民 K 歌上“大杀四方”；我在上网课，充实的学习让我的生活也回归正轨。

春天已经到了，相见的日子还会远吗？

期待再见。

2018 级广播电视编导（电视编辑方向） 江雨甜
2020 年 3 月 26 日　写于武汉家中

[师] 无穷的远方　无数的人们

亲爱的同学们：

好久不见！我们之前聊过“时间”的话题，不知大家可还有印象？作为四维世界中最奇妙的一个维度，我们对于时间的理解还非常有限。然而，正是这样一种神奇力量的存在，也让我们在过去、现在与未来之间联结起了无限的可能。

今天这封信，我不打算继续聊时间这个话题，也不想谈论任何学理问题。我想把它仅仅作为一封日记，写给你，写给我，或许更重要的是，写给我们。

今日，阴，微风。气温最低 3℃，最高 12℃。上午无课。

早上起床，听家人说，大黄庄菜市场的肉价降了一点儿，便宜的28元一斤，草莓的价格有15元的，也有12元的，大小不同，口感都还不错。听说，早市已经恢复了往日的“热闹”，拖小车的，拎口袋的，鸡鸭菜蛋，统统往里塞，大包小包，你来我往。楼下的店铺也几乎全开了，最晚开的理发店门口，昨日也见到了Tony老师熟悉的身影。道路旁的玉兰花，这几天悄悄探出了头，等待着春天的最后一声令响。

最近，各地陆续的复工复产已经不算是新闻了，有几条颇有趣。重庆市副市长带头“下馆子”吃火锅，山西副省长带队进面馆吃刀削面。视频中热辣翻滚，好不让人嘴馋。而更令人振奋的是，昨日零时起，湖北省除武汉市外已宣布解除“封城”，两周后的4月8日零时起，武汉也将解除“封城”。有媒体评论称，一个流动的中国又要“重启”了，必将重新焕发蓬勃活力。

写下这些文字的时候，有些振奋，还有点激动。日常生活周遭传递的信息告诉我，两个多月来，全国齐心一致艰难抗疫，我们真的要扛过来了，春天来了！

我真的希望日记就此落笔，我和我的同事们、同学们、朋友们明天就可以相见于通惠河畔，驻足在白杨树下。然而我知道，时机还未到，警报也未解除。

按最近网上比较流行的一句话说——“活久见”。直觉告诉我，我们这一代人，正在经历一个特殊的历史时刻，真真切切体会了何为“百年未有之大变局”。连日来，世界各国新冠肺炎疫情大流行，全球已有195个国家和地区出现病例，日均增长数万确诊病例。海外累计确诊病例已超38万，死亡人数达1.7万。世界卫生组织宣布，大流行正在加速。记下这些“数据”之时，出现在我脑海中的画面，是一颗红肿的地球，一幅灰色的背景，宛若星辰大海之中一帆摇晃前行的孤舟。以往在科幻电影中才能看到的、想象的场景，此刻却显得如此的真实。

我想了一下，自记事以来，几乎从未有过如此的震撼和冲击。

我不炒股，不过这几天的股市值得记录。有“股神”之称的巴菲特说，活了 89 岁只见过一次美股熔断，那不过是 3 月 9 日前的事。此后 10 天内，股民们与巴菲特一起，见证了另外四次美股熔断，不知是幸运还是不幸。金融家们说，国际金融市场风雨飘摇，美联储更是宣称要无限量购买政府债券，计划“运用一切工具”救市。

我是体育迷，尤好足球，也必须要记录一笔。连日来，五大联赛已经停摆，今年夏天的欧洲杯已经作罢，推迟到了明年。在现代奥林匹克 124 年历史上，东京奥运会则成为首届延期举行的奥运会。当然，在大流行的新冠肺炎疫情面前，体育竞赛的延期或停赛，也是自然而然的。此刻，没有什么比抗击新冠肺炎疫情更重要，生命高于一切，这是全球的头等大事。

前天看了一则视频，讲意大利疫情肆虐的景象，心情久久不能平复。意大利北部城市贝加莫的一些村子里，七八十岁的老人感染新冠病毒去世，整整一代人都离去了。有的村子甚至无法找到一个古稀之年的老人。在这些村子里，没人在阳台上高歌，因为在那里，丧钟从早上一直鸣到晚上。当地居民 Daniele Monzani 说，他早上 6 点起床，听到的第一个声音就是救护车的声音，而更让人痛苦的是，睡觉前听到的最后一个声音也是如此。呜呼哀哉！

鲁迅先生在《这也是生活》中曾如此写道：无穷的远方，无数的人们，都和我有关。我存在着，我在生活，我将生活下去……

这些天，身边朋友们，都很关心远方的人们。无论是意大利、美国、西班牙，还是德国、伊朗、法国，不管有没有去过这些地方，懂不懂当地的语言。我想，对别人的苦难感同身受，或许是我们人类与生俱来的本性，当然也是人类文明一点一滴积累而来且来之不易的精神。

我的所学有限，能想到的词不多。我们感知“远方的苦难”，乃是“人同此心、心同此理”，皆为同类，同理心、同情心使然。我们感知“远方的苦难”，乃是“一方有难、八方支援”，是“山川异域、风月同天”。想到这里，“远方的苦难”和无数的人们，你中有我，我中有你，天下兴亡，匹夫有责，人类命运共同体是也。此刻想起了2008年北京奥运会主题曲《我和你》，余音绕耳，歌词云：

我和你 心连心 共住地球村
为梦想 千里行 相会在北京
来吧 朋友 伸出你的手
我和你 心连心 永远一家人
……

写下日记，我在北京，地球村的一个重要节点。絮絮叨叨，日记写完了，今天的信也就该停笔了。我们周遭的生活或已逐渐恢复正常，而共同世界的抗疫战斗还远未停歇。现在北京市和学校的政策仍然是“不离家、不返京、不返校”“不离校，不离京”。

无穷的远方，无数的人们，都和我，都和你，都和我们息息相关。

未来世界并不遥远，地球这艘载满了全人类的孤帆，仍会继续航行！

涂凌波

电视学院广播电视学系主任、副教授

2020年3月27日

[生] 战疫当下，我们能做些什么？

电视学院的老师和同学们：

展信安。

经过数月全国人民的共同努力，疫情现状终于往好的方向发展，这是值得欣喜的现象。但同时，我们也不能掉以轻心，依旧要做好个人防护：勤洗手，戴口罩，少去人员密集区域。打好这场战疫，大家任何时候都不能松懈。

相信许多人和我都有一样的疑问：各行业有序复工复产，大学生何时能回归校园？我曾经也对这个问题有些疑惑，直到看到朋友圈中好友转发的科普视频，才理解我们现仍宅在家中的原因：学校作为密集性场所，如果有疑似感染者出现，传染速度将会非常快。所以，为了安全着想，继续“沙发—饭桌—床”的三点一线生活吧！

这段难得的居家时光，相信大家都会有独特的回忆，无论是精于烹饪，还是勤于读书，都是我们走出校园、回归生活的一种方式。比如我自己，某种意义上就实现了我的人生理想：一个慵懒的下午，我陷在松软的沙发里，阳光透过窗户洒满了手中书的右页，面前泡着一杯腾出热气的茶，一只小犬卧在我的身边呼呼大睡，时不时发出鼾声，似乎在梦里和隔壁大黄吵架。

在平常，由于课业繁重，这些琐碎的片段总会被我们忽略，生活给予的温柔总是掩藏在忙碌之下。现如今，我们却可以好好地享受这些细枝末节——在这种静谧的时间里，我们更有机会去和自己对话，去思考我们真正希望得到的东西，去正视自己的内心。随后收拾行李，以崭新的心境，大步走向未来。

“唯有牡丹真国色，花开时节动京城。”我的家乡洛阳因牡丹添了几分韵味，而春日正是欣赏牡丹艳丽的好季节。大家一定要保护好自身，待到疫情结束，让我们相约于此，共赠京华一支春！

2018 级网络与新媒体　贾佳豪

2020 年 3 月 27 日　写于河南洛阳家中

[师] 口罩君的美丽事象

各位亲爱的同学，

盼见信悉好！

本以为上次写完那封信之后便不会与诸位有再次见字如面的机会了，上次信尾说抽屉里的口罩还有三十二只，今日再数所剩十余，倒依然还够。五十余天过去之后，所幸我们都一切安好。

昨日中午，和家人一起去吃了顿惦记许久的伊豆野菜村，这是两个多月来头一回出门吃饭。既然吃饭，总是免不了要张嘴的，但当戴口罩已经成了一种习惯，忽然在人群面前摘下口罩时，会有一种莫名的不适应。想起平日校园里那些成日喜欢戴着口罩的同学，不免多了一些体谅。所以今天这封信，就索性来聊聊戴口罩这件事。

据说平日里戴口罩的原因很多，有一种说法据说是为了美颜——戴上口罩能让人看起来更是鲜楚动人一些。这样的说法倒并非毫无依据。20世纪第二个十年，心理学家维特海默创立的格式塔心理学派的很多理论就在一定程度上解释了这个奇妙的视觉逻辑。物理、生理与心理的同型特质让我们会对口罩之下的模样做出符合期待的弥补与刻画。

我不好对心理学的这一解释置喙臧否，但对那些喜欢戴深色口罩的同学认为这可以帮他们瘦脸，我倒是认真相信的。电视学院如我一般上了点年纪的同学都曾经上过一门《电视色彩学》，大抵就是用复杂的数学公式将各种繁复的色彩一一拿来做各种烧脑的计算，它让你欲仙欲死的感觉堪比今天大家面对孟爷爷考试时的酸爽。如今教授这门课的刘恩御老师早已驾鹤西去，但他在课上教我们的那些让我们的视觉产生收缩感的颜色我至今也是仔细记着的。

还有一说，倒也是与美有关，但更确切地说应该是将口罩用来遮瑕。据说女孩子们（当然男生也可以有）如今每每若是着急出门，却无暇梳妆，口罩便是最好的遮挡。如果上面说的远离当真都成立的话，那么口罩倒是正好用得恰到好处。

戴着口罩整日里行色匆匆、忙忙碌碌的人们在日本也是寻常可见。几年前的冬天，有机会和曾祥敏老师一起在东京的朝日电视台工作学习了一些时日。在他们的编辑间里，随处可见的是很多日本同事戴着口罩忙碌的日常。我简单地以为这只是因为流感季节的缘故，但负责我们的日本同事告诉我，还有很多日本人戴上口罩，只是在用这样一种方式暗示身边人他们今天不想与人交谈。这或许与他们在公众场合谦虚礼貌、谨慎内敛的民族性格有关，细细想来，也是与今天国内大街上年轻的衣衫背后那三排"Anti Anti-Social Club"有着异曲同工之妙。

回到当下，现时我们戴上口罩的多数情形，与上面说的原因是关系不大的。少了那些或复杂、或可爱的心机，戴它只是为了简单的保护，保护自己，也保护他人。前天我给在阿德莱德的导师一家寄去了在京东上买的两百只医用外科口罩。当地卫生部门依然并不建议健康人群佩戴口罩，考虑到文化差异，我也担心这会让他们误会，还写去了邮件特地解释。今早收到他们回信，告诉我中国人已经证明了这时候怎么做才是对的。

口罩很薄，却是一段奇妙的距离，这距离让人们陌生彼此的同时，也幻化出一些对他人的美好想象、一些与自己独处的空间、一些让彼此更安心的确幸。今天，我们已经可以慢慢摘下口罩自由呼吸了，但那些美好的距离应该继续存在，而那一段同学和恋人间彼此守望惦念的距离，那一段你飞跃山山水水重回校园的距离还需要我们继续安心等待！

叶明睿
电视学院视听传播系主任、副教授
2020 年 3 月 28 日

[生] 聊赠一枝春

亲爱的同学们：

展信佳！

许久不见，甚是想念。

还有一周就是清明节，已经到了仲春与暮春交替的时节了。柳条似乎是一夜之间被春风染绿，身上的厚衣一件一件褪下，楼下的桃花和玉兰竞相开放，白昼越来越长，春风吹在脸上，很暖很舒服。

春回大地，这场战疫似乎也迎来了胜利的曙光。各地的新增确诊病例、疑似病例保持为零，有些地区开始有限制地开学、复工，各地援鄂医疗队的英雄们陆续返乡。但是，我们仍然不能忽略严峻的现实，全球新增

病例呈爆炸式增长，全国仍然存在境外输入型新增病例，甚至出现了境外输入关联病例。这提醒我们，疫情尚未结束，防控不可松动，决不能让14亿人的努力功亏一篑。

在这场抗疫大考中，我也看到了90后、00后的担当。1999年出生的高幸跟随湖南汨罗市蓝天救援队在高铁站进行消杀工作，每天8小时穿着防护服，背着近60斤的消毒器械；2000年出生的刘家怡，随广东医疗队驰援湖北，在武汉客厅方舱医院，她的任务是帮助离开方舱的医护脱防护服，她说“穿上防护服，我就不是个孩子了”；2004年出生的高二学生张安欣是武汉蔡甸区正街社区最年轻的志愿者，负责帮社区团购、送菜。我佩服这些和我们“一届”年轻人的临危受命、勇往直前，他们用实际行动为自己正名，也证明了90后、00后并不是“垮掉的一代”。

回归我们的学习生活，网上教学已经进行了3周的时间，我们可能渐渐适应了这样的学习方式，也可能会有“比起线下教学网课的负担好像更重了”的感受。但是更重要的是，我们应该好好利用在家的时间，多读几本书，多学几道拿手好菜，多陪陪父母，珍惜当下的春光。

四月将至，在此借用南北朝陆凯的诗句“江南无所有，聊赠一枝春”来表达我对春天的珍惜和对相聚的渴望吧。衷心期盼疫情消散，我们在中传校园相见！

2018级广播电视学　张星冉

2020年3月28日　写于河北保定家中

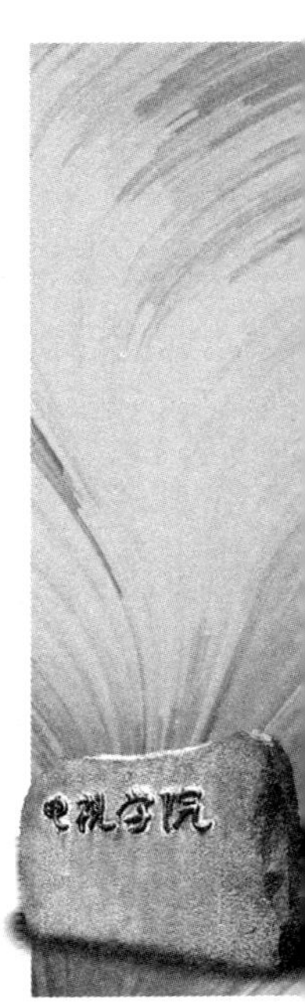

[师] 历史的底稿

各位同学：

五十天前给大家写了第一封信，与诸位共同企盼冬去春来。如今，我们盼到了春暖花开、盼来了武汉“解封”，却没有预料到疫情会以这种无差别的摧枯拉朽之势横扫全球。也是在五十天前，我轻松且欢乐地读完了大学室友六神磊磊在公号上发布的荒诞小说《隔离二零六零》。当时还庆幸现实中的疫情并没有磊磊描绘得那般魔幻；没承想不久之后，COVID–19 就显现出对人们日常生活和全球政治经济格局带来的巨大影响。

新闻是历史的底稿。民国报人徐铸成也有一句经典表述——“历史是昨天的新闻，新闻是明天的历史”。人类命运共同体之中，没有旁观者；

全球抗疫，我们可以做媒介与社会互动的参与观察者。走出象牙塔的你们回到家人身边、回到乡村和社区，以各自的方式见证和参与这段刻骨铭心的历史。对新闻的观察和品读，无疑为这个时代传媒和新闻专业大学生提供了操练专业、了解国情、读懂世界的连接。

农历新年刚过，学院的七位研究生就组成了一支小分队，以“新闻热评小组”的名义在我们的线上专业学术平台知著网发布专题《新闻热评》，对热点问题的新闻报道进行梳理、分析、评价。回顾疫情期间数篇热评，近三万字的底稿恰恰见证了从国内疫情高峰到夺取关键阶段胜利的“战斗历程”。2 月伊始，当人们感慨“人生第一次这样过年”、经历双黄连抢购热潮的抗疫初期，撰稿的同学条分缕析地分析谣言形成机制，掀开“伪装者”的面纱，直言“媒体责任和公众媒介素养再度被推到风口浪尖”。近几周，疫情席卷下的国际舆论环境日益复杂，同学们继续在中外媒体上发掘振奋人心的“好故事”和让人瞠目结舌的“差报道”，通过对抄作业、驰名双标、万里投毒等一个个新闻关键词的解读，连缀起 2020 年这段沉重而悲怆的历史记忆。

振奋人心的是，其中一些点评和建议，已经被新闻媒体采纳。几位在读研究生的文字，实实在在地反哺了新闻生产，为大疫之下能有更加健康的舆论环境尽了一份力。这也是青年大学生课程思政、专业思政的应有之义。与大家分享热评小组的工作，是希望更多的本硕博同学在复课之前都能做专业学习的有心人，通过多读、多听、多看、多想，细致观察和深入分析国内、国际热点新闻报道和舆情特点，为提升专业能力和发掘研究问题积累素材。只有建立自身的新闻敏感，才能在表象之下洞悉新闻背后（backstage）的生产机制和权力关系。不仅如此，作为知识的新闻还将带给我们对国际形势、政治经济、社会治理、跨文化等更多议题的思考，是在赛博空间进行的一堂堂生动的社会学、历史学、政治学直播课。

危机（crisis）一词在中文表达里巧妙覆盖了“危险、危难”和“转折点、机遇”这两层含义。这场全球性公共卫生危机改变了每个人的生活方式，也使我们不得不放弃2020年的很多规划。也许你正经历着漫长的“亲子时间”，也许你收到了论文、作品的入围通知却无法赴约，也许你还需要等一等才能与爱的人见面。要知道，你不是一个人在战斗，希望大家都能找到这场疫情带给自己的“转折点”。

未来可期。有希望，真好！

陈欣钢

电视摄影系主任、副教授

2020年3月29日

[生] 珍惜相伴与自我提升

亲爱的同学们：

你们好！

今天是2020年3月29日，是我从北京回到青岛家中的第84天。这创下了我自从我的学习生活开始以来，在家时间最长的纪录。事实上，我很珍惜这84天，以及未来尚不确定的居家时间。

这次突如其来的疫情，几乎打乱了所有人原本的生活节奏，但也让我们对生活有了一些思考。在这段时间里，我经常听到的一句话是：“趁现在陪陪父母，否则等上学工作，就没这么多时间了。”这场把我们都强行按在家中的疫情，同时也创造了更多家人相处的时间和空间。或许我们之前由于忙碌或不在乎而或多或少地欠缺对家人的关心，每次想起也只是轻叹一声，却没有改观。我想，现在便是将这份情感从心中托出的最好时机。请多多陪伴家人，给这些伴我们一路走来的亲情增添一份温暖。

“问渠那得清如许？为有源头活水来。”这是一句我们再熟悉不过的诗句了，将它放到现在，可谓十分应景。我们已经上了将近一个月的网课，从一开始的些许抵触，到后来的渐渐适应，我们都蜕去了浮躁，重新聚焦在知识与课堂本身。“书到用时方恨少”，知识与技能一向如此。因此，我们在日常学习之余，也应该自我培养必备技能。这样的自我学习过程，将会是无可替代、令我们受益匪浅的。

前一段时间，武汉天河国际机场送给抗疫医护人员的五百万张“回家机票”登上了媒体平台的热榜。机票上的一句话道出了我们所有人的心声：“最美逆行，同心战役，英雄凯旋，感恩有你。”望这场疫情在千千万万医护人员的奋斗与努力下，早日结束。

最后，祝愿所有的老师、同学，以及你们的家人们，身体健康！

2018 级广播电视学（国际新闻传播方向）本科生　陈中瑞

2020 年 3 月 29 日　写于青岛市家中

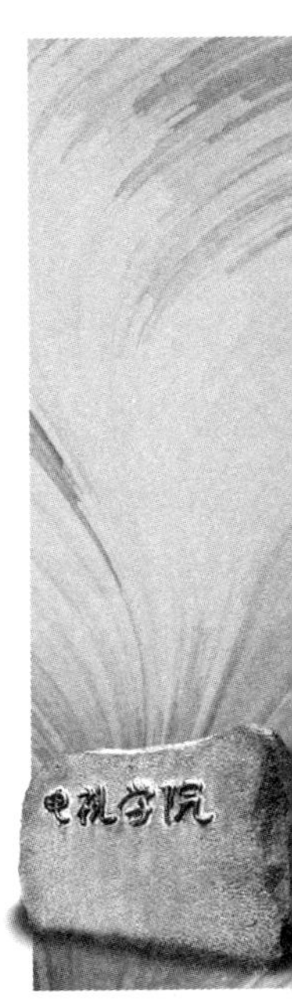

[师] 做一颗宇宙持久发光的星尘

亲爱的同学们：

大家好，我们又见面了！

距离我给大家写的上一封信已经过去了50天，在这50天里，四季开始新一轮的更迭，白昼开始长过黑夜，暑气也逐渐取代了寒气。近期国内的疫情基本得到控制，路上的行人和街上的车流也逐渐多了起来，人们似乎已经在为恢复正常生活做着最后的准备。但是海外的情况却日益严峻，很多人正在经历我们前一阶段的“至暗时刻”，全球疫情远没有我们想象的那么早结束。我们看到，这次的新冠肺炎，不是哪个国家，哪个地域或者哪个肤色的疾病，已经成了人类的疾病。这是一场全球的“战疫”，没有人能够逃离。

相信很多人在这段日子里都重温了一些和传染病相关的书籍和影视作品，美国作家里查德·普雷斯顿曾在小说里写下这样一段细思极恐的推论：“对于地球而言，人类就是一种寄生生物。人类群落无限扩张和蔓延，带来了全球变暖、物种灭绝、森林消失、水体污染、土壤腐蚀、垃圾围城、雾霾压顶等恶果。为此，地球为了自我平衡和防护，启动了针对人类的免疫反应，试图清除这种寄生生物的感染，而病毒可能就是大自然的清除手段。”由此回想 2020 年的前三个月：澳大利亚的山火，非洲的蝗灾，南极的高温和正在全世界蔓延的新冠肺炎……每一次灾难来临，我们都希望这只是大自然发出的一次警告，而不是人类要被彻底清除的那一天。

近期很火的一部纪录片《蜂蜜之地》打动了不少人。作为马其顿山村里最后一位传统的养蜂人，女主和蜜蜂们一直坚守着“取一半，留一半”的约定，大自然也因此馈赠她谋生的礼物。直到贪婪的游牧家庭出现，为了眼前的利益不惜破坏原则，最终导致所有的蜜蜂全部死掉，女主和游牧家庭从此只能另谋生计。影片结尾，女主对患有眼疾的母亲说：“你能想象春天来的时候吗？”母亲问道：“有春天吗？太多个冬天已经过去了。”是啊，如果我们还无法意识到自己在自然界中的渺小，那么我想人类的春天可能永远不会到来。

最近我注意到在众多有关疫情的报道里有这样一条让人不那么沮丧的消息，是说随着各国疫情的严重，许多国家也开始了“封城”。城市被封锁之后，虽然街上变得一片寂寥，但是却出现了人们从未见过的一派景象：最先“封城”的意大利，由于人类活动减少，空气污染问题竟然得到了改善，威尼斯河水变得前所未有的清澈；好久不见的鱼群和天鹅又都回来了，空荡无人的街道上野猪和绵羊在悠闲地散着步；甚至在撒丁岛的卡利亚港口，能看见海豚在码头畅游。有人说地球终于回到了它原本的样子。

我们所处的这个时代，好像运转得越来越快，却离生活本身越来越远。人类的想法不经深思就变成了商品或是偏见，然后再用消费或是舆论来填补精神上的空虚。这些隔离在家的日子，终于给了我们慢下来的机会，去重新审视自己的生活方式。我甚至观察到了一天中光线在家里的变化，它会像一个顽皮的孩子有时跑到角落里，有时落在被子上，有时来我的书上，有时爬到狗子的肚皮上，还有的时候会去亲吻儿子熟睡的脸颊。我还发现了我一岁多的儿子在家里的快乐源泉不是我们给他买的玩具，而多是来自身边那些不起眼的日常事务：掉在地上的毛絮、花盆里的土、袋子里的抽纸，或者爷爷脸上的眼镜……刚开始我会愤怒的阻止，但现在我却尽量在安全范围内任他探索，满足这个初来乍到的人类幼崽对世间一切的好奇，甚至学着用他的眼光重新打量身边熟悉的一切。所以你看哇，孩子有时才是老师，他时刻提醒着成年人最单纯的那份快乐在简单质朴的生活中更容易获得。

我现在站在窗前向远处望去，楼下深一处浅一处的绿色告诉我日子已经开始明朗起来。小区的花园里多了老人晒太阳的身影，远处也能听见孩子的打闹声和笑声，四季初始的日子里，万物都在变得可爱。儿子自从立春那天可以独立行走之后几乎没下过楼，每天就在屋子里走来跑去，我每天都盼望着摘下口罩的那一天早日到来，带他去阳光下大口呼吸，去树林里和草地上尽情奔跑，然后告诉他：未来啊，可不光要学会和人类恋爱，也要去和每一朵云、每一棵树、每一条河流、每一座山川交朋友，做一颗宇宙间持久发光的星尘。这也是我想对你们说的。

祝好，愿我们早日相见。

丰　瑞

电视学院电视摄影系副主任

2020 年 3 月 30 日

[生] 三言两语是想念

亲爱的朋友们：

展信安！

冬日的严寒似乎还在耳边呼啸，玉渊潭的樱花已然绽放芬芳。远方武汉三月，春天是不是伴着樱花悄然而至？

这一个星期发生了很多事。东京奥运会延期，英国首相和查尔斯王子新冠肺炎检测呈阳性，确诊病例数量从 20 万上升到 30 万，仅用了四天。国内的疫情慢慢得到控制，我由衷为我的国家骄傲。但这不是独善其身的时候。想去赏春轧马路的你啊，不知你那里状况如何？可千万莫扎堆，戴好口罩，别着凉。

好久不见，很是想念。但纵然相距甚远，我却似乎更了解你了一些。我看到你家乡的村庄，油菜花在丰茂的绿色中闪烁着金黄；我看到你去田野里掘了新笋，采了金橘，这对我而言是诗中才有的意境；我看到你尝试了网红凉皮，对酸奶蒸蛋糕颇有造诣；我看到了你的兄弟姐妹，小咪和小汪。我们还如往常一样，分享着点滴日常，只是我好像去了你的家乡，来到了你的身旁。网络一线牵，也能牵住你我的心。

不知你是怎样看待我们的课堂。居家二月有余，你还记得我们当初许下的诺言吗？我们说好要一起学习英语，准备实习。唉，我有些懈怠。所以当早八的闹钟再响起，这是一声钟响，宣告着找回状态的 Deadline 已经来临，别躺了，起来干活啦。这三周，我过得充实也踏实。学习与思考带来的新鲜感和成就感，让我重新有了前进的动力。我喜于与你一起讨论，一起收获新知，欢欣鼓舞，弥足珍贵。细想，距离新一轮的毕设开题还有两个月的时间，新一年考研与留学的关键时刻也快要到来，对你我而言，新一阶段的征程已开启，朋友们，一起加油！珍惜这段来之不易的“空闲”时间，不辜负这美好的春光，还有远方无法欣赏却盛开依旧的樱花。

我相信，我们的等待会化作挨过寒冬再相见的欢声笑语。我期望，在春烂漫而夏未至之时，白杨葱茏下，会遇见更好的我们。

2017级广播电视学　董泽萱

2020年3月30日　写于北京家中

[师] 信心与静心

亲爱的同学们：

再展开这张信纸时，突然有种开始记日记的感觉，仿佛回到了童年时光，单纯而美好！

其实，这段不寻常的日子，我相信大家也会感受到它纯粹而美好的一面。我们难得有时间整日待在家里，把以往一直凌乱不堪的电脑桌面好好收拾整理一下；打开手机微信，也不再像以前一样每次都是十条八条亟待回复和处理的事情；可以好好坐下来陪父母吃顿饭，也可以没事就坐在窗边望着天空发呆，甚至连每天早上睡到自然醒的梦想都在某种程度上实现了。似乎，我们确实可以沾沾自喜而满足起来。然而，转念一想，过去两个多月时间里，我们又失去了多少呢？我们熬过了一个惴惴不安的新春佳节，错过了多少精彩的电影演出和亲朋聚会的欢声笑语。未来仍然是个未知数，这种提心吊胆、谨小慎微的日子还将持续多久？有人说，我们现在正面临一个结局未知的百年未遇的大变局。说到这里，心情似乎又沉重起来。

实际上，我想跟大家说的是一个简单朴素但实现起来又不那么轻松的道理，即所谓“不以物喜，不以己悲”。任何人的一生相对于历史长河而言都是渺小的。你可能不巧赶上了战火纷飞，也可能一生都岁月静好，红尘无忧。也许今天大家都觉得此次新冠肺炎疫情是场人类灾难，但是谁又能保证余下的岁月不会有更大的灾难出现呢？有些人可能一生都红运当头、顺风顺水，也有些人却总是生不逢时、命途多舛。老子说：“上善若水”。所谓“善”就在于“水”的柔软，它可以因循着地势的变化自行流淌，随遇而安。即使遇到再刚硬的阻碍也不会出现硬碰硬而玉石俱焚的惨烈结局。所以，这可能才是人生态度的最高境界吧！这样说来，我们还是应该放平心态，坦然面对充满未知、起起伏伏的人生。正所谓，八风不动吧！

我对于最终战胜疫情还是充满信心的。当然，我无法从科学的角度给出一个标准答案。但是，如果从哲学辩证的角度看，致死率极高、传染性极强、且没有任何药物疫苗的病毒或细菌理论上很难存于世间；否则，人类也难以繁衍至今。艾滋病毒毒性虽强且没有疫苗，但是传播渠道十分有限。所以，虽然新冠病毒传染性很强，但是毒性其实没有那么高，疫苗或靶向药物也是值得期待的！更何况，经过艰苦卓绝的斗争，疫情在我国已经基本实现了阻断。这是一个多么了不起的成就！而从文化的角度看，对于大范围、人传人的传染性疾病的防控，东方文化所讲究的集体主义精神更具有优势。一声令下，全国上下闭门闭户，有效地阻隔了病毒的传播。集体主义文化本质上是一种有利于他人的文化，在现世生活中追求这种文化精神更有助于一个民族和国家的繁荣昌盛，而且这种国家的强大不是建立在血与火的基础之上的，而是依靠一个民族的勤劳、勇敢和团结。历史上，中国的强盛从来没有通过掠夺其他民族而获得；相反，今天欧美列强的发家史无不是一部侵略史。因此，今天我们可以自豪地喊出“中华民族伟大复兴”的口号，因为我们从来都是和平崛起。

有人说集体主义文化会丧失个人自由。实际上，从利他的角度出发，东方文明是在现实生活中讲究集体，但却在精神和艺术世界中追求个人。这一点恰恰与西方文化相反。以音乐为例，我们丰富多样的民族乐器其实更适合进行独奏。从表面上看，古琴、箫、笛子等都音色各异，合奏的效果总是没那么理想。内在却是因为高山流水、知音难觅的独立精神品格。所以，古人说，不如归去。但是，天下一旦兴亡，却又是振臂一呼，匹夫有责！而西方文化在现世生活中捍卫个人自由和权利，玩起音乐来却非要把七八十来种乐器凑成交响乐。但是，现世生活中过于利己的文化往往在需要集体行动听指挥的时刻就暴露出短板来了。这种“利己”文化不加控制，就会变成“损人”，变成烧杀抢掠。因此，我们不是不要自由，前提必须是负责任的自由！

总之，我们应当对未来充满信心，同时努力做到利万物而不争，不困于心、不乱于情。愿单纯美好常伴诸君左右！

顾　洁

电视学院媒体融合与传播系主任、教授

2020 年 3 月 31 日

［生］ 又一次，全人类站在一起

老师、同学们：

盼重逢，展信佳。

电掣风驰，骤雨轻狂，云屯雾集，雪虐风饕：疫情黑云压城，席卷全球。又一次，全人类拿起刀与盾，一起站在了病毒的对面。又一次，纷繁复杂的世界格局静下心来，酝酿着一场润物无声的思维变革，一场悄然而至的未来跨越，一场对人类情怀的重新考量。

人类情怀寻求着向既往探索的历史视野。饥荒、瘟疫、战争也许是宇宙计划的一部分，几千年来无法回避，也无法解决。中世纪黑死病肆虐，在当时的英国，每 10 人就有 4 人死亡。然而历史枷锁被人类不断打破：超级水稻、天花疫苗、联合国……似乎存在了千年的应然，成了不必然。人类反抗着历史的宿命，撰写着伟大的答案。封城、限航、研制疫苗、自我隔离，人类迅速采取的对策是我们面对病毒的宣战。人类应拥有信念，人类应感到伟大。

人类情怀追求着“大同”与“不同”的故事。国际新闻视角下，世界非常吵闹。种族歧视、自由人权、贫富差异……讨论的声音压过了疫情的声音。然而我们放下喧嚣，真诚地看一眼中国，会发现疫情前，制度优势就在这片神州大地上讲述着它的故事。世界不存在绝对的完美，所以我们依赖“不同”。从凯恩斯主义在资本主义世界滥觞，到中国调整道路改革开放，再到到意大利防控疫情举国封城，我们看到了不同文明互相学习、借鉴的力量。当十面埋伏时，总有一种方案能带领人类冲出重围，所以我们推崇“多样”，我们鼓励“包容”，我们期待“大同”。

人类情怀聆听着未来的回声。我们不曾想象，网络授课、智能配送、云端聚会成为生活的常态，就像过去我们不曾想象地球的洋与陆、国与邦会紧紧绑在一块。疫情是未来派向现在的侦察兵，带着问题拷问世界：你们准备好了吗？准备好万物互联的网络了吗？准备好交流互鉴的平台了吗？准备好捆绑命运的勇气了吗？准备好接纳包容的信仰了吗？准备好分享各自文明的故事了吗？准备好团结在一块儿了吗？

面对疫情的疯狂，人类能把握的是不变的信心和通达的情怀。我们常常思考，我们又常常拥有答案——谁把我们聚在一起？谁让我们历经磨难？谁又会给我们带来曙光？

过往在遥想，现实在企望，未来在低吟浅唱：

天稍暖，日初长。昨夜风雨凉，今日晨光，方舟又轻航。

2017级广播电视学（国际新闻传播方向） 汪宗楠

2020年3月31日　书于成都

［师］ 不虚度光阴，不辜负时代

亲爱的同学们：

大家好！今天是 4 月 1 日，一个崭新的“人间四月天”悄然开启，而与此同时，我们也不得不正视一个现实——2020 年已经过去了四分之一。遥想放寒假前，大家可能还在欢欣鼓舞地为 2020 年畅想蓝图，现在却需要认真考虑怎样把当时的计划一一付诸完成。

26 年前的今天，中央电视台在晚间黄金时段开设了新栏目——《焦点访谈》，这个后来曾一度“影响中国四亿观众”的栏目有个特别响亮的口号——“时事追踪报道，新闻背景分析，社会热点透视，大众话题评说”。这个栏目在当时点燃了大批青年人的新闻理想和家国情怀，当然也

包括我在内。今年春节期间，我在东北老家的书橱里无意间翻出早年买的书——《聚焦“焦点访谈”》，细细读来，感慨万千，很多经典报道案例仿佛在眼前一一重现。

今天再说起这个栏目，很多同学可能会说，它的影响力已无法跟当年比肩。其实，这是非常正常的，因为随着时代的发展，媒介环境和观众收视习惯都在不断经历着潜移默化的变迁，无论是传统电视整体还是名牌栏目都无法永远锁定观众的注意。但不可否认的是，《焦点访谈》以及后来的《新闻调查》等电视深度报道栏目给职业新闻人种下的激情和理性，以及对中国社会发展的敏感与深层关注，是值得一代代传承的。

记得2003年我刚从英国硕士毕业，回国加盟《新闻调查》时，接到的选题几乎是清一色的农村问题报道，涵盖了农村公共卫生、农村饮用水污染、农村教育等领域。我有一次开玩笑地跟制片人张洁老师说，为啥总让我做农村题材报道？没想到张洁老师特别严肃地跟我说：“你从小到大都在城市生活，对农村缺少了解。想要做好记者，就必须设身处地了解社会各阶层的生活。不深入了解农村，你如何能在新闻报道中表达8亿农民的心声和诉求？”时至今日，我依然对当年的这番对话记忆犹新，所以近两年我也在给本科生和研究生的教学中，鼓励大家积极关注和记录国家精准扶贫所取得的伟大成就。

随着大众媒介的迅速发展，公众获取信息的渠道愈发多元，如果单纯探讨某个知识点的话，大家一定会通过互联网找到很多相关信息。那么，在这种情况下，学校教育和专业教育的价值究竟何在？梁启超先生曾在1927年写给子女的信中给出了答案：“今在学校中只有把应学的规矩尽量学足，不唯如此，将来到欧洲（再）回中国，所有未学的规矩也还须补学，这种工作乃为一生历程所必须经过的，而且有天才的人绝不会因此而阻以他的天才。”

同学们，如今的疫情防控形势虽比春节期间有相当大的好转，但仍不容盲目乐观。学校三令五申，要求大家做到“不离家，不返京，不返校”。希望大家在这段时间能够摆正心态，踏踏实实地通过线上教学和线下阅读观摩夯实专业基础，通过主流媒体的新闻报道密切关注全球抗击疫情状况。无论疫情何时消散，我们都努力做到不虚度光阴，不辜负时代。

张　龙

电视学院国际新闻与传播系主任、教授、博士生导师

2020 年 4 月 1 日

[生]　一切仍在生长

亲爱的朋友们：

展信佳。

自从一月从北京回到南方的家中已经过去两个多月了，原以为相距不远的重逢也因为这场疫情的到来变得扑朔，不知身在各地的伙伴们是否一切安好？

在南方，今年的春天来得招摇。望向窗外，在抽着新芽的叶间，迎春花、紫荆、玉兰开得热热闹闹，木棉枝头缀着一树橙红，天桥两旁绿化带上的簕杜鹃花簇也聒噪地绽出一路亮紫。骑楼的屋檐下，燕子忙碌地筑着巢，不远处的窗棂上停着叫不出名字的小鸟，自顾自地啁啾唱着。清明将至，原来回暖的天气又清冷了下来，细细的雨丝氤漫在空气中，淅淅沥沥的雨声和偶有汽车驶过潮湿路面的水声里，还是溶化了的春天。疫情的来袭让我们的时间被打乱了阵脚，原来高速运转着的学习与工作生活不得不

慢下了脚步甚至一度遭遇停滞，但也正是在这段时间里，那片窗外的世界仍在不断生长着，甚至绽出比以往更为鲜活的生命力。

截至现在，全球累计确诊突破了七十二万，死亡人数也逾三万四千人，各国都在为肆虐的疫情而惊慌忙乱。国内的疫情虽然已得到了缓解，但四川西昌的森林大火又让人们的心紧紧揪住。网络上、电视里、报纸中，一则又一则新闻撕裂着我们曾经习惯的安稳，长时间的封禁与隔离也把许多过去的痕迹从我们身上慢慢剥离——我们来到了一个警醒的当口，迎接我们的是更多新的挑战。或许，这段让我们困在家里的时间并不意味着停滞与等待，它将我们与各地伙伴的命运紧紧相连，让我们学会与自己相处，并促使我们走出原来的舒适圈，将我们推向敏感、反思与行动。我们也仍在不断生长呀!

随着网络课堂的开展，我们又一次回到了课程表的时间规划里，回到了与 deadline 赛跑的紧迫感里，回到了知识输入与活跃的讨论里，我们在各自的轨道上继续前行。但我想，这段不寻常的日子已经在我们每个人的身上留下了它独特的印迹，记录着我们在其间的郁结、躁动、愤怒、感触，记录着我们收获的思考、应变与成长。

窗外的雨停了，留下满眼晶莹的葱茏湿润，绿的温柔又生猛。愿在不久的将来，在疫情的阴霾散去之后，我们都将迎来一个更有生命力的自己。

2018 级编辑出版学（新媒体方向） 钟凯昕

2020 年 4 月 1 日　写于广州

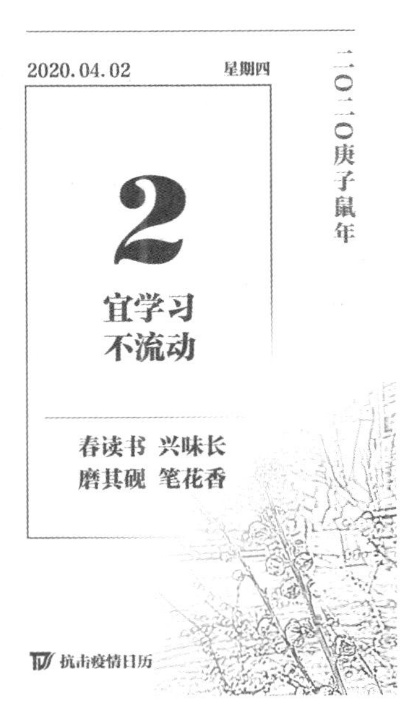

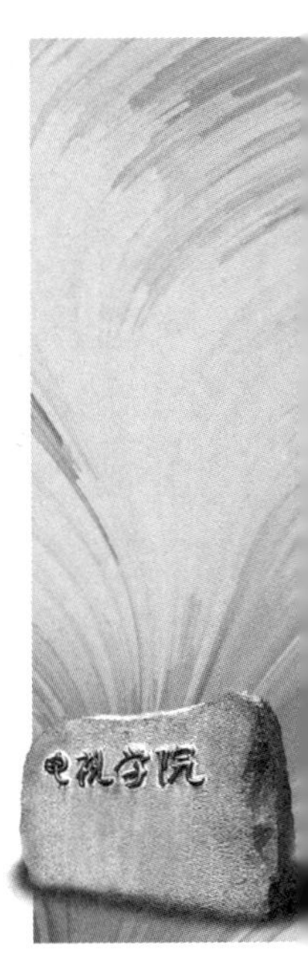

[师] 疫情传播的混乱话语与“反科学”现象

——COVID-19 疫情期间美国媒体与社会的田野笔记

亲爱的同学们：

见字如面！

愿祖国健康，青春美好，世界安宁！

2020 春，我因疫情滞留在美国马萨诸塞州的 Cambridge，这座学术小城依查尔斯河而建，与波士顿隔河相望，因哈佛和麻省理工而驰名世界。写信中，我偶尔起身，从公寓窗口望出去，是萧条的哈佛教育学院图书馆、空旷的雷德克利夫学院，偶尔街头跑步经过的年轻人与远处城市上空不时响起救护车警报。这是疫情暴发后沉郁而荒凉的“末世”场景——也是《纽约时报》四位记者在 3 月 25 日写下的绝望警示：“An ‘Apocalyptic’ Coronavirus Surge”。当日纽约皇后区 Elmhurst 医院死亡 13 人，该院医生 Colleen Smith 用手机拍摄下的 72 小时急救室 Vlog 在 YouTube 上有近 500 万点击。在该视频中，她与同事们身着一般医用手术服、佩戴一次性医用口罩。她手持镜头平静而近乎荒诞地穿过病房和走廊——仿佛在美剧最常见的急救室场景：灯光敞亮、病床整洁、医护尽心尽责、患者平静安详。画面中只有 Colleen Smith 医生的声音还透露出一丝焦虑和疲倦：缺个人防护（PPE）、缺呼吸机。在监测区的等候队伍太长，疑似患者站得太密……《纽约时报》记者撰文哀叹：末世的来临。

但这——仅是前兆。

这个在“自由”“民主”“平等”口号下试图征服宇宙的国度，仿佛正在面对一场美国梦信仰的集体崩溃：曾经如信念般追逐的自由，赋予了年轻人在疫情暴发之后坚持聚会狂欢的勇气，以及藐视疫情传播和健康科学知识的愚蠢；曾经驾驭一切理念之上的民主，为忙乱慌张的各州政府与指东打西的中央政府重新建构起一套令世人惊愕的疫情政治学提供了理论支撑：推诿、谩骂、指责、嫁祸、谈判行动并生，中央政府的虚假信息与应急管理瘫痪的现状互存。曾经闪亮如红星般指引美国低层民众拼搏的平等（与人权）在疫情暴发后不堪一击。加州 17 岁患者被拒治，转院途中身亡。哈佛学生 Dennis Magnasco 申请检测不断被拒，9 日后不得求助网络。得克萨斯副州长声称：老年人愿意放弃生命，为经济建设中的年轻弄潮儿们换取一线生机（grandparents are willing to die for US economy）。《纽约客》的亚裔记者在街边被一位老妇人当面训斥“滚回你自己的国家”。《波士顿环球》的记者问：富人、明星和其他人有啥不同？（Why does it seem the rich and famous get tested for coronavirus while others don’t？）。也许 3 月 27 日新闻招待会上特朗普的回答可以满足美国民众对这一问题的好奇，当记者追问：“是否需要呼吸机的每一位患者的救治需求都能满足？”总统嘲笑：“你是傻白甜吗？（Don’t be a cutie pie.）”这随意而答的“可怕之处”（The awfulness of the man in the White House）并不是这“可怖政策”（terrible policy）所指代的“全部故事”（whole story）（援引《纽约时报》时评原话）。这就是今日美国的新常态，是一个曾经在好莱坞末世寓言中，自我挣扎却幻想拯救世界的超级政权所经历的自我扭曲，也是一幕被民粹主义所摧毁的国家公共健康体系的全线崩溃的场景，更是虚妄的美国梦式的自由与民主的一次终场演出。

作为一位中国的传播学者，令我最惊愕的是：在全球疫情前，危机传播与健康传播的全球性无力和错位协调。在庞杂而令人窒息的英文文献中，关于危机、健康、公共卫生事件的研究犹如过江之鲫，中国学者们积极地为国际学术界贡献自己的研究，加入健康传播研究的国际领域。但在2020年这场疫情中，国际间健康传播研究与协调合作的失败、信息不统一、自说自话的现象却值得深思；中国经验如此醒目突出，应对国际学术环境有所贡献，但被西方意识形态所掌控的学术与传播却寻找抹杀和歪曲中国抗疫成绩的一切可能。这也让我反思，对中国年轻的传媒学子而言，学术话语场的自我建设任重道远，学术自信的重建更需要勇气，要立志战胜偏见、敌意和科学话语权的倾轧，立足世界。

健康传播不是关门写论文，而更应该是体制、机制、媒体、民众的多元共振的行动式研究。以中国为例，如果没有一个抗疫目标明确、执行和协调能力强大的中央和地方各级政府、科学研究机构、民众的积极配合与协作，所谓的健康传播研究就是一纸空文。

比如，“是否戴口罩”成为今日西方国家健康传播与媒体报道中最为混乱的信息，也每每呈现在全球疫情最令人匪夷所思的分裂主义、种族歧视和国家污名的非理性场景中。“戴口罩”是健康传播中最基础的知识与行为改变，但在美国，它却和政府行为、经济模式、公共卫生体系交错纠缠。

是否戴口罩，美国的学者和记者一直是自说自话。因为缺乏“足够的科学证据”，所以从CDC，到《华尔街日报》《华盛顿邮报》的预防建议都是：仅建议患者和疑似患者佩戴口罩。3月27日，《纽约时报》终于挣扎着以一种“可能”“或许”加问号的标题发了一篇新闻稿：“More Americans Should Probably”戴一下口罩？

“全世界最富有的国家为何没有足够的口罩？”当记者提问时，学者们回答：“这是美国应对新型冠状病毒疫情的众多荒谬之处当中最令人不安的一个。”其一，是“美国的资本主义病态”——依附海外低成本而生存，口罩的生产几乎全部在国外；其二，口罩，依附的是“准时制”（Just-in-Time）供应链，与厕纸一样，要求以最小的库存满足需求；当你发现老百姓在抢厕纸的时候，口罩早就脱销两个月了；其三，政府公共卫生应急系统中采购与供应链的断裂，2009年H1N1流感期消耗一亿个口罩库存的仓库，之后十年，从未补仓；其四，民粹主义的反华政策驱使，美国医疗机构和药房买不起中国口罩（世界口罩产量的80%）。疫情前期，特朗普政府针对中国口罩加征7.5%关税（疫情暴发后，悄悄改为0%）。这意味着买中国口罩不如买韩国口罩，买中国口罩不如请服装厂工人手工缝制（ABC新闻），请游戏设计打印3D口罩（CBSN新闻）。2019年6月，美国卫生业经销商会副主席琳达·奥乃尔在301加征关税听证会上警告美国政府：关键医疗产品加税将危害美国公共卫生应急能力。一语成谶。疫情期间，健康传播就不再是健康信息的简单报道，而是一场知识、宣传、行为改变相关，科学、媒体与政府相互联动的国家行为。难道美国学者、政府、媒体不知道？

而作为一位媒介专业的大学老师，我更觉得惊讶的是，在美国式教育引领全球知识幻想的同时，教育公平在本次疫情中的无能为力。麻省州立大学的学生Timothy Scalon是“Homeless Student，”平时依靠打工、助教、宿管、学费贷款维持大学中的生活与学习。停课和封校意味着他赖以生存的生活费、宿舍、学习空间瞬间消失。在读大学前的八年中，父母带着他和弟弟妹妹们辗转于各汽车旅店。Timothy Scalon的故事也许是励志版的《无耻之徒》——愿美国梦照耀年轻人前行。停课公告发布后，他发文追问：“我是去做流浪汉，还是去做流浪汉，还是去做流浪汉？”——他无处可去。网课对他毫无意义。

4月2日，是马萨诸塞州封城的第三个星期。此前，哈佛校长和数十位同学确诊，特朗普的真实拥趸 Liberty 大学的校长罔顾防疫专家的警告，贸然开学，召回 1900 名疫情期间精力无处释放的大学生，以望向世界彰显美国学术自由的希望之光。未及一周，11 位学生确诊，3 位送医院急救，8 位轻症隔离观察，800 名学生慌张逃离。这周，哈佛开始网上授课，而我与国内同学的网课已经是第四周了。在美国亲历疫情的这段时日，我倍感以往学习、研究与认识的肤浅。我还记得在第一封信里，我说，中国的历史，是苦难史、抗争史、胜利史——世界的历史也如是。但从此之后，我对世界的看法却完全改变。

这是我写给同学们的第二封信，我想，就把自己在美疫情期间的经历与观察分享给同学们吧。真实最有力量，让我们拥有审视世界的眼睛和身为中国人的自豪。谨与各位同学共勉！

吴炜华
电视学院教授、博士生导师、编辑出版学系系主任
2020 年 4 月 2 日

[生] 春光潋滟，享受孤独

——广院的花开了

亲爱的朋友们：

展信安。

今天是 2020 年 4 月 2 日，是我独自待在宿舍的第七十天。之所以想

在这天写信给你们，是因为去年今天的这个时候，在结束了考研复试紧张的最后一环——面试之后，我和学院楼下的“小传”进行了愉快的对话，因此从那天起，我的心里就种下一颗期盼读研生活的种子，就如同今日期盼着再与你们于校园相遇一般。

我们可以发现，自疫情袭来之后，被按住暂停键的这颗星球上的人们开始被迫“享受孤独”。“志士惜日短，愁人知夜长。”还记得我在文工团时，当时的团长在开业务研讨会时说过，曲艺队的“台柱子”冯某某之所以业务能力扎实，就是因为他懂得“享受孤独”。之后，每次路过琴房看见“台柱子”都在努力练二胡的时候，我也开始了独自一人在偌大舞蹈房的练习时光。斗转星移，放眼当下，我知道肯定也有许多我们看不见的优秀的人们在疫情期间默默地“按部就班”。知识鸿沟就这样越撕越大，而这种危机感似乎也能成为我们适应孤独的强心剂。

在广院的第一个春天，虽然没有你们的陪伴，但也能透过我的双眼、我的感受给你们分享北京四月的风、传传潋滟的春光。明德楼前有白有紫的玉兰，这会儿已轮换成一波嫩叶芽儿；至善亭旁湍流不息的小瀑布是我常赏的景致，南操夕阳下戴着口罩踢球的留学生也充满着朝气；前日的我驻足在立德楼前，看满树桃花瓣以秒速五厘米落下，而动院水池前锦簇的榆叶梅也带给我转角的惊喜；当然，还有那 48 教前的两树梨花，大阅城北侧浪漫的海棠，她们都开得很好。这些都让我想起了李白写下的那句“相看两不厌，只有敬亭山”，尽管疫情在全球肆掠，你我所处的城市难免还有着“孤云独去闲”的荒凉感，但母校一直扮演着你我心中的“敬亭山”。

至于生活，学校和学院会定期给我们发些水果零食和口罩，北苑的伙食也能保证我不会饿肚子，这些稀松平常的留校生活点滴我都会晒在社交平台上。比如除夕夜我放弃了学校发的餐券，在宿舍吃了“丰盛”的海底捞自热火锅，生日的午夜我点了 KFC 和蛋糕，吹着蜡烛许着愿。通过分享这些琐碎日常，我打开了与外界沟通联系的窗口，我也相信，在疫情退散大家返校之前，通过新媒体渠道和大量的网络人际传播、组织传播、群体传播等方式，接触书本知识、日常知识与社会规则等将会是常态。

《小王子》中最浪漫的一句话也许很适合2020年这个春天：“如果你说你在下午四点来，从三点开始，我就开始觉得很快乐，时间越临近，我就越来越感到快乐。”你们什么时候能回学校呢？我会和传传一起，在北京等你们。

祝好！

2019级新闻与传播硕士研究生　廖　琴

2020年4月2日　写于北京中蓝二期宿舍内

[师] 储备能量，以待远方

亲爱的同学们：

展信安！又一次和大家以笔友的形式相见了，上次还是春寒料峭，如今已是大好春光了。大家最近的网络学习一定收获很大，读书 list 是不是又长了一些？不知道同学们是否会有这样的烦恼，定计划时总是有万丈雄心，而执行时却步履维艰，尤其是独处时更是觉得手机像是黑洞，在无尽地吸附着注意力和时间，要抵御它的引力，需要强大的定力。古人说“君子慎独”，自律实乃一种至为难得的品质。

近日看到了关于高考延迟至 7 月 7、8、9 日的新闻，忽然觉得记忆很恍惚。大家知道吗？在 2003 年以前，每年的高考就是在 7 月份进行的，考生们顶着酷暑完成他们人生中第一次大考。关于高考延期，网上有两种不同声音。第一种：这么难熬的高三，为什么还要再多煎熬一个月？另一种：太好了，又多了一个月的逆袭时间。我可以理解身处高三的同学在经历了连续十二年的苦读之后，盼着离开书桌尽快长大；可是同时也羡慕高三时有目标、有信念、有冲劲的青春感。不知道各位同学对于自己的高三有着怎样的记忆？尽管已经成功翻过了高三那座耸立的大山，但也希望大家不要忘记那种攀登的信念和劲头，不要在舒适之中消磨了意志，不要辜负自己曾经付出的辛苦。

曾经网络上有这样一句话，当一个学子远离家乡到外地上大学后，从此故乡是“只有冬夏，再无春秋”了。虽然有些伤感，但对许多同学而言的确如此。你们有关春天的记忆里，你们的手机相册和相机储存卡里，逐渐丰富的是电视学院门前的玉兰、一号楼前的杏花，或是颐和园的碧波和玉渊潭的樱花，关于家乡的春天记忆是不是逐渐模糊了？而这个漫长的寒假，却是一个大家能够再度体会家乡春色的机会。大家的家乡春天都是怎样的呢？几天前东北的家乡还能偶见积雪，江南的油菜花已经开满园地了，草原的绿芽还没有冒出来，武汉的樱花都开始飘落了。广袤的中国大地，有各种春天的可能。春天的到来，不仅仅是鸟语花香，也有整个国家的复苏。

我们能明显地体会到城市在复苏，生活在重启。那条疫情期间寥寥无人的大街又开始塞车了；小区门外的建筑工地停摆安静了两个多月，又传来了叮叮当当施工的声音。同学们在网络上总能看到的一句话：“我的快乐回来了。”没错，在恢复堂食的韩餐店，我一口气点了三种口味的炸鸡；在小蓝骑士的风驰电掣之后，我获得了一杯芋泥与波波同在的奶茶。还有一个突出表现是，我又开始接到各种各样的推销电话了，各种口音各种音色的“先生您好”开始频繁出现了。身处城市之中，我们习惯于高速运转的现代感，它既带来了生活的便利，也有一些难以规避的烦恼，诸如塞车、噪音、排队等；而当城市因为疫情停滞之后，人们失落于便利感和热闹感的消失，开始反思城市的构成。小说家欧·亨利有一部小说集名为

《四百万》，其核心观点是——纽约这座庞大的城市之中，并不是只有上层的“四百人”值得关注，还有四百万普通市民，他们构成了一座城市的根基。当我们逐渐恢复我们所热爱的喧闹生活中时，可以回想构成我们便利感和安全感的来源，供电、供水、通信网络的通畅，生活必需品的储存、运输与配送，城市治安与医疗安全的维持……环环衔接的日常生活，其实是每一个平凡无比的普通人构成了我们最热爱的烟火人间。

人类的命运的确在无形之间连为一个难以割裂的共同体，战争、灾难、病疫都不是某一个国家、某一个民族自己的损失，而是整个人类社会无法回避的巨大伤痛，而媒体、网络让我们对这些伤痛的感知更加具体和确切。不过，现在还是需要大家静候和储备的时间，在“不离家、不返京、不返校”的时间里，这些对于时事的关注、对于伤痛的感知，可以转化为我们储备能量的动力。总有一天大家会走上前线，而当这一天来临的时候，希望大家不是手无寸铁，而是全副武装。

付晓光

电视学院教授、硕士生导师

2020 年 4 月 3 日

[生] 花儿又开了，都开了

亲爱的同学们：

展信佳。

身在一座北方小城，春色也总是姗姗来迟。从走出回家高铁的瞬间扑面而来的寒凉，到除夕夜里裹着棉袄看烟花绽放的冷，再到如今春日阳光再次透过窗棂的温暖，时间已不知不觉间流过了好长，长到整整一个冬天，长到迎来又一个春天。

似乎很久没有如此认真去感受一次春天了。疫情让时间慢了下来，让我有机会费尽心思地设计自己的下一顿晚餐，有机会在天台上眺望每天慢慢昏暗的夕阳，有机会看家里最后一棵白菜慢慢开花。

慢慢，才发现不一样的生活；慢慢，也终将迎来春天。

前几天，营口市援鄂医疗队首批医护人员圆满完成任务，胜利归来，迎接的车队路线会从我家门前的马路经过。那一个午后，在车队到达前很早很早，自发聚集的人群已在道路的一侧整齐排开。

人群挥舞着双臂高呼着加油那一刹那，热泪盈眶。

这个冬天，也许我们也曾问过春天何时归来。直到看见他们归来，才发现心中早已有了答案。他们回来了，他们踏着春天归来。

有人归来，有人还在远方，还在远方坚守，守护一个春天。

我们也相隔遥远，但我们同望一个春天。

昨天上课的时候，上网课的老师还不禁感慨，网课进行至今，与同学们还素未谋面，也不知何时能与同学们相见。

诚然，开学时间尚未可知，境外输入风险依旧，高考时间确定延期，广院之春也开启了线上赛程。线上教学的每一天，也许与想象的都不一样，但知识与爱每天依旧跨越距离的遥远，依旧和以往一样来到我们身旁。

也许今年没有机会亲见大学校园里花开，但我也愿意等待，因为我知道，再见时的花开，一定更美。

我们共同守望同一个春天，希望它明天会来到。

我们想要的明天，一定会如约而至。

午后，天气正好，春天终于问候散步的你我。

花儿又开了。

花儿都开了。

相信重逢之时，花儿依旧盛开……

2019 级编辑出版学（新媒体方向）本科生　赵九安

2020 年 4 月 3 日　写于辽宁营口家中

[师] 及时当勉励　莫负人间四月天

亲爱的同学们：

大家好！

梨花风起又清明。给大家写第一封信的时候，元宵刚过。如今看落了雪花又见杏花倚栏，尽管疫情阴霾仍未散去，但也遮不住春意盎然万物复苏。

中国已经迈过了至暗时刻，春光下又出现了打着太极的老人和欢快奔跑的幼童，久违了的广场舞歌曲也再次响起，一切好像又恢复了往常的热闹。可是仔细观察，人群中总是能看见各色的口罩，跳舞队伍的间距离得分明比原先更远一些。疫情并未完全结束。日本、韩国、伊朗、意大利、西班牙、德国、英国、美国……相继宣布进入国家紧急状态，在全球化交往和流动如此深入的今天，没有一个国家能够置身事外。疫情就这样轻易越过地理、政治和阶层的隔膜，将全世界人民拉入了一个“命运共同体”。

3月11日，世界卫生组织宣布新型冠状病毒病进入全球大流行（pandemic）状态，其基本定义就是疫情出现了全球或极广泛区域的传播，随后各国的确诊呈现了井喷式的增长。约翰斯·霍普金斯大学的数据显示，截至北京时间4月2日凌晨2点半，美国新冠肺炎确诊人数已经超过了20万人，全球新冠肺炎确诊病例已超过90万人，死亡人数超过4.5万人。全球化的时代，现代化风险具有一种内在固有的全球化趋势，瘟疫等公共卫生领域的危机事件，其波及范围早已超越了地理的边界。

对我们来说，远未到可以放松警惕的时候。中国付出了巨大的代价，方才取得了本土疫情控制的成效。张文宏教授在接受采访时表示：“全世界疫情能否控制得住，不是取决于疫情控制得最好的国家，而是取决于疫情控制得最差的国家。”只要新冠肺炎疫情仍然在地球上肆虐，我们随时都会面临较大的输入性风险。如果其他国家的疫情继续纵深演化，我们的疫情防控又何尝不是刚刚开始呢？

这两个月来，我们已经逐渐适应居家学习，与阅读为伴，与研究为伴，可能略显清冷，但是绝不孤单。学院的老师同学，每天都坚持给大家写信，回归到“笔友”的方式，交流着阅读的收获、生活中的体验和专业的热点。伴着袅袅茶烟，打开一封封信件，老师们的殷殷嘱托切切期盼言犹在耳，在家隔离的时光也并不枯燥乏味。

重大的全球性事件，往往也能催生重要的学术突破。一战结束不久，拉斯韦尔便以敏锐的洞察力，完成了《世界大战中的宣传技巧》，成为传播学研究中的开创性著作。疫情并未隔绝信息的自由流动，希望大家能够利用这段在家的时间，善读、细听、勤思，更加理性和宽容地去理解这个复杂的世界。比如，3月21日出版的英国《经济学人》杂志，封面图案在象征全球化的地球上挂了个“结束”的牌子，表示“我们所知道的全球化正在走向终结”。全球化的趋势也许无法逆转，然而新冠肺炎疫情对全球经济的影响成为国内外舆论近来热议的重点，由此衍生出关于“全球化终结”的讨论，颇值得关注。是终结还是小结，我们拭目以待，人类如何在危机中携手共同面对，以严肃开放积极的心态正视疫情和随之而来的经济、社会的变化，这才是人类社会共同进步的基石。

“时万物皆洁齐而清明，盖时当气清景明，万物皆显。”生命漫长而悠远，代代绵延。也希望大家及时当勉励，珍惜春光，唯有生机勃勃不负清明。

汤　璇

电视学院国际新闻与传播系副主任

2020 年 4 月 4 日庚子清明

［生］　天地清明，人间有情

亲爱的朋友们：

展信佳！

窗外清明时节的雨已经下了整整一周，刚穿了两天的短袖又该换上毛衣和厚外套了，不知你那儿的天气是否比我们这儿温暖、晴朗。刚上幼儿园的弟弟还是如往常一样醒来第一件事就是跑到阳台，看到三两个戴着口罩行色匆匆的路人，然后告诉全家人，今天又是不可以出门见小伙伴的一天。

尽管全国疫情防控形势持续向好，但眼下疫情的阴影还未完全散去，“外防输入、内防反弹”仍是全国疫情防控工作的重心所在。在这样的背景下，我们迎来了追思怀远的清明节。为表达全国各族人民对抗击新冠肺炎疫情斗争牺牲烈士和逝世同胞的深切哀悼，国务院发布公告，决定在今日举行全国性哀悼活动。凄婉的喇叭声、汽笛声、警报声准时在中国大地的各个角落鸣响，祭奠这场战疫中逝去的英灵，致敬这个冬天英勇无畏的逆行者。

慎终追远，民德归厚矣。相比于“南北山头多墓田，清明祭扫各纷然”，这个清明思慰逝者最好的方式便是遵循各地所倡导的网络祭扫等非现场祭扫方式，文明祭扫，减少聚集，珍惜来之不易的战疫成果。

《历书》云：“春分后十五日，斗指丁，为清明，时万物皆洁齐而清明，盖时当气清景明，万物皆显，因此得名。”春回大地，生气勃发，除了行清，清明还是踏青游春的好时节。程颢就曾在诗中写道：“况是清明好天气，不妨游衍莫忘归。”逾越过寒冬，春天的风会带着新的希望走进每个人的家里。

清明假期后，我们这儿的高三学生就要开学了，自己也已经不知不觉地上了一个月的网课。既然现在的条件还不允许我们摘下口罩，出去走一走，那就珍惜春光多读几卷书吧。想来玉渊潭的樱花、颐和园的桃花，还有学院门前的玉兰花都开得十分漂亮了，也许今年来不及与你共赏，那就相约来年一起看最美的人间四月天。

2019级广播电视学硕士研究生　潘　悦

2020年4月4日　写于福建福州家中

[师] 陪伴式的专业实践

亲爱的同学们：

大家好！

庚子清明的小长假对我们来说都很特殊且难忘。记得给大家写第一封信的时候，还是在50天前。因为新冠肺炎疫情，大家还不能返校，但我们利用互联网，一直在赛博空间中进行交流，虽然物理空间相隔甚远，但我们每天都在分享信息。从2月10日起，学院每天都会用“抗疫日历”“师生书信”与大家互动。而我和学院的很多老师有幸参与了抗疫日历的日更策划和设计工作。

今天，特殊时期促成的这本“抗疫日历”持续了一段时间，而在这过程中，对日历内容和形式的考量，竟然渐渐成为一个陪伴式的专业探究，一个持续更新改进的审美探求，一个想浓缩很多挂念和寄语的情感依托。在这里，我想和大家分享一下学院在“抗疫日历”的策划和视觉设计中的一些做法。

首先，说说日历的内容构成吧。以抗击新冠肺炎疫情为主题，学院的初衷是通过每日推出一张带有疫情防控要求、激励寄语、学校景图的日历，意在让同学们居家也要把握春光，好好学习。这份日历既是一个提醒，又是一份关心。因此，在日历的内容构架上，我们参考了市场中的类似产品，并经过反复讨论、构思和样稿设计，最终确定了以年份、月份、日期、节气（4 月 4 日起增加）、警语、寄语等文字信息为视觉主体，搭配校园景图，以线框元素为装饰图案，采用扁平化设计、单色表达、简约风格的内容结构和设计构思。

其次，谈谈日历的文本策划。截至今天，学院共发出了 56 张日历，不难看出，每张日历中的文本信息内容，都契合了当时疫情防控的整体要求和需要。同时，学院在日历中还采用成语、诗句等文体文风向同学们进行勉励和提示。在创作实践中，文案策划是“魂”，只有奇思妙想的策划，才能激发设计者运用图像、色彩、构图、空间、图文编排等手段和法则进行视觉构建。内容为王、形式为内容服务是实用设计实践创作应遵循的基本原则。

再次，说说色彩。以下是近一周的日历。当你将它们排在一起看的时候，会有怎样的视觉感受呢？

一周七天，用彩虹七色表达每一天的颜色，并依次命名为电视蓝（星期一）、丁香紫（星期二）、充沛橙（星期三）、翡翠青（星期四）、黑金黄（星期五）、草木绿（星期六）、中传红（星期日）。我们意在通过色彩的每日叠变和每周交替，从情感上与艺术客体产生通感、联想、共鸣，传达抗疫日历每天的色调变化和每周的整体统一。

由于抗疫日历是以静态图片的样态呈现，因此，在设计过程中，画面的构图、图文编排、文本参数设置（字体、字号、字距、行距等）就显得尤为重要，而视觉传达的逻辑层次、图文信息的主次关系都需要精心设计和反复推敲。在此次设计中，老师们既要关照移动端用户在屏显介质上对单幅日历独特性和冲击力的视觉感受，也在努力为后续的纸质介质凝固和呈现做相关准备。我想这也是同学们在实践创作中应该不断提升的跨媒体融合传播意识。

在 56 张日历中，校园图景的选取与每日主题做到了较好的匹配。图景选取时，我们尝试以“校园地标”“建筑园林”“花木园艺”等为图景，形成系列，并从不同视角、景别、构图等方面进行艺术加工和二次创作。通过校景实拍和网络搜选相结合的方式，利用图像处理软件（Photoshop）进行制作，力求信息识读和艺术美感兼顾。比如，上面这张校园明德楼东侧的至善亭照片，经过 PS 的处理之后，用到了 3 月 31 日的日历中。在融媒体时代，充分运用软件工具和应用技术服务设计创意是必要的手段。

最后，我想和大家再说说实践创作的过程管理。一项创作离不开团队的配合，分工协作、各尽所长、协同创新非常重要。在抗疫日历的日更策划和设计过程中，老师们集思广益，积极配合，坚持不懈地设计推敲，为同学们在实践创新的学习道路上提供了一个很好的案例。

同学们，网课学习已有一月，利用清明小长假休整一下吧！顺祝吉顺安康！

郑志亮

电视学院副教授

2020 年 4 月 5 日

[生] 珍惜当下　不负韶华

亲爱的老师们、同学们：

好久不见，甚是想念！

2019 年的最后一天我们满怀期盼地迎来了 2020 年，可是大家一定不会想到这将开启一段特殊的时光。还记得寒假离开学校的那天，我们开心地和同学们、老师们道别，提前送出美好的新年祝福，大声地说年后见！这一“见”，已是到了清明节的假期。大家貌似也对这个小长假失去了原本的热情，清明时节、追思故人、踏青赏花，但我们现在要做的是好好待在家中，不聚集，不去人员密集的地方。

这个假期由于新冠肺炎疫情的影响，让我们淡忘了农历新年的传统习俗，齐心协力，共同参与打赢这场抗击疫情的战争是我们的首要任务。腊月二十九武汉宣布封城，这一举动为我们国家有力控制疫情做出了卓越贡献，一批又一批的援汉医务人员奔赴一线，不计后果地救死扶伤、支援武汉。他们是英雄，他们也是每一个家庭的普通成员，他们不遗余力履行着工作职责，承担起社会责任，却把个人利益、小家情怀放在一旁。在这个寒假中，我被太多的新闻感动，也被太多的人情温暖。

感谢居住在湖北的朋友们，是你们的牺牲提高了我国抗击疫情的总体速度；感谢此时此刻以及曾经奋战在一线的医务人员，是你们的无私让我们现在的生活逐步恢复正常。我还记得这场“抗疫”战争刚刚拉开帷幕的时候，看着不断增长的确诊、死亡病例，每天怀揣着不安、恐慌、焦虑的心情。很多朋友们都说，我们见证了许多“不可能”，史上最长假期、开学时间待定、全国高考延期等。但我还是很感恩拥有的这段时光，让我可以静下心享受宅在家中、陪伴家人的慢节奏生活。我们要珍惜当下的时光，不要等它流逝再去感慨。

距离武汉解除离汉离鄂通道管控还有三天，近半个月，我们国家的疫情逐渐好转，进入了下半场，但是其他国家的抗击疫情战争才刚刚打响。人类命运共同体下，没有一个国家可以独善其身。所以现在还不是出去踏青、聚餐的最佳时机。相信很多同学们应该和我一样期待开学，期待返校，期待重新回到校园大口吸着奶茶奔跑到 48 教去上课。我相信这一切的前提，是我们好好遵守学校的规章制度，共同保护好我们最热爱的校园，相信老师们所做的一切都是为了让我们安全地返回校园。

我相信，一切的等待只为了最好的重逢！

2018 级国新班研究生　齐虹翕

2020 年 4 月 5 日　写于天津家中

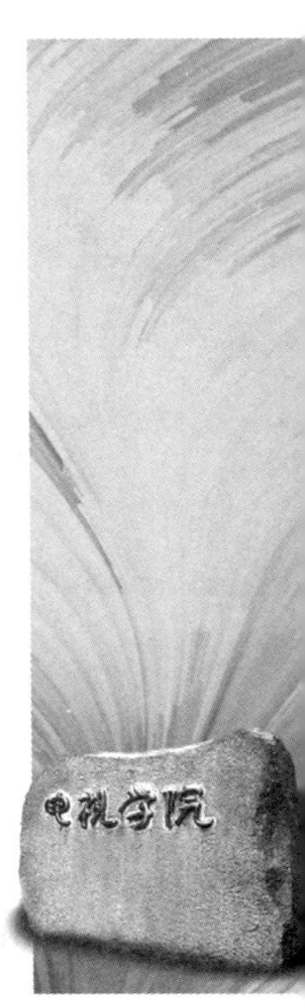

[师] 影如人生

亲爱的同学们：

见字如面！今天是农历庚子年三月十四。（划重点——与我的上一封信格式相符，形成呼应）

写上一封信的时候，窗外正雪花纷飞，心中还在期盼中国必胜，武汉加油。写这一封信的时候，再看一眼窗外，已经春暖花开，我们的祖国已经挺过了最艰难的时期。虽然国内疫情有效控制，但是随着无症状感染者出现，输入风险较大，零报告不等于零风险。（划重点——这段话的最后一句是本信的核心，各位同学还要注意保护自己保护家人）

四月，天婉娩、水溶溶、香风送、山花笑、草色青、柳意浓，特别适合外出踏春拍摄，所以今天这封信我就结合摄影的几个术语来聊聊天。（小贴士——寻找写信的结构就像拍片梳理故事结构道理是一样的）

一、主体篇

这两个月，我们的视野里出现了太多主角，患者、医生、护士、记者、警察、军人、快递员、志愿者……他们是属于这段时间的主体。现在这些主体里不仅出现了不同职业的身影，还有了不同国籍的人群。

在疫情面前，不论是在国内还是国外，每个人都以一种沉重的方式，认识到世界各国面对病毒休戚与共的事实。社会大众的“共同体意识”，得到了一次深刻的“集体唤醒”。人与人之间、国家与国家之间都要摒弃“各人自扫门前雪，莫管他人瓦上霜”的狭隘冷漠，展现出“人心齐，泰山移”的精神。一夜之间，我们切身体会到了人类命运共同体理念的价值，它就隐藏在平凡的日常生活中。

（小知识——亨利·卡蒂埃－布列松：照相机就是一本写生簿，一个捕捉即时灵感的工具，你要在瞬间对你所看到的一切提问并做出决定，通过一个有限的取景器向人们解释这个世界发生了什么，这是一种最简单直接的表达。）

二、陪体篇

最近下楼“放风”，碰到住在同一个小区的人，虽为邻居，却有着相见不相识的陌生。与这些熟悉的陌生人打个招呼，聊上两句，感触良多。对于我们，他们就是陪体，但是对于他们，我们也是陪体。我们是否总是忽视这些生活中的陪体，就像他们也忽视我们自己一样？想到这里，着实让人一声叹息。

人与人的交流，既要做好自己世界的主体，同时也要重视身边的陪体，不要把自己看得太重，也别把别人看得太轻，用平和的心态与人交往，才能收获更长久、更纯粹的人际关系。这一点，影像艺术跟生活是一个道理。

（小知识——约翰·兰金：深入理解你的拍摄主题，让你镜头前的人参与进来，多多交流，最后才是，按下快门。）

三、光影篇

很多同学正在上摄影网课，摄影是光影的艺术，我们每时每刻都要注意光线的变化，不管是阳光、烛光，还是电脑屏幕产生的光。很多同学未来是要进入媒体做记者的，记者也是这个时代的光。

世界永远在变，记者总在热点之上颠簸，但记者之所以为记者，就在于其始终以赤子之心，筑以专业之魂，勾勒真相、描摹正义。有人说过，媒体人需要脚下有泥、心中有光、肩上有担当。我们现在的学习正是为了在变局中坚守，在坚守中秉持公义，在秉持公义中撑起社会脊梁。未来不仅镜头中有光，心中也有光。

（小知识——特伦特·帕克：我不断追逐着光，光能将平凡的东西化为神奇。）

四、背景篇

我们经常说背景简洁则整体画面简洁，主体也会更加突出。写到这里，我想到第一次接触摄影，胶片的魅力让我去了解它的背景知识；第一次在课堂上看到数码相机，即时观看的颗粒感影像无法阻挡我去了解它的技术背景；第一次创作商业纪录片，首要的不是准备设备，而是吃透主题和背景材料。

背景的含义有很多，除了单纯技术层面的背景，还有时代背景、历史背景、文化背景、社会背景、媒介背景等。这些背景貌似处在所有元素的最后端，其实它才是各种逻辑的根源。习近平主席曾指出，一个国家、一个民族要振兴，就必须在历史前进的逻辑中前进、在时代发展的潮流中发展。在此背景下，我们再一同审视一下自己的目标和梦想，脚踏实地去创造美好前景。

（小知识——罗伯特·卡帕：现实的背景和历史的背景。真相是最好的照片，最好的宣传。）

五、景深篇

景深是有清晰范围的，控制好景深，影像的层次才会更有质感。每每提到景深画面，我都会想起朱自清先生的《背影》：肥胖的、青布棉袍、黑布马褂、蹒跚走路的父亲，铁道、月台还有栅栏外的小贩……尤其是这个背影，从第一次读此文就印象深刻。近年来每次看到父母回老家时的背影更是感同身受、唏嘘不已，此情此景需要何等的景深画面去呈现？技术只是工具，唯有真情不能辜负！

（小知识——皮特·亚当斯：对于伟大的摄影作品，重要的是情深，而不是景深。）

前天在三分钟的默哀中，我感触良多，决定结合 TVS 官微推出的疫情一线中传校友记者故事，以背影版的《2020 我是谁》的创作文本结束今天的信。

镜头组 1：北京，大雪纷飞，TVS 大石头，镜头 Dolly-in。解说：我是谁？我们在做什么？

镜头组 2：武汉，《焦点访谈》记者刘晓晨，背影，一组镜头。解说：我是“跑回家”的那个人（作为武汉人请缨逆行回家乡报道）。

镜头组 3：武汉 - 北京，中央广播电视总台记者王宇，背影，一组镜头。解说：我是撒谎的那个人（瞒着家人到前线采访，家人从电视上才看到他的身影）。

镜头组 4：北京，中国日报社新媒体中心记者彭译萱，背影，一组镜头。解说：我是自恋的那个人（选用 VLOG 新媒体方式出镜为中国发声）。

镜头组 5：北京 – 武汉，中国日报社新媒体中心记者孟哲，背影，一组镜头。解说：我是不专一的那个人（联系、拍摄、采访、写稿、编辑都要自己一人来）。

镜头组 6：黄冈，中央广播电视总台记者朱慧容，背影，一组镜头。解说：我是钻牛角尖的那个人（采访时积极追问，发现问题时持续关注）。

镜头组 7：各地，家中，有人在上网课，有人在家中练英语发音，有人研究摄影技术……背影，成组镜头，镜头 Dolly–in。解说：我是最宅的那个人。

镜头组 8：前面的每个人出现正面或侧面形象，或与亲人通话，或与同事完成直播，或与采访对象快乐相处，或看到疫情数据下降倍感欣慰，或坚持学习，或在家里与家人相亲和睦……镜头成组汇聚。解说：我们在不同地方，但是都拥有共同的坚守。

镜头组 9：北京，春暖花开，TVS 大石头，镜头 Dolly–out。解说：我们都是电视人。

（小贴士——安塞尔·亚当斯：摄影机最重要的元件是在它后方十二寸的那玩意儿，即头脑。时刻保持思考、实践起来对于创作训练尤为重要。）

无论春夏，我在大石头前等你们来记录下一帧。

桂笑冬

电视学院智能融媒体实践教学中心副主任

2020 年 4 月 6 日

[生] 无尽的远方与我们有关

亲爱的老师同学们：

好久不见！

成都的街道渐渐热闹起来，火锅店的生意也日渐兴旺。不过，大家还是小心翼翼地将兴奋藏在了口罩后面，见面时聊的话题也总会围绕疫情，围绕对疫区亲友的牵挂。今天是清明假期的最后一天，我们一家提前为爷爷过了生日。这显得不太传统，但也许是因为经历了疫情，我们既十分怀念逝者，也更加珍惜身边的亲人。

窗外的刺桐树抽出新的枝条，开出火红色的花。阳台上，妈妈栽的葱长势喜人，经她悉心照料，睡莲也很争气地发了芽，在盛满水的花钵里努力生长。每到有阳光的下午，小区里总会传来小孩的笑声，从阳台望下去，常看见三四个戴着口罩的小朋友，在挂着红灯笼的树下肆意打闹。可能是物管疏忽了，这些过年的装饰还没被摘下。有点儿陈旧的灯笼挂在泛着新绿的枝头，似乎在无声纪念着这个不太平的春节。

从一开始为抢不到口罩担忧，到密切关注湖北疫情，再到清明节追怀抗疫烈士，我们好像也因疫情成长，不再只关心自己的利益，而是把更多的人，更远的事也放在心上。疫情让我们痛心孤立无援者的无助，也让我们感慨万众一心的强大。比如身边有一些高中同学，在疫情期间深入了解成都环卫工人的艰苦状况，并自发组织了“口罩成都”的公益活动，为环卫工人募捐物资。

疫情期间，我们常常被告知不能做什么，所以或许很少认真思考自己能做什么。张文宏医生在一个采访中提到，疫情期间，所有人都可以做出贡献。比如学生宅在家里认真学习，老板努力维护员工的利益，这场战役只依靠医生是打不赢的，每个人都需要投入其中。

这些微不足道的举动，无法立刻在社会上引发巨大的波澜，但也许能触动更多的人，让心中的感动逐渐变为实际的行动。

2018 级编辑出版学（新媒体方向） 杨雨千

2020 年 4 月 6 日　写于成都

[师] 明天，武汉解封！

亲爱的同学们：

大家好！

上一次的信写于 2 月 15 日，正值凛冬，乍暖还寒；而今清明已过，万物复苏，在这草长莺飞的季节，心情也会明亮许多吧。

今天有一个众所周知的消息，那就是——武汉在经历了 76 天的封城后，明天就要解封了！作为中国中部最大的交通枢纽，武汉拥有 1100 万常住人口，1 月 23 日封城之后，900 万人尚在城中。从所涉及的人口来说，武汉封城可以说是人类历史上最大的隔离事件。

那么，武汉封城在我国的疫情防控工作中，到底起到多大的效果？ 3

月 31 日，顶级学术期刊《科学》（Science）在线发表了来自中国、美国和英国的 22 位科学家联合完成的研究“中国 COVID-19 疫情暴发的最初 50 天内传播控制措施的调查”。量化数据显示：武汉封城让中国新冠肺炎感染者的总病例数减少 96%，并将疫情扩散到其他城市的时间推迟了 2.91 天，对疫情的遏制起到了至关重要的作用。

在这惊心动魄的 76 天中，面对汹涌的疫情，有人记录历史的草稿，有人坚守自己的岗位，有人逆行而上，践行了“万众一心，共克时艰”。在武汉解封之际，我们真的应该对每一位滞留在武汉、滞留在湖北的同胞道一声——感谢！当然这其中也包括我们所有坚守家乡的湖北籍同学，说实话，多想和大家早点见面，在玉兰树下，在电视学院大石头前，或者就在 48 教的某间教室里……

然而，同样在《科学》杂志这一研究中，科学家们强调，中国人口中有很大一部分人仍然面临感染 COVID-19 的风险，放松控制措施可能导致病毒传播死灰复燃。这也印证了这两天刷屏的一条新闻，即 4 月 5 日在北京新冠疫情防控第 72 场新闻发布会上，北京市宣传部门负责人提出“北京可能较长时期处于疫情防控状态”。作为国际交流中心的首都北京，疫情防控在短期内完全结束是不可能的，很有可能较长时期处于疫情防控状态，要适应疫情防控常态化。

尽管下午 5 点的北京街头已经开始堵车，但是不能忘记，北京依然处于“重大突发公共卫生事件一级响应”，这意味着什么？意味着完全放松的日子还没有到来，意味着因所有课程都在下半学期而心存侥幸的我，必须认真应对上网课的挑战，没有摄影老师灯光参差的直播间，没有在外访学的老师窗外的异域风景，有的只是云端坐而论道的时光……

个人的喜怒哀乐在这样巨大的人类灾难面前，显得渺小而卑微。美国约翰斯·霍普金斯大学实时统计数据显示，截至北京时间 4 月 6 日 4 时 52 分，全球新冠肺炎累计确诊病例超过 126 万例，累计死亡病例达到 69082 例。美国新冠肺炎累计确诊病例全球最多，超过 33 万例。作为历史的亲历者，作为一个普通人，我时常在想，我能为社会做点什么？很遗憾，除了尽己微薄之力，捐钱给党组织、给公益团体、给素未谋面因病去世的大学同级同学，我所能做的好像就是准备网课、指导论文了。我不知道，大家是否也会想这个问题，作为一名大学生，作为被认为极具个性、非常自我的00后，我，还能为这个社会做些什么？

25岁的武汉中学老师吴悠，从1月25日也就是新年第一天起，通过微博、朋友圈统计需求，免费为新冠肺炎病人送药、送口罩、送防护物资共55天。这一志愿者队伍最多时达到23人，多为90后和00后，最多的一天送了200多家。他们曾遭质疑、被举报、进公安局调查5小时，但并没有挡住吴悠送药的步伐。他说，他送药是想证明90后、00后是敢担当、愿意牺牲的，每一代人的性格或许不同，但面对灾难，每一代人都会用各自的方式证明自己。

清华附中国际部学生赵叶城等利用自己为北京打工子弟学校的学生们创办的Free English网站开启“驰援武汉”行动，采取“一对一”线上授课的方式，累计帮助了40多位武汉的学生，年龄层覆盖幼儿园到高中。他们说：“病毒虽然可怕，但爱的力量更大。”

26岁的英国利兹大学中国留学生吴芃，因看到英国官方发布的疫情数据只有简单的文字和数字，从3月5日起，每天在自己的推特更新疫情数据图，让人们能一目了然地看到疫情的发展趋势。他的推特受到英国卫生部门和众多民众的关注和称赞，英国下议院议员、地方议会议长等都被他“圈粉”。

讲这些故事并不是要让大家惭愧于自己没有去做一名志愿者，昨天从一个同学的朋友圈，看到这样一张图片，不禁莞尔。

如果隔离结束之后你没有：
- 学会一样新技能
- 开展副业
- 学到更多知识

~~**你缺少的不是时间，而是自律**~~

你已经做的很好了。

我们在经历一场集体创伤事件。

不是每个人都有能够在一场瘟疫里找乐子和好好做事的特权。

请多保重。

是的，你若安好，便是春天。春花次第开放，好景并不常在，珍惜当下，无愧于心。

祝安！

曹晚红

电视学院教授 硕士生导师

2020 年 4 月 7 日

［生］ 疫情下的一封信

生日那天我离开北京，回到家已经 84 天了，2020 年转眼已经进入第二个季度。这个漫长的假期让我们揪心、难过、感动、鼓舞，但客观上也让我们有了一个能够短暂停下来、静下来的机会，让我们拥有更多的时间观察、思考和规划。想和大家交流的有很多，如果没有篇幅限制，我想我们可以聊出一部“十日谈”，乃至一部“一千零一夜”。但是在这个时代，时间和注意力正如这张信纸一样宝贵且稀缺。因此，在这封小信里，我和大家简单聊一聊我在 B 站看新闻的体会和看法。

熟悉我的朋友们可能知道，我是哔哩哔哩视频弹幕网站的活跃用户，然而这是我第一次在 B 站上催更新闻报道。想和大家谈的这个报道就是央视新闻推出的系列 VLOG 报道《武汉 VLOG》。疫情之下，《武汉 VLOG》围绕民众普遍关心的武汉衣食住行现状进行探访，聚焦国家战疫宏大叙事下的个人故事与温暖瞬间。在报道中，记者跳出他者叙事的话语框架，将镜头对准自己，以个人视角记录所在的现场环境，将亲眼所见、亲身经历讲述给屏幕前的用户，少了些套路，多了些自然和真诚。

《武汉 VLOG》系列已经推出 30 个视频，总播放量达到 1629.4 万，弹幕 11.3 万条。除了报道视角与话语形态的转变，年轻用户被大量圈粉的原因也来源于作者张竣。总台记者张竣拥有多年前方战地记者的职业履历，在武汉的报道中他敢于冲到战疫最前线进行报道，善于在新闻现场中发掘新闻点与生动细节；与此同时，他还有另一重身份，B 站美食账号“食贫道”的投稿人，深谙网络青年社群的话语方式，报道中常常三句不离“小姐姐”“小伙儿”，被 B 站用户亲切地称为“叔”。可以说，张竣给这一网络趣缘社群下的系列报道赋予了灵魂，轻语态、沉浸式、人格化的报道有效消除了疫情下公众的疑惑与不安，有一说一、轻松平实的状态拉近了同观众间的距离。

自 2019 年 VLOG 在全国两会报道中的勃兴起始，这种第一人称视角、平实化讲述的新兴产品形式受到主流媒体的广泛关注，成为主流媒体打破圈层壁垒、强化与年轻群体关联互动的重要着力点。VLOG 消解了传统新闻报道的严肃符号和程序束缚，同时有效弥补了短视频内涵不足、追求奇观的短板，“以我为主”的叙事话语和人际传播的方式使报道更具人情味与亲和力。报道中具有热度、爆点的文化模因的植入，有助于刺激青年用户“一键三连”式的链式传播效应，在姿态、语态、形态上开创年轻化、通俗化、趣味化的主流话语新风尚。

当下网络社群正在用户个人兴趣与文化喜好的基础上不断细分，构成外部相对间隔、内部互动更为紧密的趣缘社群，如鬼畜、Mashup、汉服、MMD 三维舞蹈动画等。在这种垂直化、属地化特征突出的窄播式文化圈层的作用下，不感兴趣的内容很难得到某个用户群体的认同，切中兴趣点的内容则会在短时间内快速扩散，并对传播中的文本形成积极的响应与二次创作热潮。我们的主流媒体的移动社会化传播正面临这一马太效应的挑战。

不仅仅是 VLOG 报道，主流媒体融合创新的“破壁”之战还有很多方面的努力。而我们在日常接触的青年亚文化网络社群平台时，能够观察与思考的还有很多：朱广权 B 站 RAP、钢铁洪流进行曲的文本盗猎式快闪等，都为我们思考数字网络文化空间下主流话语与青年话语的互动提供了生动的结合点。

约翰·彼得斯在《对空言说：传播的观念史》序言中引用了这样一段话："在你口含一词欲说之时，你必须知道，语言并非如一般工具那样，如果其效用不好，你便可以弃之如敝屣。相反，你被它锁定在一条思维之'路'上。这条路来自远古，伸向未来，远不在驾驭之内。"它指出了横亘在人与人、群体之前普遍存在的交流困难，更让我们看到了主流媒体融合拓界传播实践的意义所在。

最后，祝我们能够在这段特殊的时间内有坚守、有突破，有延续、有变化，祝万事顺喜、顺意、顺遂。

2018 级广播电视学博士研究生　翁旭东

2020 年 4 月 7 日　写于张家口

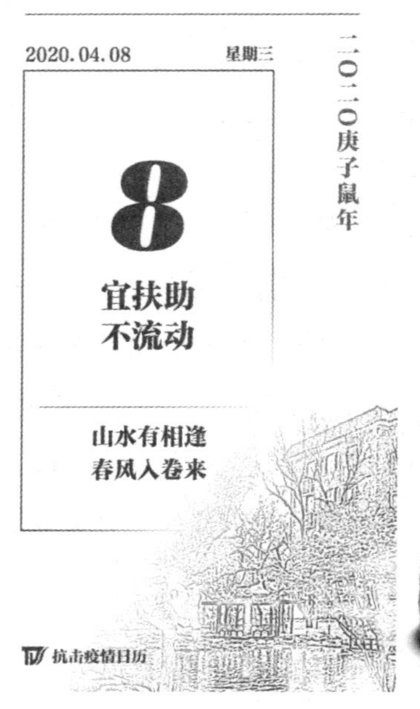

[师] 抗疫报道分析云课堂

亲爱的同学们：

大家好！

今天是 4 月 8 日，人们期待已久的一天。从今天零时起，由武汉始发的火车、航班恢复运行。有着“九省通衢”之称的武汉，在封城 76 天之后重启对外连接。

武汉在重启，各地的复工复产在有序推进，我们的在线教学也进入了第五周。网络直播突破地域的阻隔，让我们的教学和讨论能在“云”端进行。面对新冠肺炎疫情这个全球性危机，我任课的 2019 级本科同学通过共享屏幕的方式，分享了有关疫情报道的分析。同学们对国内主流媒体、市场化媒体、新兴媒体、自媒体，以及一些国外媒体的报道进行了比较：有小组分析媒体关于新冠肺炎发出的最早稿件；有小组对比武汉封城当天党媒与都市报的不同报道；有小组分析如何通过微观视角的个体故事呈现疫情形势与问题；有小组对比小切口叙事“讲述个体与疫情的抗争”，在反映普通市民生存状态、心理状态中体现出来的温度与大数据分析的广度与深度；有小组分析调查性报道与解释性报道中事实依据的严谨翔实；有小组提出公共卫生报道中专业概念和术语需要解释；有小组探讨自媒体叙事的真实自然以及个人色彩；有小组讨论国际新闻报道如何让本国受众产生同理心；还有小组思考外媒报道中的具体真实与宏观真实……

在表达对稿件的认同时，突出公众想要知晓的内容、多方采访、交叉印证，成为小组分析中的高频词；现场感、生活化、接近性、人情味、情感共鸣在同学们分析可读性和感染力时多次出现；也有同学指出了一些稿件表述中的真实性与逻辑性、带节奏、忽视人文关怀等问题。这些讨论，反映出疫情报道既需要专业和理性，也需要情感和温度。

情感和温度非刻意煽情，而应来自对疫情中所有受影响群体的真诚关注：患者家庭、医护人员、其他行业的逆行者，以及一些受到影响而易被忽视的群体。昨天的课堂上，周智奕、傅真、尹伊伊、赵茏葳小组在展示中说“冷静不是冷漠，客观不是旁观”；姜龙庆、郭金麒、具千辉小组评价财新关于疫情中农民工的稿件通过“翔实的、下沉的报道向我们展示了疫情时期农民工群体面临的困难”，意指记者没有止于疫情本身和数据发布，而是触及更深层的社会和经济影响。

“下沉”本意是物体往下落，现在则用于多个场阈且有了更丰富的含义，例如下沉市场、下沉干部。下沉市场多指营销渠道由大城市向三线及以下城市、农村地区拓展；下沉干部则指干部到基层服务，密切与群众的联系。此处“下沉的报道”，可理解为新闻要关注底层，深入基层了解人们的需求，增进社会各群体间的沟通与对话。这与近些年新闻媒体“走基层”的内涵是一致的。疫情报道需要，日常报道也需要。

今天就写到这里吧。窗外的桃树梨树已是繁花满枝，孩子们玩着滑板车在院子里穿行，空气中荡漾着暖意与活力，但是人们都还戴着口罩。北京的疫情防控并未放松，我们需要继续做好防护。

祝你和家人健康平安！

杨凤娇

电视学院教授

2020 年 4 月 8 日

[生] 我们都是彼此的陪伴者

亲爱的同学们：

见字如面！

今天是 2020 年的第 100 天。这段时光是如此特殊，我曾经焦虑、悲痛、担忧、迷茫，如今春风送暖，连哈尔滨的冰雪也已经融化，街道亦逐渐恢复往日的生机与活力。此刻提起笔来，已是全然不同的心境了。我想对医护人员和各行各业的守护者说一声“感谢”，因为有了他们，春天才真正到来了。

我的生活在这几个月里多了许多新鲜的体验：因为闲暇而开始增长的阅读量；披着虚拟外衣轻松进入多样的精彩课堂，抑或在聊天区畅快地留下平常怯于提出的问题；在居家厨艺大赛胜负欲的鼓舞下，烤冷面已成为我的副业；和要好的小姐妹写小说、练 Rap，玩得花样百出……这段日子我亦拥有了一段难得的与父母相伴的时光，粗略地算了算，每日晚饭后我和父母一起坐在电视机前看过的电视剧，已有 208 集之多。

疫情是全社会的一场大考，也是新传学子思维的训练场。从社交媒体到课堂之上，观点的摇旗呐喊从不止歇。激烈与喧嚣的裹挟时常令人烦恼又困惑：交流的目的究竟是在公共讨论中达成了人的相互理解，还是“在路上就成为鬼魂们彼此酬酢的酒醴”，沦为了苍白的“对空言说”？我学浅言讷，时常担心自己成为舆论场中“不可语冰”的“夏虫”，既示己短又伤他人。因此，也时常劝勉自己，尊重、知识和时间总能给出更好的答案。

当前，我国疫情防控已取得阶段性重大进展。“内防反弹，外防输入”已成为防控工作的新重点。仍需警惕的不仅是病毒的传播，还有暗中滋长的区隔与敌意。宏观与微观叙事的立场总是各有千秋，然而“身体不是战场，患者既不是在劫难逃的牺牲品，也不是敌人”，苏珊·桑塔格把这句话写在《疾病的隐喻》一书结尾，彰显着共情的重要和宝贵。从雷神山医院里的舞蹈到意大利阳台上的歌声，从近处素昧平生的同胞到远方的牵念与至爱之人……身份的标签是如此刻板又狭隘，而人类的生命却如此热情、真实、相似而又紧密相连。我们都在相互陪伴和搀扶。

言不尽思，再祈珍重。玉兰树下，愿牵挂的彼此早日重逢。

2019级广播电视学研究生　姜　俣

2020年4月8日　写于黑龙江哈尔滨家中

[师] 面对疫情，我们需要什么样的媒介素养？

各位同学：

见信安！

今天我想借这封信，来和大家聊一聊“媒介素养”这个话题。

疫情期间，我们比平时任何时候都更多地关注媒体，关注新闻。这段时间电视新闻的收视率节节攀升，微博、微信的点击率和转发率屡创新高。依靠越来越多的公开透明信息，我们才能消除对病毒的恐慌。然而，作为普通公众，面对这样的信息，比如，“武汉殡仪馆无主手机被扔得遍地都是”“31 省份除湖北外新增病例人数十五连降”“流产十天后 90 后女护士重回一线”，我们经常一脸茫然，不知所措，不知道这些新闻是真是假，这些信息又意味着什么，该不该转发评论。面对疫情，普通公民缺的不是信息本身，缺的是对信息的科学理解和认知。互联网时代，每一个公民都需要更好地掌握理解媒体、判断新闻、传播信息的能力。面对各种信息的选择能力、理解能力、质疑能力、评估能力、应变能力以及创造和传播媒介信息的能力就是“媒介素养”，它是一种重要的现代公民素养。那么，疫情当前，我们究竟应该具备什么样的媒介素养呢？

首先，我们需要更加深刻地理解媒介。公众对媒介的一般认知是，媒介是传播的介质、传播的载体，通俗点说媒介和实体的水管、公路没有什么差别。这个理解非常正确，但并没有体现媒介的本质特性。加拿大著名的传播学者说，媒介即信息。这一说法对专业的媒体研究者有很多启发，但对普通公众而言，没有任何实际意义。从提升公民素养的角度来说，我们应该把媒介理解到这个深度，即媒介是功放、媒介是扩音器。媒介发布的内容都是被过滤然后又放大的，媒体呈现的人和事都是带着光环的。关注的人越多，这个光环就越大。了解了这一点，我们就不难理解为什么公众对“市长戴反口罩”的意见那么大了。这不是因为你是市长就不能错，市长也是人，也会犯错，日常生活中，错了就错了。但在媒体上，在千万双眼睛的注视下，市长最好不要戴反口罩。某网友发微博：“从没有觉得我爸当官有多大本事，直到这次疫情，在全省封路的情况下，通过关系派车把我从天门接回荆州。”这位网友如果私底下里感慨几句，身边人会投去羡慕的眼光，不会有什么太大的问题，但他发微博，就仿佛他拿着大喇叭走街串巷炫父，公众当然不接受。其结果就是当天这位网友的父亲就被撤职，因为不撤不足以平民愤。既然媒介呈现是一种放大的呈现，那就需要公众对在媒体里呈现的人和事，尽可能地保持理性克制的态度。对媒体里的好人好事，公众不只感激涕零，要冷静思考；对新闻中的坏人坏事，不要群情激愤，要施以理性。

其次，我们需要更加科学地判断新闻。在传统媒体时代，主编是把关人，大部分时候都可以帮助公众去伪存真，带领公众科学地理解“真实”

和“客观”的内涵。新闻是真实的报道，但是新闻呈现的却不是百分之百的真实。它呈现的是无限接近的真实，是“拟态真实”，是被选择过的真实。美国著名新闻学者兰斯·班尼特认为，新闻是幻象的政治。这样我们就可以很好理解，一些西方国家的媒体，打着“客观性”的幌子，为什么只报道我国疫情治理中的问题，对我们的努力和我们的成绩只字不提。同样的道理，处于国家利益和公众利益的考虑，公众也应该接受我们的媒体更多地报道我们疫情治理的努力和成就。因为新闻不是百分之百的真实，是政治的折射和反映。到了新媒体时代，媒介渠道被极大地释放，海量新闻扑面而来，各种信息泥沙俱下，判断新闻的价值、甄别新闻真伪是当代人信息化生存必须具备的能力。当我们具备这种独立思考判断新闻价值的能力的时候，我们就不会，一看到湖北新增确诊病例突然激增到10000多例的新闻就难过，也不会又看湖北新增确诊病例比前日下降超过10000例的消息就开心，稍加思考就知道这是统计数字的标准变化而已。当我们具备甄别新闻真伪能力的时候，我们就不会看到“武汉殡仪馆无主手机被扔得遍地都是”就悲观焦虑。暂且不谴责这家媒体发这样的新闻想向公众传递什么，仔细一想，人死之后，物品要么被烧了，要么被家人保留了，基本可以判断这是一条假新闻。因此，面对各种疫情信息，我们更需要科学的判断和思考。

最后，我们需要更加理性地传播信息。现代社会的每一个个体成员都是媒介公民。今天技术的发展早已实现，每一个人既是受众、消费者，又是生产者、传播者。公众不仅要学会获取信息、利用信息，更要有传播信息的能力。更进一步说，这个能力不是随意地、情绪化地发朋友圈、发微博的能力，而是不发则已，要发就发理性和担当的文字、声音和影像。因为在微博和微信里发布内容，都是以拟人际传播的方式展开，这种传播方式情绪先导，稍有不慎极容易形成群体事件。法国心理学家勒庞在其著作《乌合之众》中就指出，虚拟交往时代，由于身体的隐匿性，个人遇事后往往感性体验超过理性思考，更容易夸大个人情绪，从而转化为传染性强的极端情绪。个人情绪极易通过意见领袖等放大器在群体中快速传播，并转化为社会情绪。所以，发朋友圈拍个自拍，晒个美食，当然可以，但一旦探讨像疫情这样的公共事件，这个朋友圈就有可能成为大众媒体。首先要问自己，我有这个传播愿望，平台也赋予我这个传播可能，我有具备这个传播能力吗？如果没有，那就请先别发，甚至也不要转发。因为转发也是一种态度。白岩松说过一句话很实用："如果没有媒介素养，朋友圈都发不好。"自媒体传播同样需要在技术理性与人文关怀、经济利益与社会利益之间找到合理的平衡点，通过技术的优化帮助公众打破信息茧房，帮助公众认识更真实全面的客观世界。

美国学者伯纳德·贝雷尔森在1945年进行了一项"没有报纸对人们意味着什么"的调查。调查发现，没有报纸，人们感到奇怪地离开了世界，好像帷幕放下来使他们看不见外面了，尽管他们并不是常常看外面。因此，我们过去不可能，现在也不可能，将来更不可能，因为媒体世界纷繁复杂、是是非非，就远离媒体。我们要做的永远都是，提高媒介素养，科学地理解媒体、利用媒体。

好了，今天就聊到这吧！尽管写信是一种很好很特别的交流方式，但我依然希望我们能够尽早面对面地聊。祝大家春安！

致

田维钢

电视学院教授、博士生导师

2020年4月9日

[生] 写在武汉解封之时

许久未见的同学们：

别来无恙。

昨天零点，武汉解封。当车水马龙再次上演，市井繁华重新显露，我们坚信武汉会如往常一样充满生机活力。解封，意味着回归。城市的回归是肉眼可见、触之可及的，我们每个人的生活也得归位。

2020 年的开头对我们来说，难并坚持着：在社交媒体上经历着一场场网络“送别”与“纪念”，久居家中经历着学生时代最漫长的寒假生活，甚至与自己想念的人分隔两地。互联网时代，我们庆幸拥有了一块块可以互动的“大屏”“小屏”，是网络让我们得以随时随地云端相见，却也让心情随着疫情变化摇摆不定。

过去几个月，我们在手机推送中见证历史。从全球破纪录的感染人数、英国的“群体免疫”、美股 10 天 4 次熔断，到高考推迟一个月。惊叹之余，我们需要的是学会如何让自己的心情平复、生活归位。

然而，身处观点各异、信息爆炸的生活，底线和尊重是我们的尺度，理解并接受才是生活的最优解。疫情中，最让我触动的是 vlog 博主孔维剪辑的一段抗疫短片。片中前半段让许多网友拊掌大笑，大灾面前中国老百姓与生俱来的乐天是如此接地气，后半段是让人泪目的感人瞬间，一个个普通人的善意举动竟是如此温暖而无声。也许，这就是疫情中我们每个人最真实的写照：自嘲依旧坚守，感动伴着理性；争执却又深爱，爱国从不含蓄。

抛下偏见、消弥隔阂是我在这次疫情中经历成长的第一步，独立思考、从容自若才是我们每个人生活归位时应当做好的准备。盼来了武汉的解封，迎来了久违的春天，也是时候让自己内心归于平静，找回之前生活的步调了。

愿大家都能更自在地理解生活、渐入佳境。

2018 级国际新闻学硕士班　曾林浩

2020 年 4 月 9 日　写于江西南昌

[师] 打开未来的正确方式

各位同学好！

距离上一封信寄出，已经有了一个多月的时间。在这一个多月中，在世界范围内发生了巨大的变化，我们也正在见证这个历史变化的过程。

其实，我国遭遇疫情之后，陆续就有公共卫生领域的专业人士警告病毒在全球范围内广泛传播的可能性，但似乎并未引起相关国家的重视。短短几周之后，就在写下信的这一天，纽约时报援引约翰斯·霍普金斯大学的统计数据，美国确诊病例已近 40 万，超过紧随其后的西班牙、意大利和法国的确诊人数之和。

早在 3 月 28 日，美国《纽约时报》发布了报道《错失的一个月：失败的病毒检测如何使美国对新冠肺炎视而不见》（The Lost Month：How a Failure to Test Blinded the U.S. to Covid-19），试图找到美国抗疫混乱背后的原因：由于技术缺陷、监管障碍、官僚主义和领导层事务等多重因素，美国早期未能对疑似病例进行大规模检测，这使美国“缺失了一个月”，白白错失了遏制疫情的最佳时机。

在过去这段时间中，美股十天内熔断了四次，西方各国从餐饮到旅游，再扩展到各行各业，几乎都遭受了重创。在疫病面前，每个人都有可能被感染，似乎是人人平等，但同时又处处体现出了不平等。而更令人担忧的是，这种连锁效应将会波及的，绝对不仅是美国或欧洲本土。

有研究表明，1918 年的大流感，60% 的死亡者居住在印度的旁遮普、孟买和印度西部的其他地区。据 BBC 报道，全球还有约十亿人生活在类似贫民窟的环境中，而其中大量人群分布在非洲、南美洲等地。这些地区住房的通风、排水和排污设施很少，疾病很容易传播。而一旦新冠肺炎越过了边境，可能会造成数千万，甚至是上亿人的感染。

看到这里，我们既为自己身处安全的国度感到欣慰，也因晦涩不明的未来感到一种压力。因为目前的这种困境，是全人类的。有人说，病毒让我们从全球化中脱离出来，全球化本身将会因为疫病而发生根本性的变化，甚至是倒退。

“文明与病毒之间，只隔了一个航班的距离。来自热带雨林的危险病毒，可在 24 小时内乘飞机抵达地球上的任何城市。航空线路连接了全世界的所有城市，构成网络。”这是《血疫：埃博拉的故事》的开头。这本书描写的是 1967 年至 1993 年间埃博拉病毒的几次爆发，以及人类尤其是医学工作者如何顽强抵抗的历史。但时移世易，读到这段文字时，再联想到几天前美国召回本国公民的通告，似乎是在预示着一种新的隔离，一种国家之间的隔离。

瘟疫不仅是一个医疗问题，更是社会问题。在危机面前，很多伪善的面具被撕下，国与国之间，人与人之间，相互猜忌、彼此咒骂、纷争不断。曾几何时的“山川异域，风月同天”似乎也已经被抛诸脑后。不过，从哲人的角度看，疾病恰恰又让世界产生了新的关联，因为我们都在思考，后瘟疫时代的世界前景。

英国左翼思想家大卫·哈维（David Harvey），发表了文章《新冠时期的反资本主义政治》，他直言不讳地提出了自己的观点：冰冻三尺非一日之寒，新冠肺炎其实只是一个导火索，近些年资本主义内核的消费主义驱动力衰退，早已埋下了经济崩溃的定时炸弹，而疫病导致的公共卫生问题，将促使深埋的社会矛盾集中爆发。

还有一则消息来自乔姆斯基（Noam Chomsky）。身为语言学家，也是哲学家的乔姆斯基在亚利桑那州自我隔离，他在接受采访时提到，这次的新型冠状病毒疫情把“新自由主义”带来的社会与经济问题统统暴露出来，他相信在不远的将来，许多国家都将做出重大转型。而他也建议，人们可以利用被隔离的这段时间，来思考自己想要生活在一个怎样的世界中。

或许我们无法预测病毒和未来，但面对不断变化的世界，我们不能停下反思的脚步。

希望各位平安。

李　智
电视学院教授、博士生导师
2020 年 4 月 10 日

[生] 当我们在谈论新冠肺炎疫情时，我们在谈论什么

当我们在谈论新冠肺炎疫情时，我们在谈论什么？股民们谈论着全球股市，商户们谈论着优惠券发放，农户们谈论着农产品滞销，家长们谈

论着高考延期、全民网课，学生们谈论着开学的日子，传媒学子们谈论着疫情下的信息传播……但我们都共同谈论着用一己性命守护万万生命的战士，谈论着在每条大街小巷默默付出的人们，谈论着这场与武汉、与中国、与世界、与我们每一个人息息相关的灾难。

其实在疫情发生的最初一段时间，我对这场灾难抱着较大的悲观主义态度。尤其是在 2 月初，令人揪心与气愤的消息铺天盖地，谎言和灾难同时蔓延开来，这一切太过相似，让人想到 1947 年的鼠疫，1986 年的切尔诺贝利，2003 年的非典。历史发生的时候悄然无息，给人们带来伤痛后，又以相似的方式重演。正如雨果所说，历史是什么：是过去传到将来的回声，是将来对过去的反映。

但学过唯物史观的我们都知道，马克思肯定了人民群众在创造历史进程中的决定作用，肯定了个人，特别是杰出人物在社会历史中的作用。在后来的疫情防控中，我们看到了人们主观能动性的创造性发挥，看到了各省市各具特色的防疫方式，看到了无数伟大的人们当仁不让地担负起满足特殊时期社会需要的责任。诚然，在疫情蔓延全球后，又爆发出许多新的矛盾，国际社会上出现了一些极端举措和非理性声音，但在此时，我们更应该遵循和把握客观规律。以色列历史学家尤瓦尔·赫拉利 3 月 20 日在《金融时报》发表文章，指出在新冠病毒全球蔓延之际，世界面临着民族主义孤立与全球团结之抉择。他写道，我们需要在全球范围内共享信息，这是人类相对于病毒的最大优势；需要全球协同努力，共同生产和分配医疗设备，确保救生设施得到更公平的分配，正如国家在战争期间将关键产业国有化一样，人类对抗新冠病毒的战争可能需要我们将关键生产线“人性化”。他认为，如果我们选择全球团结，这将不仅是对抗新冠病毒的胜利，也将是对抗 21 世纪未来所有可能袭击人类的流行病和危机的胜利。习近平总书记也多次强调，合则两利，斗则俱伤，合作是唯一正确的选择。

我们是历史的见证者，也是历史的参与者。疫情引发的危机可能才刚刚开始。国际经济政治秩序变化之际，国家间的摩擦碰撞不可避免，国际上非理性情绪或将涌现，民粹主义和逆全球化趋势抬头，我们应当凝心聚力同心同德，时刻保有清醒的认识、深刻的思考和顽强的意志。

待阳春送暖，万物皆安。

2019 级广播电视专业研究生　董语飞

2020 年 4 月 10 日　写于江苏南通家中

[师] 暮春寄语

亲爱的同学们：

大家好！

转眼已是人间四月天，祖国各地早已桃红柳绿、春光无限，我们怀着对未来的热切希望，共同度过这不平凡的2020之春！建议大家在接下来的时间里，继续做好以下四件事。

一、再接再厉，力求完胜

清明已过，武汉解封，抗疫战斗节节胜利，全国多地放松或解除了防疫管控，这让大家欢欣鼓舞。与此同时，我们还是要清醒地认识到，目前我国多地还有确诊病例尚在治疗，各地偶有新发病例出现，无症状感染者监测刚刚开始，境外多国疫情仍在快速扩散和发展，外防输入，内防反弹，仍是全国各地的重要任务。“革命尚未成功，同志仍须努力”，疫情防控如逆水行舟，越是在接近胜利目标的时候，大家越要沉住气，要有耐心。在接下来的时间里，大家还是要少出门、不聚集、不大范围流动，注意防护、养精蓄锐，切勿随意撒欢儿、功亏一篑。

二、内修于心，外塑于形

人是社会动物，是各种社会关系的总和，长时间闷在家里，需要注意自我调节。从疫情防控开始，到现在已经两个多月了，在家待得久了，保证身体健康的同时，更要注意心理健康。目前，已经看到一些这方面的报道，有些人会时常失眠、乏力，出现烦躁、抑郁、消沉、健忘、易怒等问题。同学们不仅要注意身体防疫，还要注意心理防疫。同学们要多读书，多思考，使自己内心充盈起来；要注意保持良好的作息习惯，不要熬夜，加强锻炼；多和亲朋好友进行情感沟通，亲情、友情、爱情是我们心灵慰藉的源泉；要注意制订自我建设目标，并切实按计划完成。“内修于心，外塑于形”，在家的日子也是大家身心修炼的时间，期待再见面时，同学们都能健康阳光、朝气蓬勃！

三、身居斗室，放眼世界

在我国疫情防控取得阶段性成果的同时，新冠肺炎疫情却在国外快速发展，美国、意大利、西班牙、英国、法国等成为新的疫情重灾区，也成为我国输入性病例的主要来源国；德国、日本、俄罗斯等国确诊病例也在与日俱增。这次疫情让大家清楚地看到，在世界成为地球村的今天，世界各国是怎样的水乳交融、休戚与共。除此之外，还有一些更深层的问题值得大家思考。为什么在科技、资讯如此发达的时代，不同地域、不同制度、不同发达程度的国家，都出现了新冠肺炎疫情快速扩散的情况？政治、经济、文化、社会等因素在其中发挥了怎样的作用？不同国家的传媒对于疫情防控的宣传报道有何异同？传媒在社会公共事件中能够发挥怎样的作用？未来世界的发展会因本次疫情发生怎样的改变？这次疫情为我们审视和深入思考周围的世界提供了契机。

四、线上学习，自主自律

2020年春季学期，中国教育界的线上教学实践是人类历史上史无前例的教学探索，对老师们和同学们都是很大的挑战。中国传媒大学的线上教学活动已经开始一个月了，由于大家都是“摸着石头过河”，请同学们抱着“严于律己，宽以待人”的原则，潜心向学，不要做“网络喷子”，造成对学校、老师、同学声誉的损害。请多给别人点个“赞”，彼此之间良性互动，共同营造良好的学习氛围。线上教学的核心理念是“以学生为中心”，学生学习的自主性、自律性、积极性、能动性是决定其成败的关键。同学们要积极适应这种教学方式的变化，充分发挥自己的主观能动性，与老师积极配合，和同学们一起畅游知识的海洋。

同学们，电视学院门前的玉兰花已经静静开过，钢琴湖畔、明德桥边的树木也已经碧绿成荫，久违了的母校，期待着你们健康、平安归来！

郭艳民

电视学院教授、博士生导师

2020年4月11日

[生] 久别离，为重逢

各位同学们：

大家好！

今天是武汉解封后的第三天，同样也是湖北武汉滞留人员进行分批次返京的第三天。几十天来，疫情形势瞬息万变，所有的中华儿女都悬着一颗不安的心，生怕为这场硬仗拖了后腿。经过无数“最美”逆行者们的奋斗，以及平凡如我们的普通人的坚守，如今，中国本土的疫情状况已经得到基本控制，湖北武汉的解封标志着现今疫情状况已经大幅好转，全世界都公认难啃的这块“硬骨头”，我们以最少的损失和最短的时间，取得了阶段性的胜利。

回望坎坷的抗疫之路。不仅有“一方有难，八方支援”的团结与行动力，还有全国上下一心的抗疫行动。值得我们铭记一生的经历还有许多。在这不平凡的76天里，多少人无法回到自己的故乡，还有多少莘莘学子在对着大屏、小屏进行远程学习。而这所有的经历都会深深地烙印在每一个中华儿女的心中。

前不久的清明节，举国上下，深情悼念。令我们深感哀悼和悲痛的逆行烈士们，再一次救中国于水深火热，还华夏以国泰民安。武汉因为有着英灵的庇护，今后也定安宁祥和。“死者痛惋，生者自强”，英雄烈士用血肉之躯为我们铺成的道路，我们也定要珍惜。而作为学生的我们，网课的学习可谓从生疏走向适应，开学的日期虽尚未确定，但我们心中仍旧保有守住最后防线的信念，也希望同学们定心等待，胜利的日子必将到来。

正如信头写的那样，“东南西北聚力，我们心在一起”。分隔许久的我们，有时想念早已超越理性。但我相信，分开良久，只为更好的久别重逢。

2018级网络与新媒体专业　施源康

2020年4月11日　写于北京家中

[师] 两个赤壁之间的武汉

亲爱的同学们：

见信好！

武汉近日解封。作为全球第一个封城抗疫的大城市，武汉在举国支援之下为战疫做出的贡献，必将载入史册。战疫之初，钟南山院士含泪称赞：武汉是一座英雄的城市。这句话不仅极大地鼓舞了人心，也成为这座城市抗疫中的精神底色。自二十年前离开武汉之后，我虽然每年都要回来看一看，但从未待过这么长的时间。战疫情的这段特殊经历，也让我更近距离地了解和感受这座既熟悉又陌生的城市，更深入地思考和体会其英雄气质的所来与所往。

武汉因武而昌，因汉而兴。汉江在此汇入长江，遂有武汉三镇。武汉是辛亥革命首义之城，自秦以降两千多年的封建王朝从此结束。

南宋时，岳飞在武昌驻兵七年，在此地兴师北伐，岳家军三个月收复襄、邓六州，金兵闻风而退。岳飞死后追谥武穆，封鄂王，黄鹤楼下塑有他的铜像，扶鞍勒马，神态忧愤。

闻名天下的黄鹤楼，为三国时吴王孙权所建，是在武昌蛇山修筑夏口城时，在城内的黄鹄矶上修筑的瞭望塔。孙权十八岁时，因兄孙策遇刺身亡，临危执掌江东。他举贤任能，各尽其心，内倚张昭，外仗周瑜，以保江东，进而灭黄祖，吞并江夏大部，与官渡之战后逐步平定北方的曹操渐成对峙之势。曹操后来亲眼见到孙权后不由赞叹：生子当如孙仲谋。

三国群雄并起，一时多少豪杰。刘备三顾茅庐时，诸葛亮不过二十七岁，即以一篇《隆中对》高瞻远瞩地描绘出三分天下的战略远景。卧龙出山，初掌军印，诸葛亮火烧博望坡、火烧新野城，杀得曹兵丢盔卸甲，逃回许昌。曹操于是亲率五十万大军南征，刘备不忍弃民而走，十万军民一路慢行，一路败走，生死存亡之际，只能前往夏口，也就现在武汉三镇之一的汉阳，与刘表长子刘琦会合。

在鲁肃与孔明的斡旋推动之下，孙刘联合抗曹，在赤壁形成对峙之势。周瑜纳黄盖之策，孙刘联军火烧连船，曹操大败，从此无力窥伺江东，三分天下的格局由此奠定。时为夏口、江夏的武汉，实为赤壁之战三分天下的决胜之地。赤壁之战后，刘备从这里出发，征长沙、桂阳，借荆州、取益州，魏蜀吴三国始成。现在，从武汉去位于蒲圻的赤壁古战场，不过一小时车程。

“乱石穿空，惊涛拍岸，卷起千堆雪。”三国以降，千年来措写赤壁之战的诗文，首推苏词。苏轼“乌台诗案”之后被贬黄州，由于薪资微薄，家里粮食不够吃，他在城东寻得一块坡地，在这里当起了农夫，并以“东坡”为号，苏轼从此成为苏东坡。从坡地田间抬眼望去，“大江东去”，正是长江的浩浩江面，江边立有一块褚红色的崖壁，人称赤鼻矶，当地话中赤鼻与赤壁同音，“人道是三国周郎赤壁”。东坡与友人常去江面崖边游玩，在这里写下了《赤壁赋》《后赤壁赋》和《念奴娇·赤壁怀古》等流传千古的诗文。

“遥想公瑾当年，小乔初嫁了，雄姿英发，羽扇纶巾，谈笑间，樯橹灰飞烟灭。”其实，赤壁之战时，周瑜三十四岁，迎娶小乔已经十年，惜乎一代儒将，赤壁之战后两年即亡。据史书记载，周瑜“性度恢廓”，断不是《三国演义》中被孔明气死的形象。在黄州怀古的苏东坡，年已四十七岁，遥想如此千古风流人物都难免被大浪淘尽，自己一时的荣辱穷达亦复何叹，所以他才慨叹，“多情应笑我，早生华发，人生如梦，一樽还酹江月”。

“问汝平生功业，黄州惠州儋州。”被贬黄州，在苏轼自己眼里，成为他人生境界的转折点和制高点。他在这里不仅写下了众多脍炙人口的诗文，创作了“天下第三行书”《寒食帖》，甚至在这里发明了东坡肉。正是在楚地黄州，苏东坡开始摆脱功名利禄的蝇营狗苟，走向“也无风雨也无晴”的超脱旷达之境，正如他自己在《赤壁赋》中所言：“惟江上之清风，与山间之明月，耳得之而为声，目遇之而成色。取之无禁，用之不竭，是造物者之无尽藏也，而吾与子之所共适也。”后来，人们将因东坡诗文而闻名的黄州赤壁称为“文赤壁”，与三军大战的“武赤壁”相对。现在从武汉去黄州赤壁，也是一小时车程。

英雄的城市武汉，立身于两个赤壁之间，立身于大江大河之间，立身于历史的风浪之间。楚地辽阔，九省通衢，足以为天下格局的转圜和人生境界的跃升提供宽阔的空间。此次疫情，全球震动，无论是世界宏观政治经济格局，还是与我们更为近切的行业生态，都将发生前所未有的急遽变化。我想，面对这一前所未有之大变局，我们当以更为开阔的视野来观察社会的变迁，以更为宽广的胸襟来迎接未来的挑战，以更为旷达的境界来面对自己的人生。

祝安！

崔　林

电视学院教授、博士生导师

2020 年 4 月 12 日

［生］　我们心在一起

——疫情，幻想，生活

老师们，同学们：

大家好。

还记得小时候看妈妈的《少年科学画报》。一篇名为《2020 年的今天》的文章写道："在 2020 年，人民的生活水大幅提升，人们再也不用每天赶路上班，家庭主妇也不需要再辛苦地到菜市场买菜，孩子们也可以不用上学，在家，通过屏幕可以连接到世界各地，和全世界的小朋友一起上课。"从那本《少年科学画报》出版至今整整 36 年，世界发生了巨大的变化，大人们确实可以在家中办公，家庭主妇们也可以快递买菜，学校依旧是孩子们上课唯一的选择——直到这场疫情的到来。

突如其来的疫情打乱了所有人的平静生活。封城几乎把所有人的外出活动压缩到了最基本的水平。人们不再外出拜年，不再走街串巷，不再出门游玩……大家都在家中静静地等待着疫情结束的那一天。

工作可以暂停，菜品可以外卖，学生的学习该怎么办呢？没有老师的面对面指导，没有同学在身边并肩奋战，学习好像比往常增加了更多的困难。终于，这个 36 年前的"幻想"在 2020 年，开花结果了——我们身在家中可以和全国的朋友们一起上网课了：孩子们终于可以和妈妈说“我买平板电脑是用来学习的”了。

一年前的今天，谁能想到，快节奏的社会能够在一段时间内按下暂停键，平时没有机会相见的家人能够在这个不一样的春节享受团圆的快乐；平平无奇的外卖小哥会像小岛秀夫游戏《死亡搁浅》中的快递员山姆那样，连接着这个世界上数不清的“人类孤岛”，给人们带来希望和生机；白领们也能静下来真正地想一想，自己奋斗终生为的是账户上的数字还是幸福的人生。

还记得德国剑术大师米夏尔·亨特著《剑术 100 式》中的第 100 式：“大人，时代变了。”36 年前存在于幻想中的远程教育也因为一场疫情真正地走入每个人的生活。

今天是 2020 年 4 月 12 日，武汉已经解除封闭 4 天了，全国阶段性的胜利已经来临了，当我们再将目光望向远方，就会发现，武汉和威海的樱花都开了。

2018 广播电视学国际新闻传播方向　王梓元

2020 年 4 月 12 日　写于威海家中

[师] 关于构想未来

各位同学：

大家好！今天是 4 月 13 日。谁也没有料到，距离上次写信 50 天后，我们居然还需要以这种方式进行交流。

时至目前，在政府强有力的领导下，我国抗击疫情已取得初步胜利，新增病例以境外输入为主，各省大部分企事业单位已复工复产，开始有序恢复经济建设。同时，我国竭力援助世界抗疫，分享经验，提供物资，因为我们有帮助别人的优良传统，也感谢他们之前的帮助，更因为对人类命运共同体的高度认知。

2020 年注定要载入史册，不只是我国，而是整个人类史。1 月、2 月，全世界都还在围观我国，现在，疫情之火已在全球范围内燃烧。短短一个月，国外感染人数超过170万，死亡人数超过10万，昔日繁华的纽约、巴黎、伦敦、罗马街头一片沉寂。

这其实是一幅更可怕的场景。当一个国家、几个国家遭遇危险，你还可以看看地球，但是，当整个地球都陷入绝境时，你的目光只能望向黑暗的太空、茫茫的宇宙。可惜，人类至今还没有找到另一个可以栖息的星球，很长时间里，我们还需要与地球同呼吸共命运。

这种情况下，关于疫情对世界和人类的长远影响已成为重要话题，这不是杞人忧天，而是即将到来的不远未来。据说欧洲召集了十二名未来学家，预判世界的走向。有人称全球供应链将退化，各国政策将趋向保守；有人称大数据监控将引发窒息时代；有人称21世纪初的全球化盛景将一去不返；“未来冲击”不可避免，一代人将承受极大变化。

众声喧哗，不乏危言耸听，我们这儿不做重点关注。昨天看到一篇文章，刚好与预测未来有关，就与大家简单聊聊这个话题。

20世纪七八十年代，有一位对世界产生巨大影响的天才预言家，他叫托夫勒。1970年，他出版了《未来的冲击》，书的开篇写道：“从前，人们都研究过去，阐明现在，而我将翻转时间之镜，研究未来，看清今天。”这本书被誉为改变时代之作。1980年，他出版了《第三次浪潮》，再次震惊世界，全球发行上千万册，权威评论认为：“他的著作就是一个解读人类现在和未来的永恒路标。”

他在书中写道：“唯一可以确定的是，明天会使我们所有人大吃一惊！”他将人类历史分为农业文明、工业文明和即将来临的信息化社会，形成了著名的三次浪潮理论，这个理论在今天已被大家所通用。第三次浪潮即信息化，是立足现代科技，对未来社会设计的一种蓝图。当时，他就预言了克隆、大数据、消费主义和在家办公等，现在都已实现。

1983年，托夫勒受邀来到中国，在北京和上海游历、演讲，受到极大欢迎。随后，《第三次浪潮》在中国出版，一书难求，多次加印，成为畅销书。书的最后一句话，“就像革命的先辈一样，我们的使命注定是创造未来！”成为一代人的座右铭，激发无数中国人憧憬未来、探索梦想。

2006年，托夫勒出版了人生最后一本书《财富的革命》，在书中，他表达了对病毒蔓延、经济萧条、全球化看似繁华实则面临解体风险的担忧。

第二位是加拿大的麦克卢汉，作为传媒专业学生，大家应该熟悉。麦克卢汉于1964年出版了《理解媒介》，立刻在人文学科领域引起强烈反响，《纽约先驱论坛报》称该书作者是“继牛顿、达尔文、弗洛伊德、爱因斯坦和巴甫洛夫之后的最重要的思想家”。20世纪90年代互联网兴起，21世纪头10年新媒体爆发，信息高速公路、地球村、全球化、意识的延伸、赛博空间、虚拟现实、信息化、数字化等已成现实，人们不得不一次次惊讶麦克卢汉的神奇。新媒体的喉舌《连线》1993年在创刊号刊头称他为“先师圣贤”，坦承麦克卢汉是《连线》的教父。

预测未来就是设计未来。

2012年，以色列新锐历史学家尤瓦尔·赫拉利出版《人类简史：从动物到上帝》，引发了世界性阅读热潮，进入《纽约时报》畅销书榜。该书从物种的视角考察人类历史，将人类从石器时代至21世纪的演化与发展史分为四个阶段：认知革命、农业革命、人类的融合统一、科学革命。

该著作最令人惊异的贯穿观点，是赫拉利提出了一个重要的概念“想象的现实”。他认为这个世界是一场想象，想象构成了人类社会，并推动其一步步向前发展。他指出，神话、国家、法律、宗教、人权、金钱、机构、制度、文化，甚至正义的产生，都是因为我们的共同想象和虚构故事。智人因想象而崛起，人类因想象而发展。赫拉利所说想象其实就是畅想、设想、设计，其著作则是希望通过研究历史，前瞻未来。

前瞻未来并非凭空编造。托夫勒不认为自己写的是预言。他说，记者不能幻想，只能记录已发生的事，而未来就在现在之中。预言的方法就是——学会观察。为此，他观察时代，阅读了海量的社会信息。麦克卢汉亦然。

《第三次浪潮》前言写道：所有乱象都指向一个新时代，悲观无用，不如思考蓝图，闯过布满暗礁的海。

祝同学们也对自己的未来有一个好的想象，并为之努力。

周　文

电视学院教授

2020 年 4 月 13 日

[生]　与你一起成为时代记录者

各位同学们，

展信安，别来无恙！

三个月前，1 月 13 日。半年没回家的我，一下火车便被爸妈拉去吃了顿火锅。彼时的毛肚下锅，在红汤里咕嘟咕嘟弹动的时候，历史还处于上一个篇章；而整整三个月过去后，当我再去火锅店夹起毛肚时，历史这本大书却已经悄然翻到了下一个段落。这忽而臆想的时空凝固，在无数个悄然之间被慢慢冰释着——当武汉协和医院的医生说，他又重新接诊因打架斗殴来看病的患者时；当放了两个月“武汉加油”的 LED 大屏幕又开始播映广告时；当扛着麻袋的务工者又陆续从火车站走出来去坐公交车时；当摩的师傅又开始在街边寻客时……随着“解封”键的启动，武汉这座城市的毛细血管里，血液又开始重新加速流动，各地重现了久违的烟火气息。这期间，交织过的向隅而泣、重叠了几夜的冲冠一怒、数万医护人员和解放军的慨然前行，也都将成为我们见证这段抗疫阻击战的共情回忆，载入中国和世界抗疫史册。

而在这次疫情期间，更多普通人成为时代的记录者，在宏大叙事的背后填充并丰富着这本史册的重量。清影工作室的纪录片《手机里的武汉新年》，选取快手平台上112条短视频，以平民的视角将它们拼接在一起，呈现出疫情之下普通居民的笑泪悲欢。他们用非专业的镜头、真实的声音与情绪传递出民间最朴实的感动。在这场战疫中，你我皆为这重要历史时刻的见证者，而同为电视学院的电视人，你我又何尝不担负着记载这些时代记录的使命与责任？

如今，我身处的这片东北土地上，街头又多起了快手直播的普通百姓。在广场小撮围观中，他们在补光灯下尽情歌唱，不时地凑向屏幕，抱拳说着“感谢老铁的穿云箭”。而在一旁的我，不知不觉中，也开始习惯用相机和短视频记录这一切。重新恢复生机的东北，又开始在工厂轰鸣的机械声中、在街边升腾着热气的烧烤中，驶向了新的春天……

无论是我镜头中的东北街巷，还是《手机里的武汉新年》中的百姓群像，都在以普通、平凡的视角参与这场抗疫“书写”。我与你，还有无数中国人民、世界人民都是这本抗疫史册中的记录员。基辛格说，新冠病毒之后，世界将不再是原来的样子，新冠病毒大流行将永远改变世界秩序。而在这些无数个改变之间，我都愿与你一起成为这些风云中的记录者，抑或是记录者们背后的记录人！

2019级广播电视学专业研究生　刘思奇

2020年4月13日　写于辽宁鞍山家中

[师] 每一位英雄的名字我们都不会忘记

亲爱的同学们：

大家好！

距离上一次给大家写信，正好50天。

50天。我国的新冠肺炎疫情得到了有效的控制。武汉解封了，今晚起，将用25公里的灯光秀向援汉省市表示感谢，每天一个主题，每个主题代表一座城市。77天的封城，没有击垮武汉，当她重新焕发光彩时，是用最美的姿态致谢，而我们要向英雄武汉致敬！

50天。新冠肺炎疫情开始在世界范围肆虐，西方国家面临着前所未有的考验。境外新增病例激增，境外输入病例持续增长，本土每日新增病例在归零后死灰复燃，这预示着我们的生命安全依然存在风险。风险面前，提高警惕是最好的防范！

10 天前的 4 月 4 日，为表达全国各族人民对抗击新冠肺炎疫情斗争牺牲烈士和逝世同胞的深切哀悼，国务院决定举行全国性哀悼活动。全国和驻外使领馆下半旗志哀，全国停止公共娱乐活动。哀悼是对逝者的祭奠，是对英雄的缅怀！

今天是 4 月 14 日，沿着记忆的曲线，上一次全国性哀悼活动正是十年前的今天。青海玉树地震，里氏 7.1 级，2698 人遇难。如今，雪域玉树以惊人的重建速度涅槃重生，许多英雄不曾留下姓名，但他们会被历史铭记！

英雄是一个永恒的话题，无论在故事里还是现实中。公祭日后，上周我给学生们布置了一项特殊的作业，画出心中的英雄形象。扪心自问，这个时代，我们心中的英雄是什么模样呢？

实际上，英雄自古有之，为数众多且形象鲜明。

《三国志·蜀志·先主传》中写道："是时，曹公从容谓先主曰：'今天下英雄，唯使君与操耳。'"这句耳熟能详的台词也出现在各个版本的《三国演义》影视剧中，成为一段煮酒论英雄的故事。而英雄是什么呢？胸怀天下且才能出众者也。

毛泽东在《中国人民大团结万岁》中赞扬："为人民解放战争和人民革命而牺牲的人民英雄永垂不朽！"董必武在《邯郸烈士塔》诗中歌颂："血染沙场气化虹，捐躯为国是英雄。"这里的英雄是指心系国家且具有英勇品质的人。

在中国的传统文化中，我们的英雄是无私忘我、不辞艰险、为人民利益英勇奋斗而令人敬佩的人。

无论是集体记忆还是个人记忆，都有很多英雄的故事。

20 世纪 80 年代，没有钢铁侠和王者荣耀。在我的儿时记忆中，是小英雄雨来的故事，英雄少年赖宁的故事，董存瑞炸碉堡的故事，黄继光堵枪眼的故事，邱少云烈火中永生的故事，罗盛教拦惊马的故事，女英雄刘胡兰的故事……到现在我还清晰记得那些让我立志成为英雄的故事，而这些故事影响了像我一样的一代人。30 年过去了，我却只能给女儿讲小猪佩奇的故事，我很担心，有一天她会立志成为一只小猪。

去年夏天，在“中国超级英雄主题电影”创作研讨会上，学界与业界的专家学者们共同反思了为什么中国没有超级英雄。而实际上，中国的超级英雄就是人民，我们的文化中没有个人主义的英雄，而是集体主义的英雄。在新冠肺炎爆发时，壮士断腕的武汉是英雄的城市，一线抗疫的医护是英雄的群体，自觉居家的群众是英雄的人民。中国从来不缺少英雄的故事，缺少的是讲好故事的人。

习近平总书记多次在讲话中提到英雄。“祖国是人民最坚实的依靠，英雄是民族最闪亮的坐标。对中华民族的英雄，要心怀崇敬，浓墨重彩记录英雄、塑造英雄，让英雄在文艺作品中得到传扬，引导人民树立正确的历史观、民族观、国家观、文化观，绝不做亵渎祖先、亵渎经典、亵渎英雄的事情。”

近年来，污蔑、诋毁、颠覆人民英雄的事件屡有发生。西方在文化输出的同时，竭力解构我们的文化基础，威胁我们的文化安全。为什么要颠覆英雄呢？因为，英雄都有一个共同点——国家利益高于一切！我们历史上的英雄，为了国家和人民舍生取义。而颠覆了民族的英雄，就颠覆了民族的信仰，这绝不是危言耸听。因此，我们有必要将文化安全上升到国家安全的层面上来看待。

明天是 4 月 15 日，第五个全民国家安全教育日。司法部、全国普法办联合印发通知，在全国部署开展 2020 年全民国家安全教育日普法宣传活动，提高全民国家安全法治意识，营造维护国家安全的浓厚法治氛围，增强防范和抵御安全风险能力。今年活动主题为“坚持总体国家安全观，统筹传统安全和非传统安全，为决胜全面建成小康社会提供坚强保障”。除了前面提到的文化安全，总体国家安全观还包括政治安全、国土安全、军事安全、经济安全、社会安全、科技安全、网络安全、生态安全、资源安全、核安全、海外利益安全、太空安全、极地安全、生物安全、深海安全，涉及各个领域的方方面面。

也许大家觉得国家安全离自己还很遥远，其实不然。我们生活在和平的年代，更要珍惜盛世的来之不易，而总体国家安全观正是以人民安全为宗旨提出的，国家安全和人民安全息息相关。孟子在《孟子·告子下》中告诉我们“生于忧患，死于安乐”的道理，只有人人参与，人人负责，国家安全才能有坚实的群众基础和现实保障。

我们铭记英雄，也许不一定要记住他们的名字。不知你们可曾留意，矗立在天安门广场的人民英雄纪念碑上没有名字，人民英雄是他们共同的名字。我们铭记英雄，铭记他们的精神和信仰。今天，我们守护国家安全不需要牺牲自己，而守护国家安全，我们也是英雄。

国家安全，我们勠力同心！

马　铨
电视学院副教授
2020 年 4 月 14 日

［生］ 珍重待相逢

亲爱的老师，同学们：

见字如面。

响应国家“停课不停学”的号召，学校开启线上授课已四周有余。大家对于网课还适应吗？是否同样期待着课中的互动？会不会因为网课的作业有些苦恼，但任务完成之后成就感满满呢？相信历经一个月的远程授课，大家都已经渐渐恢复在学校时的状态。许久不见，想念学校之情日益强烈；但我们还是要坚决贯彻“不离家，不返校”的政策，乖乖在家，认真听课打卡呀！听课、学习之余，春暖花开，阳光正好，利用周末或是闲暇时光陪家人一起谈天说笑；赏心乐事，足以疗愈疫情阴霾下的小焦虑。

经过这次的疫情，大家对于人与自然间的关系有了很多别样的感触，也真切意识到野生动物的保护需要我们每一个人的力量倾注。那么，就从身边的一花一叶开始，靠近自然，置身于自然的怀抱吧！眼看着便要到了祖国山河生机盎然，春花遍野的时节，戴上口罩，避开人潮，去那树树山桃玉兰下，细嗅春日的美好；听那归来的莺燕声声鸣啼，体味生命的温度。凝视自然之美，也许你会对世界有更俏皮的热爱。

得知延迟开学时是什么感受——我会告诉你，遗憾之余，有许多慰藉与庆幸，是一抹微酸的暖色。所有的不舍都来自依赖。之前从未离开家庭的我，在踏入大学之前，不曾感受到自己对家有多强烈的归属感。直到一学期过后，我才真切体味了家在我心中的分量。可能正是“祸兮福之所倚”，这样可以与家人共享岁月的机会，我们都不应等闲度过。未来团聚的日子只会越来越少，何不珍惜当下，珍惜眼前至亲至爱之人呢？

我身在朔北的哈尔滨，与这座城市即将盛放的丁香花一起，在唤醒生机前的短暂荒芜中，享受着，静待着。要相信，暖阳不远，来日可期。

祝各位安好，身体康健。

2019 级广播电视学本科生　张煜琳

2020 年 4 月 14 日　写于黑龙江哈尔滨

[师] 国家安全日的感悟

亲爱的同学们：

大家好！

今天，2020年4月15日，是第五个全民国家安全教育日。当下，疫情在全球暴发，国家安全显得格外重要，同时引发我们更多的联想和思考。

2015年7月1日，全国人大常委会通过了《中华人民共和国国家安全法》，其中第十四条规定，每年4月15日为全民国家安全教育日。今年活动的主题是：坚持国家总体安全观，统筹传统安全和非传统安全，为决胜全面建成小康社会提供坚强保证。作为中华人民共和国的公民，作为新时代大学校园的师生，我们对国家安全的理解是否到位？是否能够很好地进行自我学习，同时也能够承担一份社会责任？我权且把写这封信作为一次自我教育的机会，也与同学们分享学习的心得。

首先，我们对国家安全的含义要有基本的认知。国家安全是指国家政权、主权统一和领土完整，人民福祉、经济社会可持续发展和国家其他重大利益相对处于没有危险和不受内外威胁的状态，以及保障持续安全的能力。

实事求是地说，之前我并没有认真阅读过《中华人民共和国国家安全法》，自以为能够理解什么是国家安全。自从发生新冠肺炎疫情以来，一些国家的政客以及一些对中国怀有历史性敌意的人恶意攻击诬蔑中国，甚至还有人提出要中国赔偿损失，简直是无理至极！几乎找不到合适的词语来形容这种行径，难道这些所谓的文明国家真的不知羞耻吗？这让人联想到中国历史上的屈辱“庚子赔款”，西方列强如同强盗一样吞噬中国白花花的银子，难道还上瘾了！面对这些不利的国际舆论，我深刻理解了整体国家安全观的时代意义，深刻理解了为什么政治安全是根本。

六年前的今天——2014 年 4 月 15 日，习近平总书记在中央国家安全委员会第一次会议上首次明确提出“总体国家安全观”，这是新时期中国共产党维护国家安全的根本方针。如何理解总体国家安全观呢？我专门查阅了《国家安全法》的阐释，发现以前自己对国家安全的认识是比较偏颇的，认为国家安全的第一位是国防，其次是经济，这种认识非常局限。国家安全法是这样规定的：国家安全工作应当坚持总体国家安全观，以人民安全为宗旨，以政治安全为根本，以经济安全为基础，以军事、文化、社会安全为保障，以促进国际安全为依托，维护各领域国家安全，构建国家安全体系，走中国特色国家安全道路。

面对中国的新冠疫情，党和国家的果断举措真正体现了以人民安全为宗旨。相比之下，美国、英国等发达国家采取的措施令人难以置信，死亡人数超出预料。

面对全球的疫情蔓延，中国毫不犹豫地伸出援手，表现出5000年文明古国的大国风范。今天，新冠肺炎疫情还在蔓延，成为21世纪人类的灾难。全球确诊的病例已经超过186万，死亡人数超过11万，疫情源头、病毒性质等种种问题有待时间和历史检验。

比尔·盖茨认为，新冠肺炎疫情将是一次伟大的纠错。前几天，白岩松专访了比尔·盖茨，他不愧是一位了不起的科学家、慈善家，他冷静、理智、积极、严谨、善意的态度令人起敬。可见，世界上许多事情是具有多义性的，美国不光有特朗普，还有比尔·盖茨。

记得上次写信的时间是2月24日，农历二月初二，龙抬头。时光荏苒，转眼就到了四月中旬。疫情非但没有过去，反而在世界范围内泛滥成灾。上次写信结尾写道：浩瀚宇宙，历史长河，人类社会曾在认识与战胜瘟疫的创伤中走向文明。无边地球，大千世界，中华民族必将在这场瘟疫的阵痛中更加醒悟进步。当时，疫情还集中在中国，现在看来，需要把“人类社会曾在认识与战胜瘟疫的创伤中走向文明”这句话中的“曾”字改为“将”字，人类社会将在认识与战胜瘟疫的创伤中走向文明。

赵淑萍

电视学院学术委员会主任、教授

2020年4月15日

[生] 春天如期而至

亲爱的老师同学们：

展信安好，见字如晤。

清明已过，春和景明。国内疫情已经得到了有效控制，武汉也解封了。有些地区开始陆续有计划地复工、开学……但是我们仍然不可掉以轻心，我国内地仍有零星散发病例报告，仍要落实防范疫情反弹的措施。

在高度全球化的今天，我们置身疫情，应永远着眼于全球性景观，因为一切的经验、教训都将属于全人类。我们作为这场特殊时期的见证者、参与者，应保持合理健康的情绪，从科学的角度看待这场全球性公共卫生危机，坚持推动构建人类命运共同体，谨防狭隘民族主义。

在以“数字”和“速度”为衡量指标的今天，居家的这段日子，给了我们难得的“慢”下来、摒弃浮躁的机会。我们应珍惜这段与父母长时间相处的亲子时光，为人生路上的亲情增添一份温暖，做家庭的关爱者。要利用好这些自由独处的日子，与自己对话，进行自我整合，给自己一方成长的天空。阅读几本好书，好书如天下奇川，阅不尽其奥秘处；观看几部影视作品，多看一部电影，多活一个人生，做修行者。

开学已经六周了，相信大家都也已经逐步适应了网上教学授课的方式。疫情之下，大家的客观环境都是相同的，考验的是对自己的那份坚持与耐力。“种瓜得瓜，种豆得豆”，即使在家上课也要保持自律，不要陷入自我满足式的努力，不沉迷于自己的舒适区，保持清醒的自我认知，为自己的学习发展做好目标规划并付诸实践，才是真正做到珍惜春光，自我提升。

万物向阳，冬雪消融。我希望如期而至的不止春天，还有疫情过后平平安安重返校园的你们！

2019 级广播电视编导（电视编辑方向） 孙 博

2020 年 4 月 15 日 写于河北省张家口市家中

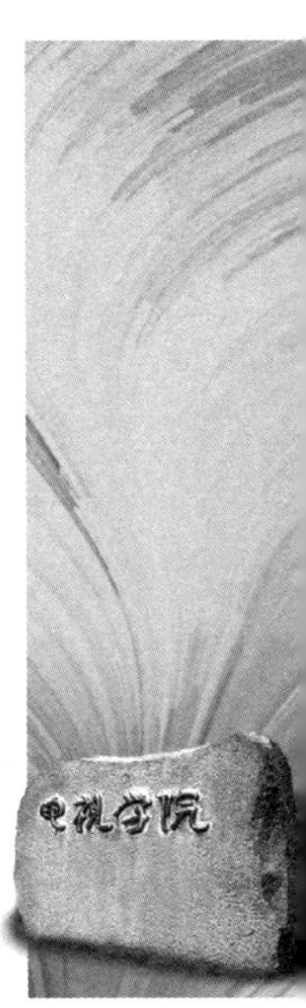

[师] 源自社交媒体的观察与思考

亲爱的同学们：

大家好！

转眼间已是柳絮纷飞的四月天。这段时间的北京阳光明媚，有的时候，午后的街头已有朋友迫不及待地一身“短袖打扮”，但对于同学们来说，宅家防疫、抗疫的任务依然艰巨。当前，虽然新冠肺炎的本土传播已经得到基本控制，但随着海外确诊病例的大幅增加，我们进入了“内防反弹、外防输入”的关键时期，只有继续坚持，才能取得这场战疫的最后胜利。

说到坚持，从 1 月底到现在，真没想到一封封书信从隆冬写到了初夏，从对国内疫情的认识写到了对国外疫情的思考，还延伸到了怎样看待疾病、如何正视灾难，以及政治、历史、社会、文化等丰富多彩的内容。作为两个班级的班主任，我也会如同学们一样，每日读一读这些来信，以此作为宅家抗疫的组成部分，再连同自己的想法，一起转给大家。虽然不能与同学们见面，但是这些信札也让我在班级微信群里与大家沟通想法、传递情谊。有的时候，也会随着信件的发出，提醒大家完成今天的健康签到，或是去耐心地看看班长发布的学业、就业通知，嘱咐大家“宅家”不等于“耍废”，更要学会充分利用时间、合理安排生活。

由信札而起的这份基于社交媒体的交流与沟通，让我想起了入门社交媒体研究时读到的几篇文献，有关社交媒体与社会资本。研究的结果挺有意思，学者们将社会资本分成桥接型社会资本（bridging social capital）与黏合型社会资本（bonding social capital），前者意指认识新朋友，后者则指从老朋友那里得到各种支持。大家发现，经常使用社交媒体与人交流的个体，将会拥有更多的社会资本。不仅如此，对于那些身在海外的留学生而言，更愿意与老朋友们“微信吐槽”，会让他们觉得“心里舒坦”。从纸上文献联想到现实生活，如今，在微信群中，每天传递的师生来信，有的摆事实、有的讲道理，有的分享点滴小事带给我们的体验与感受，其目的都是为了与大家一起，正确认识疫情、认真防控疫情，让宅家抗疫的日子变得充盈而丰富，这不正是来自“老朋友们”的种种支持吗？翻开这段时间与同学们在微信上的聊天记录，除了转发这些来信，我也收到了一些同学的私信，有的想聊聊有关升学、就业的人生选择，有的苦恼于毕业论文的研究方法，有的同学分享了她在上海抗疫一线做社区志愿者的点滴感受，也有的同学是有实实在在的事情求助老师帮忙……总之，基于社交媒体，我们真的是在彼此启发、互相支持。当然，在这其中也留有一些遗憾，比如面对有些问题，你我的隔空沟通遇到了一些障碍，一时半会儿也想不到更好的办法。

除了感受到上面提及的来自社交媒体的支持力量，在这段时间的交流与沟通中，我还发现，“为什么”是与大家微信聊天的关键词。比如，有同学会问为什么不能离家、不能返校、不能返京？为什么不能如何如何？

这时，除了重申规则，其实还想与大家聊聊如何认识规则。

在学习传播理论的时候，“框架理论”（framing theory）是一定会被提及的内容。何为“框架”？认知心理学会从“基模”（schema）讲起。个体因为所处的社会历史背景不同、生活情感经历不同，而产生了不同的“基模”，对同个事物的诠释和理解也就不同。将这一概念延伸到新闻报道，你会发现，面对同一个新闻事件，不同媒体会有不同的框架方式。其实说回来，我们也可以顺着上述思路去理解当下的许多规则。以北京为例，新闻发布会说，全球疫情加速蔓延，作为国际交往中心的北京很有可能较长时期处于疫情防控状态，必须严守规则、严防死守。如果是从社会总体去“框架”这些规则，很容易理解其必要性，但这些非常规的要求又难免会和某些个体的“基模”气场不和。比如，为“潜入”朋友小区聚会而钻进汽车后备厢的民众，隔离期间执意出门跑步的澳籍华人女子，还有那位因为太想回家就从隔离酒店“跳窗而逃”的留学生……突发公共卫生事件不同于普普通通的日常生活，当我们着急向防疫抗疫规则发问的时候，不妨先冷静下来想一想，若是从确保社会大众平安健康的角度出发，该去如何“框架”这些规则？是支持，还是挑战？相比之下，我们个人的“基模”又有哪些局限？作为社会的一分子，既要遵守规则，也要尝试认识规则、理解规则，在规则之下，培育良好的心态，找寻平衡的办法，做一个对社会、对你我他负责任的人。

一封封的师生书信，不仅让我习惯了在微信群中向同学们问候早安、午安，也给我带来了更多基于社交媒体的观察和思考。比如，发现在线社交中温暖人心的给力支持，想想怎么换一种角度去理解微信聊天时发现的这样那样的问题。宅家抗疫的生活给了你我更多的时间和空间，希望我们都能有所收获、有所成长，待到校园相见，再一起好好聊聊！

赵希婧
电视学院教师
2020 年 4 月 16 日

[生] 国家安全，青年有责

——2020 年全民国家安全教育日公开课观后感

2020 年 4 月 14 日，全民国家安全教育日高校公开课“总体国家安全观视角下的疫情防控”在相关教育平台上线，中国工程院院士范维澄就该主题为我们上了一堂生动的安全意识教育课，40 余分钟的课程讲授，令人获益匪浅。

众所周知，国家安全关系着我们每一个公民的幸福与安全，没有国家安全，就没有稳定的民生，没有可持续的发展。维护国家安全不仅仅是政府的事，更是我们每一个公民的责任，生于斯长于斯，天空与土地，同生态与生灵、同经济基础与上层建筑，都属于我们每个公民应当守护的那份“国家安全”。而国家安全体系在新的时代发展中也不断与时俱进，如今在原有的 11 项国家安全内容基础上，又增加了 5 项新内容，分别是海外安全、生物安全、太空安全、深海安全和极地安全。正如院士提及的，（国家安全体系的）内涵和外延比历史上任何时候都要丰富，时空领域比历史上任何时候都要宽广，内外因素也比历史上任何时候都要复杂。而中国特色国家安全道路仍坚持以人民安全为宗旨，在本次疫情中，关于人民安全，国家和政府递交了一份令人民满意的答卷。我们必须看到社会主义制度的强大优越性，政府的宏观调控，及时地就疫情防控发布相关文件，极大程度地有效阻击了疫情的恶化。因为政府的干预，我们也听到、看到国外新闻媒体对中国式防控的诟病和污蔑。但是人民心中清楚，谁才是让人民安心的政府。

借着国家安全教育日的宣传，我也颇有些感触。信息时代的迅速发展，让我们过早地沉浸在信息科技的发展成果中，而忘了宣传教育应和科技同步发展的问题，换言之，就是思想跟不上脚步。不仅是国外，也包括国内的部分地区，即使信息化、现代化程度已经有了非常卓越的进展，但在这次疫情中，人们采取的措施不免有荒唐可笑的成分，为什么新媒体已经如此惠及人们的生活，所谓的安全意识，或者说科学的自我保护意识却连个影子都没有，更别提框架体系了。

我想这可能就是为什么在国家安全教育日这天设置了这样一场别开生面的公开课。青年人是国家的未来，日后也将担负起建设国家的责任，如果青年人在意识上有疏漏，就好比机器上的螺丝钉有假冒伪劣的成分，牵一发而动全身，可能会给社会带来不可言明的影响。因此，我们要让思想跟上脚步，不能因为走得太快，就把思想丢在落后的时代。

国家安全是宏观的话题，也是每个公民微观的责任，青年人尤当铭记。

2018 级广播电视学（电视摄影方向） 赵子龙

2020 年 4 月 16 日

[生] 现在是最好的时间

电视学院的老师和同学们：

展信佳。

仔细算来，宅在家的日子已经有两个月之久，虽然最近每天都会在小区里散步，但是总归还是在家的时间多一些。由于疫情的原因，我们不得不这样做。在这里问同学们一个小问题：“这段时间，你有什么收获吗？”很多同学一定会调侃地回答：“我收获了一身的肉和去不掉的黑眼圈。”又或者是收获了最近网上最火的“淡黄的长裙，蓬松的头发”的快乐。同样，这个问题我也问过自己，毫无疑问，我的回答和大家近乎相同。

这样的回答不好吗？对于问题本身来讲，这些是不错的答案，但是似乎又缺少些灵魂和意义。

那日晚上，我在电视上看到了正在直播的“高三空中课堂”的节目，里面的老师说了这样一句话：“这次长假会有巨星陨落，也会有黑马突围。”我还和父亲调侃自己的自控力：如果我晚一年出生，赶上这样的长假，可能连大学都考不上了。但是我们需要思考一个问题：难道大学生就应该真正地给自己放假吗？

看到毕业班的同学在家奋笔疾书。或许，抖音微博不应该成为大学假期生活的全部，朋友圈的鸡汤文常常会讲“人生需要充实”，但是简单的“充实”二字，却很少有人敢这样评价自己的假期生活。每日沉迷手机刷个不停，这不是充实。所谓充实：便是不虚度光阴不浪费生命，在最好的年华，不断涉猎、汲取，使自己的人生更有重量和价值。

如何充实自己，想必同学们一直都有自己的标准答案，可以是武装自己的头脑，抑或是可以强健自己的体魄，或者发挥自己的社会价值。

前几天在网上看到段子，“经过这段疫情，应该会有许多人明白自己想要的人生是如何。”假期给了我们前所未有的宁静生活，让我们潜下心来思考：你是否应该抓住机会，成为一匹黑马，惊艳四座？

现在还是最好的时间。

2019 级网络与新媒体（互联网电视方向） 李鹏宇

2020 年 4 月 16 日　写于北京市家中

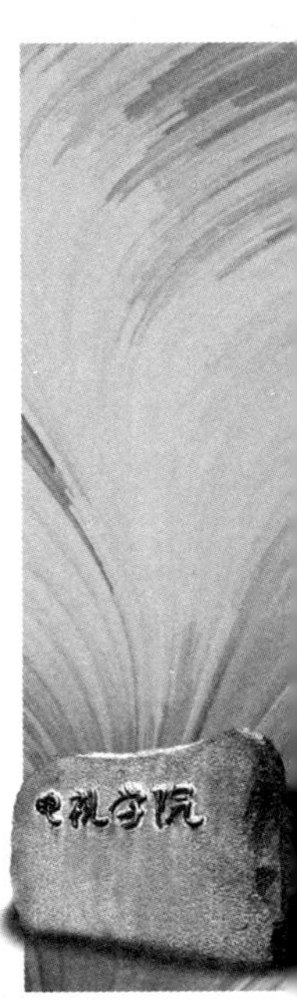

[师] 同学们，见字如面！

亲爱的同学们：

你们好！

春天，如期而至！校园里的玉兰花、桃花、迎春花竞相开放；柳树、银杏树和白桦树也相继绿叶婆娑……尽管我们仍在家中“守望”，但依然能感受到春的气息和春的希望！

在和同学们的交流中得知，大家最关心和期盼的就是何时能重返校园彼此相见！其实，地理上的空间只是阻挡了我们外在的身体相见，却从未隔断我们内在的心灵“相约”！不是吗？我发现很多信的问候都是“见字如面”。的确，汉语还有“文如其人”这个成语，其典故来自宋代苏轼的

《答张文潜书》："其为人深不愿人知之，其文如其为人。"因此，"每日一信"不仅寄托着作者的思想、情感，也表达了他／她的立场、观点，更体现出其文与其人的风格和特征。而这一切，又都与作者的专业、性格、爱好相关，甚至还可能包括性别、年龄等各种因素吧。

就拿我自己来说，一直学习并从事西方文学和影视文化的教学、科研工作。在这段时间里，疫情不仅是我正在亲历、承受的一次人类历史上的巨大灾难，也让我深刻地意识到一个十分重要的研究视角。例如，著名的油画《苏格拉底之死》，展现的是雅典人以不敬神和败坏青年两项罪名把古希腊伟大的哲学家、主张无神论和言论自由的苏格拉底送上法庭，并判处他服毒自杀的悲剧事件。众所周知，古希腊雅典的民主制文明在公元前 5 世纪发展到顶峰并进入了希腊城邦的"黄金时代"，由此也奠定了欧洲文明的基础。那么，如此开放、包容并充满活力、进取的雅典人为什么突然变得保守、狭隘，甚至一味偏执地要处死他们的精神领袖呢？当然原因很多，但其中一个不可忽略的原因就是公元前 430 年至公元前 427 年席卷雅典的那场大瘟疫。它直接导致了四分之一居民的死亡，雅典最杰出的政治家伯里克利和他的两个儿子也被瘟疫夺走了性命。显然，对瘟疫的未知、恐惧和毁灭性的后果，给人们的身心留下了不可磨灭的阴影和创伤，以致改变了雅典人的行为和思想。事实上，在古希腊之后的古罗马和中世纪，乃至后来的世界历史上曾多次暴发严重的瘟疫。美国著名历史学家，《瘟疫与人》的作者威廉·麦克尼尔，就把传染病如何影响整个人类的迁移、民族的盛衰、战争的胜败、社会的荣枯、文化的起落、宗教的兴灭、政体的变革、产业的转型、文明的发展和科技的进步等做了完整的论述，并首次把传染病列入历史重心。该书令我耳目一新、深受启迪。

谈到阅读，上大学时我就听老师介绍过法国作家加缪的《鼠疫》。为了考试也曾泛泛地浏览过，那时我既不喜欢也没读懂这部小说。因此，在我自己的课堂上从来没有讲解过这部作品。这次疫情让我有机会重读经典。此时此刻，对书中描写的鼠疫封城期间，人们的种种心境和状态有了较深的感同身受，特别是主人公里厄医生的职业操守和人道情怀，如同我们当下抗疫中那些医护人员一样，更值得人们的敬佩与感恩！这种时空交错的互释映照，这种文学与现实的同频共振，使我获得了一次前所未有、极具张力的阅读体验和心灵震撼！记得书中的里厄医生说，“面对灾难不存在英雄主义，只是诚实问题。”这句话令我沉思良久、似有所悟；也令我懂得了为何不止于理解，而是勇于感受并接纳现实的含义。这需要做人的智慧和勇气！正如作家罗曼·罗兰所说：“世上只有一种英雄主义，就是认清世界真相之后依然热爱它。”的确，阅读不仅带给我们充实和愉悦，还带给我们觉悟和力量。可是我们的阅读往往很功利，为了考试、写论文、评职称，甚至仅仅是为了消遣。固然，读书也具有这些功能，但读书的最高境界应该是为了我们的生命和生活本身。

如今，面对全球疫情和人类的危机，瘟疫不仅是书中的知识，更是人们的认知；不仅是医学常识，更将是生活常态！因此，让我重新思考教师这个传统职业所面临的挑战，也让我进一步反思人文主义所推崇的自由意志正面临的挑战！还有，疫情之后我们将面临更多、更严峻的挑战……但我相信，这不是人类的末日。经过漫长艰辛的进化和努力，人类创造出自己的灿烂文明，既有物质的、也有精神的。只要全世界人民团结一致、心怀善意，继续发挥人类的想象力和创造力，就一定能度过这场危难，迎来崭新的明天。

最后，我再次祝愿大家健康、平安！虽然还不能校园相见，但我们可以“见字如面”！

吴　辉
电视学院教授
2020 年 4 月 17 日

[生] 平静是一种决定

老师、同学们：

在打开这封信之前，你在做什么呢？

因为不知从何说起，我在打开文档之后跑去看了看三月初我种下的草莓苗，发现已经有四颗小小的果子挂上了叶稍。对植物来说，一个多月的时间可以完成生根、开花、挂果；对人类来说，这段时间却似乎在晃眼之间就过去了。

作为 2020 届毕业生，这段特殊时光似乎更使人感慨。升学、工作面临困扰，毕业作品的创作也受到阻隔，想象中美好的毕业旅行、要精心拍摄收藏的毕业照、要认真出席的毕业典礼好像注定计划落空。冬天的时候盼望春天来了就能恢复一切，等到窗外已是春日好景，才惊觉需要在家等待的时间仍没结束。这些十分“个人化”的烦恼也许不足以让更多人注目，却反反复复出现在毕业生和朋友亲人的交谈之中。我想，每个人的每个愿望都应该被尊重，或许在我们看似普通的日常生活里，都有一些不凡的高光时刻，正是这些充满仪式感的时刻，为平淡的生活写下注脚，让日后回忆时有线索可以依凭。

从疫情开始到现在，有太多的故事、太多的信息、太多的变化在世界上发生。不知道你有没有什么变化呢？

80 天前，我的好友号召我们一起在微信小程序进行学习、运动的打卡，在宅家的日子里为顺利毕业和在毕业典礼留下美丽瞬间而努力！没有想到打卡持续的时间超出预期，我们在三月中旬又“续充”了一次。翻看一天天的打卡记录，发觉当时的感觉是那么清晰，我们的生活也确实点滴积累进步、发生改变。小奶狗长大，毕业作品逐渐完善，开始时困难得引发讨论的“波比跳”大家现在都能完成，学会了一点点烘焙、绘画、写字，甚至对游戏也多了点心得……在家的日子总是特别容易放松和闲散，但有好友相互督促，每天前进的一小步也变成了乐趣。

到今天，国内的疫情已经基本得到控制，国外数字的增长似乎离我们远了一些，不能强烈地牵动你我的心弦，很多人似乎已经对疫情“免疫”了。在我的家乡云南昆明，红嘴鸥每年从西伯利亚迁徙越冬而来，每天都有市民前去喂食。在“按令宅家”的疫情初始，大家牵挂着这些远道而来的老友是否会挨饿，特意安排了专人进行投喂。相信我们对生命的善意、对自然的感受、对他人的共情并不会因为是否同一种族、拥有血缘而改变。

时代的洪流总是将人类作为一个整体裹挟向前，每个人都会受其影响。我想，我们可以拥有不同的观点、不同的愿望，感受一生之中悲欢起伏的不同阶段，却应该在任何时刻保持对自己的清醒，努力掌握自己的生活，让它以你喜欢的规律和速度持续向上生长。

也许不能穿着学士服在电视学院门口的大石头前和盛开的玉兰花合影了，但也没关系。我已经把学士服买回了家，准备穿上去拍春城满街飘香的蓝花楹。等到能够再次回到定福庄的时候，我要先去星光超市买上一大杯快乐阿姨，再到大石头旁边“咔嚓”一张。

梁文道说：“在生活不能平静的年代，仍然坚持在生活中看到平静的味道，那就是一种对于这种不平静生活的抵抗与救赎。”

希望大家身体健康，付出的努力都能有收获，度过平静、充实又快乐的每一天！

2016 级广播电视编导（电视编辑方向） 陶翕然
2020 年 4 月 17 日　写于云南昆明家中

[师] 铁血柔情，赤胆英雄

——战疫中的中国军人

亲爱的同学们：

日月如梭，见字如面！

今天想和你们聊一聊战疫中的军人。

每当看到军人，我就会想起父亲——我的父亲是军人，也是一名军医。他的军旅生涯历经抗日战争和解放战争，在淮海战役中立下战功，并南下福建工作，为我军卫生与健康事业发光发热，鞠躬尽瘁。父亲的奖章和纪念章仍保留在我家的抽屉里，记录着他从军生涯的艰辛和荣光。

作为军人，父亲虽然远离我们在福建部队工作，不能像其他父亲一样时刻守护着我们这个小家，可是他一直守护着祖国这个大家。作为军人的孩子，年少时的我从来没有抱怨和不解，一直以父亲为荣，每次填写表格上家庭出身一栏时，我会毫不犹豫地写下“革命军人”这四个字。我崇敬父亲刚毅、正直、善良的品质，对军人更有一种无法割舍的情结。当年没有被军校录取令我遗憾，但我始终保有这份“当兵”的愿望。无论是建国70周年阅兵仪式上英姿飒爽、整齐划一的解放军官兵，还是在联防联控新闻发布会上戎装在身、干练利落的发言人，抑或奔向前线，舍身救人的军队医护人员，这一切的一切都会让我肃然起敬。在抗击疫情过程中，我国军人的担当、果敢、魄力让我一次次泪目。

有一种忠诚叫誓言铿锵。千里不辞行路远，随时听从党指挥，中国军人积极迎战。“牢记人民军队宗旨，闻令而动，勇挑重担，敢打硬仗，积极支援地方疫情防控。”关键时刻，习近平主席对人民军队发出指令。大年三十，本是合家团圆的重要日子，空军军医大学第一附属医院的医生们却逆行奔向最危险的战场。“我们责无旁贷，随时听候调遣！”17年前，他们是抗击非典的一支主力军，17年后，他们又义无反顾地在请战书上按下一个个红手印。万家团圆夜，将士出征时，军人们身披迷彩、背负行囊，火速地向武汉出发，挺进一线，共克时艰。

有一种力量叫使命担当。临危受命，流血流汗不流泪，中国军队力挽狂澜。“军民团结如一人，试看天下谁能敌？”2月3日起，四千多名来自全军不同单位的医护人员，陆续承担起武汉火神山医院和雷神山医院的救治任务。这些军医中，有近千人曾参加过小汤山医院抗击非典、赴非抗击埃博拉疫情等任务，有着丰富的传染病救治经验。军人的使命是融入军人的骨子里的，无论现役还是退役。退役军人李晓静曾是部队医院护士长，她迅速写下请战书，甚至没等到部队回复，就带着50名“娘子军”护理队驰援武汉。“若有战、召必至”，这句退役时的誓言，她们做到了！抗疫期间，军队支援湖北医疗队加强组织领导、密切军地协同，在圆满完成多家医院确诊患者医疗救治任务后，于4月16日陆续离开武汉完成回撤。愿得此身长报国，不破疫情誓不还。三个月以来，人民军队为打赢疫情防控阻击战做出重要贡献。

有一种守望叫人民安康。为了守护万家灯火平安夜，中国军人挺身而出、救国救民、担当重任。空军出动 8 架大型运输机装载大量物资飞赴武汉，令人顿觉心安；全军 63 所定点收治医院开设收治床位 3000 多张供一线救治。疫苗研制任务是抗疫防疫的重中之重。在疫情关头，习近平主席专程来到军事医学研究院，了解疫苗、抗体、药品、快检产品等研究和应用进展情况，肯定了军队科研人员的坚守和努力。陈薇院士团队 1 月 26 日赴武汉一线，与北京后方科研基地同时作战，开展疫苗研发攻关，3 月 27 日完成疫苗一期临床试验，4 月 12 日疫苗进入二期临床试验。在严峻的疫情面前，人民解放军用“中国速度”守护了人民的安康。

我们并非生活在一个和平的年代，只是生活在一个和平的国家，尽管如此，仍有硝烟弥漫，只不过有人替你负重前行罢了。祖国有英雄，山河辽阔、四季恢宏；人民有军队，生活安定、无限荣光。

对于中国军队而言，“疫”不容拒，义不容辞！在这场战疫中，中国军队是胜利之师、威武之师、雄壮之师，每一个军人背后都是一部《士兵突击》，他们不愧是新时代的钢铁长城！不仅如此，中国军队更是致力世界和平安全的文明之师、和平之师。国防部新闻局局长、新闻发言人吴谦 3 月 2 日表示：“中国军队将积极开展国际军事合作，与世界各国军队一道，携手抗击包括新冠肺炎疫情在内的公共安全威胁”。中国军人的英姿势必成为全球抗疫战场上最亮丽的风景线。

同学们，青春不只是诗和远方，还有家国和边关！我们虽然不是军人，却可以也应该成为一个平凡的英雄。真英雄何所遇？他（她）遇到的是肩上的责任，是孤单的逆行，是漫漫的长路，以及前程越发真切的希望！

致敬军人！我们由衷敬仰，我们毫不犹豫。因为，他们就是我们祖国最可爱的人。

父亲离开我已经整整29年了，相信他在天之灵看到我们的军人、军医在援鄂抗击新冠肺炎一战中所向披靡，也一定会感到无限欣慰。

此致，

春安！

吴敏苏

新闻传播学部副学部长，电视学院教授

2020年4月18日

[生] 连绵雨季中的寒假

亲爱的老师同学们：

大家好！

我的寒假是在宁德早春连绵的雨季里度过的。当北方冷空气与低纬度暖湿气流交汇在这个福建东北部的沿海丘陵地区，我的世界便蒙上了一层雨珠。我在没有暖气的室内，在被雨水打湿的窗边，在冰冷的电脑键盘上，敲击着我的毕业论文，也观察着周遭的一切。

疫情和毕业季的结合，窗外的雨像一场毫无征兆的愤怒，肆意拍打着任何事物。

一月初，我的硕士毕业论文被抽中盲审，于是不得不在家完成毕业论文的写作。我在电子和纸质材料里穿梭，在一个又一个框架的调整里苦思。在毫无头绪的雨天里，我倚靠窗边，看着树叶的颤抖，看着地面的圈圈圆圆，看着失去了欢声笑语的滑梯，也看着零星路灯点缀的孤寂的夜。

晴天的到来，是我漫长论文撰写雨季的终结。导师的电话，是天空中显露出的白云；亲朋好友的鼓励，是阳台升高的温度；阳光穿过阳台反射在阴暗墙面的斑驳，是3月20日那天我收到的盲审通过的消息。

疫情和春节的结合，窗外的雨像一张透明的细密渔网，在群山间随风变换着形状。

2月6日小雨那天，社区主干道上横立起一张长长的桌子禁止人车通行。那张桌子上放了几张浅红色的防疫宣传单，也许担心被风吹走，那几张宣传单之上压了一颗橘子，一抹橙红色在微风细雨中显得如此显眼。

每年春节，为了祈求吉利，人们买上许多橘子，将其摆放在客厅，挤在车子仪表盘和前挡风玻璃的夹角处。如今在疫情期间，又压在了防疫宣传单之上。那位社区工作人员放下那颗橘子时，一定在心里为大家许下了平安吉利的愿望吧。

晴天的到来，是福建全省新冠肺炎住院患者清零的日子。在之后的3月10日的那个晴天，我更换了床单。当我提着洗完的床单到顶楼时，眼前的景象让我一下子愣住了：往日一条条横挂着的晾衣绳早已被床单占满，这些来自不同家庭的、五颜六色、各式各样的床单毫无芥蒂地挤在一起，全然不像这一个多月以来人与人之间的隔阂与规避。

橘子的橙红色，顶楼毫无章法随意拼凑的床单颜色，是这场疫情里我见过的最明丽的色彩。

生活潮来潮往，疫情起起伏伏。衷心感谢每一位默默坚守岗位的人，于是我可以隔离在家完成自己的事。我像期待阳光一样期待着疫情的结束，期待着我们的重逢，也期望大家一切都好！

2017级广播电视学硕士生　吴　昊

2020年4月18日　写于福建宁德家中

[师] 记录·对话

亲爱的同学们：

展信安！

时间过得飞快，今天（4 月 19 日）是今年的第 110 天，距离我给大家写的第一封信也已经有 56 天了。在上一封信里，我建议同学们用影像记录这个漫长“寒假”的生活瞬间和个人感悟。而这一次我想请同学们在记录之余，稍微休息一下，尝试与自己记录下来的影像“对话”。

对话（dialog）的本意是指两个或更多的人用语言交谈。但在学术领域，这个词却有着多重的含义，甚至有着自己的美学体系。例如苏联学者巴赫金就将对话看作“平等的、意义相当的意识之间相互作用的一种特殊的形式”，认为人类存在的本质就是通过“对话”达到相互沟通和理解。

其实，作为影像的记录者的我们同样也处在对话关系中。我们可以通过影像同拍摄对象对话、同观众对话、同我们的社会文化对话，甚至可以同我们自己对话。如果你能够做到这些，或许会发现许多过去不曾想过的问题，例如：我用影像记录下来的生活和我的日常生活有着怎样的联系？影片中的人物和真实的他（她）有什么不同？

当然，想找到这些问题的答案并不容易。这可能需要你们在不断阅读、思考和拍摄实践中，在和影像的进一步“对话”中才能有所收获。

此刻，在我们共同期盼回归的校园里，我猜银杏树和核桃林都已经长出绿叶，学院门口的玉兰也早已盛开。它们一定也在期待着与我们“对话”的那天早日到来。心怀希望，春天一定会来！

期待在校园与你们相见！

张雅欣

电视学院教授、博士生导师

2020 年 4 月 19 日

［生］ 花信可期

亲爱的老师们、同学们：

展信佳！

暮春将逝，初夏将临。正午时分，哪怕穿着单衣，有时也不免汗涔涔的；阳光明媚的周末，公园里放风筝的大人小孩也早已三三两两，似乎让人很难想起冬天的寒意与寥落。

我还记得，就连那时的梅花，香亦不同于往日。这是一株小小的蜡梅，方及膝高，是去年才种下的；往常她的母株，在这些飘雪的日子，总是香自苦寒来。现在，她却静静地坐在窗下的花盆里，好像在这个人囿于家中的特殊时期，香气也被困在了屋内。但这种香，让人闻着心安，且充满希望。

我还记得，在我生活的江南小城，3月6日，全面解封。恰好惊蛰刚过，整座城市和那些等待一冬的小虫同时苏醒。走出家门，楼下的两棵玉兰树迎着风微微招手，摇曳间又有几瓣纯白归于泥土。突然想起电视学院门口的玉兰，那每天赶着早八都会相逢的玉兰，那会从第一帧相伴到毕业照的玉兰。数月未见，你们是不是也一如此时的眼前？

我还记得，清明那天，出门看见道边的樱花已满树满枝；想必同在长江之畔的武汉，也早就满城樱雨了吧。“武汉是一座英雄的城市”，言犹在耳，再过几天就到了武汉解封的日子。如今，这座英雄之城的疫情风险已降至低级别，全国的疫情也早已得到了有效的控制。在这个特殊的日子，谨在此，向全国高度配合防疫工作的人民以及抗疫一线的医护人员，致以最崇高的敬意！

今天中午，突然一低头，看见了家里的荷花。每年冬天，这个生长在小缸之中的生命从来都会枯萎到了无生气，却总会在来年初夏小荷尖尖。尽管今年还没什么动静，但算算日子，就在不久的将来，定会一池绿水，花信可期。

希望待到钢琴湖中荷同绽，我们便能再相逢。

2018级网络与新媒体　王若凡

2020年4月19日

[师] 谷雨信笺

亲爱的同学们：

展信安。

武汉“解封”，湖北“重启”。事实证明：中国的抗疫方案行之有效，中国的治理经验值得借鉴。随着疫情在全球200多个国家和地区蔓延，严酷的现实摆在面前，没有哪个国家或个人能够置身事外、独善其身，人类是一个休戚与共的命运共同体。这是一次全球性危机，也是一次世界级大考。在这场考试中，中国交出了一份令世人瞩目的答卷，描绘出一幅携手并进、共克时艰的抗疫画卷。

人民是真正的英雄。在这场没有硝烟的战斗中，每个人都是英勇的战士，都在尽自己所能参与这场前所未有的抗疫行动。我们让世界看到了中华民族百折不挠的坚韧品格，中国人民万众一心的精神力量。冲锋在前的白衣战士们，以生命挽救生命，用坚守点燃希望；逆向奔跑的媒体工作者们，不畏艰险奋斗在抗疫前线，从重症监护室、隔离病房、方舱医院发出一篇篇真实生动的报道，留下一个个直击人心的瞬间；日夜值守的公安干警们，用忠诚与热血保障社会与人民的平安；千千万万的志愿者们，用爱与奉献构筑起防抗疫情的铜墙铁壁；各行各业的劳动者们，用热忱和汗水维护着城市的正常运转。当然，还有每一位居家隔离、坚持打卡的同学，天天提醒、日日叮嘱的老师。让我们为奋战在一线的同胞们鼓鼓掌，也为坚持到现在的自己加加油。

国家是人民的靠山。回顾过去三个月的抗疫历程，习近平总书记亲自指挥、亲自部署，始终把人民群众的生命安全和身体健康放在第一位；各级党委和政府坚持以人民为中心，一切为了人民，一切依靠人民，一切造福人民。人民是国家的基石，国家是人民的靠山。当海外疫情全面爆发，中国驻外使领馆全心关爱、全力帮扶，第一时间向中国留学人员调配发放“健康包”“爱心包”，为海外学子带去祖国的温暖；面对中国留学人员遭歧视、受攻击的个案，外交部和驻外使领馆高度重视、密切关注，及时有力进行交涉，让身处海外的中国公民感受到“无论走到哪里，祖国在你身后”的精神力量。

中国是人类命运共同体的一员。“大道之行也，天下为公。”自新冠疫情全球暴发以来，习近平主席高度重视抗疫国际合作，频频展开“电话外交”，在与西班牙首相桑切斯的通话中表示“阳光总在风雨后”，在同哈萨克斯坦总统托卡耶夫通电话时强调“疫情是暂时的，合作是长久的”，传递中国信心，彰显大国担当。“投我以木桃，报之以琼瑶。”随着国内疫情防控形势的持续向好，中国主动分享抗疫防疫经验，在力所能及的范围内对有需要的国家提供援助。中国政府陆续派遣抗疫医疗专家组远赴沙特阿拉伯、埃塞俄比亚、布基纳法索等十几个国家，交流抗疫经验，提供防疫指导。中国政府在向各国提供的援助物资上写满了对受助国的关心和祝福，有中国诗词，有各国谚语，“千里同好，坚于金石”“青山一道，同担风雨”“山和山不相遇，人和人要相逢”，一字一句编织起中国与世界文化交融的纽带，传递出相知无远近，万里尚为邻的大国胸怀。以实际行动践行着构建人类命运共同体的中国倡议。

谷雨时节，雨生百谷，播下期待，耕种希望。我们企盼黄鹤楼的游人如织，三峡游轮的穿梭往来。

高晓虹

电视学院院长、教授、博士生导师

2020 年 4 月 20 日

[生] “我”与社会、与世界、与时代

亲爱的老师们、同学们：

见信如面，展信舒颜。

人间四月天，凛冬已去，万象更新。随着一批批援鄂医疗队撤离，全国大多数地区的防疫工作终于告一段落，而我也行将结束近三个月的上海市共青团志愿者工作。

犹记得二月伊始投入社区战线的紧张——社区是直面防疫压力的第一线，工作庞杂而人手短缺：摸排人员、测量体温、协调复工复产……我跟着社工们奔波在每一个环节，也担当翻译协助外国人返沪监测管理，用文字和影像记录每一个瞬间。

谈及初衷，是看到无数青年人前赴后继驰援一线，迸发出正能量、责任与担当，因此心中升腾起急迫的使命感。一言概之：“无畏无悔，不负

青春。”

这是“我与社会”的答卷。

一夕之间，全球新冠病毒蔓延。令人痛苦的是这个星球非但没有同仇敌忾，反而民粹主义频频抬头。排异是人类自我保护与自我毁灭的机制，biologically and socially.

疫情期间我对外国友人积极说明中国防控疫情的精准策略与必胜信念，分享防疫知识。我是一名国际新闻专业的学生，也曾在国际组织World Economic Forum实习过，深知一言一行都代表着国家，每时每刻都是公共外交。

这是关于“我与世界”的两点认知。

相信不少人和我一样读了加缪的《鼠疫》。“个人命运已不复存在，唯有一段集体的历史。”这种感受在此时尤为激烈，时代洪流的冲击下，个体命运如一叶扁舟陷入漩涡。但我想起在珠峰大本营望着8844.43米的珠穆朗玛与灿烂星汉的心情，真正理解了苏东坡笔下的变与不变。历史的螺旋里，我与时代共浮沉。

我选择学习《大江大河》里的宋运辉“不尽狂澜走沧海，一拳天与压潮头”，试着像歌德说的“投入更广大的世界里”，即使蚍蜉撼树，心中也常葆有“为天地立心，为生民立命”。

这是面对“我与时代”的决心。

六月，我即将走出象牙塔。毕业前我走遍了全国，在新华社西藏分社实习了三个月，在疫情最严峻时成为一名志愿者。朋友说我像一个“天涯客”。那便带着这份与社会、与世界、与时代的不成熟的答卷，乘风破浪。愿诸君安！

2016级广播电视学（国际新闻传播方向） 万鸿嘉
2020年4月20日　写于上海市长宁区志愿者中心

[师] 再聊聊

各位同学好：

又来了！没啥好劝慰大家安心学习、努力读书的话，这么长的时间待下来，相信各位都已经找到了自己的节奏，觉得没找到的各位，没找到就是您的节奏。想来这段日子，大家各种刷微博看朋友圈挺多，可能是憋的，爱说话的人太多，爱表态的人太多，爱另辟蹊径的人太多，所以整天被各种意见领袖们各种带节奏，颠来倒去的，于是想着，干脆再讲个故事吧。

《聊斋》里的一篇，题目是《汪可受》。

湖北黄梅县有一个叫汪可受的，天赋异禀，能清晰地记起自己前世的三生。

第一生，小汪是个秀才，在一座庙里借宿读书。正赶上和尚们养的一匹母马下了一个小骡子，小汪太喜欢了，看着小骡骑萌萌的眼神，无法自拔，大半夜的一不做二不休，偷摸给人牵走了。等到一世小汪死了以后，阎王爷查档案，赫然发现这哥们儿怎么做过如此不体面的事儿，很愤怒于他的贪婪，罚他下辈子做一匹骡子，还投生到当年的那座寺庙里，就算把上一世的账给还上了。

小汪以骡子的身份再次来到这个世界上，故地重游，物是人非，满腔的悲苦只能化作整日里盈眶的泪水，庙里的和尚非常喜欢小汪骡，爱护有加，让它连个寻死觅活的机会都找不到。年龄大些以后，能自由奔跑了，小汪骡也曾想过索性跳悬崖投河谷，但是又怕辜负了寺庙众僧的养育之恩，这要是以后到了阎王爷那儿，没准会成为更大的罪过，连个重新做人的机会都没有了。思前想后中时光也就荏苒了，终于，小汪骡最后寿终正寝，活成了一匹圆满的骡子，也把前世的罪孽正式赎完！

有机会重新做人了，就不挑地儿了，第三生的小汪托生在了一个普通的农户家庭——因为二世活得太憋屈了，终于又做人了，有太多太多的心里话想要倾诉，已经到了不管不顾的程度了，出了娘胎还没擦干净呢就开始跟人聊。他爹妈作为农民相当的朴实厚道敬畏神灵，这一看，生半天生出一妖怪，直接弄死得了，免得日后祸害家族！就这样，小汪三世以自作孽不可活的方式匆匆结束了他这一世为人的旅程。

然后，就到了今天的小汪。小汪的爸爸是个秀才，一直没孩子，五十多了得了个小汪，高兴坏了。小汪呢，清楚地记得自己上辈子抖机灵带来的杀身之祸，矫枉过正，索性开始装哑巴，三四岁了，一句话没说过（所以能看出来，这也是个不知道因势利导、顺势而为的玩意儿）。有一天，老汪正跟家写文章，突然有朋友上门，赶紧放下笔出门见客。小汪无意中走进书房，看到他爸没写完的文章，自己也是个有好几辈子经验的书生，手就很痒很欠了起来，拿起笔，替他爸写完了。老汪回来一看，奇了怪了，家里谁来过？没有啊！那谁干的呢这是？！第二天，老汪在纸上写了一篇文章的题目以后，找个借口声势浩大的地出了门，没多一会儿悄悄溜回来，偷偷走到书房，发现儿子正在奋笔疾书，已经写了大半篇儿了。小汪觉出门口有动静，转头发现了他爸，不觉惊叫，跪倒在地但求老爹给一条生路。把他爸弄懵了，这都什么跟什么呀？！小汪就一五一十把自己前几辈子的生生死死说了个通透，他爸很高兴啊："我们家就你这么一个孩子，什么都没学呢就带着以前的积累来了，这是汪家的幸运啊！"父子相拥喜极而泣。以后小汪努力学习考取功名，也是明朝万历年间的一号人物呢。

这个故事的中心思想是，做人，咋这么难呢？！

在小汪的这几世里，说实话最无忧无虑的一段就是当骡子的那段，虽然因为面子问题曾经陷入活着还是死去的胶着，但是一旦想通了，这辈子是最简单的，也是最好的结局。

每一辈子都在苦苦思索，干点儿什么以及怎么干才能对自己好才能让人满意？尤其是让人满意这事，本来想给爸妈点儿惊喜，您都不用教，俺就啥都会，结果赶上一价值观朴素的接受不了哪吒式的妖孽被弄死了，长了经验教训一言不发了，没承想爹妈喜欢超常儿童活活把自己憋屈了小四年，到底让人活不让人活了？！

人人都是小汪。每个人都活在别人的评价体系里。街上贩卖心灵鸡汤的每一本书里都会告诉你要活出真我，还就有没读过多少书的整天按照教导找自己，过程中从来没想过一个最简单的问题，如果写这玩意儿的人已经活出真我了，为什么要为了多卖几本书在这儿穷叨叨呢？哦，也对，他的真我是要多挣钱，我错了，他活出真我了。不过，他的真我和他说的真我，真的是一个"我"吗？

真我长啥样呢？这个问题估计世上没几个能答上来的。那怎么办呢？简单，只要是被接受、被肯定、被最大的那堆儿人当成小伙伴，最起码跟他们步调一致同仇敌忾，瞬间自己的存在问题解决了，找到自己了不就找到真我了嘛。怎么投靠大队人马呢？现在网上不是有大V吗，跟他们混总没错，他们那儿人老是成群结队的。人家怎么就能要我呢？用态度！永远的忠诚——这个最好办了，因为不用动脑子，团伙的脑子就是我的脑子。在寻寻觅觅的过程中，自我修行部分这就完成了，实操太容易了：大声发言、积极表态、你拍一我拍一、黄河尚有澄清日岂可人无得运时、我为人人人人为我。一时间只见自己的身边红旗招展锣鼓喧天万马奔腾气势如虹，整天都跟过年似的，小伙伴们拍拍打打搂搂抱抱，一派喜气祥和的景象。悬着的一颗心终于落下来了，找到真我了。

多问一个问题呗，大V的真我他咋找到的？其实，闲的时间长了，他也慌，他也不知道自己在哪儿，因为他的V大，他比你还慌，他也是哪儿人多往哪儿去，也是看热闹不嫌事儿大；知道的东西还不一定有你多，他也听风就是雨；他也老出错，但是常年的江湖经验已经把他磨炼得泰山崩于前而不乱，错了就撤，另找热闹。没想过？算了，别想了，容易乱，容易把好不容易找到的真我再丢了。

所以，大V真的应该领着自己的团队，下定决心咬紧牙关——下辈子做个牲口——静静，可能更容易知道自己的真我到底在哪里。磨刀不误砍柴工，耽误一辈子也合算——再下辈子不用这么整天找来找去的了，累得慌。

我们每个人，都是不需要在别人的认可、别人的声浪中找真我的，就像现在找不到节奏的同学，这就是你的节奏一样。

被别人带着节奏嗖嗖跑，有点傻。

说完了。祝各位开心。

张绍刚
教授、博士生导师
2020年4月21日

[生] 去相信一些看似老派的价值观

各位老师、同学们：

展信安好。

说来滑稽，我近期生活中最实际的烦恼可能就是，不记得自己到底有没有把阳台上晾干的衣服收回房间，很担心回到学校的时候它们已经被阳光晒得不成样子。

从疫情开始到现在，已经过去三个多月了。1 月 19 日是年前实习的最后一天，也正是那天，关于新冠肺炎的消息在社交媒体上开始铺天盖地地传播。我在朋友的催促下，惶惶然地买了一些 N95 口罩，但也只是仪式上的恐惧，对即将发生的这场灾难没什么真切的感知。出门的时候，我跟小伙伴说："年后再见。"谁都没想到，我们甚至没能一起赶上春天的尾巴。

这段时间，总有一种身处大时代中的渺小感。个体面对灾难时的脆弱让人备感无力，蜂拥而至的信息也让人眼花缭乱。疫情就像投入水面的那颗石头，在带来现实阵痛的同时也激荡起了很多从未经历过的讨论。不过，对公共议题的大量思考在考验我们的同时，也提供了一个可以探寻自我的机会。

说来很不好意思，近来日复一日地裹挟在大量的话语、争议和情绪当中，我常常觉得自己像是上了润滑油但缺了一角的齿轮。虽然转得飞快，但是由于犹疑和笨拙，比起其他同学们的精准、犀利，总显得慢了半拍。不过这半拍的停顿也给了我一点喘息的空间，得以思考一些略显矫情的话题，比如什么对我来说是更重要的，比如什么对于一个传媒人来说是更重要的，再比如在这样宏大的时代下，什么是我应该相信的，什么是我应该反对的，什么是我要保护的，什么是我要誓死捍卫的。

当然，在流水一样的时间中，也有一些东西显得愈发珍贵。我有一个很喜欢的成语，叫“惺惺相惜”，我一直认为这是对友情最精确的形容。在平静细碎的生活中度过的日子过得飞快，但好在有正直勇敢的伙伴们陪我一起。

或许这样的时间，比时间更像时间。

古人说，穷且益坚。在越困顿的情境中，越要学会对抗自身的软弱。今天在朋友圈看到很多同学在分享“One World”演唱会的视频片段，这样的力量让人鼻酸，或许总有什么东西是可以穿破所有的距离和隔阂，让身处这片土地上的每一个人都能“天涯共此时”，感动同一份感动。

我开始相信一些看似老派的价值观，比如善良、勇敢、正直，比如诚实、高尚、伟大；开始不迷信人的力量，但又无比相信人的力量；开始觉得要放下一些东西，比如偏见，但是也要永不遗忘一些东西，比如牺牲。世界有暗面，但是仍要执着向往光明。

最后，希望大家包括我自己，都可以更舒展地生活，不是悲观地，也不是犬儒地。当面对未来的选择稍显无措时，可以勇敢一点，把热情投入一些更永恒的东西中。

不论如何，很感恩你能读到这封信，希望所有人都可以一直健健康康的。

预祝今天是个好天气。

2018 级广播电视学　李　晶

2020 年 4 月 21 日

［生］　信息洪流中的家庭保护伞

亲爱的老师、同学们：

展信佳！

今天是 4 月 21 日，是我离开中传校园的第一百天。踏出校门那一刻的我绝对不会相信，接下来发生的事情将会震动整个世界。我时常回想起一百天里疫情最严重时我感受到的揪心与无力。这不禁令我思考，除了为逆行者们加油鼓劲，我还能做些什么？望着那些无畏的校友逆行者毅然前行，我十分感激，但也有些焦急。我知道自己稚嫩的能力远远不足以出征前线，但我却不想在家里坐以待毙。

在特殊时期，我们都被来自各方的信息裹挟。这些信息鱼龙混杂，满足着人们的信息渴求，也充斥着大量的虚假和低质量信息。1973 年《社会心理学期刊》（Journal of Social Psychology）上的一篇论文指出，人们的焦虑和恐慌对于虚假信息的扩散有着很大的影响力，二者呈函数关系。虚假信息导致恐慌情绪的扩散，恐慌情绪又反过来催生虚假信息的传播，这是一个不可解的恶性循环。

作为有一定媒介素养的学生，我们的确对此有了可观的防御能力。然而我们的父母来自各行各业，难免会受到某些虚假信息的影响，甚至可能将其进一步传播。于是我便自告奋勇成为父母的“常驻新闻发言人”。每次晚饭，一家人聚在一起时，我便会给他们讲述我从国内外官方媒体了解的最新消息和各类资讯，对他们道听途说的虚假信息进行辟谣，并不止一次地告诉他们要提高信息的鉴别能力。

长此以往，我逐渐意识到，尽管我无法像那些校友一样奋战在一线，但我仍然可以利用我的所学所感，在我力所能及的范围内做家里人在信息洪流中的保护伞，帮助他们在庞杂的信息湍流中找到方向。疫情面前，每个人的努力都弥足珍贵。“万众一心，众志成城”尤其重要。我们随手的一次辟谣，对家里长辈的一次耐心解释，也许都能为切断虚假信息的传播链做出贡献。做信息洪流中的家庭保护伞，如同那些社区工作者一样，微小却至关重要。

2018 广播电视学（国际新闻传播方向） 璩一为
2020 年 4 月 21 日　写于河北省沧州市家中

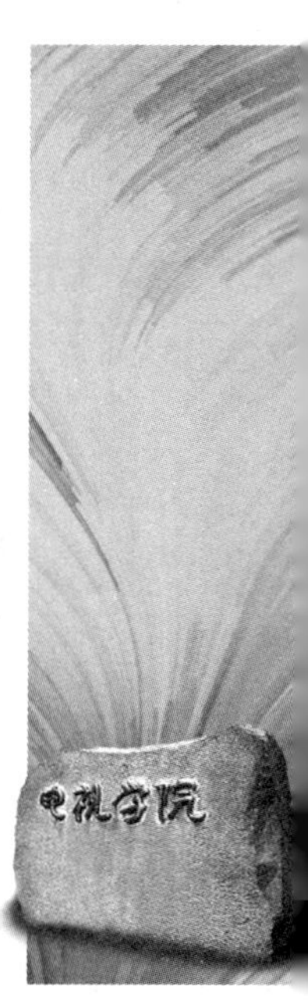

[师] 别让地球哭泣

写上一封信——《等玉兰花开》的时间是三月一日。同月十七日，正是玉兰花开之时，我依约去了一趟学校，完成信里的那个承诺。学院门前的那株玉兰，虽略感寂寥，仪态却依然挺秀俊朗；含苞或绽放的花儿，布满枝丫，似聚似散；微风吹过，还隐约闻得若有似无的幽香。我在树底下，端量良久，不忍离去。想起还有“小传”呢。走进学院大厅，它静静伫立在东北侧的那个角落，面向大门，正看着我呢。我走过去，轻轻拂拭它身上的一层薄灰。又把它往门的方向稍稍挪了挪位置，让它能看得见整个大门。

那个上午，阳光正好，我用手机拍了不少玉兰和“小传”的照片。当晚，细细挑选了一些，发在了我的微信朋友圈。

这个春天，感觉时光流动很不规则，有时像是静止，有时却又飞逝。

又到了我写第二封信的日子。52天时间，见闻很多，经历很多，感触很多，思考很多。是人生中异常难忘的一段旅程，值得好好珍藏。想必你们也是一样吧。

今天，适逢“世界地球日”。在国内新冠肺炎疫情还没过去、许多国家地区新冠病毒依然肆虐的日子，纪念第50个“世界地球日”，心情难免有些别样。以前我也参与过一些地球日的纪念活动，不过心境似乎从来没有像这一次，就在眼前的这个星球上，令人沉思。感觉自己就像微信开屏界面站在地平线上的那个身影。

我们真的好好端详、思考过祖祖辈辈赖以生息、被我们称作家园的这个星球吗？今天，我们不妨借世界地球日这个时机，了解一下我们时时相伴、须臾无法分离的星球。希望不会觉得太陌生。

地球，是太阳系八大行星之一，距离太阳1.5亿公里。已经40—46亿岁。它表面积为5.1亿平方公里，其中71%为海洋，29%为陆地，在太空上看地球呈蓝色。月球是它的一个天然卫星，二者组成一个天体系统——地月系统。以上是百度关于地球的一些基本知识。这些通常以“亿”为单位的数据，可能是因为过于庞大和遥远，太容易被我们忽略，觉得跟我们根本没什么相关。正如太阳和月亮的运转、起落，周而复始，天经地义。是的，曾经一度，人类很少审视自己的行为和习惯会不会伤害地球的肌体，对地球的索取和消费，认为理所当然，以致不计后果，不设底线。

这次病毒的大流行，演变成全球关注的“国际突发公共卫生事件”，让整个人类社会措手不及。由此引发的一系列经济、社会、政治等体系性的震动，也将直接间接地影响地球的生存境况。而病毒大流行这种以前通常定性为偶发的事件，以后发生的频次将难免增大。近日媒体还报道，“从中科院紫金山天文台了解到，4月底到5月初，将有两颗存在潜在威胁的近地小行星与地球擦肩而过”，虽说“不会对地球产生任何影响，公众不必担心”，但这种让人心跳的灾难并不是永远不会来。

无论是人祸还是天灾，在我们生存的这个地球上，危机的频次和强度，都有增强的趋势。国际权威科学机构联合研究推出的“地球面临的十大危险”，有不少与人类的活动有关。譬如，气候变化，可能导致全球食物供应不稳和对现有社会体系的冲击，成为造成灾难的力量；病毒大流行，成为每个世纪都会出现的世界范围内的严重流行病，虽然不太可能消灭整个人类，但是它可能导致许多年的严重倒退；还有恐怖主义、核战争的威胁、机器人控制人类，等等。这些不再是危言耸听，有的甚至危险系数很高。

忍辱负重的地球母亲，身心疲惫、步履蹒跚，正经历磨难。

在危机四伏的今天，“人类命运共同体”将成为人类社会生存和发展的共同理念。我们要感谢盖洛德·尼尔森和丹尼斯·海斯，他们以一种超前意识，于 1970 年发起地球日的活动。这项已遍及全球 192 个国家，每年超 10 亿人参与的世界上最大民间环保节日，今年注定被注入新的内涵和标注特殊的形式。

新冠肺炎疫情暴发，不仅促进人们对现实与未来的思考，也会让人更加急切地想为我们的星球做点事情。

纪录片大师雅克·贝汉先生，遵循自然、敬畏自然、感恩自然，从自然中汲取灵感，又将灵感幻化为艺术。从《微观世界》《喜马拉雅》，到《迁徙的鸟》《海洋》，再到《地球四季》，天、地、人融于一体。无一不是大自然的杰作，又无一不是对于我们的地球母亲的馈赠。贝老孜孜以求之，以温情呵护地球美丽，以审视批判人类的丑陋，不遗余力，为的是劝诫人类珍视自然的法则，给自己留住生存最后的希冀。

“地球是目前宇宙中已知存在生命的唯一天体，是包括人类在内上百万种生物的家园。”这似乎是一个常识，可是并没有太多人真正在意。

无论以何种形式参与，无论以何种形式发起，保护我们的家园，行动，至关重要。

今天，第 50 个“世界地球日”，我们参与发起了公益性“科技电影周”，并推荐了一系列自然生态题材的纪录片，供观众观赏，旨在提升公众的科学素养和环保意识；今天我们还发起了“我们共同看见：全球疫情与纪实影像传播”国际云论坛，邀约国际各大顶级纪录片机构的纪录片人，共同探究纪录片和纪录片人在这次“国际突发公共卫生事件”中可以有何作为。

期待你的参与。让你我一起。

何苏六

电视学院副院长、教授、博士生导师

2020 年 4 月 22 日

[生] 疫情是一瓶解药

各位同学：

大家好！

此刻我正在安然地写这封信，看着窗外的春雨淅淅沥沥地飘洒着，生活在此刻变得异常美好。这让我突然想起了斯坦尼斯拉夫斯基的话，他认为演员应该由里及外地去感受和体验生活，想了想，我们每个人又何尝不应该像一个演员一样去感受生活中的喜怒哀乐。从前车马很慢，我们对生活的感受也很细腻，而现在车马加速，我们的感受力却在日趋消退。我们似乎丢失了一种弥足珍贵的品质：艺术感知力。而疫情恰恰帮我们找到了它。

尽管病毒从来不是友好的，它使我们生病、限制我们出行，在身体和心理上都带给我们沉重的打击，但它却给了我们一个慢下来的机会，去感受和体验那些曾被我们忽略的美好。

我记得以前看罗丹的巴尔扎克像时，很难想象罗丹为什么会被他那双眼睛迷倒，我想即便很多人知道这座有名的雕塑，也不会产生跟罗丹一样的感受。它不过是尊石头罢了。后来我才渐渐明白，巴尔扎克热爱写作，即便是在深夜，双眼依旧能够保持神韵，而罗丹能够捕获这一特点，应该是跟巴尔扎克有着相似的经历。对于我们每个人来说，熬夜看剧、看世界杯等都是在做自己喜欢的事，但是我们大多数人都没能像罗丹一样去感受巴尔扎克，可见艺术感知力的匮乏，更确切地说是对生活感知的麻木。

今年寒假，我和一个十年未见的身在武汉的童年小伙伴通了视频电话，让我感触最大的是他童年时期延续至今的那种纯真，他对生活的一切充满好奇和热爱，或许正是这种原因，我和他的见面没有生疏、没有尴尬。如果不是这场疫情，我也没法联系上他，也无法感知他那种历尽千帆，归来仍是少年郎的可贵之处。

我想这场疫情未尝不是一瓶解药，它解救我们干瘪的情感，让我们每个人像演员一样去和生活发生情感共振，这正是我想分享的，趁着慢下来的时光，多去感受生活中的小确幸！虽然听说黑龙江地区已经下了雪，但大部分地区早已春暖花开，距离立夏也已经不远了，相信随着时间的推移，这场疫情终将散去！

2018 级 MFA 广播电视编导　屈　阳

2020 年 4 月 22 号　写于重庆家中

［生］ 静，是最恰切的心境

老师、同学们：

从前的车马很慢，书信很远。现在书信每日一来一往，日子也就这么过去了。

学期已经过了近半，又或者说网课已经上了七周，你适应这种生活了吗？从早到晚我的神经都紧绷在网络之上，屏幕使用时间甚至达到了日均十几个小时。本该因卸下路途的奔波和不必要的社交而在心里偷乐，但却好像变得更累了呢。

我知道，生活节奏被打乱，我们太慌张了。在得知一些美国人拒绝戴口罩时，我的第一想法是无法理解。和家人闲聊后，他们说这是因为怕生活被打乱。我接受这个看法，但仔细想想，与其在行为上去对抗，又为什么不能在心境上做一些调整呢？我们被干扰得太过于浮躁了。

昨天早上打开微博，热搜上又是一条让人糟心的话题——世卫组织警告最糟糕的时刻即将到来。我们是被动的，作为普通人可能会倍感无力，但我们能做到的还有在保护好我们身体的同时，用正确的心态和情绪接受现实。恐慌不是正确的态度，盲目乐观也不会是。静，就成为一种最恰切的心境。

疫情下新媒体的使用率达到了高峰，更多的人在网络上宣泄着自己的不满，大肆发表个人意见。有人明确表示消极的态度，有人倡议我们要团结一致。争吵一触即发。这让我突然想到一个合适的比喻。天然气泄漏后，如果密度很大，会因为摩擦导致的小火花而被引爆。这种不必要的争吵就像小火花，而最好的消灭办法，就是避免一开始的泄漏。若因争吵而被蒙蔽双眼，仿佛黄沙笼罩，让人看不清方向，又何谈去期待未来的蓝天？

最近在家偷得清闲，重读了《瓦尔登湖》。选这本书其实也没什么特别的，只因为它的扉页上写着“这里是世界上最修心的地方”。作者梭罗说：“世人不要因纷繁复杂的生活而失去了生活的方向和意义。”他认为人们只有淳朴地生活，才能摒弃内心的焦虑，才能享受到内心的平静、轻松和愉悦。

今天我也想把这句话送给大家，望各位能让心沾染一点湖水的静谧和清凉，多一份恬淡与洒脱。

2018 级网络与新媒体（互联网电视方向） 王羽扬

2020 年 4 月 22 日　写于北京市家中

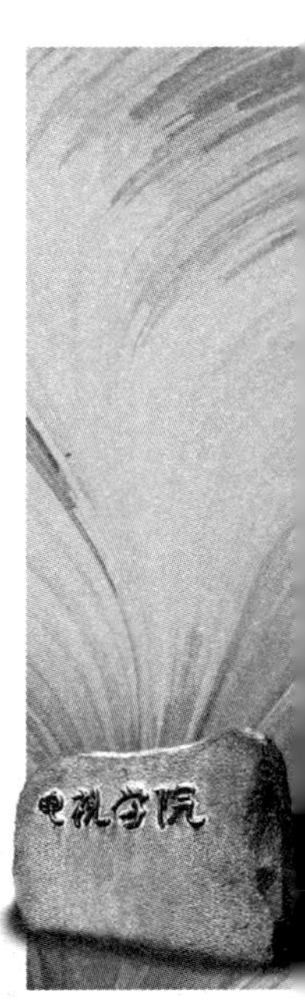

[师] 历史深入寻答案

各位亲爱的同学：

你们好，问候一声平安！

再过几天，就要彻底告别2020年的春天了。往年此时，校园正是绿树初成荫、年少春衫薄的生机勃勃景象。前几天经过南苑食堂，看到门上挂着锁，玻璃落了灰，室内一片黑暗，四周也是寂静，只有路边的小紫花，迎风摇曳出一些活力。很让人怀念校园的喧嚣、食堂的灯光。

上半学期的课程快要结束了，大概你们也适应了在家中上网课的“新常态”。比起前几个月，国内的疫情已基本控制住，但国外形势严峻，感染人数已近250万。我们还要坚守的原因，很大一部分是来自海外输入病例的压力。在这次抗击新冠病毒的过程中，普通人以一种更真切的方式感受到何谓“人类命运共同体”，遥远他国的疫情控制好坏，会直接影响你我口罩是否要戴下去，生活是否能转入正常。

记得20世纪90年代末，全球化在中国是很热门的话题，像现在同学写论文喜欢加“新媒体”“融媒体”字眼一样，那段时间同学写论文也喜欢带上“全球化”，专家学者们更是纷纷就此著书立说。托马斯·弗里曼被认为是全球化最乐观的支持者之一，他曾在自己的著作《世界是平的》中引用了一句响亮又充满希冀的话：世界十岁了。彼时冷战已结束，世界上的经济、政治、文化的依存关系越来越紧密，信息技术正在带领全球进入一个全新时代，作为新的国际体系，全球化将大大改变世界面貌。新世纪确实是朝着这个方向发展。我们中国人的感受可能更深，因为正是最近二十年，通过人民的勤劳和智慧，加上处于开放的全球市场环境，中国成为世界第二大经济体。

如今推算下来，“世界”要到三十岁了。进入而立之年，说起来应该更有能力处理复杂的问题，但好像情况又不是如此。宗教冲突、种族歧视、贸易摩擦……已有的问题依然存在，新的冲突也不断增加。特别在这次疫情中，不管是严肃的新闻报道，还是社交媒体非常个人化的表达，我们都能听到看到各种嘈杂的有些甚至是极端的声音。面对病毒这个人类共同的敌人，需要合作时，分歧与隔阂却更严重，世界好像又要退回到一个更加保守和孤立的时代。

在家里坚守的这段时间，我翻出一些老纪录片来看，又刷了一遍20世纪80年代中日合作拍摄的《丝绸之路》。推荐NHK版本，哔哩哔哩上有UP主放了全系列，唯一可惜是粤语配音，不过不影响观看。这个版本共两季，第一季在中国境内拍摄，第二季翻越帕米尔高原，经撒马尔罕、巴格达一路往西到罗马。随着丝路之旅展开，记录的各地日常饮食、服装、风俗，博物馆里的珍贵文物、艺术品，再到遗存在荒漠里的城邦废墟，处处可以寻觅到文明交流的痕迹。丝绸之路上不同地域、信仰、种族的人，通过贸易往来，以及技术、艺术和思想文化的交流，相互学习，相互借鉴，在彼此的启发中发展和进步。摆脱西方为中心的视角，其实这也是全球化的一个古老面向。

2005年，也就是第一部《丝绸之路》完成四分之一世纪之后，中日又合作拍摄了《新丝绸之路》。对比观看，令人感慨。一方面是中国的变化巨大：80年代俯瞰西安城，满眼还是低矮的房子，现在已是高楼林立；南疆铁路当年还没开通，特别为摄制组加开专线，跑的是蒸汽列车，如今筹建的是贯穿欧亚的高铁；而当镜头转向中亚和西亚一些地区，又是另外一番景象：宗教、民族冲突加剧，人们在风云激荡的时代饱受冲击。

影像记录下不到半个世纪的变迁，其实只是漫长历史的一个缩影，《丝绸之路：全新的世界史》有过这样的描述，往来的商人、僧侣、军队，传递和创造着财富、智慧、艺术、宗教，同时也传播了战争、瘟疫和灾难。是的，人类文明的交流之途，从来不是一直宁静祥和的。在这个进程中，伴随着矛盾冲突，有挫折、有暂时的中断，但是不同文明的交流与对话之旅却没有终止。世界的相互依存，在这条道路上展开，也在两千多年的时间里延续。

这次疫情之后，可能又有很多专家学者尝试给世界开出药方。但我们永远无法获得一劳永逸的解决答案，唯一能够确定的，是每一代人都需要背负时代的责任，下一步要走向何方，依赖这世界上每一个人的选择。在这个信息技术压缩了时空的年代，个体的一言一行，看起来微小，但都有可能如蝴蝶扑闪了翅膀，引发远方的一场风暴。

再次，祝大家一切安好！

夏丽丽
电视学院副研究员
2020年4月23日

［生］ 阅读，一座随身携带的避难所

亲爱的老师们、同学们：

展信安！

两个月前的今天，我们本应相聚校园，迎接即将开启的新学期。然而汹涌而来的疫情不仅阻挡了我们的返校之路，更让整个国家、整个世界的脚步因此放缓甚至停滞。每一位平凡而伟大的医务工作者和一线工作人员用坚守和奉献，换来了中国疫情形势的平缓。

又一个“世界读书日”如期而至。前段时间，一张“清流读书哥”的照片走红网络：在武汉方舱医院中，一位年轻男子手捧一本《政治秩序的起源》，躺在病床上静静地阅读。该书作者福山随后也在社交网络上转发这则报道，并向他赠送亲笔签名的书籍。如毛姆所言，养成阅读的习惯“能为你筑造一座避难所，让你逃脱几乎人世间的所有悲哀”。病房中的阅读，让人们在焦虑中感到了久违的镇定与平和，不仅抚慰了因疫情而慌乱的人心，也使外界看见一座城市的亮光与希望。

刚出炉的第十七次全民阅读调查显示，尽管纸质图书和电子书的阅读量有所下降，但我国成年国民各媒介综合阅读率仍保持增长势头。数字媒介技术日新月异的发展已经让有声阅读成为不少人获取内容的主要形式。技术赋能下，“随时随地阅读”已经成为越来越多人认同并践行的生活方式。

经此一“疫”，现实也让我们读懂了更多。前天，人民日报社举行了“与人民共情・党报人亲历的中国战疫”线上分享会。疫情中，摄影师为四万多名援鄂医护人员拍摄肖像时“眼泪一次次打湿了口罩”；运营“应收尽收求助通道”的工作人员说：“他们是陌生人，但也是我们的亲人！”共情，让新闻工作者有了前行的勇气与坚守的力量。

放假前我借的两本书，在图书馆系统中的待还日期从三月推至六月，如今又变成十月。我期待还书时，再仔细看看校园的一草一木。

2019级国际新闻学研究生　何旭东

2020年4月23日　写于江西南昌家中

[师] 最好的希望　最坏的打算

亲爱的同学们：

大家好！宅家上网课的日子，你们是否还习惯？写第一封信时，我以为“五一”假期以后，我们就可以回到校园，看到兀自开了一季春花，正努力长出一树繁茂绿叶的树木，静待晨读学子良久的池塘和人工湖。很遗憾，我们错过了春季的校园，又将错过夏季的校园了。

这个春天，我们做得最多的事情就是“见证历史”——我们亲眼看见，一场疫情从突然遭遇发展到全球流行，使世界人民陷入恐慌、禁足和经济衰退之中，可能没有什么能比这场疫情更能为全球化和“地球村”提供注解了。

此时此刻，我看到了一个失序的世界：在全球几乎都在采取居家隔离措施的时候，“灯塔国”一些州的民众，在 twitter 总统的鼓动下，走上街头，要求结束居家隔离，重启停摆的经济。这种将金钱置于生命之上的价值观，颠覆了大洋这边众多网友的“三观”。这种近乎荒诞的闹剧，倒是让我们看到了丧失理性的“民主”多么容易演变成一场勒庞口中的“暴民统治”。

危机考验人性。与世界各国不得不封城相伴的，还有人们难以宣泄的情绪，而这些情绪正在被一些别有用心的政客利用，形成一股泼向中国的脏水。很多国家，特别是一些西方发达国家，无法接受中国果断采取措施，及时控制住疫情，保护了国民生命安全的事实。他们不愿接受自己的国家控制疫情不利的措施，只能以责怪别人的方式来为自己的情绪找一个出口。毕竟，在面对失败时，指责别人是最容易的事。

但是，指责和谩骂解决不了任何问题。现在，我们比以往任何时候都需要一种全球共识。病毒没有国界，但是控制疫情的措施却是世界各国各自制定和执行的。任何一国的懒政和不作为，都会给其他国家带来影响。在疫情的“上半场”，我们交出了自己的“答卷”，用封城的方式为世界各国争取了时间。但是，在疫情的“下半场”，我们看到准备不足的世界其他城市，成为一个又一个武汉。而这些城市“失守”造成的疫情“倒灌”，最后使同学们的网课一再延长。

不到最后一个国家控制住疫情，这场疫情就不能算控制住了。目前的形势不容乐观，我们对于疫情已经展现和将要展现的后果要有充分的心理准备。

首先，现在还不是放松警惕的时候。虽然国内的疫情基本控制住了，但是局部反弹的情况还是时有发生，个人的防护和卫生不能松懈。“五一”假期即将来临，虽然我们憋了很久，很想放飞一下自我，但是此时往人多的地方扎堆仍然不是明智之举。

其次，封城措施导致全球经济受到重挫，这种影响会逐渐反映到我们的经济上，并对我们的生活造成影响。在全球经济高度互相依存的时代，即使我们有底气让自己国家的经济停摆几个月，但是全世界经济停摆造成的灾难性后果也必然会像疫情一样形成“倒灌”，最终对我们造成影响。当然，我们有理由相信我们的党和政府一定会想尽一切办法，让这种影响变得最小。

再次，由于恶毒国际舆论的影响，未来一段时间内我们在一些国家可能会成为不受欢迎的人，这也许会影响我们出国留学或者出国旅游。对这些无理无端无聊的指责，我们虽然感到委屈和愤懑，但仍然要保持隐忍和克制。我们要理解其他国家目前面临的困境以及他国民众的心情——互相谩骂只能导致两败俱伤，守望相助、同舟共济才能战胜疫病。所以，我们在网络上发言时也应对其他国家的国民保持善意；对于恶意攻击我们的言论，在进行反驳时也要避免过于情绪化的表达。毕竟，目前正处在非常敏感的时期，任何一种情绪都可能被无限扩大，造成恶劣的后果。

总之，疫情是全人类的敌人，作为人类的一分子，我们理应努力做出自己的贡献。那么，为了疫情早日过去，让我们继续一起宅家！最后，让我用一句英文来结束这封信：

Hope for the best and prepare for the worst.

与大家共勉！

尚京华
电视学院国际新闻教研室教师
2020 年 4 月 24 日

[生] 学会与自己独处

亲爱的老师、同学们：

展信安！

今天是 4 月 24 日。3 个月前的这天正值除夕，在武汉封城的第二天，安徽省也启动了重大公共卫生事件一级响应，我和家人匆忙地在超市进行了年前最后一波大采购，以应对接下来的居家防疫生活。3个月后的今天，在一线工作人员以及全国人民的共同奋战努力下，国内的新冠肺炎疫情基本得到了控制，城市逐渐解封，各行各业也在全面复苏当中。

为了贯彻中央精神，坚持防控疫情与社会经济发展并抓，不少地方政府通过发放消费券、优惠券的形式，形成现实购买力，刺激消费增长，推动服务业复工复业后持续健康发展。我们当地的政府也向全县发放了500万的消费券，各种满300减150，满100减50，畅享火锅烧烤奶茶！数月没出门的我，面对此等诱惑，当然是随即响应号召，和家人朋友一起出门逛吃消费一番，简单的快乐便又回来了。

这周已经是新学期的第7周了，本以为上完前八周网课就能在校园与大家相聚，体验下张绍刚老师的现场版“吐槽大会”、认识下网课上频繁被cue的气氛组同学，但是群内随之而来的后八周各科网课二维码，告诉我事情还没那么简单。或许已经习惯了宅在家的生活和学习状态，一时间心情也没有太大波动。相信现阶段，同学们应该和我一样都找到了自己的节奏，能够安排好每天的计划，该上课上课，该读书读书。居家上网课的这段时间，给了我大把自由可支配的时间，从而得以恶补很多跨专业的基础知识，比如阅读传播学经典书目、学剪辑修图、尝试拉片掌握视听语言等。每天只要能学到新的东西，都会令我兴奋不已。

偶尔也会焦虑，但老师和同学们的每日书信给了我很大的鼓励和支持，让我看到不少自律的同学一直在按部就班地保持规律的学习和生活，有的阅读了几十本书、看了数百部经典影片，有的笔耕不辍在写作，还有的坚持运动瘦了十斤。斯科特·派克在《少有人走的路》一书中写道：“自律是解决人生问题的首要工具，也是消除人生痛苦的重要手段。”或许我现在纠结的问题还是不够自律，anyway，向优秀自律的同学学习！

虽说这场突如其来的疫情把我们暂时“困”在了家里，但也带给了我们每个人一段难能可贵的独处时光。学会如何跟自己独处，给自己更多时间去观察、思考和沉淀，成为我们每个人的必修课。虽说社会交往是人的基本需求，但是我们偶尔也需要有与自己独处的时光来自我调整，遇见不同的自己。

2019级新闻与传播专业研究生　余晓燕

2020年4月24日　写于安徽阜阳家中

[生]　重新“发现”身边人

亲爱的老师、同学们

展信安。

疫情之初，我人在外地，准备过一个轻松的年。可惜的是，不用走街串巷，不用围绕红包你推我躲，却要戴上口罩方敢呼吸，手泡消毒水才能玩手机。

随着感染人数不断上升，焦虑情绪显然不止出现在我们家里。景区饭店开始谢客，游人变成孤岛。这样一来，旅行反而暴露出它的本质。坐在宾馆里，闲着也是闲着，父母子三人一起打牌，上一次有这样的情境已是七八年前了。戴上口罩，骑小黄车沿海滨步道浪游，没有行人纷扰。三人骑行，有时松散有时紧密，是为了能无间断聊天。

疫情期间的归乡，是一场奥德赛。出发前清理物资，N95只有一个了。父母都强硬地坚持自己是刚换上的新口罩，要把最后这个给我，我却明白它们已经在人的耳朵上挂了两三天。多亏口罩，父母看不到我的表情。出租车、高铁站、飞机场，由于病毒的特征还没有完全暴露，每一段都惊心动魄。三人紧挨在一起，用一个不太恰当的比喻，就像一只蜷缩的刺猬抵抗着环境的侵袭。幸运的是，自我隔离将近一个月后，万事无恙。

更换人居环境可以让人萌发新的观念。对大学生来说，长期居家也算是一种全新的环境。就我而言，我也是猛然发现妈妈做饭和烘焙竟然都十分美味，天天正能量的爸爸有时也会黯然睡去。三人之间的交流愈发频繁和深刻，很多关于我理想前途的误解和阻碍也日益消融。如今我会和爸爸一同晨跑，这也是从未有过的全新体验。即便是人过中年的父母，也是不断变化中的个人，需要时时刻刻重新发现。

疫情疏离了大众，但凝聚了无数的个体。既然要长期居家，不如借此重新探索与家人的相处方式。世间好物不牢固，亲情、与家人的宝贵相处，希望我们都能好好珍惜。

2018 级广播电视学（国际新闻传播方向） 李国豪

2020 年 4 月 24 日　写于河北省邯郸市家中

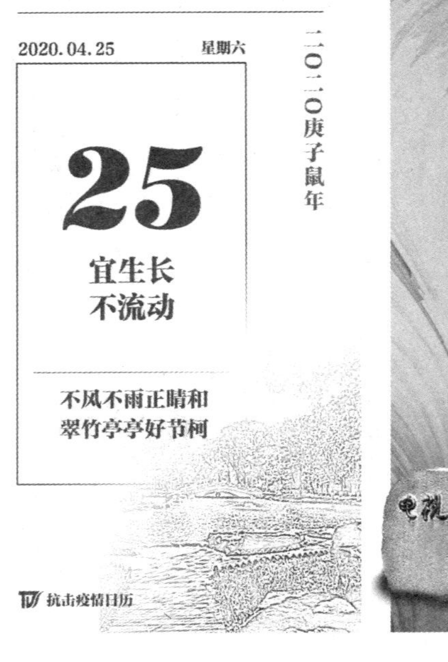

[师] 彼 此

亲爱的同学们：

大家好！

上一次写信是六十天前，那时我们翘盼春天早日来临。时光匆匆，现已春去夏来。2020 年的春天一如既往，却又多了些许深沉。成长的脚步不会因停课而停止，人生的考试也不会因疫情而取消。回眸望去，你是否做到了珍惜春光，不负韶华？

近来，虽然国内的疫情得到了有力控制，但是全球范围内的抗疫形势仍陷胶着，众多国家的社会生活相继被按下暂停键。病毒不分国界和种族，只有精诚团结，共同应对，人类才能共克时艰。

我们只有一个地球，人类共有一片蓝天，国际社会日益成为一个你中有我、我中有你的共同体。

这个共同体应是人与人之间的默契共处。尤其当我们正经历着同一磨难、面对严峻考验之时，任何人都不可能独善其身。

上周，一场主题为“一个世界，一起在家”的全球巨星抗疫演唱会吸引了世界的目光。上百位不同肤色、不同种族、不同地域、不同领域的全球顶级艺人联袂献映，他们为新冠患者、医生护士、公务人员、记者乃至各个角落的人们送去了鼓舞。这，才是地球村该有的样子。

这个共同体理应蕴含着彼此的牵挂。一场疫情展现了百态人生，不同的音调也传递出不同的胸襟。我们更希望看到，面对困难，我们变得愈发亲近，而不是彼此疏离。

有人说，中国人从来都不是只为自己而活，也不都是只为这辈子而活。这个世界，没有一个人是独自前行，没有一个群体是一座孤岛。正是因为我们有了对他人的牵挂，我们才成为真正社会意义上的人。

当我们登上同一辆列车、身处同一间教室、相聚在同一座城市、游走在同一个网络，我们便彼此相联。

无论你我，这是一次与世界同步成长的经历，也是一笔终生难忘、终身受益的宝贵财富。人生的意义是我们自己赋予的，虽然很多画面我们无法选择，无法调整，但总有那么一些画面取决于我们自己。当我们再次见面时，希望有些东西和以往是一样的，而有些则变得更加美好。

刘　羽

2020 年 4 月 25 日

[生] 收藏“微幸福”

亲爱的老师、同学们：

见字如晤，展信佳！

现在的生活像被按下了慢速播放键，看似简单、重复了许多，但这恰恰给了我们机会去发现那些容易被忽略的“微幸福”。

小区空地上的广场舞又开始张罗起来了，从最初的三五人到几十人，熟悉的旋律重新在耳畔萦绕。这声音并不吵闹，而是带来了生活的烟火气。晚风轻拂，柔和的灯光洒下来，广场就是最华丽的舞台。阿姨们的舞步并不整齐划一，许多动作也谈不上熟练，但每个人都跳得很投入、很享受，仿佛有一束聚光灯在为她们聚焦。即使戴着口罩，笑眯眯的眼里还是藏不住她们的开心。

路边的花草已然旺盛地生长，五颜六色地绽放着美丽。春风甚是温柔，深呼吸感受春天的气息，令人平静又舒适。耳机里的新闻播报，又在传来令人振奋的消息，钟南山院士宣布“我们挺过来了”，那一刻的幸福无以言表，只想向所有奋战在抗疫一线的英雄们说一句：感谢你们，春天来了！

细细体会，“微幸福”无处不在：课程学习有条不紊，网课的形式多了一些便捷；从未上过网课的老师早早研究好软件等着我们，屏幕框中认真的神情，有着与讲台上不同的魅力，时不时与直播软件“搏斗”的小状况，让我们忍俊不禁的同时，更增一份亲近和敬意；微信群里和同学们依然无话不谈，新闻、作业、生活日常……就像我们还在学校一样，朋友们的陪伴永不缺席；和父母相处的时间也长了，听他们讲讲最近的新爱好，没想到他们也新潮得很呢。

以前“没时间”是个万能借口，而现在没有琐碎的行程打散时间，所有的“碎片时间”归位，还以大块的完整时间，可以连续几个小时独自静下心来沉浸书海。我想起林清玄那句：“当我们的心静下来，烦恼喧哗，仿佛生命中的污泥。但我们也等待着，或者会有一朵莲花，一些清醇的智慧，从无明的、未名的角落，开起。”

无论什么时候，都不要放弃寻找和珍藏幸福，即使它们可能细微到不值一提。这些幸福的小事像光彩夺目的珍珠，一颗颗串联起来，成为我们宝贵又独一无二的记忆，许多年后依然会闪闪发光。静守己心，享受在慢时光中收藏点滴幸福的快乐吧。

期待摘下口罩、笑颜相见的那一天！

2019 级新闻与传播专业研究生　张开妍

2020 年 4 月 25 日　写于山东省烟台市家中

[生]　寻找属于自己的心灵家园

亲爱的老师，同学们：

展信安。

全国的防疫工作仍在有条不紊地进行着，我们暂时无法返回熟悉的校园。离开了在校时的生活圈，改变了习惯的作息和学习方式，一些同学难以适应，心境也随之被打乱。

抗疫是一场漫长的作战，我坐在家里的阳台上，感受着逐渐变暖的风。樱桃树不受病毒困扰，无忧无虑地开花，街道上的行人也多了起来。在居家的日子里，我们进入了另一种生活：更加贴近生活中的细致角落，更频繁地与自己的内心交谈。我们在校时经常与他人交流，当身边突然归于安静，便容易陷入无聊、孤独。有研究表明，长时间的居家隔离会催生抑郁情绪，对部分心理调节能力较弱的同学不利。

哲学家周国平说："一个人的生活需要把心安顿好。"他有两个标准，一是做自己真正喜欢做的事，自身能力得到最好的实现和发展，简单来说就是事业。第二个标准是要有自己的心灵家园，即使在寂寞的时候，也不会太无聊、太孤独。这就需要一个人有自己的兴趣，兴趣给心灵带来的安慰，可以让我们不停地向特定的目标前进，在遭遇困难时保有安放心灵的地方，它能支撑我们越战越勇，也能帮助我们创造奇迹。

在家中阅读辛波斯卡所作的《万物静默如谜》，我产生了新的感受：能够抚慰心灵的力量，都趋向于玉的美，内部有含蓄的光彩，这种光彩极绚烂，又极平淡。这种力量可以来自各种微小的事情：坐在春天的草地上大声弹唱，把喜欢的句子抄在漂亮的本子上，闻日、夜和雨水的味道……找到属于自己的心灵家园，在里面尽情地放松。即使处于困难、孤独的环境中，你也不会过分疲惫，因为你自己就是那个温柔的、永不枯竭的力量源泉。

2018 级广播电视编导（电视编辑方向） 陈绍敏
2020 年 4 月 25 日　写于山东省青岛市家中

[师] 理性防疫，带节奏工作生活，是我们最好的态度

大家好！

将近3个月的封闭期，大家过得都还好吗？今晚我开始给研究生二后半学期的课了。上网课直播，搞不懂的技术活儿，感觉很惴惴。不过，要见到久违的同学们了，还是挺高兴的。

不管愿意不愿意，喜欢不喜欢，疫情让我们知道了这个世界是一体的。好不容易熬到了国内清零，可还是没法正常生活，因为境外疫情又起来了。相比非典，这次疫情让我真正意识到，自以为文明足够强大到可以忽视大自然，带着自上而下的高傲俯视着它的我们，是多么的可笑！与文明之初相比，面对造物的神奇，我们人类还是同样的无助和脆弱啊！当然，我们乐观的资本，是科学，是理性。科学会战胜病毒，理性让我们的社会有序运行。

封闭期间听了手机平台“喜马拉雅”的《走出中东》和《穿越百年中东》两个专题后，对以色列、巴勒斯坦矛盾，对埃及当年的苏伊士运河问题，对中东极端组织的历史和诉求有了更深入全面的了解。深刻的感受是，国际层面的公平、正义、公道，真的是非常非常难实践的，因为标准过于模糊了。这时期学术上的阅读，尽管没有刻意追求思想的平行，不过正好在詹明信那里看到这番论述：“……重要的是我们要记住，‘恐怖主义’作为一个‘概念’是从右派意识形态机器那里炮制出来的。因此，我们必须拒绝这个术语。……如果我们稍稍审视一下现代惊险或者探险故事的内容，不难发现所谓恐怖主义的‘他性’已开始取代旧时罪犯的‘精神失常’。……这便是虚假概念下的意识形态本质的另一个符号。”[①] 我们之前都过于受以西方媒体为主导（实际上除了他们在国际上哇哇叫以外，你很少能听到其他方的声音）的影响，我们对中东问题的评判其实或多或少的是戴着“西方风格”的有色眼镜去看的。当然，这是当前东方世界在知识获取时必然的代价。偏听偏信固然不好，总比井底之蛙强。我这一代人正是经历向西方取经的阶段，但任何文明一旦进入成熟的现代性阶段，就会建立起自己的全球性知识文化体系，乐见这一天早些到来！更积极的那一面是，中东底层人民的苦难，中产阶级的困惑，让我更加体会到中国今天稳定、繁荣局面的可贵，更加对那些近代史中引领中国人走出危难的伟大政治家们感到敬佩和感激。

思想的链接与阅读的拓展是我疫情期间快乐的源泉。身体的受限阻挡

---

① 〔美〕詹明信. 晚期资本主义的文化逻辑 [M]. 陈清侨，严锋等译，北京：生活·读书·新知书店，1998：315-316.

不了精神在宽广的文化领域里自由驰骋。

路漫漫其修远兮，吾将上下而求索。与在路上的大家共勉！

祝　虹

电视学院教授

2020 年 4 月 26 日

［生］ 我能为疫情做些什么？

Hi，亲爱的朋友们：

展信佳！

落笔写信时，窗外那棵杉树已成绿荫，忽然想起三个月前北京白雪茫茫的光景，以及与室友分别时的“下学期见”。原以为假期很快便会结束，未曾想到这场“战疫”改变了一切。

今日，一如以往，我与远在伦敦的好友分享与交换了生活日常VLOG。我们约定以此来相互解闷，互道平安。今天她新买了两个乒乓球拍，并利用厨房的餐桌做赛台，约战室友。视频中她发挥“国球精神”的画面，逗趣十足。

我放下手机，回溯在家通过网络了解世界的日子，一个个形象跃然纸上：抗疫一线的医护人员，不停奔走的新闻记者，服务社区的基层干部……而我作为一个传媒学子，在这段特殊时期做了什么？我想，大概是这三个“一次”。

一次报道

“师姐您好，冒昧打扰您了！”带着些许紧张和激动，我在微信对话框里敲下了这一行字。“可以通过语音联线采访吗？”屏幕的对面是现

工作于央视新闻的朱慧容师姐，因“中传新闻传播学部”的特别策划“抗疫一线记者校友专访”，我有幸得到了了解她的机会，记录她在抗疫一线的故事。采访、改稿、补采、再改稿……经过五天的采写工作，她的故事终于发出！那一刻我的疲惫烟消云散。参与记录我们媒体人中的“逆行英雄”，竟使我如此开心！

3 月 22 日，疫情缓解，春花灿烂。朱师姐在朋友圈发了这样一张照片，配文是：“在武汉的第 55 天，花都开好了。”在照片中，她笑得比樱花更灿烂。

一次拍摄

4 月 3 日，四川省宜宾市阴雨连绵。但这一天，宜宾街头却人头攒动，广场道路两侧站满了冒雨赶来的人群。原来，68 名宜宾援鄂医务工作者将返回宜宾。在雨中，我用镜头记录下一幕幕难忘瞬间——在雨中静候的紧张激动，亲人相聚的紧紧相拥，共唱战歌时的开怀大笑，手捧鲜花求婚的感人至深……当我采访一位在武汉工作 52 天的医护工作者，这些天她最想念谁时，她说：“我最想念的就是我可爱的儿子，已经两个月没见了。今天终于见到他了，他说的第一句话就是：‘妈妈！你没在的时候，我都好好听话了。’”说完她的眼角再次湿润了。

在纪录片《人生第一次》里，有一首我很喜欢的儿童诗《黑夜》，它是这样写的：“我信奉黑夜，因为它能覆盖一切，就像是爱。”在这次疫情的黑夜中，我诚愿做一个记录者，为爱的光亮留存时代底稿。

一次思考

前段时候，曾祥敏导师带领我们发布了一个新冠疫情报道问卷调查，一项调查结果很有趣：用户接触疫情信息最主要渠道是微信，占 90% 以上，而其中，朋友圈分享排在网民关注度第二位，占 60.2%。恐惧、痛苦、悲伤、同情、敬佩……不同种类、性质的情感会在灾难情境下集中而强烈地迸发。疫情暴发时，如何在信息过剩的微信社交平台理性甄别微信的过剩信息，几乎成为每一个人的必修课。

在疫情关键期，师门群里每天都会分享"抗疫"突出传播作品。我每晚细细整理一遍，一条条热点新闻报道，逐渐绘成一幅中国疫情舆论场的完整景象。2003 年非典时，中国只有 5910 万互联网用户，普及率不足 5%，绝大多数人从电视、报纸、广播上获得关于疫情的消息；而截至 2019 年 6 月 30 日，中国互联网普及率已达 61.2%，网民 8.54 亿。疫情之下，我们共同见证着一场大众参与并推动的突发公共卫生事件。导师总是教导："要形成自己的研判，积极地回应现实问题。"无论置身何种时代，保持清醒思考力，才能"此心光明，亦复何言"。

21 世纪初的 2003 年，我才刚上小学一年级，街上到处都是戴着口罩的人，所有人的生活被非典打乱。我问爸爸，这样的情况什么时候才能结束？他说："很快。"此后 17 年里，我在很多自以为的人生幽暗处问自己，这样的日子什么时候才是个头？现在想来正确答案真的都是"很快"。只不过回顾过往，那些当时的"忍无可忍"都变成了"值得回忆"。

正如《鼠疫》中所说："瘟疫存在于每一个人的体内，没有人可以免疫。"人类发展的历史，几乎与灾难同行。但"广场舞歌声八点钟准时响起告诉我疫情已经远去"。这一切的荒谬不应导致我们绝望。2020 年，可能是过去十年里最差的一年，也可能是未来十年里最好的一年。既然未来无法探知，那就让我们在相依前行时，互道一句："很快啦！"

五一将至，不知你有何安排？愿不负春光不负己。

2019 级广播电视专业研究生　周　杉

2020 年 4 月 26 日　写于四川宜宾家中

[师] 守得云开见月明

亲爱的同学们：

期中好！

当前我国疫情防控向好态势进一步巩固，但保持疫情防控成果、防止疫情反弹的任务繁重，必须保持头脑清醒，做到慎终如始。

近日，习近平总书记主持召开中央政治局会议，分析国内外新冠肺炎疫情防控形势、研究部署疫情防控工作。会议强调，必须倍加珍惜来之不易的防控成绩，巩固防控战果，绷紧疫情防控这根弦，抓紧抓实抓细常态化疫情防控。因时因势完善外防输入、内防反弹各项措施并切实抓好落实，积极引导人民群众做好必要防护，不断巩固疫情持续向好形势，为人民群众生命安全和身体健康、经济社会秩序全面恢复提供有力保障。

经过一段时间艰苦努力，我国疫情防控形势持续向好，境内本轮疫情流行高峰已经过去，但境外疫情持续蔓延，我国面临的境外疫情输入风险大幅增加。这警示我们，外防输入、内防反弹工作决不能放松，决不能掉以轻心、麻痹大意，决不能让疫情向好形势发生逆转。我们必须密切关注国际国内疫情形势变化，充分认识做好常态化疫情防控工作的重要性必要性，防控疫情要强调再强调、坚持再坚持，始终保持警惕、严密防范，抓紧抓实抓细常态化疫情防控，精准落实到复工复产和社会生活各方面。

在居家学习的这段时间里，嘱咐同学们几件事情。

一是持续做好个人防护，主动配合防控工作。外出回家、咳嗽或打喷嚏、制备食品前后、饭前便后、手脏时，用流动水、肥皂或洗手液洗手，每次洗手应揉搓 20 秒以上。尽量不外出、不聚会。如有必须出行的情况，一定要全程佩戴口罩。必要的外出行程途中，尽量避免用手直接触摸室外电梯、扶手、门把手等公共物品，预防交叉感染。触碰公共物品后，不要用手去揉眼、口、鼻。处于小区封闭管理地区的同学，外出时应携带并出示小区出入证，主动配合社区防疫人员做好体温测量、查验健康码、信息登记等工作。

二是坚持做到“不离家、不返京、不返校”。今天北京市高三年级开始返校学习，初三年级按照 5 月 11 日做好返校学习准备。中小学其他各年级的返校，以及中职学校、高等学校和幼儿园的返校时间仍将另行考虑。虽然目前全国已有多个省份发布了高校开学时间，但基于北京的特殊地位，加上近日北京市朝阳区被列为全国唯一疫情高风险地区，具体何时开学尚未确定。因此，同学们要继续按照教育部和北京市的要求，坚持做到“不离家、不返京、不返校”，耐心等待学校返校通知。

三是安心上好网课，保质保量完成学习任务。本周大家已经进入前八周课程的结课周，结课将采取线上考核、提交论文（作品）等多种方式，不组织线下考试。经过半个学期线上课程的学习，同学们应该逐渐适应了这种教学模式。在学好专业知识的同时，同学们学习的自觉性和自律性都有了不同程度的提升。马上又要开始后八周课程的学习，同学们要总结前八周线上学习的经验与不足，改进学习方法与学习习惯，争取在后八周取得更好的学习效果，保质保量完成学习任务。

最后祝各位同学身体安康，学习进步！

郇　睿

电视学院教师

2020 年 4 月 27 日

[生]　苦难，是最好的老师

亲爱的老师、同学们：

展信安！

今天是 2020 年 4 月 27 日，距我们离校已过去快四个月了。这四个月如白驹过隙，还没来得及好好规划每一天，时间便匆匆流逝。这种无力感倍增我对校园生活的怀念，想念每一个早起去图书馆占座的日子，想念穿梭在各个教学楼奔赴课堂的日子，想念和同学商量着周末看什么电影的日子，想过正常的学习生活，想见老师和同学们。

疫情期间，我养成了跟着外公外婆一起看早间新闻的习惯，不能奔赴前线的我只能在家关注疫情动态，心情也随着每天的新闻报道跌宕起伏，有焦虑，有愤怒，有感动，有敬佩。这次疫情唤起了我对 12 年前那场大灾难的回忆，作为汶川大地震的一名亲身经历者，我深知灾难无情。我的家乡处在地震中心，突如其来的地震让我身边许多人在墙倒房塌中失去生命，我有很多同学失去至亲，家庭支离破碎。面对天灾，大家毫无抵抗力，在历经生离死别后，却还是在绝望中重获生活的勇气，崛起不屈的生命。苦难的四川人民无法忘记国家坚定不移的救援，无法忘记为了抢救生命争分夺秒的解放军、武警官员以及医护人员，无法忘记全国乃至全球各地人民的帮助。“一方有难八方支援”成为民族记忆之库里的珍贵宝藏，是“众志成城”的力量让我们重燃生命的希望，从废墟中再次站立起来。

2020 年初新冠肺炎疫情突袭，伟大的中华民族再次拧成一股绳，奋斗在一线的医务人员和疾控工作者，主动请战支援武汉的各地医疗队和军队，坚守在人民身边的志愿者、社区工作者，不分昼夜以“中国速度”建造方舱医院的工人……是中华儿女面对灾难困苦的顽强不屈和勇敢无畏，筑起了战胜疫情的坚实壁垒，成为抗击病毒生生不息的精神动力。苦难是最好的老师，中华民族在一次次苦难中形成的自强不息、坚忍不拔的品格，带领我们向阳而生，逆风而行，纵然征途坎坷，荆棘密布，铁骨铮铮的中华儿女必将赢得这场战役的胜利。

疫情让我们看到生命的可贵，也更知要敬畏生命。人生是没有永远的，来日也并不方长，所以我们一定要珍惜当下，心怀善意，心存感恩。期待乌云散尽，春暖花开，到那时我们再相聚校园，畅叙人生！

2019 级国际新闻学研究生　欧阳赵岚

2020 年 4 月 27 日　写于四川绵阳家中

[生]　善养吾之积极心态

电视学院的老师们、同学们：

见字如晤，展信安。

分别正值隆冬，而今渐入初夏。因为疫情，这个假期的经历太过不平凡，好在现在我国疫情得到控制，各地情况好转，我们慢慢能够看到重逢的希望。

我所在的西南小城早已解封，道路车辆川流不息，河滨两旁游人如织，除了人们佩戴着的口罩，其他情况与数月前完全无异。虽然如此，我们仍不能掉以轻心。群体性传染仍然存在可能，无症状感染者离我们也并不遥远，所以我们依然要保持佩戴口罩、减少出门、勤洗手的习惯。

日益增长的确诊死亡数字、空城的寂寥、返校的遥遥无期……疫情期间，我们审视并且放大这些消极。但静思沉淀之后我们也应该思考，在这疫情之中我们收获了什么，得到了什么。

首先，最容易量化的便是我们和家人相处的时光了。从考试放假到现在将近四个月的时间，我们几乎都窝在家里和家人一起。我们一起在除夕的夜晚倒数，我们一起在隔离中打发白云苍狗，我们在闲散的时间里做深入的交流……可能上次与父母这样长时间的相伴，还是在我们小时候。精神世界的还童，平凡生活的点滴，都让我们在疫情中收获世间的温存。

其次便是我们对这个世界的认识和思考。在疫情之中，我们目睹和讨论了许多大事。我们从“红十字会”事件中感受到了社会中存在的信任危机，我们从双黄连的一系列事件感受到科学精神、严谨态度的重要性，我们从“山川异域，风月同天”中感受到人类命运共同体的紧密相连……我们应该胸怀全球视野，学会理性思考。

最后是我们自律学习的能力。网课至今已经占据了本学期学时的一半了，我们渐渐适应了隔着屏幕与老师同学交流，而我们也只有通过自律自省才能保证自己的学业有所进步。

希望我们正视消极，积极向上，这样才能让我们在这段不平凡时光中惬意从容。

2019 级网络与新媒体　王茂鑫

2020 年 4 月 27 日　写于四川省遂宁市家中

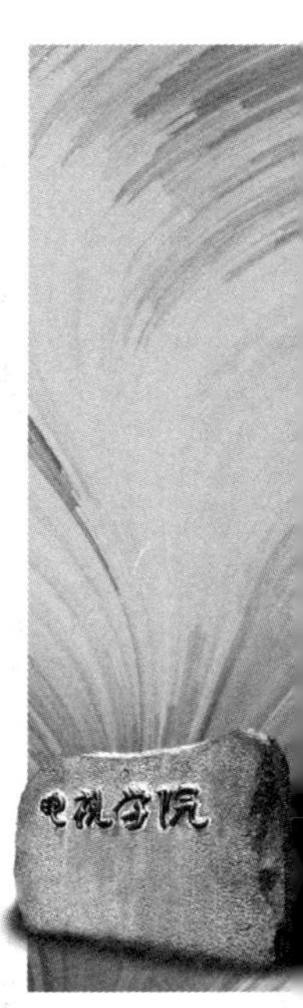

[师] 祝福你，深深地

亲爱的同学们，

虽说见字如面，见信如晤，可很多时候除了文字之外，人们还需要看见对方展颜一笑，抑或收到温暖有爱的拥抱，又或听到熟悉的声音在耳边呢喃。然而落笔写这封信时，我们彼此依然各自天涯，相见遥遥。

前些天去办公室值班，看见桌子上放着的一张和 3 位保研同学的合影，竟怔忡了半天。彼时我们都笑意盈盈，寒假临分别时还约好了 2 月艺考再相见，谁承想这一别，竟落得个“明日隔山岳，世事两茫茫”。往年这会儿，虽是一年姹紫嫣红之际，却也是我脾气最容易急躁之时。因为每到 5 月，校园里就开始飘荡《凤凰花开的路口》《再见》《一生有你》的旋律，于是我便知道自己又将迎来一次离别，而为了这次离别，我会反反复复地核对大家的教学计划，不厌其烦地去叨叨每一个毕业困难户，一边气同学自己不上心，一边想尽办法看看如何能让他们合理地搭上毕业的末班车。“若教眼底无离恨，不信人间有白头。”过去的许多年，我就是这样送走了一届又一届毕业生，直到即将抵到眼前的2020年5月，我才突然真切地意识到这个毕业季与以往大不相同。

仔细想来，拿着毕业作品在半夏的颁奖礼上绽放，穿着最隆重的服装走上毕业晚会的舞台，身着学士服在毕业典礼上被拨穗，在校园里的各个角落摆pose拍照留念，涕泗横流地与知己对饮到隔日天明……若是这届毕业生的记忆里没有了这些画面，连我都觉得十分惋惜，你们定会觉得这是人生一大憾事。确实没想到，这本该是盛大而隆重、动人又难忘的最后一课，现在看来怕是要“轻轻地招手，作别西天的云彩”了。在全球抗疫的时局中，每个人都难以求得圆满，随心所愿。离情依依，我亦不能免俗，想和大家分享我的所见所想，权当是一份牵挂和祝愿吧。

要心存敬畏。今年3月给大家写过信之后，校园里各处的玉兰花依次绽放，立德楼前的山桃树也一如往常摆出最美好的姿态，可惜今年几无在树下流连的身影，显得它既傲然又落寞。因着校园里的静谧，我看到了平时未曾留意的景象：东配楼的背面其实种着几树迎春花，按理说它们应该最早报春，许是因为长在北面又被楼宇遮挡，阳光罕至，玉兰都已零落成泥它们却一直迟迟未开。未料想，前些日子，偶一抬眼看到黄色的花朵立于枝头在风中摇曳，那一瞬我百感交集，在如此微小的事物上感受到生命顽强的力量，亦起了敬畏之心。古希腊哲学家苏格拉底认为宇宙万物都是神创造的，但神对人最为关怀和眷顾，因此要“对神明存敬畏的心”。孔子亦言：“君子有三畏：畏天命，畏大人，畏圣人之言。”疫情发展至今，我们坐困愁城三月有余，在天空下自由呼吸的日子仍遥不可及，关于病毒的很多信息依然未知，尽管科学家们在埋头攻关、研究疫苗、寻找特效药物，但目前看来可上九天揽月、可下五洋捉鳖的人类在面对肉眼甚至看不见的敌人时，仍是“拔剑四顾心茫然”。回顾历史，人类探索文明的道路上始终与疾病瘟疫为伴，《吉尔伽美什史诗》中“神的天谴”、中世纪席卷欧洲的黑死病、20 世纪初的西班牙流感……瘟疫深刻地影响着世界进程和人类生活。许多人感叹，2020 年一直在见证历史：奥运会首次延期、美股 10 天内 4 次熔断、高考延期一个月、学生们经历着前所未有的悠长“假期”……我想作为此次疫情的亲历者，若说领悟到了什么，那么便是除了像前人一样握紧科学与理性之刃继续与病毒作不屈的抗争，更要对我们赖以生存的天地万物、携手前行的亲人同伴存有敬畏之心。

要行有所止。虽然受疫情影响，2020 届毕业生被迫成为史上最惨毕业生，但最近还是听到了不少同学们的好消息，比如有人虽然忍痛放弃了去美国读藤校的 offer，但却收到了 CGTN 的入职通知。你看，失之东隅，收之桑榆，转角处往往也是希望之光闪烁的地方。每到要送走一届毕业生的时候，我也常常回想起自己的大学时代，有一个记忆中的名场面经常闪现。那是我上大三时候的《现代电视纪实》的课堂，给我们上课的是在中国电视教育界最负盛名、桃李天下的朱羽君先生。令我感动并至今难忘的除却她年过花甲仍激情饱满的授课状态、对新鲜事物充满好奇的求知欲望，更有一句在我们不认真听课、不向学、不探索之时振聋发聩的一句：“同学们，要有所不为，才能有所为啊！”当时年少，只道“君子有所为有所不为”，却从未想过竟还有“有所不为而后可以有为”这种解读，朱羽君先生真是一语点醒梦中人。在今后的许多年，困惑时、沮丧时、怀疑时，甚至欣喜若狂之时，这句话一直是我前进路上的动力与方向，殷殷在怀，不敢或忘。借着这封信，我也很想把这句话送给即将离开学校或者总有一天会离开学校的你们。当下我们所在的时代，全球化趋势与民族国家观念并存，一次疫情将“隔离还是连接”的命题丢到眼前，社交媒体上喧嚣不止，观念的碰撞与冲突加剧，我们身处于此，无法逃离，在被信息洪流裹挟着前行的道路上，有所为易，有所不为才是真的难，因为那更需要深度的思考、理性的判断、审慎的选择。如果说时代是出卷人，我们每个人是答题人，那么在落笔写下答案之时，莫要忘记“有所不为”，希望我们都能够守住初心，铭记方向，行有所止。

上次写信时，我盼与大家早日重逢在我们最初相识的地方。未料想写这封信时，我们不曾得见，却话别离。自古以来，送别都是文人墨客、才子佳人绕不开的话题，那时候车马慢，通信迟，一别便是“但去莫复问，白云无尽时”。现在我们常说，别离是为了更好地重聚，况且在万物互联的今天，云端相聚亦非难事。这么一想便豁达了许多，无论何时何地，不管你在哪里，即便无法当面道别，我们仍可以心在一起。

祝福你，深深地。

冷　爽
电视学院团委书记、辅导员
2020 年 4 月 28 日

[生] 好好生活　认真生长　不负生命

亲爱的老师、同学们：

见信如晤。

今天已经是 4 月 28 日了。最近几日最明显的感受是，天气一天天地暖和起来了。几场或绵延或倾泻的春雨过后，绿色成了调色盘上的主角。隐约记得去年的这时候，学校旁的槐花应该已经开了。网课上到第八周，同学们是否在忙着期中考试或者结课作业呢？这个漫长的春天，的确是快要过去了。

遭遇疫情三个多月以来，我们经历了初期的水深火热，防控颇有成效的宽慰，以及海外情况的急转直下。现在，刚得知延期开学后的那种

焦虑和不安趋于平缓，受疫情影响而长期“赋闲在家”的生活也已经步入正轨。

“生活”便是我今天想说的第一个关键词。说到“生活”，脱离了宿舍和学校环境，课程形式的较大改变，与家人长时间的相处都构成了与过往相比的些些变数，有时搞得人焦头烂额、好不适应。不过我觉得，虽然疫情好像给我们的生活按下了暂停键，但随之而来的是宝贵的、能够自由支配的大块儿时间。或读书、或烹饪、或踏青、或运动，或者只是一家人坐在一起看看电视，居家的慢节奏为生活情趣留下了更多的空间，也让我们能更好地收拾好自己的心情上路。

而“生长”是我想跟大家聊的另一个关键词。春种秋收，春华秋实，这经久不衰的道理恰好完美地映照了现在的情形。辛勤的努力永远是少年人对自己的投资。如果过度地享受起了安逸的生活，而忘记了居家也要保持学习的习惯，丧失了向上生长的动力和精气神，可能会在秋天一无所获。正如校歌里所唱的，希望大家都能够“珍惜春光”。

最后一个词是“生命”。在疫情期间，我们曾为失去的生命而惋惜，为牺牲奉献的生命所触动。也许很多人都在这几个月的时间里或多或少重新思考过生命的价值和含义。既然我们有幸能够呼吸空气、沐浴阳光，好好生活、认真生长，才能不负生命的意义。

有幸写给大家第九十九封信。“九九归一”，祝我们都能笑对新的开始和旅程。

2017级广播电视学　卢肖依

2020年4月28日　写于辽宁大连

[师] 写在农历四月初七

各位亲：

上次写信时，刚好是线上开学的第一天，惊蛰刚过，春分未至。今天，是前半学期的倒数第二天。转眼清明、谷雨已过，再过几天就是立夏了。同学们线上学习收获如何还有待考量，但生活上的收获，老师和同学们都看在眼里呢。祝贺那些在这个特别的春天里喜提恋人的亲们，而这个春天也因此变得更特别了吧！

这也是我自离家上大学之后，在辽宁鞍山家里完整度过的第一个春天。16 年前，母亲送我上大学之后，开启了自己向往的田园生活。这些年，我放假回家时都能吃上她亲手种的各种无公害蔬菜，却从未亲眼见证翻地播种和照料成长的过程。今年，终于有机会了。清明之前撒在土里的种子，突然有一天破土发芽，一天天地沐浴着阳光，吸收着大地的营养。谷雨时节，已经可以吃到嫩嫩的春葱、菠菜和小白菜，让人不禁惊叹大自然的神奇和力量。

除了自家的春意盎然，在这个春天，我也第一次有机会跟随父亲探访了家乡特产南果梨的产地，拜访了他的朋友杨氏南果梨主人杨大姐，见到了南果梨花竞相开放的壮观景象。

去探访的当天是一个周日，正值谷雨，巧合的是天上也飘着细雨。杨大姐在杨氏南果梨门店接到父亲和我后，就带着我们去山上看她家的200棵梨树，以及正在雨中忙着给南果梨花授粉的杨姐夫。父亲问，大周末的还下着雨，怎么也不休息。杨大姐说：“哎呀，下雨确实不好沾粉，可是没办法啊，必须得这两天干完活儿。”父亲说：“这是谁规定的？”杨大姐爽朗笑说：“大自然啊！”

树上授花粉的杨姐夫和树下挖野菜的杨大姐

当被问及产量时，羞涩不善言谈的杨姐夫忽然骄傲地抢答说："别看我的树不大，但一棵至少产 150 斤南果梨！"看着杨家夫妇在满山梨花绽放中一起劳动，我仿佛已经闻到了金秋时节漫山的南果梨飘香。

后天就是五一劳动节了。或许亲们也可以借此时机播撒下希望的种子。待到秋天再相见时，我们一起交换品尝劳动的硕果吧！

祝亲们健康快乐、阖家安康！

李艾珂
电视学院副教授
2020 年 4 月 29 日

[生] 驻足，拥抱当下

亲爱的老师、同学们：

见字如晤。

偶然翻看高中时期的日记，发现自己在 2017 年的 4 月 29 日一边为了模拟考试中不小心算错的一道选择题捶胸顿足，一边感叹着校园里那颗看似已经枯萎的老树居然又奇迹般地长出了新的叶子。为当年天马行空的自己忍俊不禁的同时，我不禁想到，好像已经整整两年没有见过家乡的春天了。

从小到大，我对于家乡的春天都没有什么清晰的概念——作为一座内蒙古东部的小城市，它似乎完美地诠释了什么叫作"昨日隆冬，今日盛夏"。所以，当由于疫情无法返校且不用天天为课业烦扰的我看到公园里树木的颜色一天一天由枯黄转为嫩绿的时候，不禁感叹："原来，这座城市也是有春天的。"

疫情的爆发无疑是我们始料未及的，而同样在我们意料之外的，则是这段已经持续了好几个月的居家时光。相信有不少朋友在熟练地辗转于各种网课平台之后，对眼下这种被"强制驻足"的状态感到厌倦和疲惫。但我们不妨换个角度想一想——因为疫情而驻足，我们虽然无法回到学校与好友重聚，但我们也有了机会去好好地品味之前由于忙于课业而无法细细观察的我们已经置身多年的城市，不是吗?

在家“赋闲”的这几个月，我拾回了已经放弃了许久的写日记的习惯。无论是公园里荒废许久的摩天轮下开出的花儿，还是路旁柳树柔软的枝条上新长出的嫩绿的芽儿，我都选择用日记记录下来，留存回忆的同时，也为我的这个春天增添了些许的仪式感。

总之，2020 年的这个春天注定是不平凡的，面对疫情，我们也许无奈驻足，也许无法坐上车去探寻诗和远方，但何不利用驻足的时间去好好观察和品味自己身边的环境，去暂时放下远方拥抱当下，相信你会发现别样的风景。

2017 级广播电视学（电视摄影方向） 吴修远

写于内蒙古通辽市　2020 年 4 月 29 日

[生]　生活仍是彩色

亲爱的老师、同学们：

展信佳。

时间过得真快，到今天，我们的信竟已写了一百多封。敲下这封信之前，我通过慕课平台学习了摄影的相关知识，了解到颜色表达情绪的功能，所以我想用一些颜色来总结最近的生活。

因国内的疫情得到了有效的缓解，复产复工也在有序地进行，周围的气氛已经与前些日子大不相同了，好像处处洋溢着暖色调的味道，温暖轻和又令人欣喜万分。

前些日子，大家都在期盼着春天的到来，如今，庚子年的春分节气都已过去一月有余，相信很多同学都和我一样，早已感受到浓浓的春意了吧。虽不能像往常一般，携三五好友，置身郊外，沐浴春风，赏花踏青，但坐在家中和天南地北的同学们谈天说地亦是件有趣的事。南方的朋友抱怨说，后悔把短袖衣服全留在了宿舍衣柜里，北方的朋友却诉苦说，断了暖气后的生活比冬天还难熬，不论如何，这些甜蜜的烦恼都在证明着春天已经来临的事实呀。疫情期间，故宫推出了“云游故宫”的活动，虽然痛失与春日紫禁城相逢的机会，但透过屏幕也足以感受“春色满园关不住，一枝红杏出墙来”的勃勃生机、烂漫盎然。看朋友圈偶尔划过的几张团花簇锦就联想到绿堪染的雨中草色和兰亭畔的茂林修竹，看被刷屏的半夏征片推送，就感觉到薄荷雪碧的清新和绿豆雪糕的冰爽。与绿色联系起来的一切创造出的舒畅，沁人心脾。

这段时间，我和同学们一起学习了国内外网站关于新冠疫情的新闻报道和呈现方式，受益良多，体会生活是最好的学习素材，再一次地感慨如今我们所处的信息爆炸时代。虽然没有足够的专业知识来准确精练地表达很多所见所闻，但大家还是竭尽所能地分享自己所学的知识以及心得，即使不能面对面地交流，通过大家的声音也足以感受到热情，我深受触动。网课的形式虽多有限制，但屏幕背后传递出来的理想和激情却像一团炽热的焰，散发出火红的光。

而面对众“声”纷扰，总有明人能够以冷静的态度审时度势，总有声音能够以安抚的韵律扣人心弦，这些都给我大海般蔚蓝的平静，为浮躁的生活节奏，画上小小的半休止符，让我在片刻的喘息中，沉淀下来去发现内心深处最真诚的声音。

即使冬日的萧瑟有些失意，春天还是挥洒着斑斓的笔触如期而至，让我们的生活仍然色彩缤纷。

2019 级广播电视学（国际新闻传播方向） 吴卓然

2020 年 4 月 29 日　写于安徽芜湖家中

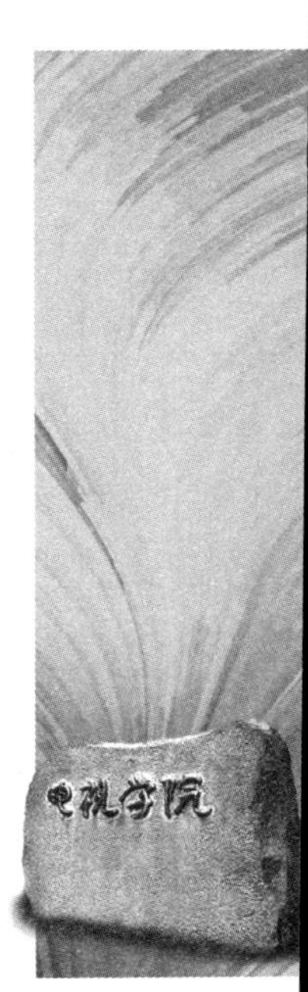

[师] 有关历史和现实的通信

同学们好：

这是我在新冠肺炎疫情期间写给大家的第二封信。我写第一封信的时候，北京的天气还很冷，我还在关注国内的疫情，而现在当我给你们写第二封信的时候，新冠肺炎疫情已经变成了世界性的，我们的历史坐标系也已经不再是十七年前的非典，而是 1918 年的西班牙流感。按照今天的科学认知，我们至少不应该用国家的名字来命名一种世界范围的流行病。

在第一封信里，我谈了历史和新闻的关系，今天我想谈一谈历史和现实的关系。此刻，我更加确信我们就是在经历历史，并且，不仅仅是在经历中国历史，也在经历世界历史。历史很可能并不是用循环往复的方式来让我们见识它的影响，历史更可能是通过与现实重合的方式来让我们见证它的存在。历史并非只是存在于体育运动打破历史纪录的瞬间，历史也不是仅仅存在于那些大型的社会仪式中，历史还存在于人类的苦难中，存在于人类战胜这些巨大灾难的努力中。

一个喜欢历史的年轻人常常是令人惊讶的，而一个不喜欢历史的年长者则同样令人惊讶。历史仿佛就是用这样的方式捉弄我们的。我们不能指望你们每一个学生都在中学时代遇到一位出色的历史启蒙老师（我在中学时代也不喜欢历史），我们也不能寄希望于大部分年轻学生很早就阅读了大量的历史书籍，我们所能够肯定的就是，作为一个中国人，我们的历史意识可谓与生俱来，这并不是说我们注定是天之骄子，而是说我们的身上多多少少延续了中华民族几千年的历史血脉，我们有灿烂辉煌的古代文明，我们从唐诗宋词的朗读中可以感受历史的脉搏，我们也有被打上屈辱烙印的近代史，我们还有波澜壮阔的现代史和当代史。

我本来以为写完第一封信以后，很快我们就可以回到学校，回到教室，但是，现实是我今天在写第二封信。我当然希望不会有第三封信，但是，这次抗击新冠肺炎疫情看来是持久战，它不仅会影响我们的上课方式，甚至还会影响我们的生活方式。当历史记录不断被打破的时候，往往也意味着现实的不同寻常。我们需要用更积极的心态看待这样的社会变化，即便年轻人在这次疫情中不是最脆弱的群体（在历次人类重大疫情中大概都是如此），你们仍然需要保护好自己，并且在这个基础上去帮助周围的人。虽然绝大多数人都希望可以按部就班的生活，但是，历史的变化通常是不以人的意志为转移的。用现实的眼光看历史，我们可能会悲观一点。反过来想，如果用历史的眼光看现实，我们可能会更乐观一些。这不是说让我们和现实保持距离，而是说当历史和现实贴近的时候，我们应该愉快地去感受这样的时光。

我自己在这次疫情中的一个体会是，这段时间是非常好的读书时间，如果你手头正好有一些有趣的书，也许你们买了或者借到了自己喜欢的书，阳光正好，你可以通过书穿越到你喜欢的那些历史时期，只是希望这种穿越不是浮光掠影，而是一种与历史的对话。学习历史的时候，你们可能熟悉这句话，所有的历史都是当代史。反过来说也可以，一切现实都是历史记忆的重现。

刘　宏

电视学院教授

2020 年 4 月 30 日

［生］　小城抗疫心连心

亲爱的老师、同学们：

好久不见！

信件已过百封，不知道大家有没有这样的感受，每读一封信就像在走进不同人的心境。有内心的独白，有鼓舞和激励，有专业知识的结合，也有学习的感悟和体会。借此机会，我想给大家分享一些疫情以来自己身边的事情。

从非典到新冠

我的爸爸是防疫部门的一名医生。2003 年非典，他在各大车站、高速收费站做流行病学调查；2020 年新冠，他被派到了国外返乡人员的隔离点之一，整整 40 天没有回家。幸运的是，他所在的隔离点没有任何病例，医护人员的核酸检测也都为阴性。4 月初，送走了最后一位隔离期满的人，爸爸终于结束任务回了家。这两次疫情，他虽然没有那些拼搏在抗疫前线的医护人员付出那么多的辛苦，但也尽了自己一份微薄的力量。在他们看来，没有什么伟大，只是在做好自己的本职工作。

隔离不隔爱

我生活在的这座所谓的“大城市”，其实小得很，小到似乎偶遇的两个人都可以通过层层关系联系起来。在这个特殊的时期，好久不见的同学、离家多年的亲戚、同期回国的朋友就这样在隔离点重逢了，为隔离中紧张的气氛增添了一丝温情。

爸爸说，在这不长不短的40天里，医护人员之间也建立了深厚的“革命友谊”。他们之中，有刚刚工作的90后，也有经验丰富的老医生。就在回家的第二天，到了固定时间大家又在工作群里活跃了起来，“老李，核对一下楼层人数”“小王放饭啦”，还有消毒、测量体温、半夜起来接新到的返乡人员……然后大家开始互相调侃了起来。这些任务每天不断地重复着，好像已经成为他们习惯的一部分，突然结束，心里竟有了一些空落落的感觉。

没有生而英勇，只有选择无畏

有人把大家工作的素材收集起来，做成了一个短视频，爸爸高兴地拿给我看，脸上满满的成就感。现在，随着城市渐渐恢复运转，没休息几天的他们又重新回到了工作岗位上。回想这些日子，虽然承担着风险，但更多的是骄傲。

在这场没有硝烟的战争中，无数的医护人员选择了最美的逆行。他们是谁的儿女，又是谁的父母、谁的妻子和丈夫？他们很普通，却不平凡。我们要向这些勇者致敬，他们是这个时代的英雄。

2017级广播电视学　李祉瑶

2020年4月30日　写于辽宁省铁岭市家中

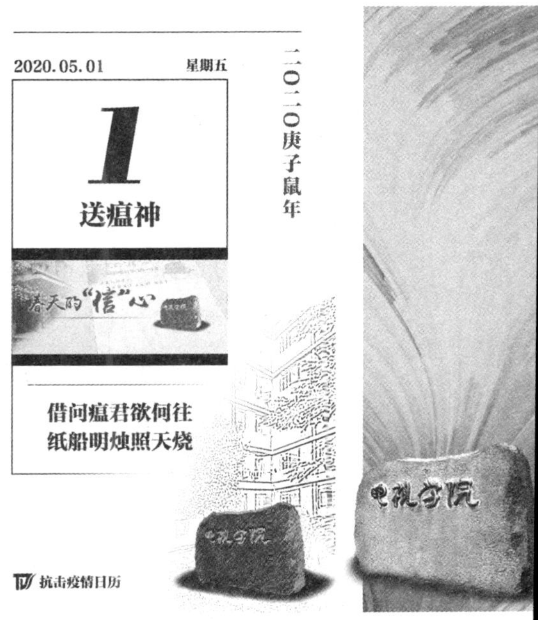

[师] 一切向好的希望

亲爱的同学们:

你们好!

春去夏至，这个夏天也注定不会平凡。

在我给大家写这封信的时候，北京突发公共卫生事件应急响应级别已经由一级响应调整为二级响应，相应的防控策略也做了适当调整。虽然北京市高校防控政策还没有改变，但无论是全国两会即将召开的信息传递，还是复工复产的有序推进，抑或“五一”长假的如期而至，我国的疫情防控显然已经到了一个新的阶段。

也该到结束我们书信往来的时候了，就在今天的“五一”吧。

从 2 月 1 日开始，我们电视学院的老师每天给同学们写一封信，同学们也每日从全国各地寄语你们在疫情中的见闻。三个月的书信往来，我们就在云中交流所行、所见、所感、所思。昨日（4 月 30 日），在抗疫日历中，我用了“云中谁寄锦书来，雁字回时，月满西楼”字句。这一古典的“鸿雁传书”，我们交流了整整三个月，一直从初春到立夏，从不确定到日渐明朗，从封闭到开放，而我们的“信”心却一直存在。

亲爱的同学们，不管经历何种心路历程、见证哪般波澜起伏，淡然也好，愁思也好，感谢有你，感谢你们的坚持、忍耐与满怀希望。虽然未来的防控常态还要继续，未知的第二波不知何时到来，但一切向好的期待始终深藏于我们心底。

好了，长话短说，再多的话留着你们返校后来交流吧。

最后，从写第一封信的开始，我就想到了最后的收尾，像我这样老派的人自然会想到毛泽东主席的著名诗作《送瘟神》。1958 年 6 月，毛主席从《人民日报》读到江西余江县消灭了血吸虫，遂写下两首七言律诗。

七律二首·送瘟神

读六月三十日《人民日报》，余江县消灭了血吸虫。浮想联翩，夜不能寐。微风拂煦，旭日临窗，遥望南天，欣然命笔。

其一

绿水青山枉自多，华佗无奈小虫何！

千村薜荔人遗矢，万户萧疏鬼唱歌。

坐地日行八万里，巡天遥看一千河。

牛郎欲问瘟神事，一样悲欢逐逝波。

其二

春风杨柳万千条，六亿神州尽舜尧。

红雨随心翻作浪，青山着意化为桥。

天连五岭银锄落，地动三河铁臂摇。

借问瘟君欲何往，纸船明烛照天烧。

送给大家，共勉！无论经过怎样的磨难，人类终将向前。马克·吐温说：History does not repeat itself，but it does often rhyme。是的，历史虽有惊人的相似，但每一代人终会创造新的历史。

愿各位同学一切安好，期待我们早日相见！

曾祥敏

电视学院党委书记、教授、博士生导师

2020 年 5 月 1 日

［生］ 阳光已暖 静待相逢

亲爱的朋友们：

见字如面，展信佳！

再过 8 天，我就已经在家里待了整整 4 个月了，仔细一想，自从我上幼儿园开始，应该就没有连续在家待过这么长的时间，刚回家还是个位数的气温，现在已经到了三字开头。突如其来的疫情打乱了我们的生活，之前说一切好像都被按下了暂停键，但即便是在这段特殊的时间里，我相信身边的那些爱和温暖却也不会暂停。

首先说说“家”，以前假期我总觉得和爸妈待在一起的时间太少，在家里没过多少时间就开学返校了，这一次却给了我一个机会和家人好好相处这么长的时间。成都解禁之后，我每天晚上会和我妈一起去河边散步，会聊很多这几年我们生活中来不及说也懒得说的琐碎小事；会陪我爸去公园拍拍花、喝喝茶，顺便吐槽几句他的拍照技术。每天可以和哥哥拌嘴玩笑，可以天天“点菜”式地吃姥姥做的饭，这样的生活平淡简单却让我觉得特别的难得和幸福。

再说说我的小伙伴们，即便没有办法和朋友们见面，但大家的厨艺又有了怎样的长进，家里的妹妹又有什么新奇的小玩具，广场舞的技能有没有提升，甚至是不是换了新的指甲油的颜色，其实我都没有错过。虽然天南海北，却也依旧有幸参与大家的生活，当然我还是更期待着可以真正和大家坐在一起吃饭聊天的日子。

这些天走在路上，街边火锅的香味越来越浓郁，楼下串串店喧闹停止的时间也越来越晚，前几天下午偶然经过某个茶楼，久违的麻将声却是格外熟悉，我知道，我们的生活终于又重新开始了。仿佛不经意间，我们已经遗憾地错过了2020年的春天，那我便期待着与诸位可以在盛夏相见，然后再一起等待明年一定会如期而至的春天。

最后，祝每一位正在读这封信的朋友，幸福安康，万事顺遂，五一快乐！

2017级广播电视编导（电视编辑方向） 周子琳

2020年5月1日　写于四川成都家中

［生］ 心怀感激，静待花开

亲爱的老师同学们：

展信佳！

全民国家安全教育日刚过去不久。抗疫也已从国内的“人民战争”向全球范围发展。自今年年初以来，全球各种灾害频发，对于人类与地球未来的思考已经与每个人息息相关。

这次疫情与其说是“黑天鹅”事件，不如说是“灰犀牛”事件。潜藏已久的全球治理能力问题暴露出来，这时“人类命运共同体”的理念价值更加凸显。

近几年来，全世界各国普遍呈现“负倾向”，例如零利率、负利率等政策。但这样的措施只在短期刺激经济发展，长期的过度消费、预支消费反而会引发经济问题。各国负增长现象也愈发明显，既包括经济的长期负增长，也体现在人口的负增长。这些现象都降低了全球经济的信心和预期。目前全球多国青年人因社会贫富差距悬殊、失业率高涨而感到自身未来的迷茫，社会的不稳定因素增加，负能量爆发。

在外部环境愈发复杂的当下，要想抓住危机中的“机”，我们作为年轻人，得保有正能量和奋勇向上的拼搏精神。从宏观视角上看，这次疫情的困难是中华民族伟大复兴、中国大国崛起路上的一部分，只要我们兢兢业业、继续奋斗，民族复兴、大国崛起，是肯定能实现的伟大事业。

一次突然爆发的新冠肺炎疫情，让我们大部分人都开始了居家隔离的生活。隔离在家有一种停滞感，但在家的日子或许也能给我们带来一份难得可寻的安宁。这样的环境使人看向自己，逃离熙熙攘攘的一切，在家里我们也有了更多可控的时间来学习、思考和创作。

光明流转，自成圆满境界，只愿怀着感激，静待花开！

2019级广播电视学（电视摄影方向） 卢柯宇

2020年5月1日 写于重庆市家中

[生] 杀“毒”：为了更流畅地运行

亲爱的老师、同学们：

展信安！

有这样一部手机，在四个多月前的一天系统突然报错，称有病毒入侵。起初它的主人并没有太过在意，认为不过是稀松平常的小问题，于是只是清了清内存；可自那以后，手机运行速度越来越慢，应用程序越来越卡，没过几天就严重影响了正常使用。于是主人狠下心，安装杀毒软件——全面杀毒。

这手机便是我们所置身的社会，这主人便是人类自己。

但杀“毒”是需要时间的。刚开始“宅”在家的时候尚是深冬，此前外出，哪怕身着厚重的羽绒服再裹上围巾也常常冻得手脚发麻，树木只剩光秃秃的枝丫，和灰蒙蒙的天色一起为我防疫初期的记忆染上了一层阴暗凄凉；如今已近立夏，前几日北京的气温也突破了“3”字大关，街上行人开始有了短袖打扮，窗前的泡桐早就垂下了锦簇的白色“风铃”，银杏树的“扇面”也累若悬塔。与此同时，中国国内疫情形势基本得到控制，社会的复工、复产、复学也稳步推进，在杀“毒”时按下的“暂停键”被调整成了“启动模式”……

可对一些人来说，这“暂停键”从未按下过。全国上下，数十万医护工作者和人民军队坚守抗疫前线，人民警察加班加点维护社会秩序，公共交通从业者保障交通顺畅，快递和外卖小哥为不少人的日常生活提供便利，政府部门始终照常运转保证社会稳定，社区工作者们的付出让基层防疫得以落实……这些人是社会的中流砥柱，是“暂停”中的“前进者”，是这个“五一”我们最该致敬的、最可爱的劳动者。

疫情毋庸置疑是人类的灾难，却也能很好地暴露社会问题。正如手机杀毒，在将全手机文件扫描过后，存在问题的软件便会暴露在用户面前——删除，方能使手机恢复正常运行。一直以来，诸多部门都在不断反思这场突如其来的疫情之下存在的社会弊病，如疫情向公众报告不够及时，部分干部专业化能力不足和懒政现象，突发公共卫生事件舆情应对和舆论引导能力存在缺陷等。只有不断发现问题、解决问题，社会才得以向前发展。

疫情期间蜗居一隅，多些反思、多些进步。

2018 级广播电视学（国际新闻传播方向） 李雨晨

2020 年 5 月 2 日　写于北京市家中

[生] 鲜衣怒马少年时，不负韶华不负己

亲爱的老师，同学们：

展信安！

截至此时，我国的疫情防控工作已经取得了显著的成果。我们学校所在的朝阳区也由前段时间的全国唯一一个“高风险地区”，转变为现在的“低风险地区”。可以想见，我们见面的日子指日可待。

回想这场没有硝烟的战役，即便没有站在一线，那些感人的瞬间也历历在目。脸上留下深深的勒痕的医护工作者们；剪去头发，只为支援抗疫的护士姐姐；蹲坐在路边吃饭的志愿者；风雪中，坚守岗位的抗疫检测人员……

一个个身影，勾勒出了这个国家脊梁的形状。从前也曾是稚气未脱的少年，也曾骄傲任性，不管不顾，但为了这个国家，为了你们，我愿意身披铠甲，孤勇前行。

写下这封信的时候恰逢五四青年节到来之际，我想，这次疫情中每

一位做出贡献的青年人，都是榜样的模样。我想，每一位心怀热血的青年人，或许都有走在一线去做点什么的想法，我也不例外。

我也曾想过，去到武汉做一名小小的“卒”，也遗憾于没有付诸行动。时常在想，如果身在武汉，能不能做点什么，让这个世界有点“不一样”。

其实，身为一名传媒人，我也关注了很多冲到最前线的记者，“铁肩担道义，妙笔著文章”用来形容他们再恰当不过。同时，也希望自己尽可能多地学习专业知识，未来加入他们的阵营，为国家、为人民做出更多有价值的报道。所以同学们，“不负韶华”这四个字是我要送给你们的。祝愿你们珍惜光阴，学有所成，毕业以后能成为一名称职的传媒人。

也许只有经历过这次的疫情，我们才能更加了解“一切如常”的珍贵。花照常开，校门口的小店照常营业，日子一天天地过，路上车马喧嚣，街上人声鼎沸……之前觉得习以为常的瞬间，目前想来无比珍贵。我想大家也如我一般盼望着光阴的这趟列车按照以往的轨迹照常行驶，我们能与同窗在早晨七点五十的48号楼挤一趟电梯，狭窄的空间里充斥的是广院肉饼和豆浆的香气……

最后，期待着与你们，在北纬四十度的晨曦中重逢！

2017级广播电视学　张雨晨

2020年5月3日　写于北京密云家中

［生］　阴云散尽，艳阳高照

亲爱的老师、同学们：

展信佳！

今天是青年节，也是五一假期的第四天。天气日渐转暖，疫情的阴云缓缓散去，我们正走在复苏的大路上，艳阳正高照。

如今，疫情在本土传播已被基本阻断，大部分省、市、自治区的新冠患者也已“清零”多日，偶有发现的患者以境外输入病例为主。可以说，这场没有硝烟的战争，我国已取得阶段性胜利。

2020 年无疑是百年未有之大变局。面对新冠病毒，无须讳言，我们有过张皇失措、混乱无助和局部医疗体系险些被击穿的危急时刻。中国青年挺身而出，躬身入局。用青春的磅礴力量向病毒发起冲击，这一次，他们和一百零一年前一样勇敢。

这是青年的使命担当，这是青年的奋斗荣光。无论时代的浪潮涌向何方，千千万万的中国青年始终成长，我们有理由对中华民族伟大复兴的前景更加充满希望。因为，“少年强，则中国强”。

“时间之河川流不息，每一代青年都有自己的际遇和机缘，都要在自己所处的时代条件下谋划人生、创造历史。青年是标志时代的最灵敏的晴雨表，时代的责任赋予青年，时代的光荣属于青年。”这是习近平总书记对中国青年提出的要求和期许。在时代的大变局面前，这一代中国青年正在书写自己的答卷。

我们大学生虽不能亲临一线，但也要负起自己的责任；做“守护者”，就是担使命、保安康；做“修行者”，就是宅其身、修道行；做“识途者”，就是要做到游必有方。

如约翰·肖尔斯所言：“没有不可治愈的伤痛，没有不能结束的沉沦，所有失去的会以另一种方式归来。”度过了最黑暗的日子，未来不可能更糟。阴云遮不住升起的太阳，疫情挡不住春天的来临。

2019 级编辑出版学（新媒体方向） 杨宇帆

2020 年 5 月 4 日　写于河南新乡家中

[生] 伟大出自平凡，英雄来自人民

亲爱的各位老师同学们：

春天好！

或许你们所在的地方都已入暮春了吧，但是我所在的这个小镇上，春天的气息才刚刚来到。这个阴山山脉下的小县城数日之前还是零下的气温，而现在，街道上的树枝上生出了绿芽，路边的花坛里钻出了青草，登上镇旁的小山向下望去，这个不起眼的小城镇也真的变得名副其实起来：可可以力更镇，青之崖。

波及全国的疫情似乎也将这个人口不过10万的小地方忽略掉了，从疫情开始直到现在，小镇都没有出现过一例感染的病例。所以相对来讲，这里的人们也过得更加惬意一些，整个城镇仿佛只是小憩了一下，很快便又恢复了生气。但我深知，这个小镇幸运的安逸背后，是全国多少地方、多少人付出的努力。

由于实习工作的关系，我一直在收集各地的新闻，其中大部分内容依旧还是与抗疫有关：敢医敢言的无双国士，驻守武汉的“重症八仙”，逆行出征的白衣精锐，星夜驰援的硬核军人……有的人奔赴武汉舍生忘死，争分夺秒；有的人援鄂归来甲衣未解，再战绥河；还有先后十次为武汉运送物资的卡车司机，为援鄂医护义务理发的残疾人理发师，到方舱医院当淘粪工的90后志愿者……这场战疫中无数平凡人挺身而出、守望相助。在一条条收集整理的新闻里，我见证了英雄的诞生，也注意到普通人的奉献，我看到了绝望和别离，也看到了奇迹和相遇，看到了转发里的激动欣喜，也看到了评论区里的阴阳怪气。我无意对什么报道或政策发表想法，但我知道无论如何我们都应当去感激那些努力拼搏的人们。正如4月30日习近平总书记给郑州圆方集团职工回信中说的那样：伟大出自平凡，英

雄来自人民。

谢谢大家，期待和你们相见。

2017 级广播电视学（电视摄影方向） 刘晓虎

2020 年 5 月 5 日

写于内蒙古呼和浩特市武川县可可以力更镇家中

[生] “后浪”的底气

亲爱的同学们，

展信佳！

写这封信之时，著名演员何冰老师献给新一代的演讲——《后浪》，已经掀起了我大半个朋友圈的关注和讨论。

古训《增广贤文》道：“长江后浪推前浪，世上新人赶旧人。”“后浪”一词在中国人的语境中无不包含着对“江山代有才人出”的褒奖和对“一代更比一代强”的期许。任何一位青年人想必都能在翻涌的时代波涛中，感受到作为“后浪”的优越。在许多领域，我们多才多艺、涉猎广泛、云游四海；更多时候，我们还针砭时弊、反击诽谤、抵制不公。

今天的我们之所以被点赞，是因切实拥有了一份为青年人“发热发光”的底气。这份底气，在我看来时常源于当代青年人的两大追问——“为什么”和“凭什么”。

我们向病毒追问，于是在上百个方舱医院、传染病实验室、防控区块中，有了我们的身影；我们向贫困追问，于是在上千个自然村、贫困县、大山学校中，活跃着青年扶贫干部和乡村教师；当然，我们还向“996”追问、向施暴者追问、向污名化追问，让许多“封闭的”“残缺的”“油腻的”思想在青春的正能量中黯然失色。

“为什么”是我们的好奇心和求知欲，“凭什么”代表着自尊和敢于质疑的勇气。正因如此，青年人寻根究底，不断追问，最终才能“摆脱冷气”，向上向善，成为难以忽视的巨浪。

但是，善于追问的自信有时也会走向自负，“青年”的标签或许也会限制理性的思考。我们在“帝吧”中“出征”，满怀着世界主义的天下大同，又时常被极端民族主义的情绪袭扰；我们大胆地说话、自由地辩论，却又常常恶狠狠地向眼中的“敌人”施展“拳脚”；我们时常清醒地意识到自己分外强大，却又忘记已经陷入了一个“群情激愤、人人歇斯底里的时代”。今天的我们，是否进步又迂腐，不训又怯懦，善于批评的同时又缺乏接受批评的底气？

言归正传，“后浪”的底气究竟来自哪里？我想首先来自其身处的大江大河。国家统一、民族富强、社会繁荣，唯有如此才能拥有拥抱世界的底气。其次源自对智识的崇敬和求索，“独立之精神、自由之思想”势必建立在大量的知识储备与理性的逻辑训练之上。最后，是对现实的关照，“文章合为时而著，歌诗合为事而作”，青年人对时代与社会的关注，是在历史的隧洞里砥砺前行的最大力量。

时代将责任与光荣的接力棒留给后浪，这是赞许、是荣誉、是骄傲。经历了这场特殊时刻的考验，愿我们都能拥有成为“后浪”的底气。

2017 级国际新闻传播硕士　俞逆思

2020 年 5 月 6 日　写于福建福州

TVS 融媒体抗疫日历

作者：中国传媒大学电视学院

微信扫描二维码
阅读抗疫日历

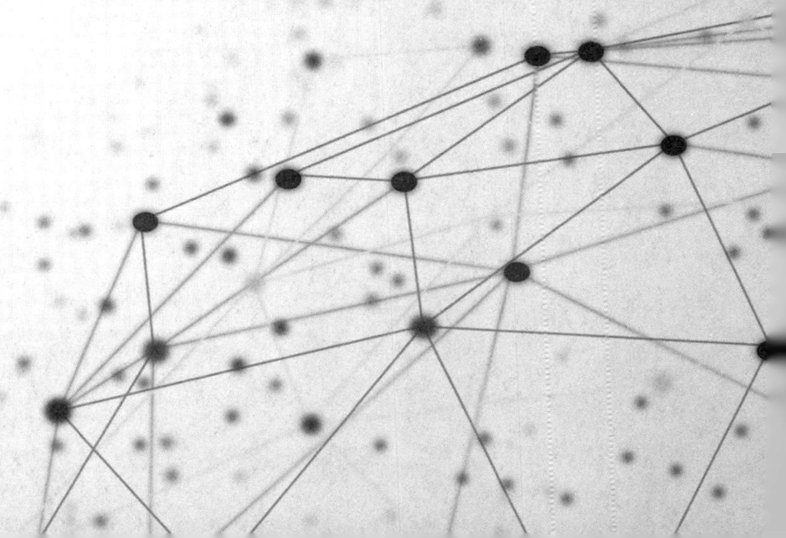

后记

云中谁寄锦书来

2020 年，寒假到暮春，出人意料。

突然遭遇的疫情，让学校师生分别的时间间隔，从一个月，延长到两个月、三个月……时间间隔的不断延长，甚至让人产生物理空间随之膨胀的错觉。时空远隔的这种不确定，让老师对每位学生都满心牵挂。

“在这个非常的时期，为了让大家能在家安心学习、休养，同时更好地凝聚集体力量，共同抗击疫情，学院从 1 月 31 日开始，每天选择一位同学写的一封信，发给每一位同学，希望为同学们搭建一个平台，方便大家共同分享所在地方抗击疫情的情况，分享学习生活情况和一些切身的想法、做法。我们相信，这些表达切身感受、内容有温度和质感、信息真实准确的信件，能给我们带来情感的沟通和内心的安宁，也带来更多正能量。”

这是疫情刚刚开始时，中国传媒大学电视学院“东南西北聚力　我们心在一起”写信传真情活动征集信中的两句话。从那一天之后，每天上午老师写给学生的信、每天下午学生写给同学的信，成为特殊时期师生间最忠实的陪伴。

这次通信，从天寒地冻的 1 月 31 日，一直写到春暖花开、草长莺飞的 5 月 1 日。三个多月，200 封信，将时间凝结成永恒的书页，更将师生间的心理空间，无限拉近。《忍冬信札》记录下来的，是中国传媒大学电视学院 57 位老师、1234 位学生，在这段特殊时间里，如何跨越时空阻隔，结成一个更为强健的社会生命体的心路历程。信的内容或许细碎，信中的感受或许微小，但细细揣摩，相信读者也能感受到这个生命体强劲的脉搏！不正是因为有诸多脉搏强劲的微小社会生命个体，才使我们整个社会，面对疫情，从容不迫？

信中所见，同学们有的在城镇，有的在乡村，有的在疫情中心，有的在疫情低危区，有同学在做志愿者，也有同学在用自己的镜头记录一线战疫的情景……大家通过各自的书写，交流对疫情的观察和思考。二百多个碎片式的个体记录构建完成中国战疫的全景拼图，这种“你在就好似我在”的“场景同构”，营造心理共鸣，让因空间而区隔的社会隔阂一并消解。于是，面对疫情，我们有了信心与勇气，有了坦然与耐心，更有了理解与共识。相隔千山万水，我们“同呼吸共命运”，这就是媒介的力量！

这本信札，是以非虚构的纪实写作方式完成的一个特殊时期的群体记忆。纪实写作大多从个人视角出发，对身边正在发生的事件进行真实而深刻的描摹，揭示透彻表象的生活真谛。记录时代大事，关注大时代图景中的鲜活个体，这是纪实写作的要义，也是新闻传播学专业能力培养的应有之义，更承载新闻传播专业学子的社会担当。作为一个纪实写作项目，《忍冬信札》尝试在“卓越新闻传播人才教育培养计划 2.0”的指引下，开启学生对现实生活的敏锐关注、对社会问题的深入思考和对新闻价值的本质追寻。以此为契机，相信新闻传播专业的学子们将会创作更多有传播力、影响力、引导力和公信力的优秀作品！

《忍冬信札》中的所有书信，都来自中国传媒大学电视学院的师生。感谢各位作者，正是每一位写信者真挚的情感投入，让这本小书有了温暖。感谢帮助这本小书出版的各位同道，是你们的关注，让这份温暖更加温润绵长。感谢所有关注这本小札的读者，因为你们的阅读，让这份温暖传递更多的力量。

在《忍冬信札》的编写过程中，师生们克服新冠肺炎疫情带来的困难，协调好各个环节，确保每一天的书信送到每个老师和同学的手中。电视学院教师高晓虹、曾祥敏、秦瑜明、赵淑萍、曹晚红、郑志亮、程素琴、陈欣钢、冷爽、赵希婧、付海钲、李昉、王婧雯、戎融，博士研究生郑石、刘日亮、齐虹翕等组成了工作团队，负责书信撰写的统筹、协调。《忍冬信札》这本书将成为一个特别的纪念，成为特殊时期的一种特别的集体关怀。

我们希望，《忍冬信札》能够给读者打开一个窗口，体会来自高校师生对社会的观察与思考。在书中，读者会看到一个特别的日历，这是师生编创的防控疫情提示日历。我们相信，中华民族将铭记这段历史带给我们的经验与启示，勇气与信心。

《忍冬信札》，让我们心在一起。

《忍冬信札》，让 2020 年，从隆寒到暮春，出人意料的温暖。

秦瑜明

2020 年 5 月